Baedeker

Allianz Reiseführer

Umbrien

VERLAG KARL BAEDEKER

Hinweise zur Benutzung

Sternchen (Asterisken) als typographisches Mittel zur Hervorhebung bedeutender Bau- und Kunstwerke, Naturschönheiten und Aussichten, aber auch guter Unterkunfts- und Gaststätten hat Karl Baedeker im Jahre 1846 eingeführt; sie werden auch in diesem Reiseführer verwendet: Besonders Beachtenswertes ist durch * einen vorangestellten 'Baedeker-Stern', einzigartige Reiseziele sind durch ** zwei Sternchen gekennzeichnet.
Zur raschen Lokalisierung der Reiseziele von A bis Z auf der beigegebenen Reisekarte sind die entsprechenden Koordinaten der Kartennetzmaschen jeweils neben der Überschrift in Rotdruck hervorgehoben: Spoleto **F 9**

Farbige Streifen an den rechten Seitenrändern erleichtern das Auffinden der Großkapitel des vorliegenden Reiseführers: Die Farbe Blau steht für die Einleitung (Natur, Kultur, Geschichte), die Farbe Rot für die Reiseziele, und die Farbe Gelb markiert die praktischen Informationen.

Wenn aus der Fülle von Unterkunfts-, Gast- und Einkaufsstätten nur eine wohlüberlegte Auswahl getroffen ist, so sei damit gegen andere Häuser kein Vorurteil erweckt.

Da die Angaben eines solchen Reiseführers in der heute so schnellebigen Zeit fast ständig Veränderungen unterworfen sind, kann der Verlag weder Gewähr für die absolute Richtigkeit leisten noch die Haftung oder Verantwortung für eventuelle inhaltliche Fehler übernehmen. Auch lehrt die Erfahrung, daß sich Irrtümer kaum gänzlich vermeiden lassen.

Baedeker ist ständig bemüht, die Qualität seiner Reiseführer noch zu steigern und ihren Inhalt weiter zu vervollkommnen. Hierbei können ganz besonders die Erfahrungen und Urteile aus dem Benutzerkreis als wertvolle Hilfe gar nicht hoch genug eingeschätzt werden. Vor allem **Ihre Kritik, Berichtigungen und Verbesserungsvorschläge sind uns stets willkommen.** Sie helfen damit, die nächste Auflage noch aktueller zu gestalten. Bitte schreiben Sie in jedem Falle an die

Baedeker-Redaktion
Karl Baedeker GmbH
Marco-Polo-Zentrum
Postfach 31 62
D-73751 Ostfildern
Telefax: (0711) 4502-343, E-Mail: baedeker@mairs.de

Der Verlag dankt Ihnen im voraus bestens für Ihre Mitteilungen. Jede Einsenderin und jeder Einsender nimmt an einer jeweils zum Jahresende unter Ausschluß des Rechtsweges stattfindenden Verlosung von drei JRO-Leuchtgloben teil. Falls Sie gewonnen haben, werden Sie benachrichtigt. Ihre Zuschrift sollte also neben der Angabe des Buchtitels und der Auflage, auf welche Sie sich beziehen, auch Ihren Namen und Ihre Anschrift enthalten. Die Informationen werden selbstredend vertraulich behandelt und die persönlichen Daten nicht gespeichert.

◀ *In vielen Städten in Umbrien wird Keramik hergestellt – dementsprechend groß ist die Auswahl an schönem Gebrauchsgeschirr und Kunsthandwerk.*

Vorwort

Dieser Reiseführer gehört zur neuen Baedeker-Generation. In Zusammenarbeit mit der Allianz Versicherungs-AG erscheinen bei Baedeker durchgehend farbig illustrierte Reiseführer in handlichem Format. Die Gestaltung entspricht den Gewohnheiten modernen Reisens: Nützliche Hinweise werden in der Randspalte neben den Beschreibungen herausgestellt. Diese Anordnung gestattet eine einfache und rasche Handhabung. Der vorliegende Band hat die mittelitalienische Region Umbrien zum Thema. Den Reisenden erwarten dort hübsche mittelalterliche Städtchen, versteckt in Waldeseinsamkeit liegende Klöster und Kirchen, landschaftliche Schönheiten und eine der besten Küchen Italiens. Der Reiseführer gliedert sich in drei Hauptteile: Im ersten Teil wird über das Land im allgemeinen, Naturraum, Pflanzen und Tiere, Klima, Naturschutzgebiete, Wirtschaft, Geschichte, Berühmte Persönlichkeiten, Kunst und Kultur berichtet. Eine Sammlung von Literaturzitaten leiten über zum zweiten Teil, in dem die Reiseziele – Städte, Landschaften und Seen – mit ihren Sehenswürdigkeiten beschrieben werden.

Ein Fest für die Sinne: Mohnwiesen in den abgeschiedenen Tälern Umbriens

Daran schließt ein dritter Teil mit reichhaltigen praktischen Informationen, die dem Besucher das Zurechtfinden vor Ort wesentlich erleichtern. Sowohl die Reiseziele als auch die Informationen sind in sich alphabetisch geordnet. Baedeker Allianz Reiseführer zeichnen sich durch Konzentration auf das Wesentliche sowie Benutzerfreundlichkeit aus. Sie enthalten eine Vielzahl eigens entwickelter Pläne und zahlreiche farbige Abbildungen.
Zu diesem Reiseführer gehört als integrierender Bestandteil eine ausführliche Reisekarte, auf der die im Text behandelten Reiseziele anhand der jeweils angegebenen Kartenkoordinaten zu lokalisieren sind. Wir wünschen Ihnen mit dem Baedeker Allianz Reiseführer viel Freude und einen erlebnisreichen Aufenthalt in Umbrien!

Baedeker
Verlag Karl Baedeker

Inhalt

Natur, Kultur Geschichte

Seite 10–53

Reiseziele von A bis Z

Seite 54–279

Praktische Informationen von A bis Z

Seite 280–330

Baedeker Specials

Buongiorno

Glaubt man einer amerikanischen Studie aus dem Jahre 1990, dann müßten die Bewohner des umbrischen Städtchens Todi zu den beneidenswertesten Menschen auf der Welt gehören. Warum? Weil diese Studie Todi weltweit zur Stadt mit der größten Lebensqualität kürte. Bis zu diesem Zeitpunkt war das idyllische Städtchen allenfalls ein paar Italienfans bekannt, danach wußte man zumindest schon, daß es in Umbrien liegt und daß Umbrien eine Region in Mittelitalien ist. Wären die Wissenschaftler an Ort und Stelle gewesen, dann hätten sie vielleicht auch noch festgestellt, daß Todi bei weitem nicht die einzige Stadt in Umbrien ist, die man als Reisender ungern wieder verläßt. Da wäre zum Beispiel Perugia mit seiner verwinkelten Altstadt und einer großstädtischen, weltoffenen Atmosphäre, Assisi, die Pilgerstadt am Hang des grünen Monte Subasio, in der die Franziskusverehrung allgegenwärtig ist, oder Orvieto, in höchst imposanter Lage auf einem Tuffelsen, überragt von seinem prächtigen Dom und mit zahlreichen Denkmälern aus der etruskischen Vergangenheit gesegnet. Daneben gibt es auch eine Vielzahl hübscher Kleinstädte, in denen die wechselvolle und spannende Geschichte dieser mittelitalienischen Region in jedem Winkel präsent ist:

Trüffeln

schwarz-braune Knollen, die Gaumenfreuden versprechen

Umbria!

In den etruskischen oder römischen Stadttoren, den alten, zum Teil überwölbten Gassen mit dicht zusammengedrängten Wohnhäusern, in den romanischen Kirchen mit ihrem reichen Fassadenschmuck und den imposanten gotischen Kommunalpalästen. Wären diese Städtchen in der Ebene oder in einem Tal angesiedelt, so würde man Engegefühle bekommen; dank ihrer kühnen Lage auf Anhöhen oder spitzen Hügelkämmen ist dem nicht so – im Gegenteil: immer wieder blickt man zwischen den Häusern auf sanft geschwungene Hügelketten mit silber schimmernden Olivenhainen, auf Obstbaumwiesen und Äcker, auf blühende Ginsterbüsche, fruchtbare Talebenen und stille pappelgesäumte Flußläufe. Schmale Landsträßchen schlängeln sich die Anhöhen hinauf und hinunter, hinter jeder Kurve einen Wechsel der Szenerie bereithaltend. Unerwartet trifft man immer wieder auf verlassene Gehöfte oder auf abgeschiedene Klöster, die sich in der Enge eines Talschlusses verstecken. Während man am Lago Trasimeno mediterrane Badefreuden genießen kann, erwartet den Reisenden im Osten eine Berglandschaft von einzigartiger Schönheit, mit kargen Hochebenen und tief eingeschnittenen, bewaldeten Tälern. Franziskus, der wohl berühmteste Heilige Umbriens, bescheinigte seiner Heimat kurz, aber prägnant: "Nihil iucundius vidi – nichts Erfreulicheres habe ich je gesehen".

Das grüne Herz Italiens

ist bekannt für seinen ländlichen Charme

Mittelalterliche Städte

bevorzugen die aussichtsreiche Höhenlage

Feste

werden in Umbrien mit farbenprächtigen Kostümen und großer Begeisterung gefeiert

Hausgemachte Delikatessen

kauft man am besten in der Norcineria

Natur, Kultur Geschichte

Zahlen und Fakten

Allgemeines

Geographische Lage

Umbrien ist eine Region in Mittelitalien, umgeben von der Toskana im Norden und Westen, Latium im Süden und den Marken im Osten und Norden. Als einzige der insgesamt 20 Regionen Italiens besitzt sie weder einen Zugang zum Meer noch berührt sie eine Landesgrenze. Mit einer Gesamtfläche von 8456 km² ist sie die fünftkleinste Region Italiens; nur Friaul, Ligurien, Molise und Aosta Tal liegen flächenmäßig noch darunter. Die alte Etruskermetropole Perugia war zunächst Hauptstadt der Provinz Umbrien und ist seit 1927 Verwaltungssitz der Region.

Name

Der Name der Region geht zurück auf das altitalienische Volk der Umbrer, das sich im ersten Jahrtausend vor Christus zu beiden Seiten des Tibers ansiedelte, später dann aber von den benachbarten Etruskern auf die östliche Flußseite abgedrängt wurde. Aus der von Augustus eingerichteten Region Umbria wurde vom dritten nachchristlichen Jahrhundert an die Region Tuscia et Umbria. Im frühen Mittelalter verdrängte der Name von Spoleto, Sitz des langobardischen Herzogtums, die alte Bezeichnung, die erst in der Renaissance wieder auftauchte. Italienreisende des 16. und 17. Jh. griffen den Namen "Umbria" wieder auf, offiziell kam er aber erst wieder ab 1860 als Benennnung für die neu gegründete Provinz Umbrien in Gebrauch.

Bevölkerungsentwicklung

Im Mittelalter gehörte die Region zu den dichtbesiedelten Gebieten Italiens. Der politische und wirtschaftliche Niedergang der freien Stadtrepubliken, Kriege und Landflucht führten zu Verarmung und Bevölkerungsrückgang – ein Prozeß, der erst mit der beginnenden Industrialisierung im 19. Jh. wieder gestoppt wurde. Zwischen 1971 und 1981 lag die Bevölkerungswachstumsrate in Umbrien bei 4,09 % und damit immer noch deutlich niedriger als in anderen Teilen Italiens (Durchschnitt 4,60 %). In der jüngsten Vergangenheit stieg die Bevölkerung wie überall in Italien nur noch um etwa 1 %. Heute leben in Umbrien rund 830 000 Menschen, knapp 600 000 in der Provinz Perugia – davon wiederum etwa 150 000 in der Hauptstadt Perugia – und rund 223 000 in der Provinz Terni.

Besiedlung

Mit 102 Einwohnern pro Quadratkilometer ist Umbrien verhältnismäßig dünn besiedelt – zum Vergleich: Die gesamtitalienische Bevölkerungsdichte liegt etwa bei 190 Einwohner pro Quadratkilometer und die Bevölkerungsdichte Deutschlands bei etwa 240 Einwohner pro Quadratkilometer. Innerhalb Umbriens weist die Besiedlungsdichte große Schwankungen auf. Die größten Ballungsräume sind naturgemäß die Verwaltungs- und Kulturmetropole Perugia (286 Einw./km²) und die Industrie- und Verwaltungsstadt Terni (245 Einw./km²); desweiteren sind vor allem das Tibertal und die Valle Umbra, der breite Taleinschnitt zwischen Perugia und Spoleto, gut besiedelt, während vor allem die östlichen, von den Apenni-

◀ *Typisch Umbrien: Ölbäume und rotblühender Mohn*

Besiedlung (Fortsetzung)

nenabhängen geprägten Gebiete Umbriens eine sehr dünne Bevölkerungsdichte aufweisen. Nur zwei Städte, Perugia und Terni, zählen mehr als 100000 Einwohner. Ein paar wenige mittelgroße Gemeinden, die übrigens alle zur Provinz Perugia gehören, erreichen Einwohnerzahlen zwischen 30000 und 50000 Menschen: Foligno (rund 54000 Einw.), Città di Castello, Spoleto (beide etwa 40000 Einw.) und schließlich Gubbio mit etwas mehr als 30000 Bewohnern. Der 'Rest' der Bevölkerung verteilt sich auf kleine und kleinste Gemeinden, winzige Dörfer und Siedlungen. Ortschaften mit nur wenigen hundert Einwohnern sind in Umbrien keine Seltenheit.

Problem 'Landflucht'

In dem Maße, in dem die Einwohnerzahl der umbrischen Städte in den vergangenen Jahrzehnten in die Höhe schnellte, erlebten die ländlichen Regionen einen beispiellosen Bevölkerungsrückgang. Prototypisch ist die

Entwicklung in der Gegend von Norcia im strukturschwachen Südosten von Umbrien. Im kurzen Zeitraum von nur 25 Jahren, zwischen 1960 und 1985, ging die Zahl der Bewohner um ein Drittel zurück. Gleichzeitig verbuchte Terni, die nächstgelegene Industriestadt, einen Zuwachs von rund 14000 Menschen. Während in den Jahren nach dem Zweiten Weltkrieg noch mehr als die Hälfte der umbrischen Bevölkerung auf dem Lande lebte – in kleinen Dorfgemeinschaften oder Einzelgehöften –, ist es heute kaum mehr ein Fünftel der Gesamtbewohner Umbriens. Wer mit offenen Augen durch die idyllischen Dörfer Umbriens fährt, wird feststellen, daß er hauptsächlich auf ältere Menschen trifft – die Jugend zog es in die Städte.

Zurück aufs Land

In den vergangenen Jahren hat das Bild der verlassenen Dörfer und Bauernhäuser eine leichte Korrektur erfahren durch den Zuzug von Ausländern, die hier ihre Ferienwohnsitze einrichteten. Ähnlich wie in der Toskana, wo die Kolonien von erholungssuchenden Deutschen, Engländern oder Schweizern schon fest etabliert sind, machten auch in Umbrien zu Beginn der 70er Jahre 'Aussteiger' den Anfang dieser Entwicklung. Viele Dörfer, die sonst vielleicht verfallen wären, wurden durch die Zugezogenen wieder belebt, alte Bausubstanz gerettet und liebevoll restauriert. Berühmtestes Beispiel für einen, der auszog, um in Umbrien dem Landleben zu frönen, war der italienische Automobilhersteller Ferruccio Lamborghini, der Anfang der 70er Jahre südlich vom Lago di Trasimeno das Landgut 'La Fiorita' kaufte. Neben Weinanbau betrieb er dort eine Ferienwohnanlage, die auch heute noch zu den vornehmsten Agriturismo-Adressen gehört.

Politische Gliederung

Die italienische Region Umbrien besteht aus zwei Provinzen: Perugia und Terni, die nach ihren beiden jeweiligen Hauptstädten benannt sind. Die kleinere Provinz Terni wurde erst im Jahre 1927 geschaffen; die Einrichtung einer dritten Provinz im Raum Foligno/Spoleto wird derzeit überdacht. Weiterhin sind die Provinzen in 92 Gemeinden (Comuni) unterteilt, von denen 59 zu Perugia, 33 zu Terni gehören. Keine Verwaltungseinheiten im offiziellen Sinn, aber historisch gewachsene und naturräumlich zusammenhängende Gebiete sind das obere Tibertal um Città di Castello (Alta Valle del Tevere), der Oberlauf des Chiascio-Flusses (Alto Chiascio) mit dem Regionalzentrum Gubbio, das Perugino mit der Metropole Perugia, die Valle Umbra Nord (Assisi) und die Valle Umbra Sud (Foligno), das Tuderte (Todi), die Bezirke Orvietano, Trasimeno, Spoletino, die Valnerina (mit den Zentren Cascia und Norcia), das Narnese-Amerino (Narni und Amelia) sowie die Umgebung von Terni, Ternano genannt.

Naturraum

Allgemeines

Die mittelitalienische Landschaft Umbrien erstreckt sich im Einzugsbereich des oberen und mittleren Tiber und der Nera zwischen dem Etruskischen Apennin im Osten und der Chianasenke im Westen. Sie umfaßt jenen Bereich des mittleren Apennin, der am weitesten nach Osten ausgreift. Dazu gehören die von seinem Hauptkamm ausgreifenden Höhenzüge ebenso wie die Becken mit dem Trasimenischen See. Die sanft-hügeligen, teils bewaldeten, teils landwirtschaftlich genutzten Höhenzüge sind das prägende Element der umbrischen Landschaft. Etwa ein Viertel der Region liegt zwischen 600 und 800 m hoch, zwei Fünftel zwischen 200 und 400 m. Den mit 48 m tiefsten Punkt Umbriens erreicht man bei Orte im Tibertal. Zwischen den von Nordwest nach Südost streichenden Bergzügen verstecken sich einige enge, bewaldete Täler und öffnen sich auch größere Becken wie das von Terni (Ternano), die Valle Umbra und das Tibertal (Valle del Tevere). Ein weites und recht flaches Becken erfüllt der Trasimenische See.

Landschaftsgeschichte

Zu Beginn der Tertiärzeit waren große Bereiche des heutigen Tyrrhenischen Meeres landfest. Schuttmassen wurden in einem Sedimentationstrog abgelagert. Im mittleren Tertiär versank das Land im Westen. Stattdessen hob sich langsam der Apennin empor. Im Jungtertiär wurden die-

Landschaftsgeschichte (Forts.)

sem Gebirge Teile der vorgelagerten Senkungszone angegliedert. Gleichzeitig nahm die Erosion im Apennin größere Ausmaße an. Allmählich bildeten sich die Subapenninischen Becken mit ihren Süßwasserseen heraus. Ihre Senken und Talschaften sind als eine Kette von tektonisch angelegten Einbruchsbecken anzusehen. Als Relikt jener erdgeschichtlichen Epoche ist der Trasimenische See zu klassifizieren. In der jüngeren Quartärzeit verlandeten viele dieser Seen und wurden trockengelegt. Die fruchtbaren Becken und Talböden sind in der Vergangenheit vor allem wegen Überschwemmungsgefahr nur spärlich besiedelt worden. Stattdessen ließen sich die Menschen vor allem an den Beckenrändern bzw. auf Bergspornen über den Senken nieder. Diese Standorte boten einerseits den Schutz vor Überschwemmungen und Überfällen und gleichzeitig die Nähe zu den Feldern in der Ebene.

Seen des Pliozän

Vor rund 1 Mio. Jahren, im Pliozän, als die Gebirgsbildung im Bereich des Apennin langsam zur Ruhe kam, ersteckte sich zwischen den einzelnen Gebirgs- und Hügelketten ein ganzes System von Binnenseen, dessen letzter Zeuge der Trasimenische See ist. Diese stehenden Gewässer sind im Laufe der Zeit von Sedimenten ausgefüllt worden oder entleerten sich durch Verkarstung. Der ehemalige Gubbio-See lag etwa 400 m hoch und war mit dem kleineren See von Gualdo Tadino verbunden. Der Norcia-See lag gar über 800 m hoch und hatte zwei Inseln. Sein Inhalt verschwand allmählich in einem Karsthöhlensystem. Am größten war der ehemalige Tibersee. Er erstreckte sich etwa 120 km weit vom heutigen Sansepolcro (Toskana) bis zur heutigen umbrischen Metropole Perugia, um sich dort in zwei Äste zu teilen. Der eine reichte bis nach Todi, der andere bis in den Raum Spoleto. Auch das Val di Chiana zwischen Arezzo (Toskana) und dem Trasimenischen See war von einem See ausgefüllt. Ein kleinerer See bedeckte das Ternital. Die Reste dieser Seen sind bis in historisch überlieferte Zeiten nachgewiesen. So stellte sich das Val di Chiana bis in die Re-

Sanft ansteigende Hügel mit Rebhängen, Äckern und Wiesen sind charakteristisch für das Landschaftsbild in Umbrien

Pliozäne Seen (Fortsetzung)

naissance als riesiges Sumpfgebiet dar, das in den Trasimenischen See überging. Ebenso bot sich die Valle Umbra zwischen Assisi und Spoleto als Feuchtbiotop dar. Bereits die Etrusker hatten damit begonnen, die malariaverseuchte Gegend trockenzulegen. Sie gruben einen tiefen Schnitt in die Schwelle von Torgiano, damit der Fluß Chiascio in den Tiber fließen konnte. Für längere Zeit gab es in diesem Tal zwei Seen, nämlich den Lacus Umber im Norden und den Lacus Clitorius im Süden. Beide waren durch eine Landzunge getrennt, auf der die antike Via Flaminia verlief. Im 16. Jh. wurde die Gegend zwischen Montefalco, Trevi und Spoleto trockengelegt. Nach der Überschwemmungskatastrophe von 1836 hat man die letzten Sümpfe in Ackerland verwandelt.

Höhenzüge
Monti Sibillini

Die imposante Gebirgsgruppe der Monti Sibillini stellt sich größtenteils als Kalksteinmassiv dar, das sich im Grenzbereich zwischen Umbrien und den Marken erstreckt. Die Mehrzahl der Berggipfel ist über 2000 m hoch. Höchste Erhebung auf umbrischen Gebiet ist der Cima del Redentore mit 2449 m. Im Zentrum der Gebirgskette ragt der sagenumwobene Monte Sibilla (2175 m) auf, dessen bizarrer Gipfel sich über einem Gürtel aus rosa leuchtendem Kalkstein erhebt. Mehrere Legenden erzählen von einer mächtigen und geheimnisvollen Wahrsagerin namens Sibylle, die hier oben in einer Grotte gelebt haben soll. In das Gebirgsmassiv sind tiefe Tobel und Schluchten eingekerbt, darunter auch die Gola dell' Infernaccio (dt. = 'Höllenschlucht'). Die Monti Sibillini sind ein junges Gebirge. Ihre Heraushebung ist noch nicht abgeschlossen und das tektonische Gleichgewicht noch nicht erreicht, weshalb die Gegend von Norcia und das obere Neratal stark erdbebengefährdet sind. Schlimme Beben ereigneten sich zuletzt in den Jahren 1976, 1979, 1984 und 1997.

Vorapennin

In westlicher Richtung schließen sich den Monti Sibillini weitere parallel verlaufende Bergketten an, die gemeinhin als 'Vorapennin' bezeichnet werden. Zwischen die einzelnen Bergketten sind mehr oder weniger breite Täler und Becken eingeschlossen. An der Westseite des Tibertals verläuft die natürliche Verlängerung der Alpe di Catenaia bzw. der Alpe di Poti. Die höchsten Erhebungen sind der Monte Favalto (1082 m) und der Monte Civitella (936 m). Eingeschlossen sind der Berg von Perugia und die Hügel um den Trasimenischen See. Jenseits des Zusammenflusses von Tiber und Chiascio bei Perugia setzt sich diese Kette mit dem Monte Cinque Querce (643 m) fort, steigt mit dem Monte Martano auf 1094 m und endet abrupt am Becken von Terni in Gestalt des Monte Torre Maggiore (1120 m) und des Monte Torricella (1054 m).
Die zweite Vorapenninkette ist niedrig, aber ziemlich komplex. Sie beginnt mit den sanften Hügeln zwischen dem Trasimenischen See und dem Chianatal, erreicht im Monte Peglia 837 m Höhe, wird vom Tiber in Gestalt der Forello-Schlucht und des Corbara-Sees durchschnitten und steigt auf der anderen Seite zum 994 m hohen Monte Croce di Serra hinauf. Nach einer zweiten Unterbrechung durch den Fluß Nera (Gole di Montoro) endet dieser Bergzug in den Monti Sabini.

Täler und Becken

Die Mulden zwischen den verschiedenen Hügel- und Bergketten bilden das eigentliche Herz Umbriens. In diesen langgestreckten, mit Süßwassersedimenten gefüllten Tälern bzw. an ihren Rändern liegen die wichtigsten Städte der Region. Die beiden größten Senken, denen auch die stark frequentierten Hauptverkehrsadern Umbriens folgen, sind das Tibertal (Valle del Tevere) zwischen Città di Castello und Todi und die sogenannte Valle Umbra zwischen Assisi und Spoleto. Das Tibertal ist lang und relativ eng. Es fällt von knapp 300 m Höhe bis unter 50 m Meereshöhe ab. Die durchschnittlich 200 m hoch gelegene Valle Umbra ist bis zu 10 km breit. Sie wird von den Flüssen Clitunno, Teverone, Topino und Chiascio entwässert. Das Becken von Todi, durch das der Tiber fließt, liegt etwa 200 m hoch und ist nur 4 bis 5 km breit. Das gewölbte Becken von Gubbio liegt ca. 400 m hoch und mißt ca. 24 x 5 km. In den Lias-Schichten der umgebenden Berge hat man erstmals höhere Konzentrationen des Schwerme-

Täler und Becken (Fortsetzung)

talls Iridium entdeckt, dessen Vorhandensein die Wissenschaft zu mancherlei Spekulationen angeregt hat. Beim stark verkarsteten Becken von Norcia handelt es sich um eine fruchtbare, etwa 10 x 4 km große Ebene auf über 800 m Höhe. Sie wird durch den Fluß Corno zur Nera hin entwässert. Ganz im Süden Region bildet die Nera das nur 100 m hoch gelegene, elliptische Becken von Terni.

Flüsse
Tiber

Der Tiber (Tevere) ist mit Abstand der wichtigste Fluß der gesamten Apenninenhalbinsel. Etwa die Hälfte des 405 km langen Flußlaufs schlängelt sich durch Umbrien. In der Antike war der Fluß streckenweise schiffbar. Heute ist er willkommener Lebensspender für den Bewässerungsfeldbau. Ferner treiben seine Fluten diverse Turbinenkraftwerke zur Stromerzeugung an. Der Bau von Staudämmen hat in den letzten Jahren zu heftigen Kontroversen zwischen den Regionen Umbrien und Latium geführt.
Der Fluß entspringt am Südhang des Monte Fumaiolo in der Region Emilia-Romagna. Sodann durchmißt er eine steile Talschlucht und öffnet sich schließlich zur Val Tiberina, die größtenteils zur Region Umbrien gehört. Bei Ponte San Giovanni (Perugia) unterschreitet der Tiber die 190-m-Höhenmarke. Er wendet sich nach Südwesten und trifft bei Torgiano mit dem Fluß Chiascio zusammen. Das Tibertal zwischen Perugia und Todi bietet sich heute als breite und fruchtbare Überschwemmungsebene dar. Unterhalb von Todi windet sich der Tiber durch eine enge Kalksteinschlucht (Gole del Forello). Sein Wasser wird im Corbara-See aufgestaut.

Rauhe, unberührte Berglandschaft im Osten Umbriens

Nera

Der Tiber wäre jedoch nicht der Tiber, wenn die Nera ihm kein Wasser gäbe. Mit einer Länge von 116 km und einem Einzugsgebiet von ca. 4000 km^2 ist die Nera der wichtigste Nebenfluß des Tiber. Sie entspringt in den Monti Sibillini am Hang des 1884 m hohen Monte Patino. Unterwegs nimmt sie das Wasser zahlreicher Karstquellen auf, fließt durch die wilden Schluchten und bildet schließlich die malerische Valnerina.
Der Zusammenfluß von Velino und Nera westlich von Terni gestaltet sich

Flüsse
Nera (Fortsetzung)

höchst imposant durch die Wasserfälle Cascata delle Marmore. Die Nera durchfließt anschließend die Ebene von Terni und mündet hinter der Montoroschlucht in den Tiber.

Seen
Lagi Trasimeno

Mit einer Fläche von rund 130 km² ist der Trasimenische See das größte stehende Gewässer der Apenninhalbinsel. Er liegt 258 m hoch und ist von sanften Sandsteinhügeln umgebeben. Der See ist sehr flach und maximal 6 m tief. Er ist das letzte Überbleibsel eines viel größeren stehenden Gewässers, das in prähistorischer Zeit die ganze Val di Chiana bis Arezzo bedeckte. In unregelmäßigen Zeitabständen trat er über seine Ufer und richtete oft jahrelang anhaltende Überschwemmungen an.

Lago di Piediluco

Wenige Kilometer vor den Marmore-Wasserfällen bildet der Fluß Velino den kleinen, malerisch zwischen Berghängen gelegenen Piediluco-See. Obwohl er nur 1,52 km² groß ist, erreicht er dank seines verzweigten Grundrisses eine Uferlänge von 17 km.

Stauseen

Künstlich angelegte Stauseen des Tiber zur Elektrizitätsgewinnung sind der Lago di Corbara und der Lago di Alviano. Bei Valfabbrica, etwa 20 km nordöstlich von Perugia, soll demnächst der Chiascio aufgestaut werden.

Quellen

Die Landschaft Umbrien ist bekannt für ihre vielen Quellen. Aus den stark verkarsteten Kalkbergen und -hügeln tritt das Wasser in Schichtquellen und romantischen Quelltöpfen aus. In der Ebene von Norcia treten zahlreiche unterirdische Wasserläufe (sog. Marcite) zutage. Die wohl berühmteste Quelle der Region entspringt am Fuße des 1426 m hohen Monte Serano am Ostrand der Valle Umbra. Sie schüttet nicht weniger als 1300 bis 1500 l kristallklares Wasser pro Sekunde ! Seit der Antike bekannt und sagenumwoben sind die wenige Kilometer südlich von Trevi entspringenden Fonti del Clitunno.

Thermen

Wie es sich für eine in geologischer Hinsicht unruhige Region gehört, so treten auch in Umbrien einige Thermal-Mineralquellen zutage. Berühmt sind die Mineralwasservorkommen, die bei San Gemini aus dem Untergrund hervorbrechen. Plinius d. J. berichtete bereits über die Terme di Furapane bei Acquasparta. Die Mineralwässer von Nocera Umbra erfreuen sich seit dem frühen 16. Jh. hoher Wertschätzung. Die warmen Heilquellen von Fontecchio (bei Città di Castello) verdienen besondere Erwähnung. Ihre alkalischen und schwefelhaltigen Wässer sowie der für Therapiezwecke sehr geeignete Schlamm waren schon in der Antike berühmt.

Klima

Allgemeines

Der 'Italienische Stiefel' und damit auch die in Mittelitalien gelegene Landschaft Umbrien liegt eigentlich im subtropischen mediterranen Klimabereich, dessen besondere Kennzeichen relativ trockene Sommer und eine ausgeprägte herbstliche Regenzeit sind. Allerdings sind die klimatischen Verhältnisse in Umbrien nicht gerade einheitlich. Je weiter man sich von den Küsten entfernt, desto rauher wird das Klima. Besonders unwirtlich wird es in den höheren Lagen des Apennin, die eigentlich der gemäßigten Klimazone zuzurechnen sind. Eine weitere Besonderheit des umbrischen Klimas ist die zumindest lokal festzustellende Kontinentalität, die sich einerseits in recht kalten Wintern und andererseits in ziemlich heißen Sommern äußert.

Winter

Der kontinentale Charakter zeigt sich in den Wintermonaten besonders deutlich. Das rauhe Klima wird kaum durch maritime Einflüsse gemildert. Die Durchschnittstemperatur im Januar liegt in Orvieto und Terni bei + 5°C, schwankt in Perugia zwischen + 1,7°C und +7,2°C und erreicht in Norcia knapp + 2°C. In Terni kann die Quecksilbersäule bis auf – 15°C absinken,

Perugia und Orvieto bis auf – 10°C und in Norcia sogar bis auf – 23°C ! In den umbrischen Beckenlandschaften kommt das Phänomen der thermischen Inversion vor, d. h. die relativ schwere Kaltluft aus den Bergen bildet regelrechte Kaltluftseen, die sich wochenlang halten können. So verharrte im Winter 1960/1961 das Thermometer in der knapp 500 m hoch gelegenen Stadt Perugia 17 Tage unter der 0°C-Marke, während man im 300 m tiefer gelegenen Vorort Ponte San Giovanni in der selben Zeit nicht weniger als 54 Frosttage zählte!
Eine typische Erscheinung in der kalten Jahreszeit sind auch die Nebel in den umbrischen Tälern, aus denen die hochgelegenen Städte und Berge wie Inseln herausragen.

Winter (Fortsetzung)

Der umbrische Frühling bringt recht wechselhaftes Wetter und relativ häufige Niederschläge mit sich. Man hat – besonders in ungünstigen Becken- und Tallagen – mit Spätfrösten zu rechnen.

Frühling

Der Sommer zeigt sich zumeist recht heiß, in tiefer gelegenen Bereichen, so z. B. im Raum Terni, sogar schwül. Kühl bleibt es lediglich auf den Bergen. Der Juli-Temperaturmittelwert liegt in Terni bei + 25°C, in Norcia bei + 21°C und pendelt in Perugia zwischen + 17,5°C und + 27,9°C. Die sommerlichen Spitzenwerte betragen in Perugia + 37,5°C, in Terni + 40°C und in Orvieto gar + 42°C.

Sommer

Der umbrische Herbst – besonders die Monate Oktober und November – zeichnet sich durch abrupte Temperaturstürze und heftige Regenfälle aus.

Herbst

Auch die Niederschlagsmengen differieren von Ort zu Ort beträchtlich. Während man in Orvieto jährlich nur 82 Regentage zählt, sind es in Perugia bereits 95 und in Gubbio gar 104 !. Im allgemeinen liegt die durchschnittliche Jahresniederschlagsmenge deutlich unter 1000 mm. Besonders viele Niederschläge fallen jedoch im Bereich der apenninischen Wasserscheide (incl. Gubbio-Becken), wo man bis zu 1400 mm und mehr mißt. Das Gebiet zwischen Perugia und dem Trasimenischen See erhält dagegen nur 750 bis 850 mm Niederschlag pro Jahr.

Niederschläge

In der umbrischen Metropole Perugia zählt man pro Jahr rund 2300 Sonnenstunden. Mit mehr als acht Sonnenstunden pro Tag kann man in der Zeit von Mai bis September rechnen. Bedeutend weniger Sonne erhalten manche ungünstige Tallagen.

Sonnenschein

Klimatabelle Perugia

Monate	Temperaturen in °C Durchschnitts-maximum	Temperaturen in °C Durchschnitts-minimum	Sonnenscheinstunden pro Tag	Tage mit Niederschlag	Niederschlagsmenge in mm
Januar	7,2	1,7	3,1	9	67
Februar	8,8	2,4	3,4	8	69
März	11,9	4,5	3,3	9	68
April	16,1	7,6	6,7	9	70
Mai	20,5	11,3	8,2	8	55
Juni	24,9	14,9	8,5	7	68
Juli	27,9	17,5	10,1	5	46
August	27.8	17,4	9,2	5	58
September	24,0	15,0	7,7	6	88
Oktober	18,3	11,0	5,5	8	103
November	12,7	6,9	3,8	10	113
Dezember	9,0	3,7	3,0	11	88
Jahr	17,4	9,5	6,0	95	893

Steineiche

Kulturpflanze Nr. 1: der Ölbaum

Pflanzen und Tiere

Pflanzen

Waldreichtum

Die antike Region Umbrien soll fast vollkommen von dichten Wäldern bedeckt gewesen sein. Das lateinische Wort 'lucus' (dt. = heiliger Wald) taucht noch heute in vielen Ortsnamen auf: Piediluco, Monte Luco, usw. Der Paß Bocca Trabaria leitet seinen Namen vom lateinischen Begriff 'obsequium trabium' ab (lat. 'trabis' = Balken), da in dieser Gegend viele Bäume geschlagen worden sind, die man für die Konstruktion der vatikanischen Basiliken benötigte. Ebenso rührt der Name der Stadt Gualdo Tadino vom langobardisch-germanischen Wort 'Wald' her. Allerdings schrumpfte der Waldbestand seit den Römern wegen des Raubbaus, der vor allem in der baufreudigen Renaissancezeit gigantische Ausmaße annahm.
Die Einführung des Ölbaums (Olive) Mitte des 18. Jh.s setzte dem natürlichen Waldbestand weiter zu. Nur einige größere Waldbestände wurden für unantastbar befunden und blieben somit erhalten. So standen beispielsweise der Wald beim Kloster Eremo delle Carceri auf dem Monte Subasio und bei Monte Luco in der Nähe von Spoleto unter dem besonderen Schutz der Franziskaner. Heute ist nur noch ein Drittel der Fläche Umbriens von Wäldern bedeckt.

Gehölze

Laubwälder sind charakteristisch für Umbrien. Vorherrschender Baum ist die Eiche, die bis in 1000 m Höhe anzutreffen ist. Sie hat sich den kalkigen Böden und dem vergleichsweise rauhen Klima gut angepaßt. Auch auf den Feldern der Valle Umbra kann man etliche isoliert stehende, z.T. uralte Eichen antreffen. In den umbrischen Mischwäldern sind Eiche, Ahorn, Linde, Hainbuche und Esche vergesellschaftet. Oberhalb der 800-m-

Schafe werden vor allem auf den Hochebenen um Norcia gezüchtet

Gehölze (Forts.)

Höhenmarke treten Buche, Birke, Eibe, Kiefer und Tanne in den Vordergrund. Auf lokal anzutreffenden mineral- und phosphathaltigen Böden bzw. auf Böden vulkanischen Ursprungs (z. B. bei Orvieto) wächst die Eßkastanie besonders gut.

Pilze

Leider kein Geheimtip mehr sind die Trüffeln, die in den Wäldern Umbriens gedeihen. Nicht so bekannt wie die Trüffel, aber ebenfalls sehr schmackhaft sind die vielen Steinpilze und Kaiserlinge.

Bodenvegetation

In den Tälern und auf den Hügeln des Apenninvorlandes gedeihen einige der bekanntesten Vertreter der Mittelmeerflora, so z. B. die Pinie, der Buchsbaum, die Rainweide und der Judasbaum. Für einen mediterranen Einschlag sorgen die Macchia aus diversen Sträuchern wie Erdbeerbaum, Lorbeer, Mastix, Zistrose und Myrthe. Oberhalb der 1000-m-Höhenmarke setzt bereits die alpine Flora ein mit verschiedenen Rhododendren, Bergminzen, Narzissen, Enzianen und Thymian. In den höchsten Lagen des Apennin findet nicht nur der Kundige diverse Steinbrechgewächse, Alpenveilchen und andere seltene Vertreter der Hochgebirgsvegetation.

Kulturpflanzen

Wichtige Kulturpflanzen sind neben dem Ölbaum (Olive) Wein, Mais, Winterweizen und Gerste. In klimatisch geschützten Zonen gedeihen auch Zitrusfrüchte (u.a. Apfelsinen). Vielerorts werden auch Äpfel, Birnen, Pflaumen, Kirschen und Aprikosen sowie Gemüsesorten gezogen.

Tiere

Hinweis

Die ungehemmte Abholzung der umbrischen Wälder und die unkontrollierte Jagd haben der Fauna in dieser Region in erheblichem Maße zugesetzt. So sind beispielsweise die letzten Bären im 18. Jh. erlegt worden und die Wölfe galten bis vor kurzem als längst ausgestorben. Im Rahmen

Tiere (Forts.)

eines Naturschutzprogrammes versucht man, die letzten noch lebenden Apennin-Wölfe zu retten. Man glaubt, daß in besonders abgelegenen Bereichen der Monti Sibillini wieder einige Wölfe heimisch geworden sind.

Säugetiere

Die früher so zahlreichen Wildschweine und kleinere Säugetiere wie z. B. Wildkatze, Igel, Dachs, Marder, Otter, Eichhörnchen, Fuchs und Hase, können nur mit Mühe in den Wäldern Umbriens überleben, ständig bedroht durch die unzähligen Hobbyjäger. Als Haustiere werden Rinder, vor allem aber Schweine, Ziegen und Schafe gehalten.

Vögel

Umbrien ist zwar ein potentielles Vogelparadies, doch werden nicht nur die vielen Zugvögel, die im Herbst und Frühling über das Land fliegen, gejagt, sondern auch die wenigen noch verbliebenen heimischen Vögel, darunter Rebhuhn, Drossel, Waldschnepfe, Steinhuhn, Bekassine, Wildente, Wasserhuhn und Wildtaube. Ganz selten kann man auch noch Steinadler, Bussarde, Sperber und Falken beobachten.

Schlangen

Einzig die Schlangen – besonders die hochgiftige Viper (Vipera Aspis) profitieren davon, daß ihre natürlichen Feinde großenteils ausgerottet sind. Die Viper hat sich seit dem Mittelalter nahezu ungehindert ausbreiten können und ist heute in Mittelitalien fast allgegenwärtig.

Fische

Relativ artenreich ist die Süßwasserlebewelt. In den Flüssen, Teichen und Seen Umbriens leben Barsche, Forellen, Schleien, Aale und Perlfische.

Naturschutz

Allgemeines

Die Region Umbrien hat 1991 Pläne erarbeitet, wie die landschaftlich herausragenden Gebiete künftig besser geschützt werden können.

Folgende Gebiete wurden zu regionalen Naturparks (parchi regionali) erklärt: der Lago Trasimeno, der Monte Cucco, das Colfiorito, das Nera-Tal bei Terni und ein Stück des Tibertals zwischen Orvieto und Todi. Die Monti Sibillini im Osten der Region wurden bereits 1989 zum Nationalpark (parco nationale) erklärt.
Vorgesehen ist in diesen Gebieten die Stillegung von Steinbrüchen und die Beseitigung von Mülldeponien, sodann die Anlage von Forstwegen, Neupflanzungen und Aufforstungen. Außerdem soll die Jagd in den Parchi regionali verboten werden. Auf großen Widerstand stoßen die nur zum Teil realisierten Maßnahmen vor allem bei den jeweiligen Gemeindeverwaltungen, die sich den gebotenen Einschränkungen nur ungern beugen und ökonomische Einbußen befürchten.
Das etwa 95 km² große Areal um den Monte Cucco im Nordosten der Region weist einige besondere Naturphänomene auf, darunter die berühmte Karsthöhle am Hang des Monte Cucco, die Buchenwälder von Val di Ranco, die Schluchten des Rio Freddo und des Sentino. Im 63 km² großen Parco naturale regionale um den Monte Subasio sollen die Karstphänomene auf der Bergspitze, die Weideflächen und Dolinen in Gipfellage, der Renaro-Graben und der seit alters her unter besonderem Schutz stehende Steineichenwald um die Eremo delle Carceri vor der Zerstörung bewahrt werden.
Östlich von Foligno breitet sich eine abwechslungsreiche Karst- und Sumpflandschaft aus. Das 264 km² große Naturschutzgebiet der Region umfaßt u. a. das Hochmoor von Colfiorito, das Torflager, die Feuchtwiesen von Ricciano und die Graslandschaft des sogenannten Piano di Annifo. In den Sumpfgebieten, in denen vor allem verschiedene Wasservögel beheimatet sind, gedeiht eine Vielzahl von Wasserpflanzen. Um den Lago Trasimeno ist ein Areal von 145 km² unter Naturschutz gestellt. Zahlreiche Vogelarten nisten an den verschilften Ufern des Sees und auf der Isola Polvese, der größten der drei Inseln im Trasimeno.

Wirtschaft

Allgemeines

Umbrien ist traditionell eine bäuerliche Region, die in der Vergangenheit in vielen Gegenden mit Armut und Rückständigkeit zu kämpfen hatte. Jahrhundertelang wurden die Ländereien nach dem Halbpachtsystem der mezzadria zur Bestellung vergeben, die den Bauernstand wirtschaftlich niederhielt. Nachdem die Region in den 50er und 60er Jahren auf die Stahl- und Chemieindustrie gesetzt hatte, die in den 80er Jahren eine schwere Krise erlebte, sorgen in der jüngsten Vergangenheit vor allem der tertiäre Sektor sowie einige hochspezialisierte Kleinindustrien für den wirtschaftlichen Aufschwung.

Industrie

Die Stahlproduktion gehört zu den ältesten Industriezweigen in Umbrien, dessen Industrialisierung bis weit ins 19. Jh. auf die südliche Provinz Terni beschränkt war. 1875 wurde in Terni die Königliche Waffenfabrik 'Regia Fabbrica di Armi' gegründet und 1886 das Stahlwerk 'Società Altiforni e Acciaierie'. Seit den 80er Jahren sind die Stahlwerke von Terni und ihre Zuliefererindustrie in der Krise und können nur durch enorme staatliche Subventionen aufrecht erhalten werden.
In den vergangenen Jahrzehnten haben sich desweiteren auch im Tibertal und in der Valle Umbra, begünstigt durch den Ausbau der dortigen Fernstraßen, neue Industriezweige niedergelassen: Lebensmittelverarbeitung,

Neben Getreide, Oliven, Obst und Gemüse wird in Umbrien vor allem Wein angebaut

Wirtschaft (Fortsetzung) Industrie

Textilindustrie (so vor allem das 'Imperium' des Modedesigners Umberto Ginocchietti), Metall- und Maschinenbau, Holzverarbeitung sowie Druckindustrie. Sie konzentrieren sich hauptsächlich auf Perugia und Umgebung sowie Città di Castello und das nördliche Tibertal. Der seit 1903 in Perugia ansässige Pralinenhersteller 'Perugina' (wo die berühmten 'baci' produziert werden) geriet in den 80er Jahren ebenfalls in Schwierigkeiten und wurde 1988 von dem Schweizer Konzern Nestlé aufgekauft.

Handwerk

Einen nicht unbeachtlichen Beitrag zur Wirtschaft Umbriens leisten nach wie vor das Handwerk und das Kunsthandwerk. Neben der Keramik, die wohl den größten Anteil hat, sind vor allem die Kunstschmiede und die Möbelherstellung zu nennen. 1989 gab es in der gesamten Region rund 54500 eingetragene Handwerksbetriebe; in Perugia machen sie 46%, in Terni 38% der dort angesiedelten Unternehmen aus. Eine 1990 durchgeführte Wirtschaftsanalyse ergab, daß Umbrien, was das Handwerk betrifft, zu den drei führenden Regionen Italiens gehört.

Landwirtschaft

Jahrhundertelang war die Landwirtschaft der Haupterwerbszweig der umbrischen Bevölkerung. Heute sind nur noch etwa 6% der Erwerbstätigen in diesem Sektor tätig. Moderne Produktionsmethoden haben auch diesen wichtigen Sektor verändert, der mit etwa 10% zur Wertschöpfung Umbriens beiträgt. Die wichtigsten Anbauprodukte sind Wein, Oliven und Getreide (vor allem Mais, Hartweizen, Hirse und ein Getreide namens "farro"). Im nördlichen Tibertal, rund um Città di Castello, wird seit dem Beginn unseres Jahrhunderts erfolgreich Tabak gepflanzt. Eine Sonderstellung kommt den schwarzen und weißen Trüffeln zu, die in den Eichenwäldern im Osten der Region wachsen und zu diversen Delikatessen verarbeitet werden (siehe dazu den Baedeker Special S. 276). In den ländlichen Gebieten Umbriens, vor allem auf den Hochebenen von Norcia, wird Schweine-, Schaf- und Putenzucht betrieben.

Schweine aus der eigenen Zucht garantieren die besten Wurstwaren Mittelitaliens

Weinanbau

Zwischen 1987 und 1990 wurden durchschnittlich rund 1 Mio hl Wein pro Jahr erzeugt. Auf rund 22000 ha wachsen Trauben, die zu Prädikatweinen verarbeitet werden und die Bezeichnung DOC (denominazione d'origine controllata) tragen (siehe Karte der Weinanbaugebiete S. 21).
Ausführlich wird das Thema 'Wein in Umbrien' in dem Baedeker Special S. 294 behandelt.

Olivenöl

Ein weiterer Sektor, der sich immer schon durch hohe Qualität auszeichnete, ist die Olivenölproduktion. Zwischen 1978 und 1984 betrug der jährliche Ölertrag 8200 t. Davon waren 75% 'Extravergine prima spremitura a freddo', d.h. Spitzenöle aus der ersten Kaltpressung. In der gesamten Region – mit einer besonders hohen Konzentration in Spoleto, Foligno, Narni und Orvieto – arbeiten 316 Ölmühlen (1990), die 39000 t Oliven pro Jahr verarbeiten.
Einen schweren Einbruch erlitt die Olivenölproduktion im Winter 1985, als die ungewöhnlich niederen Temperaturen zahlreiche Ölbäume erfrieren ließen und die Ernte auf Jahre hinaus schmälerte.

Tertiärsektor

Der Fremdenverkehr und die an ihn geknüpften Dienstleistungsunternehmen gehören in Umbrien zu den Wirtschaftszweigen mit starkem Wachstum. Die Zahl der Besucher pendelt sich in den letzten Jahren bei etwa 4 Mio ein (Besucherzahl im Jahr 1989: 3639000, 1991: 4044000, 1993: 3858000).
Gegenüber der Toskana bietet Umbrien noch viel unberührte Natur und abgeschiedene Ferienparadiese. 'Ferien auf dem Lande' (Agriturismo) ist deshalb auch ein wichtiges Zugpferd der umbrischen Tourismusbranche. Viele Gemeinden und Hotelketten setzen zudem verstärkt auf Kongresse und Tagungen, für die in zahlreichen Orten schon eine ausreichende Infrastruktur vorhanden ist oder gerade geschaffen wird (v. a. Perugia und Orvieto).

Geschichte

Frühgeschichte

Steinzeit

Zeugnisse einer steinzeitlichen Besiedlung der heutigen Region Umbrien kamen vor allem im Tibertal, bei Norcia und bei Piediluco (Terni) zum Vorschein. Zu den bedeutendsten Funden aus der Altsteinzeit zählt eine Skulptur, die unter dem Namen 'Trasimenische Venus' bekannt wurde. In Poggio Aquilone bei Marsciano wurde ein Grab mit einem Skelett und Steinwerkzeugen entdeckt.

Nekropolen

Frühgeschichtliche Nekropolen fand man in Monteleone di Spoleto (44 Schachtgräber), auf dem Colfiorito-Paß bei Foligno, in Terni, Norcia sowie in einigen anderen Orten.

Umbrer und Etrusker

In der zweiten Hälfte des 1. Jahrtausends v. Chr. ist das Gebiet der heutigen Region Umbrien von zwei Volksstämmen besiedelt, den Etruskern und den Umbrern. Der Tiber bildet die natürliche Grenze zwischen den beiden Territorien: die Etrusker leben westlich, die Umbrer östlich des Flusses.

Etrusker

Die Etrusker sind etwa um 1000 v. Chr. aus Kleinasien nach Italien vorgedrungen und nehmen bis etwa 400 v. Chr. eine herausragende Stellung unter den Stämmen Italiens ein. Von den Römern werden sie Tusci genannt. Im 6. Jh. v. Chr. umfaßt ihre Einflußsphäre nicht nur ihr eigentliches Siedlungsgebiet Etrurien (Tuscien, Toskana), sondern reicht im Norden bis zur Poebene und im Süden bis in die Campania. Nach dem Vorbild der ionischen Polis beruht ihr Gesellschaftssystem auf einem Zusammenschluß von jeweils zwölf Städten. Die beiden mächtigsten Stadtstaaten der Etrusker sind Perusia (Perugia) und Volsinii (Orvieto). Die hochentwickelte Kultur der Etrusker (siehe dazu das Kapitel "Kunst und Kultur"), die bis ins 5. vorchristliche Jahrhundert zu den führenden Seemächten des Mittelmeerraums gehören, beeinflußt auch die benachbarten Umbrer, mit denen sie Handelsbeziehungen unterhalten.

Griechische Importwaren

Auf umbrischem Gebiet wurden nicht nur zahlreiche etruskische Gebrauchsgegenstände und Schmuckstücke, sondern auch griechisches Kunsthandwerk gefunden, das von den Etruskern nach Italien importiert worden war.

Umbrer

Von der Adriaküste herkommend, haben die Umbrer im Verlauf des ersten Jahrtausends ihr Siedlungsgebiet weit nach Südosten ins Landesinnere Italiens ausgedehnt, bis die Etrusker ihren Expansionsdrang stoppen und sie auf die rechte Tiberseite zurückdrängen. Auch sie gründen, möglicherweise angeregt durch die benachbarten Etrusker, Städte wie beispielsweise Assisi, Spoleto oder Gubbio, und befestigen sie mit Mauern aus riesigen Bruchsteinen (siehe dazu das Kapitel "Kunst und Kultur").
Die Geschichtsschreiber der römischen Antike rechnen den Volksstamm der Umbrer zur altitalienischen Urbevölkerung; Plinius der Jüngere hält sie für eine "gens antiquissima", ein "sehr altes Volk".

In Perugia ist die Kultur der Etrusker noch in einigen Denkmälern präsent, so im Arco di Augusto, einem mächtigen Tor im Norden der Altstadt

Eugubinische Tafeln

Das kulturelle Erbe der Umbrer ist nicht so reichhaltig wie das der Etrusker, deshalb ist auch das Wissen über ihre Gesellschaftsform, ihre Bräuche und ihre Religion nicht so detailliert. Neben den baulichen Überresten ihrer Städte sind die sogenannten Eugubinischen Tafeln die bedeutendste und informationsreichste Quelle über dieses Volk. Es handelt sich dabei um sieben 40 x 60 cm große, beidseitig beschriftete Bronzeplatten, die zwischen dem 3. oder 1. Jh. v. Chr. entstanden sein dürften. Man entdeckte sie in der Nähe von Gubbio, wo sie heute im Palazzo dei Consoli aufbewahrt werden. Die Texte auf den ältesten Tafeln aus dem 3. Jh. sind in etruskischer, die auf den jüngeren Tafeln in lateinischer Sprache abgefaßt. Sie handeln von liturgischen Zeremonien, Opferdarbringungen und religiösen Tänzen. Die Götter, denen diese liturgischen Handlungen gelten, sind Jupiter, Mars und Vofonius (der bei den Römern Quirinius hieß). Auch von feindlichen Nachbarn sowie von den Etruskern ist auf den berühmten Tafeln die Rede.

Umbrien unter den Römern

Die Anfänge

Dem Ausgreifen Roms auf die italischen Völker mit dem Ziel, sie ihrer Herrschaft zu unterstellen, können sich langfristig auch die Etrusker und die Umbrer nicht entziehen. Vom 4. Jh. v. Chr. an drängen die Römer immer weiter nach Norden. Von großer Tragweite für den weiteren Vorstoß Roms ist die Schlacht von Sentinum im Jahre 295 v. Chr., in der das römische Heer den italischen Bündnispartnern, zu denen außer Umbrern und Etruskern auch noch Samniten und Gallier gehören, eine vernichtende Niederlage beibringt. Auf umbrischem Boden zerstören sie als erstes die strategisch nicht unbedeutende Stadt Nequinum und gründen 229 v. Chr. an ihrer Stelle die Kolonie Narnia (Narni). Im Jahre 241 v. Chr. wird mit Spoleto die zweite römische Kolonie ins Leben gerufen.

Bundesgenossensystem der Römer

Das Herrschaftsinstrument der Römer zur Unterwerfung der italischen Volksstämme ist das sogenannte Bundesgenossensystem. Manchen Städten räumt Rom gewisse Sonderrechte ein oder gestattet ihnen, ihre Verwaltungsinstitutionen beizubehalten und weiterhin ihre Religion auszuüben – dies bezeugen u.a. die auf den Eugubinischen Tafeln, die aus vorchristlicher Zeit stammen, beschriebenen rituellen Handlungen.

Schlacht am Trasimenischen See

Die Eingliederung der Umbrer scheint auf nicht allzugroßen Widerstand gestoßen zu sein, denn als Hannibal dem römischen Heer 217 v. Chr. am Trasimenischen See eine vernichtende Niederlage beibringt und Rom dadurch in eine äußerst kritische Lage gerät, nutzen weder Umbrer noch Etrusker die Gelegenheit, um sich gegen die römische Herrschaft aufzulehnen (siehe dazu das Baedeker Special S. 149).

Via Flaminia

Als die Kontrolle über das Territorium sichergestellt ist, beginnen die Römer mit dem Bau eines Straßennetzes. Die wichtigste Verkehrsader ist die 220 v. Chr. angelegte Via Flaminia, benannt nach dem Censor Gaius Flaminius (siehe Karte unten). Die Via Flaminia durchquert Umbrien von Süden nach Norden und verbindet Rom mit der nördlichen Adriaküste, die sie bei Fanum Fortunae, dem heutigen Fano, erreicht. An der Handelsstraße entstehen blühende Siedlungen. Als die Via Flaminia später weiter nach Osten verlegt wird, bedeutet dies meist auch den Niedergang dieser Ortschaften.

Am Krieg der italischen Bundesgenossen beteiligt sich auch Umbrien. Die Auflehnung der Bundesgenossen gegen die römische Herrschaft geht von den Etruskern aus. Rom kann aber seine Vormachtstellung behaupten; die umbrischen Städte werden zu Munizipien (lat. Municipium). So bezeichnete man in der römischen Republik seit 338 v. Chr. die in den Staatsverband aufgenommenen italienischen Städte, die teils Vollbürgerrecht, teils kein Stimmrecht in den römischen Volksversammlungen besaßen.

91 – 88 v. Chr.

In Perugia (latein. Perusia) fällt die Entscheidung im Kampf um Caesars Nachfolge. Sein Adoptivsohn und Nachfolger Octavian (der spätere Kaiser Augustus) besiegt seinen Konkurrenten Marc Anton, der sich mit seinen Truppen verschanzt hat.
Nach einjähriger Belagerung ist die Stadt ausgehungert (Perusina fames) und kapituliert. Perugia wird zur Plünderung freigegeben; 300 Senatoren und Ritter werden vor dem Altar des 'Divus Iulius' hingeschlachtet.

41 v. Chr.
Perusinischer Krieg

Ocriculum bei Narni – in römischer Zeit eine bedeutende Station an der Via Flaminia, heute ein Ruinenfeld

Kaiser Augustus schafft eine erste Verwaltungsgliederung Italiens, die das Land in 12 Regionen einteilt. Umbrien wird zur Regio Sexta. Das Gebiet des antiken Umbrien reicht vom Tiber bis zur Adria zwischen den heutigen Städten Pesaro und Senigallia. Ausgeschlossen sind Perugia, das Etrurien zugeschlagen wird, und das an Samnium angegliederte Norcia.

Verwaltungseinteilung durch Augustus

Diokletian vereint am Ausgang des 3. Jh.s Umbrien und Etrurien zur einer Region, die den Namen Tuscia et Umbria erhält.
Der Name Umbria gerät in den folgenden Jahrhunderten in Vergessenheit. Zum Synonym für Umbria wird das im 6. Jh. gegründete Herzogtum Spoleto, das große Gebiete des heutigen Umbriens umfaßt. Erst etwa 1000 Jahre später taucht die Bezeichnung Umbria wieder in den Beschreibungen der Bildungsreisenden des 17. Jh.s sowie in zeitgenössischen Stichwerken auf.

Tuscia et Umbria

Christentum in Umbrien

Im 3. und 4. Jh. breitet sich auch in Umbrien das Christentum aus. Gleichzeitig leben die heidnischen Kulte weiter, wie eine 333 n. Chr. unter Kaiser Konstantin erlassene Verordnung belegt, mit der die Kulthandlungen zu Ehren des Fanum Voltumniae nach Spello verlegt werden.

Umbrien im Zeitalter der Langobarden und Franken

552 Schlacht bei Tagina

In den Auseinandersetzungen zwischen Ostgoten und Byzanz um das Erbe des weströmischen Reichs ist auch Umbrien Schauplatz der Kampfhandlungen. Im Jahre 552 tragen die byzantinischen Truppen unter ihrem Feldherrn Narses in der Schlacht von Tagina (beim heutigen Gualdo Tadino) den Sieg über die von Totila angeführten Ostgoten davon.

Langobarden, Gründung des Dukats von Spoleto

Der byzantinische Sieg über die Ostgoten ist noch keine 20 Jahre alt, als ein weiteres Volk in Italien eindringt und die politische Landschaft Italiens maßgeblich prägt: die Langobarden. Das Kerngebiet des Langobardenreichs sind die Poebene und die Toskana, in Umbrien erobern sie unter Faroald I. Spoleto und erheben es 571 zum Mittelpunkt eines mächtigen Herzogtums (Dukat), das formell bis 1250 existiert.
Den Langobarden unterstehen außer Spoleto auch Montefalco, Trevi und Foligno. Allerdings gelingt es ihnen nicht, ihre Herrschaft auf ganz Umbrien auszudehnen, da Byzanz einen schmalen Gebietsstreifen unter Kontrolle behält, der auch als byzantinischer Korridor bezeichnet wird. Er stellt eine Verbindung zwischen Rom und den byzantinischen Besitzungen an der adriatischen Küste her, insbesondere dem Exarchat von Ravenna; auf umbrischem Gebiet verläuft der Korridor entlang der Städte Narni, Amelia, Todi, Perugia und Città di Castello. Auch das Tibertal bleibt byzantinisch.

Landflucht

In den unruhigen Zeiten während der Kämpfe zwischen Langobarden und Byzantinern setzt in Umbrien eine Wanderbewegung der Landbevölkerung ein. Die Bewohner der in den Ebenen gelegenen Dörfer ziehen sich auf die Hügel zurück, da der erhöhte Standort mehr natürlichen Schutz und bessere Möglichkeiten zur Verteidigung bietet. Aus diesen Hügeldörfern entstehen später um eine Burg angelegte, befestigte Siedlungen, die für das Landschaftsbild Umbriens heute noch bestimmend sind.

Franken

Eine neue Situation tritt mit dem Fall von Ravenna und dem Ende der byzantinischen Herrschaft in Italien ein (751). Vom Papst zu Hilfe gerufen, betreten die Franken die italienische Bühne.

Gründung des Kirchenstaates

Der fränkische König Pippin III. der Jüngere zwingt die Langobarden zu Gebietsabtretungen an den Papst, die als sog. 'Pippinische Schenkung' in die Geschichte eingingen und zur Etablierung des Kirchenstaates in Mittelitalien führen. Zu den Gebieten, die fortan dem Papsttum unterstehen, gehören auch das Herzogtum von Spoleto.

Karl der Große

Der entscheidende Schlag gegen die Langobarden gelingt dem Frankenkönig Karl d. Große, der 773/774 das Langobardenreich erobert und es dem Frankenreich angliedert. Er führt fortan den Titel eines 'Königs der Franken und Langobarden'.

Das goldenen Zeitalter Umbriens

Il Comune

Im 12. Jh. beginnt die Zeit der freien Kommunen in Umbrien, aber auch in anderen Teilen Nord- und Mittelitaliens. Vor dem Hintergrund des politischen Vakuums, das durch die Zwistigkeiten zwischen Papsttum und Reich de facto herrscht, und der gestiegenen Wirtschaftsmacht, die u. a. im Aufblühen des Fernhandels ihre Wurzeln hat, können sich autonome Stadtstaaten, comuni genannt, herausbilden. Die Bürger einer freien Komune wählen als Stadtoberhaupt auf ein Jahr den Podestà, der zur Garantie seiner Unparteilichkeit aus einer anderen Stadt kommen muß. Er hat vor allem repräsentative und judikative Aufgaben, während die Exekutive vor allem vom Capitano del Popolo wahrgenommen wird. Mit der Stadtregierung wird ein von den Mitgliedern der Zünfte gewähltes bzw. durch Los ermitteltes Gremium beauftragt; in Perugia sind dies die 12 Prioren, in Orvieto gibt es dafür sieben Konsuln.

Il Comune (Fortsetzung)

Die Kommunen beschränken ihren Machtanspruch nicht nur auf die Verwaltung des Stadtgebiets im eigentlichen Sinn, sondern sie versuchen auch, das Umland, genannt contado, unter ihre Herrschaft zu bringen. Die Territorialpolitik der Städte, insbesondere der größeren, bringt ein System von gegenseitigen Schutzbündnissen mit weiter entfernt liegenden Kommunen hervor – nach dem Prinzip: der direkte Nachbar ist der Feind, der Nachbar des Nachbarn ist der Verbündete.

Il Contado

Die sog. Pippinische Schenkung, deren Echtheit schon in mittelalterlicher Zeit bezweifelt wird, liefert für das gesamte Mittelalter Konfliktstoff zwischen Kaiser und Papsttum, da die Herrschaftsverhältnisse in diesen Gebieten, zu denen auch zahlreiche umbrische Städte gehören, nicht geklärt sind. Viele Städte sehen sich dadurch in der unglücklichen Lage, sowohl der Kirche als auch dem Kaiser unterstellt zu sein; andererseits nutzen sie im Zeitalter der freien Kommunen auch diese Konstellation, um sich durch Zugeständnisse von beiden Seiten ihre Unabhängigkeit zu sichern.

Kaiser und Papst

Die Rocca Maggiore von Assisi, eine der vielen Burgen, die im Mittelalter über die umbrischen Städte wachten

Im 12. und 13. Jh. erreicht der Machtkampf um Reichsitalien seinen Höhepunkt. Kaiser Friedrich Barbarossa (1152–1190) unternimmt den Versuch, die seit dem Investiturstreit geschmälerte kaiserliche Autorität wieder herzustellen. Die papsttreuen Städte verwüstet er (so z. B. Bevagna und Montefalco), bevor er ihnen, ebenso wie den kaisertreuen Kommunen (z. B. Assisi), einen Statthalter vorsetzt. In einer Zeit, in der die meisten umbrischen Städte politisch selbstverwaltet sind, forderte diese Vorgehensweise zwangsläufig ihren Widerstand heraus.

Friedrich Barbarossa

Friedrich II.

Zwischen Papst Gregor IX. (1227–1241) und Friedrich II., dem Enkel Barbarossas, schlagen die Wellen erneut hoch. Friedrich II. zerstört widerspenstige Kommunen und setzt zur Festigung seiner Herrschaft Generalvikare ein. Auch innerhalb der Städte toben die Parteienkämpfe zwischen Anhängern des Papstes (Guelfen) und Anhängern des staufischen Kaisertums (Ghibellinen). Der Tod des Stauferkaisers 1250 und das Aussterben dieses Geschlechts bringt den Konflikt vorübergehend zum Erliegen.

Bettelorden

1181 wird in Assisi der Kaufmannssohn Giovanni Bernardone, genannt Franziskus, geboren (siehe dazu den Baedeker Special S. 35). Er gründet den Franziskanerorden, dessen Regeln 1223, noch zu Lebzeiten von Franziskus, Papst Honorius III. bestätigt.
Trotz interner Streitigkeiten, die unter den Nachfolgern von Franziskus ausbrechen, breitet sich der Orden sehr rasch aus. In Umbrien werden die Franziskaner in fast allen größeren Städten ansässig. Ihre Kirchen, die einen wesentlichen Beitrag zur sakralen Baukunst Umbriens leisten, befinden sich meist in der Nähe der mittelalterlichen Stadtmauern.

14./15. Jh., Signoren

Seit dem 14. Jh. werden die Städte nicht mehr von den Volksvertretern regiert, sondern von einzelnen Adelsfamilien (Signoren). In Foligno sind dies die Trinci, in Perugia u. a. die Baglioni, in Orvieto die Monaldeschi, in Gubbio die Gabrielli und in Todi die Familie Atti.

Kardinal Albornoz

Die Herrschaft der Signorien wird im 14. Jh. kurzfristig unterbrochen durch die Versuche des päpstlichen Kardinallegaten Aegidius Albornoz (→ Berühmte Persönlichkeiten), die Städte in Umbrien für Papst Innozenz VI., der sich in Avignon im Exil befindet, zu gewinnen. Trotz der zahlreichen Burgen, mit denen Albornoz die päpstliche Präsenz demonstrieren will, kehren in vielen Städten die Signoren zurück. Der berühmteste Condottiere seiner Zeit, Braccio Fortebraccio Da Montone (→ Berühmte Persönlichkeiten), ist von 1416 bis 1424 Herr über Perugia und einiger anderer umbrischer Städte. Vom 15. Jh. an macht die Rückeroberung der Kirche Fortschritte, doch die letzten Kommunen Umbriens können erst im 16. Jh. der Kirche unterstellt werden. Als letzte Bastion behauptet Perugia bis zum sog. Salzkrieg 1540 seine kommunale Unabhängigkeit.

Salzkrieg 1540

Der sogenannte Salzkrieg bedeutet für Perugia die Unterwerfung unter die Herrschaft des Kirchenstaates. Als Papst Paul III. auf der Suche nach immer neuen Einkünften die Bürger von Perugia zwingen will, ihr Salz ausschließlich für teureres Geld von den päpstlichen Salzgruben zu beziehen, widersetzen sich diese der päpstlichen Vorgabe und backen ihr Brot ohne Salz. Der Papst besiegt die Stadt und läßt an der Stelle adeliger Wohnhäuser als Symbol seiner Macht die päpstliche Rocca erbauen. Mit dem 'Fall' Perugias war die Eingliederung Umbriens in den Kirchenstaat vollzogen.

Umbrien vom 16. Jh. bis in die Gegenwart

Wirtschaftlicher Niedergang

Unter der Herrschaft der Kirche regieren die päpstlichen Statthalter die Städte Umbriens. Spoleto, Sitz des päpstlichen Gouverneurs, und Orvieto, das die Päpste gerne für längere Zeit aufsuchen, gehören zu den wenigen Städten, die im 17. und 18. Jh. eine Phase des Wohlstands erleben. In den anderen Städten Umbriens ist der politische Niedergang auch mit einem wirtschaftlichen verbunden und von diesem abhängig auch mit einer kulturellen Stagnation.
Für die Päpste, deren Interesse sich ausschließlich auf Rom konzentriert, ist Umbrien eine Provinz, der man keine weitere Aufmerksamkeit schenkt. Hatte Umbrien im Mittelalter eigene Baumeister und – an der Schwelle zur Renaissance – einige namhafte Künstler hervorgebracht, so schwimmt es jetzt nur noch im kulturellen Fahrwasser Roms. Barocke Kirchen und Paläste stammen in aller Regel von römischen Architekten, und die Akademien transportieren römisches Kulturgut.

Umbrien wird im 18. Jh. gleich zweimal von einem schweren Erdbeben heimgesucht. Besonders betroffen sind die Valnerina, wo die Erschütterungen mehr als 2000 Tote fordern, und die Gegend von Norcia. 1703 und 1730

Durch die Italienfeldzüge Napoleons wird die päpstliche Herrschaft über Umbrien zweimal für kurze Zeit unterbrochen. Nachdem im Frieden von Tolentino bereits die Emilia-Romagna an Frankreich übergegangen ist, rücken die französischen Truppen 1789/1799 nach Umbrien vor. Das neu eroberte Gebiet unterteilen sie in die Départements Clitunno (Mittelpunkt ist Spoleto) und Trasimeno (mit der Hauptstadt Perugia). 1809–1814 ist Umbrien ein weiteres Mal französisch besetzt. Der Kirchenstaat wird durch den Wiener Kongreß wiederhergestellt. 1798/1799 und 1809–1814

Unter dem Eindruck der Julirevolution in Frankreich kommt es in Italien zu Aufständen. In Umbrien formiert sich der Widerstand gegen die Herrschaft der Kirche, den der Papst niederschlagen läßt. Der 1831 aus Italien ausgewiesene, national-gemäßigte Jurist Giuseppe Mazzini begründet im Exil in Marseille die Bewegung des Risorgimento (Wiederauferstehung), die schließlich 1860 in die politische Einigung Italiens führen wird. Die Führung der nationalen Bewegung übernimmt 1848 Piemont, das unter König Albert Österreich mit Hilfe Frankreichs aus Italien vertreibt. Aufstände 1831 und 1848

Im September marschieren piemontesische Truppen in Umbrien ein; im Oktober entscheiden sich die Marken, Neapel und Umbrien per Volksentscheid für den Anschluß an Piemont. Die neu gründete Provinz erhält den Namen der römischen Regio Umbria. Sie umfaßt das Gebiet der Region Umbrien sowie das Gebiet von Rieti, das 1923 abgespalten wird. 1860

Die Industrialisierung Umbriens setzt ein. Mit der Eisenbahnlinie Centrale Umbra kündigen sich auch im Bereich des Verkehrs moderne Zeiten an. Ende 19. Jh.

Umbrien wird in zwei Provinzen, Perugia und Terni, unterteilt, die zusammen die Region Umbrien bilden. 1927

Italien bleibt im Zweiten Weltkrieg zunächst 'nicht kriegführend', tritt dann aber im September 1940 an der Seite Deutschlands in den Krieg ein. Im Juli 1943 wird das faschistische Regime Mussolinis gestürzt und der Duce verhaftet. Italien vereinbart einen Waffenstillstand mit den Alliierten und erklärt Deutschland den Krieg. Am 2. Mai 1945 kapitulieren die deutschen Streitkräfte in Italien. 1939–1945

Nach der Abdankung Viktor Emanuels III. wird Italien per Volksentscheid Republik. 1946

Der wirtschaftliche Aufschwung in Umbrien macht sich vor allem in der Industriemetropole Terni und in den größeren Städten bemerkbar. Die Bevölkerung auf dem Land nimmt an diesem Aufschwung kaum teil. Als Folge dieser Entwicklung kommt es in den ländlichen Gebieten zu starker Abwanderung in die Städte. 1950er und 1960er Jahre

Die Region Umbria mit der Hauptstadt Perugia wird gegründet. 1970

Ein schweres Erdbeben zerstört im Südosten Umbriens, vor allem in Norcia und Umgebung zahlreiche Häuser. 1979

Seit den Regionalwahlen im Jahr 1990 regieren in Umbrien die Linksparteien (PDS, PSI, Rifondazione Comunista) zusammen mit den Grünen. 1990

Ein schweres Erdbeben in Mittelitalien (26. 9.) führt in Umbrien zur Zerstörung von Wohnhäusern und historischen Bauten. Nachbeben folgen. 1997

Ende März und Anfang April erneut Erdbeben in Mittelitalien. 1998

Berühmte Persönlichkeiten

Vorbemerkung

Die folgende namensalphabetisch geordnete Liste vereinigt historische Persönlichkeiten, die durch Geburt, Wirken, Aufenthalt oder Tod mit Umbrien verbunden sind und überregionale Bedeutung erlangt haben.

Aegidius Albornoz (um 1310–1367)

Fast in jeder Stadtgeschichte in Umbrien fällt irgendwann der Name des spanischen Kardinals Albornoz, der im 14. Jh. zahlreiche Territorien in Mittelitalien für das Papsttum zurückgewann. Aegidius Álvarez Carillo de Albornoz bekleidete in Kastilien sowohl das Amt des Erzbischofs von Toledo (seit 1338) als auch des königlichen Kanzlers. Konflikte mit dem König ließen ihn an den päpstlichen Hof nach Avignon fliehen, wo er aufgenommen und 1350 zum Kardinal erhoben wurde. Der Papst schickte Albornoz als Legaten nach Mittelitalien, wo er in dessen Auftrag die abtrünnig gewordenen, zum Teil von Signoren oder auch kaiserlichen Statthaltern regierten Städte zurückeroberte und sie wieder unter die päpstliche Herrschaft stellte. Das Überleben des Kirchenstaates in den Zeiten des avignesischen Exils der Päpste war wesentlich das Verdienst von Kardinal Albornoz. Als steinerne Zeugen seiner erfolgreichen Politik haben die Burgen, mit deren Bau er die eroberten Städte unter die päpstliche Knute zwingen wollte, dem Zahn der Zeit getrotzt.

Giorgio Andreoli (um 1465/1470 bis nach 1553)

Die Blütezeit der Keramikkunst in Gubbio im 16. Jh. ist aufs engste mit dem Namen Giorgio Andreoli verbunden, der seit dem Jahre 1498 das Meister- und Bürgerrecht der nordumbrischen Stadt besaß. Andreolis Spezialität war der Lüsterdekor, ein hauchdünner Metallfilm über der Glasur von Majoliken, mit dem die darunterliegende Bemalung Glanz erhielt. Die äußerst schwierige Technik war im Vorderen Orient bereits seit dem 9./10. Jh. bekannt und gelangte über Spanien, dessen Töpfermeister seit dem 13. Jh. mit Lüster arbeiteten, nach Italien. Wie die italienischen Keramikkünstler an das Geheimnis des Lüsterdekors kamen, ist bis heute ein Rätsel. Giorgio Andreoli jedenfalls war offensichtlich seit 1518 mit diesem Verfahren erfolgreich zugange, und sein Ruf als Meister des Rot- und des Goldlüsters reichte schon bald weit über die Stadtgrenzen hinaus.
Andreoli war nicht nur ein technisch versierter Spezialist, sondern er verstand es auch meisterhaft, den Lüster so einzusetzen, daß er beispielsweise den Glanz von Schmuck oder Waffen zur Geltung brachte. Dementsprechend verwundert es auch nicht, daß Giorgio Andreoli sich selbst nicht als Handwerker, sondern als Künstler sah, der selbstbewußt die von ihm bemalte und lüstrierte Töpferware datierte und mit seinem Namenszug versah.

Benedikt von Nursia (480–547)

Der 'Vater' des abendländischen Mönchtums stammte aus der umbrischen Stadt Norcia, dem römischen Nursia. An der zentralen Piazza in Norcia erinnern die Kirche San Benedetto und sein überlebensgroßes Standbild an den berühmtesten Bürger der Stadt. Drei Jahre zog sich der junge Benedikt als Einsiedler – damals die einzige bekannte Form des Mönchtums – in eine Höhle bei Subiaco in Latium zurück, bevor er für die dortigen Eremitenmönche das erste Kloster gründete. Um 529 schließlich versammelte er auf dem Montecassino eine zweite Mönchsgemeinschaft,

Benedikt von Nursia (Fortsetzung)

für die er 534 die berühmte 'Regula' (Benediktregel) verfaßte. In diesem Werk sind die Grundregeln des Benediktinerordens festgelegt, die auch zur Grundlage für alle anderen christlichen Orden werden sollte. Die von Benedikt aufgestellten Regeln bestimmten, daß die Mönche seßhaft wurden und nicht mehr als Einsiedler, sondern in einer geschlossenen Gemeinschaft leben sollten. Die geistige Meditation trat zurück hinter der Forderung nach Arbeit und Gebet (ora et labora).

Lucrezia Borgia (1480–1519)

Sie ist eine der wenigen Frauengestalten, die in der umbrischen Geschichte eine (wenn auch nur unbedeutende) Rolle gespielt haben. Lucrezia Borgia war die Tochter des Renaissancepapstes Alexander VI. und Schwester von Cesare Borgia, der unter der Protektion seines Vaters große Teile Mittelitaliens für den Kirchenstaat eroberte. Eine der wichtigsten Festungen des päpstlichen Territoriums war Spoleto, wo Kardinal Albornoz (s. oben) eine mächtige Rocca hatte errichten lassen. Als Statthalterin des Papstes (ihres Vaters) hielt Lucrezia Borgia im Jahre 1499 Einzug in die Rocca von Spoleto – das erste Mal in der Geschichte, daß die Funktion eines päpstlichen Legaten von einer Frau wahrgenommen wurde. Ihre Statthalterschaft dauerte allerdings nur einige wenige Wochen; schon bald kehrte Lucrezia auf Anweisung ihres Vaters nach Rom zurück. Bis in die Neuzeit hielt sich hartnäckig das von Verleumdungen und späteren Moralvorstellungen geprägte Bild Lucrezias als einer intriganten, sitten- und gewissenlosen Frau. Vor allem ihre drei Eheschließungen wurden dabei immer wieder als Zeugnis ihrer mangelnden Tugendhaftigkeit angeführt, doch gerade sie waren ein politisches Instrument von Vater und Bruder, um dynastische Verbindungen zu knüpfen.

Andrea Braccio, gen. Braccio Fortebraccio da Montone (1368–1424)

Als einer der größten und gefürchtetsten Condottiere seiner Zeit ging Braccio Fortebraccio da Montone in die Geschichte Umbriens ein. Fortebraccio entstammte einem vornehmen Geschlecht aus Perugia, das seinen Stammsitz in Montone, einem kleinen Ort nördlich von Umbertide hatte. Dort erlebte Fortebraccio seine Jugend, als die Familie aus Perugia verbannt war. Als junger Mann trat Braccio in die Dienste verschiedener Heerführer und schlug die Laufbahn des Condottiere ein, für die er offenkundig genügend Ehrgeiz, eine außergewöhnliche Begabung und ein hohes Maß an kriegstaktischem Geschick mitbrachte. Schon bald unterstand Braccio eine eigene Reitertruppe und nach seiner Wahl zum Signore von Roccacontrada (1407) besaß er überdies auch einen Stützpunkt für seine Kriegszüge.
Zu den größten Triumphen Andrea Braccios dürfte die 1416 gelungene Eroberung seiner Heimatstadt Perugia gehört haben. Seine kurze Regierungszeit als Signore (1416–1424) war einerseits geprägt von strenger Herrschaft, aber auch von einem kulturellen und wirtschaftlichen Auf-

Andrea Braccio (Fortsetzung)

schwung für die Stadt. Auf dem Höhepunkt seiner Laufbahn umwarben sogar die beiden mächtigsten Männer im Kampf um Reichsitalien, König Ladislaus von Neapel und der Papst, den erfolgreichen Söldnerführer. Das Verhältnis beider zu Fortebraccio war dennoch ein ambivalentes: einerseits bedienten sie sich gerne seiner militärischen Schlagkraft, andererseits wurde ihnen der erfolgreiche Condottiere auch schnell zu einflußreich. Als Fortebraccio sich 1424 bei L'Aquila den päpstlichen Truppen entgegenstellte, mußte er die entscheidende Niederlage hinnehmen; er starb kurz darauf an den Folgen seiner schweren Verwundung.

Gattapone (14. Jahrhundert)

Matteo di Giovannello di Maffeo, besser bekannt als 'Gattapone', war einer der bedeutendsten mittelalterlichen Baumeister Umbriens. Für das herausragende Baudenkmal in seiner Geburtsstadt Gubbio, den Palazzo dei Consoli, hat er höchstwahrscheinlich die gewaltigen Substruktionen geplant, die die Anlage des Kommunalpalastes und des davorliegenden Platzes am steilen Hang erst ermöglichten. Als Festungsbaumeister in den Diensten des päpstlichen Legaten Kardinal Albornoz leitete er 1359–1370 den Bau der Rocca von Spoleto und die Errichtung des 230 m langen Aquädukts über die Schlucht des Tessino. Wenige Jahre später wurde er mit der Ausführung der Portezza di Porta Sole in Perugia betraut (1371 bis 1374), die von Zeitgenossen als schönste und gewaltigste Festungsanlage gerühmt wurde. Weitere Aufträge führten den Spezialisten auch nach Bologna und nach Assisi, wo ihm die Katharinenkapelle der Unterkirche von San Francesco zugeschrieben wird.

Giotto di Bondone (ca. 1267–1337)

An der Ausmalung der Oberkirche von San Francesco in Assisi, dem politisch und künstlerisch bedeutendsten Kirchenbauprojekt in Umbrien, wird die Beteiligung eines Künstlers angenommen, der die mittelalterliche italienische Malerei revolutionierte wie kein anderer seiner Zeit – Giotto di Bondone. Als sein reifes Hauptwerk kennen viele die Cappella degli Scrovegni in Padua, die er zwischen 1303 und 1310 ausmalte. Sein Wirken in Assisi fällt in seine Frühzeit als Maler, als er neben dem großen Cimabue arbeitete. Mit Giotto begannen die italienischen Künstler, sich vom Vorbild der byzantinischen Malerei zu lösen. Während diese Malerei sich durch eine eher flächenhafte Darstellung, in der die Personen frontal wiedergegeben werden, charakterisiert, stellten Giotto und seine Schüler ihre Szenen in einen nachvollziehbaren, realen Raum mit Landschaften, Stadtansichten oder Innenarchitekturen. Seine Figuren machte er zu handelnden und fühlenden Menschen mit lebendiger Mimik und Gestik.

Klara von Assisi (1194 bis 11. 8. 1253)

Spätestens nach dem Besuch von Assisi ist die heilige Klara, Santa Chiara, dem Umbrien-Reisenden keine Unbekannte mehr. Jahr für Jahr pilgern Tausende zu der dritten großen Kirche in Assisi, in der die sterblichen Überreste der Heiligen aufbewahrt werden. Chiara Sciffi, Tochter einer angesehenen Adelsfamilie, verließ im Alter von 18 Jahren ihr Elternhaus, um sich Franziskus und seinen Ordensbrüdern anzuschließen. Dieser nahm ihr die franziskanischen Gelübde ab und gründete für sie den sogenannten 'zweiten Orden'.
Die erste Klostergemeinschaft der Klarissinnen fand sich in San Damiano bei Assisi zusammen mit dem Ziel, ihr Leben in Armut und Buße dem Dienst an den Menschen zu widmen. Trotz Klaras lebenslänglicher Bemühungen, für ihren Orden dieselben Regeln zu erwirken wie sie der Franziskanerorden besaß, wurde die um sie versammelte Frauengemeinschaft auf ein kontemplatives, ortsgebundenes Klosterleben in strenger Klausur beschränkt. Bereits zwei Jahre nach ihrer Heiligsprechung (1255) wurde in Assisi mit dem Bau der Kirche Santa Chiara begonnen, in der seit 1260 ihre Gebeine beigesetzt sind.

Perugino (um 1448–1523)

Der von Zeitgenossen als der "berühmteste Maler ganz Italiens" titulierte Perugino , eigentlich Pietro di Cristoforo Vannucci, erblickte in dem kleinen Backstein-Städtchen Città della Pieve südlich des Lago di Trasimeno das Licht der Welt. Über seine Jugend ist fast nichts bekannt. Im Jahre 1472

Baedeker Special

Il Poverello

Giovanni Battista, besser bekannt unter seinem Rufnamen Franziskus, wurde im Winter 1181/1182 als Sohn des wohlhabenden Kaufmanns Pietro di Bernardone geboren. Seine Jugendjahre in der Ghibellinenstadt Assisi waren von den ständigen Kriegen zwischen Kaiser und Papst überschattet. Als junger Mann brach er nach Apulien auf, um im Heer Gualtieris III. von Brienne zu dienen. In Spoleto, der ersten Etappe seiner langen Reise, erkrankte er und vernahm, von heftigem Fieber geschüttelt, die Stimme des Herrn, die ihn aufforderte, nach Assisi zurückzukehren. Von da an wandte er sich immer mehr den Armen und Aussätzigen zu und begann, selbst zu betteln. Den göttlichen Auftrag zur Neugestaltung der Kirche erhielt er, als ihm beim Gebet in dem halbzerfallenen Kirchlein San Damiano die Stimme des Herrn befahl: "Geh und baue mein Haus wieder auf". Franziskus nahm den Auftrag zunächst wörtlich und ging daran, die Kirche auszubessern – mit dem Geld seines Vaters. Das Zerwürfnis mit diesem blieb nicht aus. Als es deswegen zu einer Verhandlung kam, sagte er sich öffentlich von seiner Familie und seinen Standesgenossen los: Er zog seine Kleider aus und warf sie dem Vater mit den Worten vor die Füße, es gebe künftig für ihn nur noch einen Vater – den im Himmel.
Als äußeres Zeichen seines Bekenntnisses zu Armut und Demut ging der frühere Edelmann von nun an barfuß und in einem einfachen braunen Rock, der nur mit einem Strick um den Bauch zusammengeschnürt wurde. Schon bald hatte der 'kleine Arme' (il poverello) Anhänger gefunden, die meisten waren wie er junge Männer aus der städtischen Oberschicht. Für sie – angeblich sollen es wie bei den Jüngern Christi zwölf gewesen sein – verfaßte er in der armseligen Hütte von Rivotorto bei

Franziskusbildnis von Cimabue

Assisi eine Regel, die 1223 der Papst bestätigte. Als erste Mönchsgemeinschaft des Abendlandes erhoben die Franziskaner die Predigt und den Dienst an den Menschen, an den Armen und Kranken, zu ihren vordringlichsten Aufgaben. Franziskus selbst kehrte nach Missionsreisen in Südfrankreich und einem langen Aufenthalt im Heiligen Land 1220 wieder in seine Heimat zurück. Auf die quälende Frage, ob er tatsächlich auf dem richtigen Weg sei, gab ihm Gott 1224 ein Zeichen: am Berg La Verna erschien ihm Christus und brachte ihm die Wundmale bei (Stigmatisation). Zwei Jahre später, am 3. Oktober 1226, starb der erkrankte Franziskus in der Porziuncola-Kapelle in Santa Maria degli Angeli bei Assisi. Als Sterbebett diente ihm nichts als der nackte Boden.
Das Charisma dieses Mannes, der angeblich nicht nur zu den Menschen, sondern auch zu den Tieren sprechen konnte, hat bis heute seine Wirkung nicht eingebüßt – vielleicht, weil Franziskus lebte, was viele nur predigen: Nächstenliebe und Brüderlichkeit.

Perugino
(Fortsetzung)

erscheint er als Künstler in Florenz. Vermutlich ging er, wie sein Biograph Giorgio Vasari berichtet, bei Piero della Francesca in die Schule, von dem er die moderne, zentralperspektivisch genaue Auffassung von Architektur und Bildraum gelernt haben mag. Aber auch andere florentinische Künstler wie Verocchio und Botticelli beeinflußten den jungen Maler, der schon bald selbst zur ersten Garde der italienischen Pittori gehörte. Ein Zeichen seiner Wertschätzung ist die Tatsache, daß man ihn Ende der 70er Jahre nach Rom berief, wo er bis 1483 an den Fresken in der Sixtinischen Kapelle arbeitete. Im Jahre 1493 ließ er sich in Florenz nieder und gründete eine Familie. Aufträge führten ihn u.a. nach Orvieto und nach Perugia, wo er 1497–1500 das Collegio del' Cambio, den Versammlungsraum der Geldwechslerzunft, ausmalte. An diesem Auftrag war vermutlich auch schon sein Schüler Raffael beteiligt, der seinen Meister an Bekanntheit und Ruhm schon bald weit übertreffen sollte. Nach 1500 war Peruginos Stern im Sinken begriffen, seine Kunst ermattete und fand nicht mehr die Aufnahme wie in früheren Jahren. Zu den überwiegend kleinen Aufträgen, die sein Spätwerk bilden, gehört auch das Fresko im Oratorio dei Bianchi in seiner Heimatstadt Città della Pieve. Im Jahre 1510 verließ Perugino Florenz und lebte fortan in seiner alten Heimat Umbrien. Er starb 1523 in dem Dorf Fontignano bei Città della Pieve an der Pest.

Pinturicchio
(um 1454–1513)

Das mittelalterliche Städtchen Spello, an einem Ausläufer des Monte Subasio gelegen, besitzt neben einem hübschen Stadtbild, römischen Stadttoren, Resten einer Burg und etlichen Kirchen ein kleines Juwel der umbrischen Renaissance-Malerei und gleichzeitig eines der Hauptwerke, das der Künstler Pinturicchio in Umbrien hinterlassen hat. Die Rede ist von der Baglioni-Kapelle in der Kirche Santa Maria Maggiore, die Pinturicchio um 1500 mit Fresken voll anmutiger Leichtigkeit und Erzählfreude ausschmückte. Der aus Perugia gebürtige Maler, der eigentlich Bernardo di Betto hieß, erhielt seine ersten Unterweisungen vermutlich von Perugino, dem er bei den Arbeiten in der Sixtinischen Kapelle assistierte. Pinturicchio fand im Anschluß an diese Tätigkeit weitere Auftraggeber in Rom; er freskierte u.a. einige Säle und die Loggia des vatikanischen Belvedere und lieferte für verschiedene Kirchen Altarblätter. Sein Hauptwerk in Rom sind die Appartamenti Borgia (1492–1495), die er zusammen mit Schülern für Papst Alexander VI., den Vater von Lucrezia Borgia (s.o.), ausmalte.

Jacopone da Todi
(um 1230–1306)

Der tragische Tod seiner Frau, die bei einem Tanzfest durch den Einsturz des Fußbodens ums Leben kam, war für den wohlhabenden Rechtsanwalt Jacopone aus Todi der Anlaß, sein Leben grundlegend zu ändern. Er verschenkte sein Hab und Gut, übte Buße und trat dem Orden des Hl. Franziskus bei. Als scharfer Kritiker und Gegner der verweltlichten Kirche und ihres Oberhauptes, Papst Bonifaz VIII., forderte er zusammen mit anderen dessen Absetzung und die Einberufung eines Konzils. Bonifaz ließ ihn für diese Rebellion eine fünfjährige Kerkerhaft (1298–1303) verbüßen. Wieder in Freiheit, zog er sich nach Collazzone, einer kleinen Gemeinde bei Marsciano, in das dortige Kloster San Lorenzo zurück, wo er 1306 starb. Berühmtheit erlangte Jacopone da Todi vor allem als Verfasser religiöser Dichtungen, die von einem tiefen mystischen Empfinden und weltabgewandter, ja geradezu weltverachtender Frömmigkeit geprägt sind. Möglicherweise ist Jacopone, der als bedeutendster umbrischer Dichter des 13. Jh.s gilt, auch der Verfasser des vielfach vertonten Hymnus "Stabat Mater".

Kunst und Kultur

Kunstgeschichte

Antike Kunst

Umbrer

Von der Kunst und Kultur der Umbrer, die in dem Gebiet des heutigen Umbriens östlich des Tibers siedelten, ist nur wenig bekannt und erhalten, aber einige dieser umbrischen Siedlungen blieben über die etruskischen, römischen und mittelalterlichen Zeiten hinweg als Städte lebendig. Hierzu gehören Gubbio, Assisi, Spello und Spoleto, die ihre umbrische Vergangenheit durch einzelne Funde von Kunsthandwerk und Münzen bei Grabungen bestätigt sehen. An diesen Funden ist zu erkennen, daß die umbrische Kultur weitgehend von dem hochentwickelten Kunsthandwerk der Etrusker beeinflußt war. Das gilt auch für die Mauern aus mächtigen, unbehauenen Bruchsteinblöcken, mit denen sie ihre Städte umgaben. Sie gingen meist in römischen oder mittelalterlichen Befestigungen auf, sind aber vereinzelt, so beispielsweise in dem südumbrischen Städtchen Amelia, noch gut zu erkennen.

Etrusker

Die reiche Kultur der Etrusker ist dagegen in vielen Beispielen erhalten. Auf dem Gebiet des heutigen Umbriens waren einige der etruskischen Stadtstaaten angesiedelt, die bis zur Eroberung durch die Römer wichtige Kunstzentren darstellten. Die Etrusker verfügten über eine große Handelsflotte und unterhielten Handelsbeziehungen im Mittelmeerraum, insbesondere nach Griechenland. Dies ermöglichte den fruchtbaren Austausch mit der griechischen Kunst; die Etrusker erwarben zahlreiche Vasen und Statuen in Griechenland und holten auch griechische Künstler nach Italien. In ihren eigenen Werken der Malerei, der Skulptur und des Kunsthandwerks wird der Einfluß der griechisch-archaischen Formensprache deutlich, aber dennoch zeichnet sich die Kunst der Etrusker durch einen eigenen und ausdrucksstarken Charakter aus. Neben dem Tempelbau und dem Kunsthandwerk sind es vor allem die prächtig ausgestatteten Grabanlagen (Wandmalereien, Grabbeigaben, Steinurnen usw.), denen das künstlerische Schaffen galt.

In Orvieto, einem wichtigen Zentrum der Etrusker, wurden rund um den Stadtfelsen mehrere Nekropolen entdeckt, die in der Anordnung der Gräber entlang eines 'Straßennetzes' tatsächlich an Städte erinnern. Die Grabfunde und die Wandmalereien in einzelnen Grabkammern wanderten ins dortige archäologische Museum.

Auch Perugia ist eine etruskische Stadtgründung, die lange mit Rom verbündet war und erst 40 v. Chr. von den Römern eingenommen wurde. Ihre damalige Ausdehnung ist noch heute an der etruskischen Stadtmauer mit dem Arco di Augusto (s. Abb. S. 25) und der Porta Marzia abzulesen, die als massiver Verteidigungsring die heutige Altstadt einrahmt. Südöstlich der Stadt befand sich eine große, rund 40 Gräber umfassende Nekropole aus dem 2. Jh. v. Chr., von der heute noch das unterirdisch angelegte Grab der Volumnier eine Vorstellung vermittelt. Die Toten erscheinen als Liege- oder Sitzfiguren auf ihren Urnen, die im Hauptraum des Grabmals

Etrusker (Fortsetzung)

aufgestellt sind. Lebendiger Ausdruck der Gesichter und anatomisch genaue Körperlichkeit charakterisieren die Darstellung des Menschen und belegen die hohe Meisterschaft der etruskischen Bildhauer. Eine weitere Grabanlage am Stadtrand von Perugia kam im Dezember 1981 in einem Garten im Stadtteil Monteluce nach einem kleinen Erdrutsch zutage.

Römer

Nachdem die Römer die umbrischen und etruskischen Städte erobert hatten, errichteten sie ihre Kolonien und bauten die eingenommenen Städte wie Gubbio, Spello, Spoleto, Assisi oder Perugia weiter aus. Vor allem unter Kaiser Augustus entstanden in den Städten entlang der Via Flaminia, der wichtigsten Römerstraße quer durch Umbrien, monumentale Tempel, Theater, Thermenanlagen, Stadttore und andere öffentliche Bauten, die in manchen Fällen weitgehend unverändert blieben oder im Mittelalter in neue Bauvorhaben integriert wurden. In Spoleto, von den Römern bereits

In den Nekropolen der Etrusker fand man kostbare Grabbeigaben, Kriegerausrüstungen, Wandmalereien und reich geschmückte Urnen.

241 v. Chr. als Kolonie Spoletium gegründet, zeichnet sich noch heute im regelmäßigen Straßengrundriß um den Marktplatz die römische Stadtplanung ab. Innerhalb der Stadtmauern liegt das römische Theater mit 3000 Plätzen, das von einer mittelalterlichen Kirche überbaut wurde.
In Assisi, 89 v. Chr. als römisches Municipium entstanden, hat sich sogar im heutigen Stadtbild ein Bau aus römischer Zeit erhalten. An der Piazza del Comune steht der mit einer Säulenfassade ausgestattete Minervatempel, der im 13. Jh. von beiden Seiten durch mittelalterliche Bauten gerahmt wurde. Unter der Piazza konnte der römische Vorplatz des Tempels ausgegraben werden. Auch Narni an der Via Flaminia ist nach der römischen Eroberung gewachsen. Die römische Stadtmauer wird teilweise von der mittelalterlichen Stadtbefestigung überlagert. Unterhalb von Narni schlugen die Römer eine gewaltige Bogenbrücke über die Nera, die heute nur teilweise erhalten ist. Zwei Römerstützpunkte, die in späterer Zeit aufgegeben wurden, sind Ocriculum (bei Narni) und Carsulae bei Acquasparta.

Frühmittelalter

Kirchen

Die römische Architektur lebte in der frühmittelalterlichen Baukunst fort – sowohl im übertragenen Sinn, als man ihre Ornamentik und ihr Formengut übernahm, als auch ganz konkret, indem die mittelalterlichen Baumeister antike Architekturteile wie etwa Säulen oder Gebälkstücke in ihre Bauwerke integrierten. Aus frühmittelalterlicher Zeit sind nicht mehr allzu viele Kirchen in Umbrien erhalten, da die meisten in späteren Neubauten aufgingen. So auch San Pietro in Perugia, wo im Jahre 966 eine umgebaute frühchristlichen Kirche geweiht und im folgenden noch weiter verändert wurde.
Die Ausnahme von dieser Regel bilden einige so interessante, aber auch schwer datierbare Bauwerke wie die Rundkirche San Michele Arcangelo in Perugia aus dem 6. Jh., deren durchfensterter Tambour von 16 antiken Säulen getragen wird. Ein frühchristliches Oratorium in Gestalt eines antiken Tempels ist der zwischen dem 6. und 8. Jh. errichtete Tempietto del Clitunno bei Trevi, dessen Giebelfront sich aus antiken Spolien zusammensetzt. Bis heute wird darüber gerätselt, ob die Basilika San Salvatore in Spoleto, die zahlreiche antike Spolien und reiches Ornament an der Fassade aufweist, noch in frühchristlicher Zeit, im 4./5. Jh., errichtet und im 8./9. Jh. umgebaut oder so spät erst vollständig neu erbaut wurde. Zeitlich an der Schwelle zur romanischen Baukunst steht die kleine Kirche Santa Pudenziana bei Visciano aus dem 11. Jahrhundert. An antike Giebelfronten erinnert ihre anmutige, säulengetragene Vorhalle, die das Vorbild für die in romanischem Stil erbaute Kirche Santa Maria Assunta in Lugnano in Teverina lieferte.

Abteien

Im frühen Mittelalter wurden abseits der Städte in abgeschiedener Lage zahlreiche Abteien gegründet. In der Regel bildeten die Klöster eine Art Vorhut für die spätere Besiedlung bzw. Vereinnahmung des Gebiets durch den Stifter, der mit der Klostergründung also auch territorialpolitische Ziele verfolgen konnte. Mit der Absicht, ihre Herrschaft auf das fruchtbare Valnerina-Tal auszudehnen, rief der Langobardenherzog Faroald II. im 8. Jh. die Benediktinerabtei San Pietro in Valle ins Leben. Die Fresken im einschiffigen Langhaus der Kirche von San Pietro zählen zu den bedeutendsten Zeugnissen der romanischen Wandmalerei in Italien, die nur in wenigen Ausnahmen erhalten ist. Stilistisch stehen die Fresken der römischen und byzantinischen Malerei nahe; die Figuren sind durch starke Konturen eingefaßt und von einem nur angedeuteten Raum umgeben.

Romanik

Kirchen

Umbrien ist vor allem das Land der romanischen Kirchen. Im 12. Jh. setzte mit dem Beginn der kommunalen Selbstbehauptung in den Städten zwischen Gubbio und Terni eine rege Bautätigkeit ein. In nahezu jeder umbrischen Stadt entstand an zentraler Stelle eine romanische Kirche mit prachtvoller Fassade. Die zahlreichen Bauten folgten übereinstimmenden Merkmalen und variierten zugleich immer von neuem die Grunddisposition einer romanischen Basilika. Die Fassade spiegelt in der Regel die Basilikaform mit einem hohen Mittelschiff und zwei niedrigeren Seitenschiffen wider. Ihrer Ausschmückung galt in erster Linie das künstlerische Bemühen der romanischen Baumeister und Bildhauer. Das massive Mauerwerk ist vertikal und horizontal gegliedert und wird von einer großen Fensterrose, einem der Hauptmerkmale umbrischer Romanik, dominiert. Diese reich ausgestaltete Fensterrose, die aus kleinen Rundbogenarkaden und anderen Ornamentformen gebildet ist, wird meist von den Evangelistensymbolen gerahmt. Besondere Aufmerksamkeit wurde den Portalrahmungen zugedacht, die neben figürlichen und szenischen Darstellungen mit Ornamenten aus Weinlaub oder Akanthus geschmückt sind. Diese waren entweder Versatzstücke (Spolien) aus antiken Bauwerken oder sie wurden den antiken Vorbildern nachempfunden.

Engel und Dämonen – Gut und Böse – begegnen sich am Portal der romanischen Kirche in Bevagna

Romanik (Fortsetzung)

Zu den größten Bauprojekten des 11. und 12. Jh.s gehört der Dom San Rufino in Assisi (1134 begonnen). Mit seinen Fensterrosen, dem reichen Portalschmuck, der Blendgalerie und der Einteilung in rechteckige Felder besitzt er eine besonders vielgestaltige Fassade. Der Dom Santa Maria Assunta von Spoleto, 1175 begonnen, zeichnet sich durch seine feingegliederte, von Atlanten getragene Rose aus. Ein weiteres wichtiges Beispiel der umbrischen Romanik ist San Pietro fuori le mura in Spoleto. Das im 12. Jh. bei einem Neubau der alten Bischofskirche entstandene Gotteshaus weist ebenfalls eine in Felder unterteilte Fassade und einen besonders beeindruckenden Skulpturenschmuck lombardischer Prägung auf. Das umfangreiche Programm der Reliefs zwischen den Portalen behandelt das Thema Sünde und Buße. Weitere herausragende Kirchenbauten der Romanik sind u. a. in Bevagna, Narni, Todi und Foligno, aber auch in vielen kleinen Dörfern zu finden.

Gotik

Architektur
Kirchen

Im Jahre 1228 legte man den Grundstein für die Grabeskirche des hl. Franziskus von Assisi, die als überragendes Kirchenbauprojekt zum Sammelplatz der bedeutendsten Baumeister und Künstler werden sollte. Die Unterkirche von San Francesco ist ein kryptenhafter Raum mit schweren Bandrippengewölben, während die Oberkirche ein Gewölbe-Wandsystem nach französischem Vorbild zeigt (Maßwerkfenster, Kreuzrippengewölbe und Wanddienstbündel). Die Langhauswände sind weitgehend glatt gehalten, um Wandmalereien Platz zu bieten. Obwohl die aufwendig gestaltete Kirche von Assisi dem ursprünglichen Armutsideal der Franziskaner widerspricht, kam ihr als Grabeskirche des hl. Franziskus eine prägende Funktion für die Architektur im Franziskanerorden zu. Einflüsse von San Francesco in Assisi sind in Umbrien bei den Franziskanerkirchen in

Gotik (Fortsetzung)

Perugia, Gualdo Tadino, Todi, Terni und Santa Chiara in Assisi festzustellen. Eine der wenigen Kirchen, die nicht dem Schema von San Francesco folgten, ist die gotische Franziskanerkirche San Francesco in Gubbio, die als große querschifflose Hallenkirche angelegt wurde, in der die beiden Seitenschiffe die gleiche Höhe wie das Hauptschiff einnehmen. Für den Dom Santa Maria in Orvieto, der 1288 begonnen wurde, stellte neben Santa Croce in Florenz die Bischofskirche von Siena mit ihrer reichen Fassade sowie dem Wechsel aus weißem und grünem Stein das Vorbild. Die vielgerühmte Fassade des orvietanischen Doms geht auf den Entwurf eines sienesischen Architekten Lorenzo Maitani (um 1275–1330) zurück, der Formen der französischen Gotik mit lokalen Traditionen verbindet.

Profanarchitektur

Neben den sakralen Bauten gehen die Städte in zunehmendem Maße auch profane Bauvorhaben an. Als Ausdruck der wirtschaftlichen und politischen Macht der Comuni entstanden an den zentralen Plätzen der Stadt öffentliche Gebäude, die der kommunalen Verwaltung und Repräsentation dienen. Zu den charakteristischen Merkmalen dieses Gebäudetyps gehören die offene Halle im Erdgeschoß und in den Obergeschossen gebündelte Maßwerkfenster. Besonders eindrucksvoll repräsentiert wird der mittelalterliche Kommunalpalast im Palazzo dei Consoli in Gubbio, im Palazzo dei Priori in Perugia und im Palazzo del Popolo in Orvieto.
Zum Schutz, aber auch zur Kontrolle ließen die wechselnden Territorialherren die Städte durch ein Castello befestigen. Die eigentliche Burg plazierte man an höchster Stelle oberhalb der Stadt. Sie war meist mit der Stadtmauer verbunden.

Plastik

Mit der Profanarchitektur einhergehend werden auch eigenständige bildhauerische Projekte in den Städten in Auftrag gegeben, die einen öffentlichen Charakter haben. Da sich in Umbrien keine eigene Bildhauerschule herausgebildet hat, zog man vor allem toskanische Künstler heran. Die

Im Zeitalter der freien Kommunen Sitz der städtischen Regierung und der Zünfte – der Palazzo dei Priori in Perugia

"Sündenfall", Detail aus den Sockelreliefs an der Domfassade von Orvieto von dem Bildhauer und Baumeister Lorenzo Maitani

Gotik
Plastik
(Fortsetzung)

Fontana Maggiore in Perugia, 1278 vollendet, ist der berühmteste mittelalterliche Brunnen in Italien und zugleich ein signifikantes Zeichen für das erwachende kommunale Selbstbewußtsein. Den plastischen Schmuck lieferte der Bildhauer Nicola Pisano (tätig 1258–1278), der zuvor mit den Kanzeln für die Dome in Pisa und Siena großen Ruhm erworben hatte, und sein Sohn Giovanni (tätig 1265–1314). Die Pisani zeichneten sich dadurch aus, daß sie im Vergleich zu älteren Bildhauern großen Wert auf die naturalistische und bewegungsreiche Figurendarstellung und auf eine nachvollziehbare Raumsituation legten. Sie nahmen sich römische Sarkophage zum Vorbild und gaben damit der Antikenrezeption, die nach und nach alle Künste zu beeinflussen begann, einen wichtigen Impuls. Man darf auch annehmen, daß den Pisani die französische Kathedralskulptur vertraut war. Ein Schüler von Nicola Pisano, Arnolfo di Cambio (um 1240–1301/02), hat 1281 einen zweiten Stadtbrunnen für Perugia ausgeführt, der allerdings nur fragmentarisch erhalten ist (Skulpturen in der Galleria Nazionale in Perugia). Lorenzo Maitani, der den Entwurf für den Dom von Orvieto lieferte, steht mit seinen Reliefs für die Fassade ebenfalls unter dem Einfluß der Pisani. Der Naturalismus der Figuren wird in seinen Darstellungen der Verdammten des Weltgerichts zu noch größerer Ausdrucksstärke weitergetrieben.

Malerei

Die Ausmalung der Unter- und Oberkirche San Francesco in Assisi ist in mehreren Phasen vonstatten gegangen und stellt in anschaulicher Weise das breite Panorama der Wandmalerei vor Beginn der Renaissance dar, das mit dem Epochenbegriff Gotik nur annährungsweise zusammengefaßt werden kann. In der Unterkirche war um 1260 der unbekannte Franziskusmeister tätig. Seine Szenen vom Leben Christi und der Franzlegende sind noch von der byzantinischen Malerei beeinflußt, zeichnen sich aber durch Intensität und Lebendigkeit aus. Im Querhaus und in der Apsis der Oberkirche haben der als Giotto-Lehrer berühmt gewordene Cimabue (um

Gotik Malerei (Fortsetzung)

1240–1302) aus Florenz und seine Werkstatt mehrere Freskenzyklen hinterlassen. In der vielfigurigen Kreuzigungsszene des Cimabue im linken Querarm ist deutlich zu sehen, wie der Florentiner Maler der Szene durch die bewegten Gesten und klagenden Gesichter großen Pathos verlieh.

Giotto

Die Fresken von Giotto (1266–1337) im Langhaus der Oberkirche bedeuten einen fundamentalen Einschnitt in der Geschichte der Wandmalerei. Giottos Fresken stellen in 28 Bildern das Leben des Heiligen für den Betrachter nachvollziehbar dar. Giotto entwickelt dabei eine erzählerische Qualität, wie man sie zuvor nicht kannte. Die Sieneser Maler Pietro Lorenzetti (um 1280–um 1348) und Simone Martini (1280/1285–1344) greifen in ihren Fresken in der Unterkirche Giottos Errungenschaften nachhaltig auf, kombinieren sie aber mit der von ihrem Lehrer Duccio herrührenden Tradition. Vor allem Simone Martini behält die geschwungene Linienführung in der Komposition und die detaillierte Darstellung prachtvoller Gewänder bei.

Renaissance

Architektur

Im Gegensatz zu den vielen romanischen und gotischen Kirchen und Palazzi kann Umbrien nur mit wenigen Bauwerken aus der Zeit der Renaissance aufwarten. Ein herausragendes Beispiel für eine Renaissancearchitektur befindet sich bei Todi. Die Kirche Santa Maria della Consolazione, während des Überganges vom 15. zum 16. Jh. erbaut, folgt dem erklärten Renaissanceideal des Zentralbaus, bei dem alle Bauteile auf einen Mittelpunkt bezogen sind. Über einem kleeblattförmigen Grundriß erhebt sich ein Kubus mit vier halbrunden Apsiden und darüber eine monumentale Kuppel. An der Planung und Ausführung waren zahlreiche bekannte Renaissancearchitekten beteiligt, darunter Peruzzi, Antonio da Sangallo d. J., Vignola und vielleicht auch Bramante. Den Dombau zu Orvieto, der sich bis ins 17. Jh. hinzog, leitete von 1567 bis zu seinem Tod der Bildhauer-Architekt Ippolito Scalza (1532–1617). Durch die wiederholte Anwesenheit der Päpste in Orvieto entstanden im 16. Jh. eine Reihe von stattlichen Renaissance-Palästen, für die Scalza die Entwürfe lieferte.

Plastik

Die Fassadenreliefs am Oratorio San Bernardino, die der Florentiner Agostino di Duccio (1418–nach 1481) im Jahre 1457 geschaffen hat, gehören zu den wenigen bedeutenden Skulpturen der Renaissance in Umbrien. Sie sind durch toskanische Formen geprägt, wie sie sich seit Donatellos Arbeiten ausgeprägt haben.

Malerei

Die Malerei der Renaissance steht wie zuvor in der Gotik anfangs unter Einfluß der toskanischen Kunstzentren Florenz und Siena. Insbesondere florentinische Meister kommen nach Umbrien, um in den Kirchen und Klöstern die Wände zu freskieren. So ist Fra Angelico (um 1400–1455), der in Florenz die berühmten Fresken des Klosters San Marco geschaffen hat, im Dom von Orvieto tätig. Filippo Lippi (um 1406–1469), in Florenz durch mehrere Fresken und zahlreiche Marienbilder ausgewiesen, wurde an den Dom von Spoleto gerufen, um dort in der Apsis das Marienleben darzustellen. Im Dom von Spoleto befindet sich auch das Grabmonument des florentinischen Malers, das nach einem Entwurf seines Sohnes Filippino geschaffen wurde. Der florentinische Künstler Benozzo Gozzoli (1420 bis 1497) erhielt den Auftrag, in Montefalco, in der Kirche San Francesco die Kapelle des Hl. Hieronymus auszumalen (1452). Die Impulse der florentinischen Malerei werden dazu beigetragen haben, daß sich um die Mitte des 15. Jh.s eine umbrische Schule ausbildete. Die Galleria Nazionale in Perugia bietet die beste Möglichkeit, sich einen Überblick über ihre Entwicklung zu verschaffen. Neben dem großen Perugino zählen Giannicola di Paolo (um 1460–1544), Benedetto Bonfigli (um 1420–um 1500), Bartolomeo Caporali (um 1420–1503), Domenico Alfani (geb. um 1480), Nicolò di Liberatore, genannt Alunno (um 1430–1502), Giovanni di Pietro, genannt Lo Spagna (um 1450–1528) und Fiorenzo di Lorenzo (um 1440–1525) zu

Renaissance Malerei (Fortsetzung)

den wichtigsten Vertretern der umbrischen Malschule. Benedetto Bonfigli und sein Mitarbeiter Bartolomeo Caporali fertigten viele der Fahnenbilder, mit denen die Hilfe der Muttergottes gegen die in Umbrien wütende Pest erfleht wurde. Fiorenzo di Lorenzo war überwiegend in Perugia mit Altaraufträgen und Freskenausstattungen beschäftigt. Sein Werk, durch die Florentiner Malergeneration um Domenico Ghirlandaio geprägt, bildet den allmählichen Übergang zu den stimmungsvollen Bildern des Perugino.

Ein Juwel der profanen Renaissance-Malerei in Umbrien: die Fresken im Collegio del Cambio (Palazzo dei Priori in Perugia) von Perugino und seinen Schülern

Perugino

Mit Pietro Vannucci gen. Perugino (um 1445–1523; ⟶ Berühmte Persönlichkeiten) betritt ein Künstler aus Umbrien die Malerbühne, der abwechselnd in Florenz, Rom und umbrischen Städten arbeitet und großen Ruhm erwirbt. Die Galleria Nazionale in Perugia versammelt einige seiner wichtigen Werke, darunter die Leinwandbilder vom Leben des Hl. Bernhardin von Siena, die "Auferstehung Christi", die "Madonna della Consolazione" und eine Fahne mit der Muttergottes und Heiligen, die im Hintergrund das mittelalterliche Perugia zeigt. In der Sala dell'Udienza des Collegio del Cambio in Perugia stammen die meisten der Wand- und Deckenmalereien von Perugino. In seiner Heimatstadt Città della Pieve hat Perugino im Oratorio dei Bianchi das Fresko "Anbetung der Könige" gemalt – ein Thema, das er in der Renaissancekirche Madonna delle Lacrime in Trevi wiederholte. Peruginos Werke zeichnen sich durch atmosphärische, ruhige Landschaften aus, in denen klare Architekturen mit antikisierenden Formen einen Hintergrund für die Marien- und Heiligendarstellungen bieten. Ausgeglichene Kompositionen und Farbzusammenstellungen verleihen seinen Bildern eine unverwechselbare Harmonie und Feierlichkeit; dramatische Bewegungen oder erregte Gesichter sind seinem Werk fremd. Sein berühmtester Schüler Raffael folgt in seinem Frühwerk Peruginos Vorbild einer harmonischen Bildsprache, wie an seinem Fresko der "Trinität" in San Severo, Perugia, zu erkennen ist.

Renaissance Malerei (Forts.) Pinturicchio

Bernardino di Betto gen. Pinturicchio (1454–1513; → Berühmte Persönlichkeiten) hat ebenfalls als Mitarbeiter des Perugino begonnen und mit ihm in der Sixtinischen Kapelle Fresken ausgeführt. Im Unterschied zu Perugino sind seine Werke durch eine größere Vorliebe für dekorative Ausschmückungen geprägt. Vasari, der große Künstlerbiograph des 16. Jh.s, schimpfte ihn deshalb einen oberflächlichen Dekorationsmaler. Seine bedeutendsten Fresken in Umbrien, die "Szenen aus Christi Kindheit" in der Capella Baglioni in Spello, zeigen großangelegte Architekturpanoramen, prächtige Ausstattungen und eine erzählerische Breite.

Signorelli

Luca Signorelli (um 1450–1523) ist der dritte der großen umbrischen Renaissance-Maler. Sein herausragendes Werk ist die Capella di San Brizio im Dom von Orvieto. Dort führte er die Fresken weiter, die Fra Angelico mit seinem Mitarbeiter Gozzoli im Gewölbe begonnen hatte. Der Wandzyklus von Signorelli und seinen Gehilfen breitet in ungewohnter Dramatik eine Vision vom Ende der Welt in vier Szenen aus. Die Bedeutung dieser Fresken liegt in der meisterhaften Figurendarstellung, die Signorelli entwickelt hat. Den zahlreichen Aktdarstellungen liegen detaillierte Studien der menschlichen Anatomie zugrunde, für die der Maler auch antike Vorbilder zu Hilfe zog. Sie sind mit harter Plastizität umgesetzt und in Figurengruppen mit variationsreichen Bewegungsmustern zusammengefaßt worden.

Barock

Allgemeines

Es gibt in Umbrien keine herausragenden Bauwerke im Barockstil; die meisten umbrischen Architekten des 17. und 18. Jh.s erreichten nur lokale Bedeutung. Eines der größten Bauprojekte während der Barockzeit dürfte die monumentale Pilgerkirche Santa Maria degli Angeli gewesen sein, die ab 1569 als Basilika unterhalb von Assisi errichtet wurde. In Orvieto wirkte im 17. Jh. der Architekt Cesare Sermei, in Todi war Andrea Polinori vielbeschäftigt. In Spoleto setzte sich im Unterschied zu den meisten anderen Städten die Bautätigkeit unter den päpstlichen Statthaltern fort. Den römischen Architekten, die sie in die Stadt holten, verdankt Spoleto einige barocke Kirchen, einen Barockbrunnen an der Piazza del Mercato und eine Vielzahl von barocken Palästen. Die bedeutendste Künstlerpersönlichkeit des 18. Jh.s in Umbrien war der Architekt und Maler Pietro Carattoli, der vor allem in Perugia Kirchen und Paläste baute und mit illusionistischen Fresken nach dem Vorbild seiner römischen Malerkollegen ausstattete.

19. und 20. Jahrhundert

19. Jahrhundert

Im 19. Jh. fiel Umbrien in Bezug auf seine künstlerische Entwicklung in die Provinzialität zurück. Erst mit der Einigung Italiens (1860) und der beginnenden Industrialisierung setzte eine bescheidene Bautätigkeit ein. Die Piazza Italia in Perugia bot nach dem Abriß der päpstlichen Rocca Paolina Platz für repräsentative Bauten der neu ernannten Provinzhauptstadt, u. a. entstanden hier der Palazzo della Provincia (1870), das Bankgebäude von Guglielmo Rossi und das Hotel Brufani (1880).

20. Jahrhundert

In den 30er Jahren des 20. Jh.s erhielt die aufstrebende Industriemetropole Terni ein modernes Zentrum nördlich der Altstadt. Im Schnittpunkt von zwei Verkehrsachsen entstand die Piazza Tacito. Nur wenige zeitgenössische Bauten in den umbrischen Städten ragen aus den oft profillosen Stadterweiterungen heraus. Das originellste, was Umbrien derzeit an moderner Architektur zu bieten hat, steht in Perugias Stadtteil Fontivegge und ist Verwaltungssitz der Regione dell' Umbria. Den gigantischen Dreiflügelbau, der in seiner Monumentalität Anklänge an die Architektur der 20er Jahre in Italien aufweist, entwarf der Mailänder Architekt Aldo Rossi. Heute wirkt das 1988 fertiggestellte Platzensemble bereits selbst wie ein Denkmal – der Postmoderne. Auf dem Gebiet der Malerei und Plastik ist der 1995 verstorbene Alberto Burri (s. dazu das Baedeker Special S. 106) einer der wenigen international anerkannten Künstler.

Feste und Folklore

Allgemeines

Umbrien feiert viel und gerne, wie man am dicht gedrängten Festkalender der Region sehen kann. Ein Volksfest in Umbrien mitzuerleben, gehört irgendwie dazu, wenn man diese Region und die Mentalität ihrer Bewohner kennenlernen will. Obgleich die bekannteren Feste in Umbrien sich bereits zu vielbesuchten Anziehungspunkten für Auswärtige entwickelt haben, sind sie noch nicht zur Touristenattraktion herabgesunken, sondern für Einheimische und Gäste gleichermaßen ein Ereignis. Die wichtigsten Feste der größeren Städte werden den Ortsbeschreibungen (→ Reiseziele von A bis Z) vorgestellt; eine chronologische Übersicht der Veranstaltungen findet sich bei den → Praktischen Informationen dieses Reiseführers.

Religiöse Feste

Traditionell von großer Bedeutung sind die hohen kirchlichen Feiertage wie Weihnachten, Ostern und Pfingsten. In zahlreichen kleinen Orten wird noch die Tradition des weihnachtlichen Krippenspiels (Presepe vivente) gepflegt. Den Höhepunkt des Kirchenjahres mit den meisten religiösen Aktivitäten bildet die Karwoche. In Assisi wird als nächtlicher Fackelzug die Karfreitags-Prozession abgehalten, die sich vom Dom aus durch die Straßen der Stadt zieht. Manche Teilnehmer gehen barfüßig und tragen schwere Holzkreuze sowie um den Hals einen Strick und auf dem Haupt eine Dornenkrone. Der Strick um den Hals gilt als Zeichen tiefster Demut und ist auch das Symbol der sogenannten 'Funzione della pia corda' (Feier des heiligen Stricks), die am Karfreitag in der Franziskus-Basilika zelebriert wird: Eine Prozession von Ordensbrüdern mit besagtem Strick auf der Brust bewegt sich von einem Ende der Kirche zur Cappella del Crocifisso, wo lateinische Gesänge angestimmt werden. Prozessionen und Mysterienspiele kann man aber auch in Todi, Collevalenza (wo am Palmsonntag vor dem Passionsspiel der Einzug Jesu in Jerusalem aufgeführt wird), Massa Martana (Prozession des toten Christus und Mysterienspiel am Palmsonntag), Perugia und anderen Orten Umbriens erleben. Die Auferstehung Christi wird in den 'Rinchinate' von Assisi und Bastia Umbra, den 'Inchinate' von Cannara und anderen Festlichkeiten ('Pasquelle' oder 'Pasquarelle') zu Ostern begangen. Zu den großartigsten Pfingstfeierlichkeiten in Umbrien gehört die Palombella in Orvieto am Pfingstsonntag. An Fronleichnam schmücken bunte Bilderteppiche aus Blüten die Straßen in Spello und anderen umbrischen Städten ('Infiorata').

Frühlingsfeste

Der Frühling wird in Umbrien in vielen Orten mit einem Volksfest begrüßt, so z. B. in Castiglione del Lago mit der 'Sagra del Tulipano' (Tulpenfest) oder in Pascelupo mit der 'Festa della Primavera' (Frühlingsfest). Auch Maibäume werden in einigen Orten in Umbrien am Monatsersten aufgestellt, so in San Pellegrino bei Gualdo Tadino und in Gubbio.

In San Pellegrino wird diese Tradition mit der Legende eines wundersamen Geschehens verknüpft. Im Volksmund heißt es, daß zwei Reisende bei Einbruch der Nacht das Dorf erreichten. Da man die Tore soeben geschlossen hatte, wurde ihre Bitte um Einlaß abgeschlagen und sie mußten im Freien nächtigen. In der Nacht stellte sich Frost ein und ein starker Wolkenbruch mit Hagel ging nieder. Am nächsten Tag fand man die beiden leblosen Körper der Fremden im nahen Bach. Neben den Toten steckte ihr Wanderstock aus Pappelholz im Schlamm, der zu blühen begann. Seitdem feiert das Dorf alljährlich den 'Maggio Fiorito'. Auf dem Höhepunkt des Festes werden zwei zusammengebundene Pappeln aufgestellt – eine ältere und eine junge –, die zuvor in der Umgebung des Dorfs geschlagen, entlaubt und von den 'Maggiaioli' zur Dorfmitte getragen werden, wo man ein Loch für sie gegraben hat. Da die ältere Pappel besonders kräftig und hoch sein soll, sind für den Transport und vor allem für das Aufstellen viele kräftige Arme erforderlich. Der 'Capo Maggio' leitet das schwierige und kräfteraubende Unternehmen, das die Zuschauer durch Anfeuern der 'Maggiaioli' unterstützen. Der umbrische Maibaum bleibt bis zum ersten Junisonntag auf dem Dorfplatz stehen.

Baedeker Special

Die Verrückten von Gubbio

Imatti, die Verrückten, werden sie genannt – die Bewohner von Gubbio. Wohlgemerkt nur am Tag ihres wichtigsten Stadtfestes, der 'Corsa dei Ceri', die am 15. Mai ansteht. Wer noch nie dabei war, wird vielleicht den Kopf schütteln ob dieser Betitelung, doch wer das Fest, und vor allem die Eugubiner, auch nur einmal erlebt hat, weiß, daß diese Behauptung alles andere als aus der Luft gegriffen ist.

Jedes Jahr am 15. Mai platzt Gubbio aus allen Nähten: Schon kilometerweit vor der fahnengeschmückten Altstadt sind die Parkplätze belegt, Menschentrauben schieben sich durch ihre schmalen Gassen hinauf zur Piazza Grande, wo das Gedränge zu den Stoßzeiten so dicht ist, daß man beinahe keinen Fuß mehr auf den Boden bekommt.

Wenn die Besucher im Lauf des Vormittags die Stadt überschwemmen, ist für die Einheimischen das Fest bereits in vollem Gang. Um 6.00 Uhr in der Früh feiern die Kerzenträger eine Messe und wählen ihre künftigen Mannschaftsführer. Den drei Mannschaften, die in einem Wettlauf (corsa) gegeneinander antreten, entsprachen ursprünglich drei Zünfte bzw. Berufsstände: Maurer, Kaufleute und Bauern.

In einer ersten Prozession ziehen sie, begleitet von Trommlern und Fahnenschwingern, mit den Statuen ihrer Heiligen – St. Ubaldus für die Maurer, der hl. Georg für die Kaufleute und der hl. Antonius für die Bauern – zum Palazzo dei Consoli. Dort werden die Statuen auf die sieben Meter hohen, kerzenförmigen Holzgerüste montiert. Aufgerichtet werden sie erst auf der Piazza Grande zwischen 11.30 und 12.00 Uhr. Nach einem gemächli-

Zentnerschwere Holzkerzen werden bei der 'Corsa dei Ceri' durch Gubbios Altstadt geschleppt

chen Schaurundgang durch die Altstadt bringen die Kerzenträger ihre Ceri zur Via Savelli della Porta und legen beim Festmahl im Palazzo dei Consoli eine Pause ein. Der eigentliche Kerzenlauf beginnt erst um 17.30 Uhr, nachdem der Bischof die Ceri gesegnet hat und die Kerzenläufer auf der Piazza Grande eintreffen. Seinen Höhepunkt erreicht das Fest, wenn die Träger mit ihren zentnerschweren Holzkerzen drei Runden um den Platz drehen. Unter den frenetischen Anfeuerungen der Zuschauer schleppen sie ihre Last in einem rasenden Tempo durch die Gassen der Altstadt, die Treppen und steilen Sträßchen hinauf zur Basilika Sant' Ubaldo auf dem Monte Ingino.

Während die Ceri in Sant' Ubaldo verbleiben, werden die Heiligenstatuen in einer nächtlichen Fackelprozession wieder in die kleine Chiesa San Francesco della Pace, der Kirche der Maurerzunft, zurückgebracht, wo man sie bis zum nächsten Jahr aufbewahrt.

Feste und Folklore (Fortsetzung)

Volksfeste

Etwas vereinfacht könnte man die Behauptung aufstellen: so viele Heilige, wie es in Umbrien gibt (und es sind nicht gerade wenige), so viele Feste zu ihren Ehren werden gefeiert. Natürlich haben im Laufe der Jahrhunderte diese Feste einen überwiegend profanen Charakter als Volks- oder Stadtfeste angenommen, obschon der Ausgangspunkt in der Regel ein religiöser war. Die Tradition der meisten Volksfeste reicht bis ins Mittelalter, in die Zeit der freien Stadtrepubliken zurück. Die Verehrung des Stadtheiligen wurde dabei nicht selten verbunden mit Wettspielen zwischen den einzelnen Stadtvierteln (Quartieri oder Terzieri genannt) bzw. Schaukämpfen zwischen konkurrierenden Zünften. Diese Wettkämpfe sind bis heute die Hauptattraktion von Stadtfesten wie der 'Corsa dei Ceri' in Gubbio oder dem 'Corsa dell' Anello' in Narni. Auch beim 'Calendimaggio', dem dreitägigen Frühlingsfest in Assisi, spielt der einstige Wettstreit zwischen Ober- und Unterstadt eine Rolle.

Sagras

Schließlich gibt es noch eine weitere Gruppe von Volksfesten, die einer kulinarischen Besonderheit der Gegend gewidmet sind, wie beispielsweise die 'Sagra del fegatello' in Citerna, das Fest zu Ehren der Schweineleber, oder die in Feinschmeckerkreisen bereits bekannte 'Sagra del tartufo', das Trüffelfest in Norcia Ende Februar.

Kunsthandwerk mit alter Tradition: Farben, Muster und Motive dieses prachtvollen Tellers haben sich seit der Renaissance nur wenig verändert

Traditionelles Handwerk und Kunsthandwerk

Keramik

Die Keramik ist das älteste und typischste Kunsthandwerk in Umbrien, das bereits die Etrusker beherrschten. Gubbio besaß schon im 14. Jh. seine Töpferschule, das 'Collegio di Vasari', und stand mit dem Deruta in Konkurrenz, wo seit 1387 urkundlich das Majolika-Handwerk verbürgt ist (siehe dazu das Baedeker Special S. 116). Im ausgehenden 15. und im

Keramik (Fortsetzung)

beginnenden 16. Jh. erreichte die Keramik-Produktion in Umbrien ihren Zenit; zu dieser Zeit entwickelte dieses Handwerk seine besonderen Ausprägungen und Stileigenheiten, die es bis heute von anderen Keramikzentren Italiens unterscheiden. Zu diesen zählt auch der seit dem 16. Jh. angewandte Gold- und Rotlüster, der der Bemalung einen perlmuttartigen Glanz verleiht. Aber auch die Verwendung von nur drei Grundfarben – Kupfergrün, Kobaltblau und dem aus Eisenoxyd gewonnenen Orange – ent-

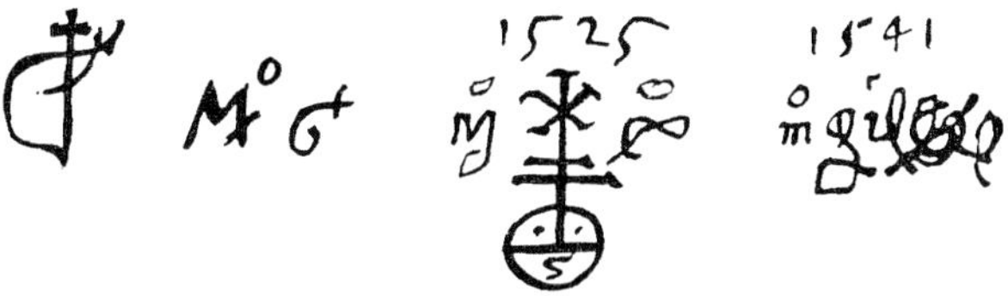

Die Signatur von Meister Giorgio Andreoli aus Gubbio

wickelten sich zu Markenzeichen der umbrischen Keramik. Gefertigt wurden Fliesen für Fußböden und Wände, Gebrauchsgegenstände aller Art und Luxusgeschirr. Auf den reich verzierten Prunkvasen und Hochzeitstellern steht meist eine mythologische Szene oder ein Porträt im Mittelpunkt – umrahmt von Renaissance-Ornamenten mit Masken, Fabelwesen, Blattlaub usw. Wichtige Zentren für die Produktion und den Verkauf von Keramik sind heute außer Gubbio und Deruta auch Todi, wo alle zwei Jahre eine Keramikmesse stattfindet, Gualdo Tadino (unbestrittener Meister, was die Formenvielfalt von Tellern und Gefäßen betrifft), Perugia, Assisi, Città di Castello, Umbertide und Orvieto. Allen Befürchtungen zum Trotz hat die industrielle Massenproduktion das alte Kunsthandwerk nicht verdrängen können, im Gegenteil: die auf der Töpferscheibe entstandenen, handbemalten Waren sind heute begehrter denn je.

Druckkunst

Die Druckkunst ist ein weiteres Handwerk, das in Umbrien auf eine lange Tradition zurückblicken kann und bis heute durch eine stattliche Zahl von Unternehmen, die direkt oder indirekt mit dem Buchdruck zu tun haben, vertreten ist. Drei Männer wagten 1470 in Foligno die Gründung der ersten Druckerei in Umbrien: der aus Foligno gebürtige Goldschmied Emiliano di Piermatteo degli Orfini, der für den päpstlichen Hof Medaillen und Münzen prägte, der in Trevi und Foligno tätige Evangelista Angelini und der Buchdrucker Johann Neumeister aus Mainz. Neumeister zeichnete für die technische Seite verantwortlich, Emiliano Orfini stellte die Räumlichkeiten, denn in seinem Haus befand sich die Werkstatt (ital. bottega), und Angelini übernahm die Rolle des Herausgebers. Als eines der ersten Werke erschien in der neugegründeten Verlagsdruckerei im April 1472 die Divina Commedia (Göttliche Kommödie) von Dante.

Textilien

Die Stoffherstellung und -dekoration mit komplizierten Stickmustern und das Spitzenklöppeln sind in Umbrien nicht so alt wie die Keramik und die Druckkunst. Auch hier sind großenteils die Manufakturen kleinen Industriebetrieben gewichen, was aber nicht bedeutet, daß es diese Produkte an Qualität und Eleganz fehlen ließen. Ähnliches wie für die Weberei gilt für die applizierte Textilkunst, die in kleinen Betrieben der Valle Umbra praktiziert wird, und zwar insbesondere in der Gegend von Montefalco, Orvieto, Cascia und Perugia. In Perugia gab es früher eine Handwerkerinnung der Weber, die 'Fratellanza dei Tessitori'. Die mit Stickereien verzierten Decken aus dieser Gegend sind seit Jahrhunderten ein Verkaufsschlager des umbrischen Handwerks. Vor allem Assisi ist wegen seiner feinen Motive berühmt, und nicht ohne Grund nennt sich eine der schwierigsten Sticharten 'punto Assisi'. Die Fertigung von Spitzen konzentriert sich auf einen relativ eng begrenzten Raum; die besten handgeklöppelten Erzeugnisse findet man auf der Isola Maggiore des Lago Trasimeno.

Umbrien in Zitaten

Johann Wolfgang von Goethe
Deutscher Dichter

Endlich sah ich Assisi liegen (...) Ich verließ bei Madonna del Angelo meinen Vetturin, der seinen Weg nach Foligno verfolgte, und stieg unter einem starken Wind nach Assisi hinauf, denn ich sehnte mich, durch die für mich so einsame Welt eine Fußwanderung anzustellen. Die ungeheuren Substruktionen der babylonisch übereinander getürmten Kirchen, wo der heilige Franziskus ruht, ließ ich links mit Abneigung, denn ich dachte mir, daß darin die Köpfe so wie mein Hauptmannskopf gestempelt würden. Dann fragte ich einen hübschen Jungen nach der Maria della Minerva; er begleitete mich die Stadt hinauf, die an einen Berg gebaut ist. Endlich gelangten wir in die eigentliche alte Stadt, und siehe, das löblichste Werk stand vor meinen Augen, das erste vollständige Denkmal der alten Zeit, das ich erblickte. Ein bescheidener Tempel, wie er sich für eine so kleine Stadt schickte, und doch so vollkommen, so schön gedacht, daß er überall glänzen würde (...).
Der Tempel steht auf der schönen mittlern Höhe des Berges, wo eben zwei Hügel zusammen treffen, auf dem Platz, der noch jetzt der Platz heißt. Dieser steigt selbst ein wenig an, und es kommen auf demselben vier Straßen zusammen, die ein sehr gedrücktes Andreaskreuz machen, zwei von unten herauf, zwei von oben herunter. (...) An der Fassade konnte ich mich nicht satt sehen, wie genialisch konsequent hat auch hier der Künstler gehandelt (...). Was sich durch die Beschauung dieses Werks in mir entwickelt, ist nicht auszusprechen und wird ewige Früchte bringen.

Aus: Italienische Reise, © Insel Verlag, Frankfurt a. M., 1976.

Gabriele d'Annunzio
Italienischer Dichter (1894)

Über Orvieto:

Stelle Dir vor: auf dem Gipfel eines Tuffsteinfelsens, über einem schwermütigen Tal, eine Stadt, so schweigsam, daß sie unbewohnt erscheint: geschlossene Fenster, düstere Gassen, in denen das Gras wächst, ein Kapuzinermönch, der über einen Platz schreitet; ein Bischof, der aus einem geschlossenen schwarzen Wagen vor einem Hospital aussteigt, am Schlag ein vom Alter gebeugter Diener; ein Turm, der in einen weißen, regnerischen Himmel aufragt; eine Uhr, die langsam die Stunden schlägt: plötzlich, am Ende einer Straße, ein Wunder: Der Dom.

Hermann Hesse
Deutscher Schriftsteller

Ich stand also heute in Gubbio, um aus dem Anblick großer Menschenwerke Mut und Glauben zu schöpfen. So weit kam meine Betrachtung. Ich hatte mittlerweile eine immer steiler werdende Gasse erstiegen und eine fast ebene Seitenstraße eingeschlagen, da stand ich unvermutet vor dem größten Bau der Stadt, dem mittelalterlichen Palast der Konsuln. Das schnitt alle Gedanken ab. Ich stieg auf die große Terrasse hinauf und wieder hinab, ich schaute und staunte, und für heute blieb es beim Staunen. Denn die grandiose, fast lästerliche Kühnheit dieser Architektur ist schlechthin verblüffend und hat etwas aufregend Unwahrscheinliches. Man meint zu träumen oder eine Dekoration zu sehen und muß sich immer wieder davon überzeugen, daß das alles fest und steinern dasteht. Mit diesem Gefühl eines großen Erstaunens ging ich weg und lief weiter durch die Stadt, eine gute Stunde lang, ohne aus dem fast lähmenden Benommen-

Hermann Hesse (Fortsetzung)

sein zu erwachen. Gasse um Gasse nahm mich auf, alle steil, still, trotzig, alle voll von hohen, nackten Steinhäusern mit widerhallendem Pflaster. Da und dort ein winziger Garten, ein Streifchen Erde künstlich und ängstlich auf hoher Mauer schwebend, dann ein Blick eine unendlich steile Straße bergaufwärts, und bergab schwindelnde Treppengassen. Meine genagelten Sohlen glitten auf dem glatten, regenfeuchten Pflaster unzählige Male aus. Dabei war es beinahe lächerlich, zu sehen, daß am Fuße dieser abschüssigen, unsäglich mühsam gebauten Stadt sich grün und bequem eine stundenweite, wohnliche Ebene erstreckte. Und die ganze Stadt, der ganze verhältnismäßig ungeheuerliche Aufwand von Bau- und Mauerwerk machte nicht etwa einen prahlerischen Eindruck, sondernn erschien düster und wie aus begieriger Not entstanden. (...) Nach dem aufregenden Eindruck der mittelalterlichen Stadt gelüstete es mich, ins Freie zu kommen und einen Blick ins Gebirge zu tun. Auch dachte ich, da droben vielleicht aus den Formen der Gebirgslandschaft den trotzig kühnen Geist ihrer alten Baumeister einigermaßen begreifen zu lernen. (...) Die mächtige, drohende Stadt unter mir wurde allmählich klein und merkwürdig friedlich, schließlich lag sie bescheiden tief am Fuße des Berges und sah beinahe eben aus. Die unheimlichen Burgen und Türme standen klein und schwächlich wie Spielzeug unten. Ein starker, kalter Schneewind ging auf der Höhe. (...) Endlich hatte ich die Höhe überschritten und blieb fast erschrocken stehen. Jenseits tat sich eine große, feierliche Gebirgswelt auf, und vor mir stürzte schwindeltief eine jähe, wilde Schlucht hinab, die war eng und unheimlich, und die ungeheuern Wände des Absturzes zu beiden Seiten waren vollständig kahl und von roter Farbe. Nur in der Mitte etwa wuchs ein wenig Gestrüpp und Gras, und dort hing eine kleine Ziegenherde mit einem Hüterbuben klein und ängstlich zwischen Berg und Tal. Auf dem Gipfel, den ich nun bald erreichte, lag Schnee. Die grüne Ebene, die Hügel mit Obstgärten, die Paläste und die alten Städte und das ganze mir bekannte Italien war verschwunden, und ich stand in einer fremden, wilden, rauhen Gegend. Kein Haus oder Dorf weit und breit, und kein Mensch als der Hirtenjunge am Abhang, und unten in der roten Schlucht ein Reiter, der im Mantel und großen spitzen Hut, die Flinte überm Rücken, auf seinem Maultier talaufwärts gegen Scheggia unterwegs war.

Aus: Mit Hermann Hesse reisen, Suhrkamp Verlag Frankfurt am Main, 1990

Olga von Gerstfeld

Nicht nur weil Umbrien der geographische Mittelpunkt der Halbinsel ist, sondern auch weil sich die Seele des Volkes hier in ihren reinsten Gestaltungen offenbart, möchte man mit den alten Schriftstellern Umbrien "il cuore d' Italia", das Herz Italiens, nennen. Während die heiterste Anmut Toskanas blühende Gefilde verklärt und Rom die Ewigkeit des Schicksals selbst in ehrwürdiger Größe darstellt, kann für Umbrien nur der sanfte blaue Horizont mystischer Träumerei als Folie gelten (...). Was wir uns unter Umbrien zu denken haben, ist das lange, breite Tal, das im Norden Perugia überragt, im Süden Spoleto abschließt. Daran reihen sich im Nordwesten die Seitentäler, die bei Foligno das Gebirge durchbrechen und jenseits des Subasio parallel dem Haupttal in gleicher Richtung gegen die Toskana münden, und im Süden der weite Talboden, der sich von Terni bis Narni als fruchtbare Ebene ausdehnt; ferner die hügelige Gegend, in deren Mittelpunkt Todi liegt, und die zahlreichen Bergketten, die im Osten der ganzen Länge nach das umbrische Gebiet begrenzen. Als letzter Vorposten am südlichsten Ende thront Orvietos stolze Felsenburg. (...).
Nur zwei Städte Umbriens liegen in der Ebene: Città di Castello im nördlichsten Zipfel der Provinz und das fast moderne Foligno, das allein den Anspruch auf regere Industrie und bescheidenen Reichtum erheben kann. Alle anderen Städte und Ortschaften klimmen an Hügeln oder Berglehnen wie Perugia von stolzer Höhe herab; krönen steil emporragende Kegel wie Trevi oder schmale Steinklippen wie Narni, oder türmen sich Schwalbennestern gleich übereinander wie das dräuende Gubbio.

Aus: Umbrische Städte; aus der Reihe: Stätten der Kultur, Verlag Klinkhardt & Biermann, Leipzig, o. J.

Sandro Penna
Italienischer
Schriftsteller

Über seine Heimatstadt Perugia:

Für denjenigen, der von der Porta Sole hinabsteigt (ein prächtiges Panorama, etwas derb und somit ein merkwürdiger Gegensatz zu den anderen. Und hier spricht Dante: "Wo Perugia kalt und warm verspürt, an der Porta Sole") und seitlich an den Dom kommt, ist die Straße wahrhaft schön. Links der Dom, auf der Piazza der berühmte Brunnen der Brüder Pisano und gegenüber der Palazzo dei Priori. Wenn der Mond scheint, ist er hier leicht zu finden. Weit hinten in der Ferne, so ahnt man, wird der "Corso" (Corso Vannucci; Anm. d. Red.) im Unendlichen enden. Wenn man ihn ganz abläuft, gelangt man an eine Brüstung mit einer der schönsten Aussichten Italiens. Links Assisi, verschachtelt am Hang des Subasio (...). Wenn man hingegen vom "Corso" durch den bereits erwähnten Arco dei Priori tritt, geschieht es selten, daß man dort nicht auf den ersten starken Wind stößt, der das berühmte Merkmal dieses Tores ist. Man kann sagen, in Perugia fehlt es nie an Wind, ein bißchen wie in Genua oder Triest, doch ohne die übertriebene Heftigkeit der "Bora". Eine fast ebensolche Gewalt kann man jedoch bisweilen unter diesem Tor verspüren, und die besorgte Mutter mahnt, mit geschlossenem Mund zu atmen, in der Jahreszeit, die eigentlich für niemanden eine glückliche ist. Im übrigen kann sich Perugia über sein Klima nicht beklagen: es kennt weder Nebel noch starke Hitze.

Aus: Fieber, Beck und Glückler Verlag, Freiburg 1987

Curzio Malaparte
Italienischer
Schriftsteller

Wenn in Umbrien die Heiligen im Unterschied zu dem, was ihnen in der Toskana geschieht, ein schweres Leben haben, dann nicht so sehr aus dem Grunde, daß die Peruginer, und die Umbrier im Allgemeinen, weit anspruchsvoller, raufsüchtiger und verschrobener wären als – man denke – selbst noch die Florentiner, sondern eher deswegen, weil sie ihre Wunder auf Befehl zu haben wünschen, nach Maß, und mit Pfeffer unter dem Schwanz. Denn in Umbrien geschehen die Wunder nicht absichtslos wie in der Toskana, wo sie das Wetter lassen, wie es ist, sondern sind polemisch, haben immer irgend jemanden oder irgend etwas zum Ziel, und gehen häufig von der Politik aus. Ich will sagen, daß so, wie ein Heer Artillerie benötigt, um Krieg führen zu können, die Umbrier der Heiligen bedürfen – die für sie dasselbe sind wie die Artillerie für ein Heer – um die Wunder gleich Kanonenkugeln ins feindliche Lager zu schleudern. Und das feindliche Lager ist für die Umbrier – Gott verzeihe ihnen – das Lager der Kirche. Nicht weil sie Ketzer wären, sondern weil sie jahrhundertelang der Kirchenregierung unterworfen waren und daher argwöhnisch gegen die Kutten sind und gegen das, was darunter ist (...). Da gibt es immer noch Leute, die glauben, daß die Umbrer ein mystisches Volk seien, vom mystischen Umbrien sprechen, und dir die Umbrier trotz ihrer lodernden Augen und lustvollen Münder fast als bleiche Menschenlarven beschreiben, die mit verdrehtem Hals, kindisch gewordenen Augen, durchsichtigen Händen in halber Höhe vor dem sonnenverbrannten Gesicht gleich dem Gold der Ikonen zwischen Ölbäumen herumirren! Wo es doch in der Welt kein Volk gibt, das mehr als das umbrische aus Fleisch und Blut ist, mehr der Erde und den irdischen Dingen verhaftet, und das mehr als das umbrische mystisches Gehabe verachtet (...).

Aus: Verdammte Toskaner, Stahlberg Verlag 1957 (© S. Fischer Verlag)

Heinrich Böll
Deutscher
Schriftsteller

Die Landschaft zwischen Perugia und Foligno hat die beiden Merkmale, die den Süden für Nordländer so sehr zum Gegenstand der Sehnsucht machen, weil sie im Norden so selten vereint auftreten: Fleiß und Würde strömt diese Landschaft aus mit ihrem ständig zwischen Silbern und Grün wechselnden Laub der Ölbäume, dem dunklen Grün der Weinstöcke, den gelben Städten auf den Abruzzenhängen. Die Pole der Landschaft sind Perugia, stolz und streng, hoch auf dem Berg, und Foligno, heiter, ein Markt in der Ebene. Überraschend ist dieses Vertrauen auf die Ebene dort, wo sie so viele, fast alle Städte dieser Landschaft "auf dem Berg" liegen. Traumhaft unwirklich, diese gelben Steingebilde auf nahen und fernen

Böll (Fortsetzung)

fernen Hügeln, etwa Trevi oder Montefalco. Assisi hat viele Gesichter: ein umbrisches, römisches, kaiserliches, mittelalterliches und modernes; den Minervatempel und das Forum, die Espressobar und das Kino, aus dem wildes Indianergeheul in die abendliche Straße hinausschallt, laut genug, daß die jungen Nonnen, die in der Kapelle der ewigen Anbetung ihr Abendgebet halten, neugierig die Ohren spitzen, sich sogar kichernd hinter dem Rücken der Novizenmeisterin mit den Ellenbogen anstoßen – laut genug, daß ein Mönch, der gegenüber in der Bibliothek arbeitet, das Fenster aufreißt, empört und bereit, sich temperamentvoll zu beschweren; aber die Indianer heulen schon nicht mehr, und das Cowboylied, das jetzt ertönt, scheint den Mönch nicht zu stören.

Außerhalb Italiens erschiene dies wohl nur 'neckisch', hier ist es Natur geworden – wie die Stationen des heiligen Franziskus rings um die Stadt: Rivotorto, der Fingerhut Porziuncola, San Damiano und die Carceri: nach siebenhundert Jahren Pilgertum noch nicht verschlissen, noch immer von seinem Geist.

Aus: Essayistische Schriften und Reden, Bd. 1, Verlag Kiepenheuer&Witsch, 1979.

Luigi Malerba
Italienischer Schriftsteller

Ein Umbrisches Huhn

Ein umbrisches Huhn war überzeugt, ein etruskisches Profil zu haben. Stets hielt es den Kopf zur Seite gedreht, damit alle sein Profil bewundern konnten. Schließlich wurde sein Hals so steif, daß ihm der Kopf quer stand bis zu jenem Tag, als es in eine Grube fiel und sich ein Bein brach. Nach dem Sturz renkte sich sein Kopf wieder ein, aber seitdem hinkte es.

Aus: Die nachdenklichen Hühner, Verlag Klaus Wagenbach, Berlin 1984.

In Umbrien ist in vielen Städtchen die Piazza noch der Mittelpunkt der Welt: hier trifft man sich, tauscht Neuigkeiten aus und debattiert über die große und kleine Politik

Reiseziele von A bis Z

Routenvorschläge

Vorbemerkung

Die Routenvorschläge sollen dem per Auto oder Motorrad Reisenden Anregungen liefern, ohne ihm die Freiheit zur eigenen Planung zu nehmen. Umbrien ist nicht sehr großräumig und mit einem gut ausgebauten Straßennetz überzogen. Auf der zum Reiseführer gehörenden Karte sind die vorgeschlagenen Strecken leicht zu verfolgen und ebenso 'naheliegende' Alternativen zu entdecken.
Die Routenvorschläge erfassen die Hauptreiseziele Umbriens; eine Reihe der im Führer beschriebenen, ebenfalls interessanten Orte sind auf zusätzlichen Ausflügen zu erreichen.
Orte, die im Abschnitt "Reiseziele von A bis Z" unter einem Hauptstichwort beschrieben sind, erscheinen in den Routenbeschreibungen **in halbfetter Schrift**. Die Beschreibungen der anderen erwähnten Orte können über das Register gefunden werden. Die Kilometerangaben in den Überschriften und Marginalien beziehen sich auf die Hauptroute, Abstecher sind nicht mitgerechnet.

1. Große Umbrienrundreise ca. 400 km

Allgemeines

Die große Umbrienrundreise dient als Anhaltspunkt für all diejenigen, die sich auf die wichtigsten Stätten beschränken möchten, aber auch für solche, die auf der Durchreise nach Rom oder Süditalien ein paar bedeutende Sehenswürdigkeiten ansteuern wollen. Die vorgeschlagene Route läßt sich leicht mit den anderen, detaillierteren Strecken kombinieren.

Città di Castello

Ausgangspunkt der Route ist *** Città di Castello** ganz im Norden, neben dem * **Lago Trasimeno** das zweite große Einfallstor nach Umbrien. Das hübsche Städtchen am Tiber eignet sich bestens für eine Einstimmung auf Land und Leute dieser Region. Auf der E 45 erreicht man schnell das Industriestädtchen **Umbertide**, wo man in Richtung **Gubbio** abbiegt (SS 219).

Gubbio

Mit seiner wohlerhaltenen mittelalterlichen Altstadt und einem der stolzesten Kommunalpaläste Umbriens gehört ** **Gubbio** zweifelsohne zu den meistbesuchten Reisezielen in Umbrien – nicht nur am Tag der 'Corsa dei Ceri'. Der moderne Teil der Stadt liegt unten im Tal, während sich die Altstadt an den Hängen des Monte Ingino ausbreitet.

Abstecher nach Gualdo Tadino und Nocera Umbra

Nicht nur **Gubbio** selbst, auch das bergige, rauhe Hinterland hat seinen Reiz. Die Landschaft im Norden Umbriens ist karger, spröder als im Süden und dünn besiedelt. 12 km nordöstlich von **Gubbio** kommt man über die SS 298 nach Scheggia, wo man in die SS 3 (südlich) einbiegt. In Sigillo (6 km) beginnt die Zufahrt zum 1566 m hohen Monte Cucco. Nach 13 km erreicht man die Töpferstadt **Gualdo Tadino**, nach weiteren 14 km sieht man in herrlicher Aussichtslage inmitten grüner, bewaldeter Berghänge die Häuser von **Nocera Umbra.**

◂ *Dominiert das Stadtbild von Gubbio: der Palazzo dei Consoli*

Perugia

Landschaftlich beeindruckend ist die Fahrt von **Gubbio** nach **Perugia** über die SS 298. Die gut ausgebaute Straße durchquert zunächst das Tal der Saonda und führt dann durch das flachwellige Hügelland. Man nähert sich der Regionshauptstadt **Perugia** von Nordosten über den Stadtteil Monteluce, wo unlängst bei einem Erdrutsch ein weiteres großes Etruskergrab zum Vorschein kam. Die ebenso geschichtsträchtige wie lebendige Hauptstadt und Kulturmetropole **Perugia** bietet mindestens für ein paar Tage Besichtigungsprogramm. Von Perugia geht es südwärts auf der Hauptverkehrsachse Umbriens, der bis **Foligno** vierspurig ausgebauten SS 75, die in der Valle Umbra verläuft. Das breite Tal ist leider durch die dortigen Industrieansiedlungen etwas in seiner Schönheit beeinträchtigt. Linker Hand wird es von bewaldeten Bergketten und rechter Hand von einer sanften Hügellandschaft gerahmt.

Routenvorschläge für Reisen durch Umbrien

Assisi

Keine 20 km hinter Perugia passiert man mit **Assisi** einen der Höhepunkte einer jeden Umbrienreise. Schon von weitem begrüßt den Ankommenden der gewaltige Komplex der Grabeskirche des hl. Franziskus, die unterhalb der an den Hang des Monte Subasio geschmiegten Stadt das Weichbild dominiert.

Bei gutem Wetter (d.h. vor allem kein Schnee!) und klarer Sicht kann man die Strecke zwischen Assisi und **Spello** auf der Panoramastraße über den Monte Subasio zurücklegen – mit etwas Zeit eine phantastische Alternative zur Schnellstraße unten im Tal.

Spello

Gegenüber der Panoramastraße hat die Route über die Schnellstraße eigentlich nur den einen Vorteil: man genießt einen besonders schönen Blick auf die kompakte Altstadt von **Spello**, das auf einem Ausläufer des Monte Subasio hockt. In der dortigen Kirche Santa Maria Maggiore hinterließ der Maler Pinturicchio sein Hauptwerk in Umbrien. 6 km hinter **Spello** erreicht man ***Foligno**, eine der wenigen Städte in der Ebene.

Trevi

Spoleto

Ab Foligno ist die SS 3 nicht mehr vierspurig ausgebaut – inoffiziell wird sie aber dennoch so befahren. Als nächstes Städtchen taucht ***Trevi** linker Hand auf. Direkt an der Straße zwischen Trevi und Spoleto liegen die Clitumnusquellen, die schon Lord Byron lobend in seinen Reiseerinnerungen erwähnte. Der alte langobardische Herzogssitz ****Spoleto** erscheint am Talschluß zwischen grünen Bergketten. Auch Spoletos Schätze schafft man kaum an einem Tag; die Stadt und ihre erholsame Umgebung (u. a. Monteluco) hat genug Atmosphäre für ein, zwei Tage Aufenthalt.

Abstecher in die Valnerina

Von Spoleto führt die SS 395 kurvenreich durch dichte Eichenwälder ins abgeschiedene ****Valnerina-Tal** (siehe den Routenvorschlag Nr. 7) – ein schöner Abstecher für Ruhe- und Erholungssuchende.

Terni, Narni

Die moderne Industriestadt ***Terni** fasziniert vor allem durch ihre Lage vor einer amphitheaterartig ansteigenden Bergkulisse. Über die SS 3 geht es weiter in das beschauliche Städtchen ***Narni**, das auf einem Felsen an der Talverengung der Nera sitzt. Unterhalb von **Narni** ragen die Reste der römischen Brücke Ponte di Augusto aus dem Ufergebüsch der Nera.

Todi

Nächste Station nach **Narni** ist das etwa 35 km nördlich gelegene ****Todi**, das man am besten über die E 45, die Hauptverkehrsachse zwischen Perugia und Terni, erreicht. An der Strecke kann man in der Nähe des Kurstädtchens ***San Gemini** (Mineralquellen) die Ruinen der Römerstadt Car-

Im Hinterland des Lago Trasimeno gibt es noch viele Einzelgehöfte, die sich harmonisch in das Landschaftsbild einpassen

Todi (Fortsetzung)

sulae besichtigen. Mittelalterliche Gassen und einer der angenehmsten Plätze Umbriens erwarten den Besucher in **Todi**. Von hier aus nehme man die SS 448 in Richtung **Orvieto**, die am Tiber entlangführt. Vor allem auf dem letzten Teilstück, wo der Tiber zum Lago di Corbara gestaut wurde, ist diese Strecke besonders schön.

Orvieto

Orvieto, die auf einem Tuffplateau gelegene alte Etruskerstadt, besitzt mit ihrem Dom eines der herrlichsten Werke der italienischen Baukunst. Daneben laden die malerische Altstadt und zahlreiche andere Denkmäler zu einem mehrtägigen Besuch ein. Über die Autostrada del Sole (Ausfahrt Fabro oder Chiusi) oder über die parallel verlaufende SS 71 gelangt man nach ***Città della Pieve, die in rötlichem Backstein erbaute Geburtsstadt des umbrischen Malers Perugino.

Lago Trasimeno

Von Città della Pieve sind es nur noch rund 15 km zum ***Lago Trasimeno**, der in eine sanft-hügelige, von Obst- und Weinanbau geprägte Landschaft eingebettet ist. Eines der hübschesten Städtchen am See ist Castiglione del Lago an der Westküste. 9 km nördlich, an der Nordwestspitze des Sees, kreuzt sich die Küstenstraße mit der ‘SS 75 bis’, die nach Perugia zurückführt. Letzte Station vor dem Endpunkt ist der lebhafte Ferienort Passignano sul Trasimeno an der Nordküste des Sees.

2. Rundfahrt um den Lago Trasimeno — ca. 150 km

Ausgangspunkt Perugia

Ein herrlicher Ausflug von ****Perugia** ist die Rundfahrt um den ***Lago Trasimeno**, der von der Regionshauptstadt nicht einmal 30 km entfernt liegt und über die ‘SS 75 bis’ bequem erreichbar ist. Nach knapp 16 km taucht rechter Hand auf einer Anhöhe **Corciano** auf, und nur wenige Kilometer hinter dem Städtchen sieht man ebenfalls rechts die hochgelegene Malteserburg, die zu Magione gehört. Der erste größere Ort am See ist Passignano sul Trasimeno am Nordufer (s. o.). Von hier aus empfiehlt sich ein Schiffsausflug zur Isola Maggiore. Weniger wegen des Ortes, sondern eher wegen der legendären Schlacht, die in seiner Nähe stattfand, kennt man Tuoro sul Trasimeno. Reizvoll ist das Hinterland von Tuoro um den Monte Castiglione (SS 416). Einen herrlichen Blick über das Gewässer genießt man von der Burg von Castiglione del Lago, dem hübschen Städtchen in erhöhter Lage über dem Westufer des Trasimeno (Badegelegenheit). Von Castiglione del Lago folgt man der SS 71 nach ***Città della Pieve**, das im Hügelland südlich des Trasimeno, dicht an der Grenze zur Toskana liegt.

Città della Pieve, Panicale

Von **Città della Pieve** schlägt man die SS 220 in Richtung Perugia ein und zweigt nach 16 km linker Hand nach **Panicale** ab. Man fährt dabei durch eine liebliche Gegend mit Olivenhainen, Wiesen und Feldern, die durch kleine Baumgruppen aufgelockert werden. Auf der Spitze einer Anhöhe sitzt der geschlossene Borgo ***Panicale**, ein mittelalterlicher Ort wie aus dem Bilderbuch. Auch von hier ergeben sich prächtige Ausblicke auf den See. Von Panicale steigt man wieder in die Ebene des Trasimeno hinab und folgt weiter dem Seeufer, wobei man malerische Fischerdörfer wie S. Arcángelo und San Feliciano passiert. Bei Monte del Lago, das auf einer kleinen Landzunge sitzt, ist die Auffahrt zur ‘SS 75 bis’ nach **Perugia** wieder erreicht.

3. Von Perugia nach Orvieto und zurück — ca. 150 km

Landschaftseindrücke

Die Strecke von ****Perugia** über **Marsciano** nach **Orvieto** führt durch einen wenig bekannten, landschaftlich aber außerordentlich schönen Winkel Umbriens. Wegen der parallel verlaufenden, gut ausgebauten Schnellstraße im Tibertal ist diese Strecke kaum befahren.

Route 3
(Fortsetzung)

Man verläßt **Perugia** auf der SS 317 in Richtung **Marsciano**, das oberhalb der E 45 in den Hügeln liegt. Hinter Marsciano (weiterhin auf der SS 317) steigt das Gelände bis auf über 800 m an (Monte Peglia). Dieser einsame Landstrich ist kaum besiedelt oder bewirtschaftet, dichte Nadelwälder wechseln mit steinigen, kargen Hochflächen, auf denen gelb blühende Ginsterbüsche farbliche Akzente setzen. Hinter dem Monte Peglia senkt sich die Hügelkette langsam zum Lago di Corbara hinab. Die Landschaft wird merklich mediterraner und lieblicher. Bei Colonnetta di Prodo bietet sich ein Abstecher zu diesem idyllischen, von Wäldern gerahmten Stausee an. Von Colonnetta führt eine kurvenreiche Strecke durch das intensiv bewirtschaftete Hügelland hinab ins Paglia-Tal, das von der Silhouette der Stadt **Orvieto** beherrscht wird.
Für die Fahrt von **Orvieto** nach **Todi** gibt es drei Alternativen: die nördlichste Strecke verläuft in zahlreichen Serpentinen oberhalb des Lago di Corbara, aber auch die SS 448, die am Südufer dieses Sees entlangführt, ist nicht ohne Reiz. Die dritte Möglichkeit ist etwas zeitintensiver, da die Straßen schmal und sehr kurvenreich sind; sie streift das nördliche Amerino (s.u. Route 8). Man verläßt die SS 448 nach 7,5 km und biegt rechter Hand nach Baschi ab. Nach etwa 4 km zweigt links die Straße ab, die sich nach **Montecchio** hinaufschlängelt (schöner Blick auf das Tibertal). An der landschaftlich reizvollen, etwa 30 km langen Strecke zwischen **Montecchio** und **Todi** liegen nur wenige kleine Ortschaften. Für **Todi** sollte man sich mindestens einen Tag Zeit lassen, dann geht es auf der E 45 zurück nach Perugia. Unbedingt zu empfehlen ist allerdings ein Halt in ***Deruta**, das direkt an dieser vielbefahrenen Straße liegt und wegen seiner großen Auswahl an Keramik gern besucht wird.

4. Von Perugia nach Spoleto — ca. 75 km

Entlang der 'Aussichtsterrasse Umbriens'

Man verläßt **Perugia** in südliche Richtung auf der Staatsstraße, die nach etwa 10 km die E 45 kreuzt. Hinter der Kreuzung zweigt die Straße ab, die nach ***Torgiano** hinaufführt. Der Weinort liegt umgeben von Rebhängen auf einer Anhöhe über dem Zusammenfluß von Tiber und Chiascio. Noch anmutiger erhebt sich über dem Chiasco-Tal die kleine Stadt ***Bettona**, rund 5 km südöstlich von Torgiano entfernt. Am Rande des Hügelmassivs, das die breite, vom Topino durchflossene Valle Umbra im Westen begrenzt, verläuft – parallel zur Schnellstraße im Tal – die Landstraße nach ***Bevagna**. Die Attraktion des verschlafenen Städtchens ist die zentrale Piazza Silvestri mit ihren beiden schönen romanischen Kirchen. Das knapp 7 km südlich entfernte ***Montefalco** gehört zu den Paradeorten Umbriens und trägt den stolzen Beinamen "Ringhiera dell' Umbria", was soviel heißt wie Aussichtsterrasse Umbriens. Auch **Castel Ritaldi** (etwa 10 km südlich von **Montefalco**), zeichnet sich durch eine exponierte Lage oberhalb der Valle Umbra aus. Von diesem kleinen Städtchen sind es noch rund 11 km bis **Spoleto**.

5. Von Foligno nach Norcia und Cascia — ca. 90 km

Waldeseinsamkeit im Südosten Umbriens

Eine wenig befahrene, aber landschaftlich außerordentlich schöne Strecke in den Südosten von Umbrien beginnt in ***Foligno**. Sie folgt zunächst der SS 77 in nordöstliche Richtung, die sich ihren Weg zwischen bewaldeten Bergketten bahnt – im Vergleich zu den sanften Hügeln im westlichen Umbrien eine rauhe und felsige Landschaft. Kurz hinter Colle San Lorenzo verläuft die Straße entlang des Flüßchens Menotre. Bei Pale sieht man an der gegenüberliegenden Felswand die sog. Eremo di Santa Maria Giacobbe. Ein Kilometer hinter Leggiana verläßt man die SS 77 und schlägt die SS 319 ein. Auf etwa 10 km begleitet der Menotre diese Route noch; sattgrüne Wiesen, Pappeln am Flußufer und im Frühjahr rotblühende

Route 5
(Fortsetzung)

Mohnwiesen erfreuen hier das Auge und bieten eine gute Einstimmung auf die ****Valnerina**, das Tal der oberen Nera, das man bei Cerreto di Spoleto erreicht. Man folgt der SS 209 flußaufwärts (nördlich) und kommt nach rund 17 km nach Piedivalle, wo man die Abbazia di Sant' Eutizio besichtigen sollte (vor dem Ort links ab). Über den Forca d'Ancarano (Paß) steigt die Straße hinauf nach ***Norcia**, das sich hinter einer geschlossenen Stadtmauer auf der Hochebene Santa Scolastica ausbreitet. Die umbrischen Delikatessenläden erhielten ihren Namen nach diesem Städtchen, dessen Metzger in ganz Italien geschätzt waren. Die SS 396 verläßt **Norcia** in westliche Richtung; hinter Serravalle zweigt man links ab auf die SS 320, die im Tal des Corno zur Pilgerstadt **Cascia** hinaufführt.

Blick von Todi auf das landwirtschaftlich intensiv genutzte Tibertal

6. Von Norcia zum Piano Grande und in die Sibillinischen Berge

Rundfahrt
ca. 90 km

Norcia ist ein idealer Ausgangspunkt für eine Fahrt in die Sibillinischen Berge. Die Teerstraße, die sich zur Paßhöhe der Forca di S. Croce hinaufwindet, ist von herrlichen Ausblicken auf die Hochebene von Norcia und auf die Bergwelt der Monti Sibillini begleitet. Am Hang des 1719 m hohen Monte Ventosola erklimmt sie den Grat zwischen diesem und dem 1744 m hohen Monte Serra, wo die Straße ins Piano Grande hinabsteigt. Sie durchquert diese Hochebene und Castelluccio, den einzigen Ort dort oben. Hinter Castelluccio beginnt eine kurvenreiche Fahrt durch die Berge hinab nach Castelsantangelo und weiter in das Städtchen Visso, beide schon auf märkischem Gebiet liegend. In Visso stößt man auf die SS 209, jener Straße, die dem ****Valnerina-Tal bis ***Terni** folgt. In Triponzo zweigt von der SS 209 linker Hand die SS 396 ab, die im engen Corno-Tal nach Norcia zurückführt. Der landschaftliche Höhepunkt dieser überaus reizvollen Strecke erwartet den Reisenden bei Biselli, wo sich das Tal zu einer atemberaubend steilen Felsschlucht (Stretta di Biselli) verengt.

7. Von Spoleto durch die Valnerina nach Terni ca. 60 km

Ausgangspunkt Spoleto

Die SS 395 überquert den Hügelzug, der **Spoleto** vom Tal der oberen Nera, der sogenannten **Valnerina** trennt. Die Straße zweigt nordöstlich von Spoleto, bei der Kirche San Salvatore, von der SS 3 ab und schlängelt sich in zahlreichen Serpentinen die mit Steineichen- und Kastanienwäldern bedeckten Hänge hoch.

Idyllisches Tal inmitten bewaldeter Berghänge – die Valnerina lockt mit landschaftlichen Schönheiten

Jenseits des 734 m hohen Forca di Cerro windet sich die Straße widerum kurvenreich zur **Valnerina** hinab. Bei Piedipaterno ist man an der Nera und in der **Valnerina**. In nördliche Richtung führt diese Straße in das märkische Städtchen Visso, die Route folgt ihr aber flußaufwärts. Das romantische Tal ist mit seinen kleinen, nicht selten schon verlassenen Hügeldörfern, Burgruinen und einem stillen, sauberen Flußlauf eines der landschaftlichen Highlights in Umbrien. Bei Sant' Anatolia di Narco kann man der Talenge entfliehen und einen Abstecher hinauf nach Monteleone di Spoleto oder gar nach **Cascia** unternehmen.

San Pietro in Valle

Kunsthistorisch interessant, aber auch wegen ihrer traumhaften Lage besuchenswert ist die Abtei San Pietro in Valle, zu der eine schmale Straße bei Sambucheto hinaufführt. In Ferentillo können Unerschrockene das kleine Mumienmuseum besichtigen; der Ort überwacht eine besonders enge Stelle des Tals.

Lago di Piediluco

Kurz bevor die SS 209 ***Terni** erreicht, zweigt man in Arrone links ab und kommt so nach Piediluco, ein idyllisch am ***Lago di Piediluco** gelegener Ort, der sich fast nur am Wochenende belebt, wenn Wassersportfans und Ausflügler aus dem nahen Terni anreisen.

Cascata delle Marmore

Auf der Fahrt nach **Terni** kann man noch die Wasserfälle Cascata delle Marmore bestaunen – falls sie ‘eingeschaltet’ sind. Mit **Terni** ist der Endpunkt dieser Route erreicht.

8. Rundfahrt durch das Amerino ca. 120 km

Der Startpunkt für diese Fahrt ist die Industriestadt *__Terni__. Über die SS 3 ist man schnell in *__Narni__. Nach der Besichtigung des mittelalterlichen Städtchens empfehlen sich Ausflüge in den äußersten Süden Umbriens, nach Visciano und weiter zu den Ruinen der einstigen Römerstadt Ocriculum (Otricoli).

Amelia

Überquert man bei *__Narni__ die moderne Brücke neben den Resten des römischen Aquädukts Ponte di Augusto und hält sich links, dann kommt man auf die SS 205 Richtung *__Amelia__. Das Städtchen mit dem herben Charme sollte man zumindest wegen seiner berühmten Stadtmauern, die hier besonders gut erhalten sind, besichtigen. Amelia gilt als das Zentrum des Amerino, jener Landschaft im Südwesten Umbriens, die ganz zu Unrecht im Windschatten der großen Touristen-Magnete **__Orvieto__, **__Todi__ und *__Narni__ liegt. Besonders reizvoll ist die Strecke zwischen **Amelia** und **Lugnano in Teverina**, wo man die schöne romanische Kirche besuchen sollte. Die Straße verläuft auf der Hügelkette, begleitet von Ausblicken auf die fruchtbare, intensiv bewirtschaftete Ebene des Tibertals. Immer wieder tauchen kleine Städtchen auf den Hügelkuppen auf, wie etwa **Alviano** mit seinem stolzen Castello. Hinter Guardea und **Montecchio** fährt man noch einige Kilometer nordwärts bis zum Ort Morre, wo man in Richtung **Avigliano Umbro** abzweigt.

San Gemini

Über Montecastrilli und Casteltodino kehrt man zurück auf die E 45, die man bei *__San Gemini__, bekannt wegen seiner Thermalanlagen und der benachbarten römischen Ruinenstadt Carsulae, erreicht.

Reiseziele von A bis Z

Hinweis

Seit den jüngsten Erdbeben im Herbst 1997 und im Frühjahr 1998 sind eine Reihe von Baudenkmälern in Umbrien zur Zeit noch nicht für die Besichtigung wieder geöffnet, oder sie werden restauriert und sind deshalb nicht oder nur eingeschränkt zugänglich. Der Verlag hat sich bemüht, alle diesbezüglichen Informationen in die vorliegende Auflage einzuarbeiten.

Acquasparta E 9

Provinz: Terni
Höhe: 322 m ü. d. M.
Einwohnerzahl: 4400

Lage und Allgemeines

Acquasparta liegt am Fuße eines Hügels im Tal des Flusses Naja, etwa 20 km nordwestlich von Terni an der E 45. Besucht wird das Städtchen hauptsächlich wegen der nahegelegenen Heilquelle Fonte dell' Amerino; ein weiterer Anziehungspunkt in der Umgebung sind auch die Ruinen der Römerstadt Carsulae bei San Gemini. Der Fremdenverkehr ist neben Ackerbau, Viehzucht und einer bescheidenen Metall- und Maschinenbauindustrie die wichtigste Erwerbsquelle der Bewohner von Acquasparta.

Geschichte

Im Mittelalter war Acquasparta, das aus einem Castello entstand, Teil der sog. Terre Arnolfe und ging später in den Besitz der Kirche über. Unter Papst Sixtus V. wurde es als Lehen an das Geschlecht der Cesi vergeben, die es zum Mittelpunkt ihres Herrschaftsgebietes machten. Eine kulturelle Blütezeit erlebte Acquasparta um 1600 unter Federico Cesi, der u. a. 1609 hier die Accademia Nazionale dei Lincei wieder ins Leben rief.

Feste und Veranstaltungen

Seit 1973 findet in Acquasparta jährlich Ende August/Anfang September ein Gesangskurs zur deutschen Liedkunst statt, der von vielbeachteten Eröffnungs- und Abschlußkonzerten begleitet wird.

Sehenswertes

Im Zentrum der Stadt ist der elegante Palazzo Cesi die Hauptsehenswürdigkeit. Der Spätrenaissancebau wurde als Familiensitz der Cesi in der zweiten Hälfte des 16. Jh.s nach Plänen von Giovanni Domenico Bianchi errichtet und hat schon so berühmte Gäste beherbergt wie Galileo Galilei, der 1624 hier weilte. In den Loggien, die auf einen zentralen Innenhof führen, sind Gedenktafeln, Grabsteine und Urnen aus der Römerstadt Carsulae versammelt. Im ersten Obergeschoß, dem sog. Piano nobile, verbinden sich mehrere stattliche, mit Kassettendecken geschmückte Säle zu einer Flucht. Im Repräsentationssaal hängen zwei großformatige Gemälde aus dem 17. Jh. mit Bibelszenen, die Matteo Rosselli zugeschrieben werden. Federico Cesi fand seine letzte Ruhestätte in der unmittelbar benachbarten Kirche Santa Cecilia, die 1581 Isabella Liviani Cesi erbauen ließ. Von den dortigen Gemälden aus dem 17. Jh. sei vor allem auf eine dem Kreis um Cherubino Alberti (1553–1615) zugeschriebene Kreuzigung verwiesen. Interessant sind auch die Befestigungsmauern des Castello und der gut erhaltene Wachturm, in dessen Nähe sich die Kirche La Madonna del Giglio erhebt, ein bescheidener Bau aus dem Jahre 1606. Die dritte Kirche in Acquasparta, San Francesco, geht auf das Jahr 1290 zurück, büßte aber durch spätere Umbauten ihr ursprüngliches Aussehen ein.

Fonte dell'Amerino

Verläßt man den historischen Stadtkern in Richtung Norden, dann kommt man zur Fonte dell'Amerino, eine Quelle mit alkali- und natriumhaltigem Mineralwasser (geöffnet von Mai bis September tgl. 8.00–12.30 und 15.30–17.30). Der Legende nach erhielt sie ihren Namen im 16. Jh. in Folge der wunderbaren Genesung eines Bürgers von Amelia. Bis dahin war sie nach dem heiligen Franziskus benannt, der um 1215 durch das Quellwasser geheilt wurde und dort, wo sich heute die Thermen befinden, ein Kloster mit einem Spital errichtete (beide zerstört). Federico Cesi ließ die Quelle dann ausbauen.

Umgebung von Acquasparta

Montecastrilli

Das landwirtschaftliche Zentrum Montecastrilli (391 m ü. d. M.; 4400Einw.), knapp 10 km südwestlich von Aquasparta in den Hügeln gelegen, entstand möglicherweise aus kleinen Lagerplätzen der gegen Rom marschierenden Truppen Hannibals. Im 12. Jh. sollen in dem von Stadtmauern umgebenen Ort rund hundert Familien gelebt haben. Von dieser Befestigung blieben nur ein paar Wachtürme erhalten.

Sehenswertes

Die Pfarrkirche San Nicolò birgt neben einigen barocken Tafelbildern ein hölzernes Kruzifix aus dem 15. Jh. und einen aus Carsulae stammenden römischen Grenzstein (Cippus). Am Ortseingang steht das im 16. Jh. erbaute Klarissenkloster mit byzantinisierenden Fenstern; in der Kirche ein herrlicher Kreuzweg aus vierzehn Ölgemälden.

San Lorenzo in Nifili

In der näheren Umgebung von Montecastrilli gibt es ein paar kleine romanische Kirchen, u. a. San Lorenzo in Nifili (11. Jh.), 1 km westlich von Montecastrilli gelegen. In der Kirche wird auch ein Grenzstein (Cippus) aus Carsulae aufbewahrt, ebenso in der Kirche Santa Maria di Ciciliano, 1 km südöstlich vom Ort.

Alviano

C 10

Provinz: Terni
Höhe: 251 m ü. d. M.
Einwohnerzahl: 1400

Lage und Allgemeines

Alviano ist eine typische Ortschaft im Amerino, 15 km nordwestlich von → Amelia gelegen. Die hoch auf der Hügelkuppe sitzende kleine Altstadt bietet mit ihrem imposanten, bestens erhaltenen Castello einen malerischen Anblick. Unten im Tibertal, am Lago di Alviano, erstreckt sich die moderne Siedlung.

Geschichte

Der Ort war im 12. Jh. Lehensgut der Familie Liviani, deren Herrschaftsbereich sich damals auch weit über das Tibertal hinaus erstreckte. Der berühmte Söldnerführer Bartolomeo di Alviano war gleichzeitig Signore von Alviano, Fürst von Pordenone sowie Statthalter und Burgherr von Todi. Aufgrund der strategisch günstigen Position auf dem Höhenzug oberhalb des Tibertals geriet Alviano im Mittelalter immer wieder in Auseinandersetzungen zwischen Orvieto und Todi.

Feste und Veranstaltungen

Am 5. Januar feiert man in Alviano die 'Cantata della Vecchiarella', ein Volksfest, bei dem alte Volks- und Klagelieder vorgetragen werden. Am Karfreitag wird auf dem Dorfplatz ein Passionsspiel aufgeführt, und in der Woche um Ferragosta (15. 8.) feiert Alviano den 'Agosto Alvianese'.

*Burg

Ein Besuch der frisch renovierten Rocca ist empfehlenswert. Die mächtige, quadratische Anlage mit ihren vier runden Ecktürmen entstand aus einem unter Bartolomeo Alviano vorgenommenen Umbau der alten Festung zu

Burg (Fortsetzung)

einem stattlichen Castello, das sowohl militärischen Anforderungen als auch den Repräsentationsbedürfnissen seiner Familie genügte. Als das Geschlecht der Alviano ausstarb, erwarb Olimpia Doria-Pamphili Maidalchini, eine Schwägerin des Papstes Innozenz X., das Castello. Der sprichwörtliche Geiz und die Verschlagenheit dieser Frau kommt in den Spottversen zum Ausdruck, die der Volksmund hervorbrachte: “Chi dice donna dice danno; chi dice femmina dice malanno; chi dice Olimpia Maidalchina dice danno, malanno e rovina”, was übersetzt etwa heißt: Donna ist gleichbedeutend mit Schaden, Weib gleichbedeutend mit Unheil, Olimpia Maidalchina aber bedeutet Schaden, Unheil und Ruin.
Die Burg von Alviano ist heute Sitz der Stadtverwaltung und verschiedener kultureller Institutionen. Im Sommer finden im Burghof Theateraufführungen unter freiem Himmel statt. In den Burgsälen wurde ein modernes Kongreßzentrum eingerichtet, in den Kellergewölben ist das ‘Museo della civiltà contadina’ (Museum der bäuerlichen Kultur) und im Erdgeschoß ein Dokumentationszentrum zum Naturschutzgebiet ‘Oasi di Alviano’ (s. u.) untergebracht. Beachtenswert sind der Löwe und das Medusenhaupt, die den Eingang zur Burg schmücken. Besichtigen sollte man die Palastkapelle, auch ‘Cappella di San Francesco’ genannt, weil sie Fresken aus dem 17. Jh. mit Szenen aus dem Leben des hl. Franz von Assisi enthält (siehe dazu das Baedeker Special S. 35), der im Jahre 1212 in Alviano gepredigt hatte. Als Schwalben durch ihr Kreischen seine Predigt störten, brachte er sie wie durch ein Wunder zum Schweigen. Zum Gedenken an dieses Ereignis wurde die sogenannte ‘Cappella delle Rondini’ (Kapelle der Schwalben) errichtet.

Pfarrkirche

In der dreischiffigen Pfarrkirche aus dem 15. Jh. trifft man auf eine qualitätvolle Madonnendarstellung des umbrischen Malers Nicolò di Liberatore (1430–1502) und ein Fresko von Giovanni Antonio de Sachis, nach seinem Geburtsort auch Pordenone benannt (1484 bis 1539).

Umgebung von Alviano

Spuren römischer Siedlungen

Das Gebiet zwischen Alviano und dem Tiber war schon in der Römerzeit besiedelt. Spuren davon findet man an verschiedenen Stellen, vor allem aber bei Popigliano, etwa 1 km außerhalb des Orts gelegen. Von besonderem Interesse sind die Überreste einer stattlichen Patriziervilla, in der sich zum Teil noch kunstvolle Mosaikfußböden erhalten haben. Man geht davon aus, daß sie Caius Popilius gehörte, einem Volkstribun, der nach Ablauf seines Mandats Rom den Rücken kehrte und sich mit seiner Familie in diese Landvilla zurückzog. Nicht weit von hier entfernt, in Madonna del Porto, sind noch die Reste einer Furt durch den Tiber zu erkennen. Madonna del Porto liegt am nordöstlichen Ufer des Lago di Alviano und wurde 1963 aus dem Boden gestampft, als die italienische Elektrizitätsgesellschaft ENEL beschlossen hatte, durch den Stau des Tibers ein Wasserbecken zur Stromerzeugung zu schaffen.

Lago di Alviano

Der künstlich geschaffene See, von der Straße aus durch den hohen Schilfbewuchs kaum zu entdecken, ist kleiner als der benachbarte Stausee Lago di Corbara und sehr flach – das Wasser ist durchschnittlich nur 20 bis 40, fast nirgends mehr als 50 cm tief.
Der Lago di Alviano und seine Umgebung weist heute mit seinen Pflanzen und Tieren einen für Sumpfgegenden charakteristischen Mikrokosmos auf. Die bewaldeten Zonen sind hauptsächlich von Erlen, Pappeln und Weiden bestanden. Kleingetier und Insekten bilden die Nahrungsgrundlage für rastende Zugvögel und einheimische Vogelarten wie Rohr- und Zwergrohrdommeln, Fisch-, Silber- und Nachtreiher, Bläßhühner, Teichhühner und Eisvögel.

Naturschutzgebiet ‘Oasi di Alviano’

Dank einer Bürgerinitiative sind der Lago di Alviano und seine nähere Umgebung zum Naturschutzgebiet erklärt und der Provinzverwaltung in

Naturschutzgebiet 'Oasi di Alviano' (Fortsetzung)

Terni unterstellt worden. Das 300 ha große Naturschutzgebiet, das auf dem Gemeindegebiet von Alviano, Guardea und Montecchio liegt, heißt 'Oasi di Alviano' und ist nach Anmeldung, Tel. (0744) 903715, zugänglich. Empfehlenswert sind geführte Wanderungen, da die dichte Vegetation ein Durchkommen erschwert. Von Hochständen oder von kleinen Inseln aus kann man die dort heimische Tierwelt beobachten.

Guardea

Lage und Allgemeines

Guardea (387 m ü. d. M.; 1740 Einw.) liegt 5,5 km nördlich von Alviano an der Strada Statale 205 zwischen Amelia und Orvieto, in den landwirtschaftlich genutzten Hügeln oberhalb des flachen Lago di Alviano. Im ausgehenden 14. Jh. verließen die Bewohner des alten Castello, heute Guardea Vecchia, ihre Häuser und ließen sich etwas weiter talabwärts nieder. Von dem alten Ort sind im Moment nur Mauerreste der Burg zu sehen. In der benachbarten Ortschaft Piana del Ceraso (Ortsteil Cocciano) entdeckte man in den 20er Jahren unseres Jahrhunderts eine römische Badeanlage aus dem 2. Jh. mit schwarz-weißem Mosaikboden (z. Zt. nicht öffentlich zugänglich). Nahe beim Ort gibt es einen Park mit einem 15 ha großen Pinienwald und wunderschönem Blick auf den Lago di Alviano.

Umgebung, Castello del Poggio

Nur wenige Kilometer nördlich von Guardea Vecchia war im 11. Jh. das Castello del Poggio errichtet worden, mit einem eleganten Innenhof und der herrlichen 'Sala dei Cavalieri', dem Rittersaal. Die gegenwärtig in Privatbesitz befindliche Burg ist sehr gut erhalten. In dem kleinen Ort, der um die Burg herangewachsen war, wird heute noch Keramik nach mittelalterlichen Mustern und in der Technik des 13. Jh.s angefertigt.

Grotten des Monte Allocco

In der Umgebung von Guardea liegen bedeutende Naturhöhlen wie die Grotten des Monte Allocco und zwei – allerdings nicht zugängliche – Höhlen, die zu den größten in ganz Umbrien zählen: die 218 m lange und 70 m tiefe 'Fuga del Pozzo di San Benedetto' und die 'Fuga di San Benedetto', die 120 m lang und 95 m tief ist. In einer anderen, der sogenannten Santa Illuminata, lebte angeblich eine Zeitlang der hl. Franz von Assisi. In ihrer Nähe entstand eine Kamaldulenser-Einsiedelei.

Montecchio

⟶ dort

Amelia D 10

Provinz: Terni
Höhe: 370 m ü. d. M.
Einwohner: 11 200

Lage und Allgemeines

Die von den Umbrern gegründete Stadt liegt im Herzen des Amerino (s. S. 72), jener anmutigen Hügellandschaft zwischen dem Nera- und dem Tibertal im Südwesten von Umbrien. Wenn man sich dem Ort von Alviano über die Nationalstraße 205 nähert, zeigt er sich von seiner schönsten Seite. Aus der Nähe betrachtet sind die Gassen von Amelia zwar auch noch malerisch, vor allem aber atemberaubend steil, was vielleicht so manchen davon abhält, bis zum Dom auf dem höchsten Punkt hochzusteigen. Wer diese Mühe nicht scheut, wird mit einer herrlichen Aussicht belohnt und mit der Erkenntnis, daß Amelia trotz mancher Klagen über unwiderbringliche Schäden im Stadtbild seinen unverwechselbaren Charme noch nicht eingebüßt hat.

Geschichte

Amelia kann auf eine sehr lange Geschichte zurückblicken, denn seine Gründung durch die Umbrer wird nach der Überlieferung von Cato bereits im 9. oder 8. vorchristlichen Jahrhundert angenommen. Unter den Römern

VIA
DEL CROCIFISSO

Geschichte (Fortsetzung)

wurde Amelia Munizipium und erlebte eine Blütezeit. Die Stadt lag an einer der wichtigsten Handelsstraßen, der Via Amerina, die von Veji über Todi und Perugia nach Chiusi führte. Eines der bedeutendsten römischen Fundstücke, eine Statue des Germanicus, kam 1964 bei Bauarbeiten in der Nähe der Porta Romana zum Vorschein. Es handelt sich um eine überlebensgroße Bronzestatue aus der Zeit von Kaiser Augustus, die auch als 'Koloß von Amelia' bekannt ist. Während der Herrschaft der Langobarden in Mittelitalien gehörte Amelia zum sog. 'byzantinischen Korridor', jenem Gebietsstreifen quer durch das Langobardenreich, mit dem Byzanz sich eine Verbindung zwischen der Adriaküste und Rom offenhielt. Im 11. Jh. wurde Amelia eine freie Stadtrepublik, die in den päpstlich-kaiserlichen Auseinandersetzungen auf der Seite der Kirche stand und dafür im Jahre 1240 von den Truppen Friedrichs II. geplündert wurde.

Alessandro Geraldini

Eine außergewöhnliche Karriere war dem aus Amelia gebürtigen Geistlichen Monsignor Alessandro Geraldini beschieden. Geraldini hatte als Beichtvater von Königin Isabella eine einflußreiche Stellung am spanischen Königshof. Seiner Fürsprache war es zu verdanken, daß Isabella die Entdeckungsfahrten von Christoph Kolumbus unterstützte und diesem Schiffe zur Verfügung stellte. Als Kolumbus in Amerika gelandet war, ernannte man Geraldini in Anerkennung seiner Verdienste zum ersten Bischof von Amerika mit Sitz in Santo Domingo, wo er 1524 starb.

Sehenswertes

*Stadtmauer

Höchst eindrucksvoll sind die Reste der alten, aus umbrischer Zeit stammenden Stadtmauer, die man vor allem zu beiden Seiten der Porta Romana noch bewundern kann.
Die bis zu 8 m hohe und mehr als 3 m dicke Stadtbefestigung entstand vermutlich ab dem 4. Jh. v. Chr. in mehreren Bauphasen, wobei die großen, polygonalen Steinblöcke 'trocken', d. h. ohne Mörtel oder anderes Verbundmaterial, übereinandergeschichtet wurden. Bei dem rund 700 m langen Mauerabschnitt an der Porta Romana sind die Steine so geschickt gesetzt, daß sie sich fast völlig nahtlos ineinanderfügen. Wegen der gewaltigen Größe der einzelnen Steine nennt man diese Mauern auch Zyklopenmauern. Außer an der Porta Romana blieben auch in der Via Garibaldi, in der Via Piacenti und an der Piazza Marconi Mauerstücke erhalten, die in der späteren mittelalterlichen Stadtbefestigung aufgingen.
Ähnlich konstruierte Befestigungsanlagen fand man im südlichen Latium, in anderen Teilen Umbriens (Spoleto, Cesi) und im ehemaligen Etrurien.

SS. Filippo e Giacomo

Hinter der Porta Romana aus dem 16. Jh. beginnt die Via della Repubblica, von der es rechts zur Piazza Augusto Vera abgeht. An diesem Platz wurde im Jahre 1287 die Kirche SS. Filippo e Giacomo (oder San Francesco) vollendet. Die schlichte Fassade des Gotteshauses schmücken ein gotisches Portal und eine Doppelrose. Das Innere wurde im Jahre 1767 barockisiert. In der Cappella di Sant' Antonio erhielten sechs Mitglieder der Familie Geraldini ein Grabmonument; das Doppelgrab für Matteo und Elisabetta Geraldini stammt von dem Florentiner Agostino Duccio (1477). Zurück auf der Via della Repubblica schlägt man linker Hand die Via Antonio da Sangallo ein, wo der gleichnamige Architekt zwischen 1520 und 1525 für Kardinal Bartolomeo Farattini einen Renaissancepalast baute. Für den Aufstieg zum Dom kehrt man wieder zur Via della Repubblica zurück.

Piazza Marconi

Hinter dem sog. Arco di Piazza, einem aus antiken Versatzstücken zusammengesetzten Bogen, erreicht man die schöne Piazza Marconi mit dem Palazzo Petrignani (16. Jh.), dessen Gewölbe mit Fresken ausgemalt sind. Daran schließt sich der Palazzo Nacci aus dem 14. Jh. an. Von der Piazza Marconi steigt die steile Via del Duomo zum Domplatz hinauf.

◂ *Nichts für Treppenmüde: die steilen Gassen in Amelia*

Dom

An der höchsten Stelle der Stadt thront der Dom von Amelia. Von der romanischen, der hl. Fermina geweihten Bischofskirche ist allerdings fast nichts mehr erhalten; das heutige Aussehen dieses Gotteshauses ist das Ergebnis eines Wiederaufbaus in der zweiten Hälfte des 17. Jh.s sowie weiterer Ergänzungen im 19. Jh. (Fassade).
Im Innern sind am Eingang zur zweiten Kapelle rechts zwei osmanische Banner zu sehen – sie gehörten zur Kriegsbeute des Siegerheeres in der Schlacht von Lepanto (1571). Die beiden Grabmäler in der Kapelle selbst schuf der orvietanische Dombaumeister Ippolito Scalza, das Grabmonument für Bischof Giovanni Geraldini in der ersten Kapelle links stammt aus der Schule von Agostino di Duccio (1476), der auch die Geraldini-Gräber in der Chiesa SS. Filippo e Giacomo ausführte. Der hohe, zwölfeckige Campanile zur Linken des Doms ist der ehemalige Stadtturm. Er stammt aus romanischer Zeit, wie man an der Jahreszahl 1050 an einem der Steinblöcke des Turmsockels erkennen kann. Bei seinem Bau wurden auch römische und frühmittelalterliche Spolien verwendet.

Sant' Agostino

Auf der linken Seite des Doms steigt man wieder zur Stadt hinab. In der Via Cavour sollte man einen Blick auf das Portal der Kirche Sant' Agostino werfen – es zeigt das häufig an umbrischen Kirchen anzutreffende Reliefband aus Rankenwerk, das aus den Mäulern von zwei Tieren am unteren Rand hochsteigt. Das nur noch schemenhaft zu erkennende Fresko im Bogenfeld über der Tür stammt von einem sienesischen Künstler. Der Innenraum ist barock geprägt (18. Jh.). Nahebei Sant' Agostino befindet sich die Piazza del Municipio mit dem Palazzo Comunale. In einem Saal des Palastes werden zwei Werke des einheimischen Renaissancemalers Pier Matteo d'Amelia gezeigt. Den Innenhof des Stadtpalastes zieren römische und mittelalterliche Steinbildwerke.

Porta della Valle

Über die Via Garibaldi und die Via del Teatro kommt man in die Via della Valle, wo man kurz hinter der Klosterkirche Sant' Angelo auf die alten Stadtmauern zuseiten der Porta della Valle stößt. Von dem Pfad entlang der Mauern hat man einen herrlichen Blick auf die Umgebung von Amelia.

Umgebung von Amelia

Kloster Santissima Annunziata

An der Straße nach → Giove (4 km) liegt das Kloster Santissima Annunziata mit einer Krippe aus Gipsfiguren, die der spanische Künstler Juan Marì Oliva 1965 geschaffen hat.

Parco della Cavallerizza

3 km außerhalb des Stadtzentrums, an der Staatsstraße nach → Lugnano in Teverina, erstreckt sich hinter einem steinernen Tor ein großzügiger Park. Die Gartenanlage sowie die dazugehörige herrschaftliche Villa, die sich majestätisch am Ende der ansteigenden Allee erhebt, gehörte der alten Adelsfamilie Carità.

*Amerino

Zwischen Penna in Teverina im Süden und Avigliano Umbro im Norden erstreckt sich die sanft hügelige Agrarlandschaft des Amerino. Die südwestliche, an Latium angrenzende Ecke Umbriens, benannt nach der antiken Handelsstraße Via Amerina, gehört noch zu den wenig bekannten und vom Tourismus bislang noch unberührten Landstrichen in unserem Reisegebiet. Das Landschaftsbild bestimmen unterschiedlich große Getreidefelder, die mit Obstbaumwiesen und Olivenhainen abwechseln, dazwischen eingestreut kleine Baumgruppen, Steineichen- oder Kastanienwälder und überall Ginsterbüsche, die im Frühjahr gelbe Farbtupfen setzen. Von den Hügeln blicken die braunen Häuser der Borghi auf die Landschaft herab, die meisten durch Mauern befestigt, manche, wie beispielsweise → Alviano, sogar von einem Castello überragt. Zu den schönsten Fahrtrouten in Umbrien gehört die Strecke zwischen → Montecchio und → Lugnano in Teverina wegen der herrlichen Aussicht über das Tibertal bis hinüber zu den Monti Volsinii in Latium (→ Routenvorschläge).

Neben den bereits erwähnten Orten im Amerino werden in diesem Reiseführer auch die Städtchen → Giove, → Attigliano, → Avigliano Umbro und → Penna in Teverina einzeln vorgestellt.

Amerino (Fortsetzung)

Assisi

E 7

Provinz: Perugia
Höhe: 424 m ü. d. M.
Einwohnerzahl: 24 700

**Lage und Bedeutung

Assisi ist weit über die Grenzen Umbriens hinaus zum Synonym geworden für die Verehrung des heiligen Franziskus, dem wohl populärsten Heiligen Italiens und einer der meistverehrten in Europa (siehe dazu das Baedeker Special S. 35). Jährlich pilgern Tausende von Gläubigen an sein Grab in der kleinen Stadt am Rande der Valle Umbra, aber auch zu den anderen Stätten in der näheren Umgebung, die mit dem Leben und Wirken des Franz von Assisi verbunden sind.

Im Mittelalter ein geistiges und kulturelles Zentrum ersten Ranges: die Geburtsstadt des hl. Franziskus von Assisi

Auch im Stadtbild ist der Mittelpunkt der Pilgerstätte, die Grabeskirche San Francesco, ein dominanter Blickfang: Wer sich von der Autostrada SS 75 vom 12 km nordwestlich liegenden Perugia der Stadt nähert, ist beim Anblick der gewaltigen Substruktionen von Kirche und Kloster geneigt, an eine Festung zu denken. Die Stadt, die terrassenförmig den langgestreckten Hügel bedeckt, wurde fast völlig aus dem Stein des Monte Subasio gebaut, dessen Farben zwischen Weiß-Abtönungen, Zartrosa und hellem Ocker changieren. Keine häßlichen Neubauten stören das Bild, das durch die hoch oben aufragende Rocca und den intakten, weit gespannten Mauergürtel vervollständigt wird.

Feste und Veranstaltungen

Unter den vielen Festlichkeiten, die in Assisi begangen werden, erfreuen sich zwei besonderer Beliebtheit: der 'Calendimaggio' und der 'Perdono di Assisi'. Der Calendimaggio ist heidnischen Ursprungs und findet jedes Jahr Donnerstag bis Samstag nach dem ersten Mai statt. Höhepunkt des Festes ist der zwischen den beiden Stadtvierteln, der Oberstadt (parte di sopra) und der Unterstadt (parte di sotto) ausgetragene Wettstreit um den Palio. Als Sieger gilt die Partei, die mit ihren Kostümen, in Dicht- und Liedkunst, im Armbrustschießen und Fahnenschwingen am besten abgeschnitten hat. Der 'Perdono di Assisi' ist dagegen ein kirchliches Fest. Vom 31. Juli bis 2. August kommen Pilger aus aller Welt in der Porziuncola zusammen, um sich ihre Sünden vergeben zu lassen, und zwar kraft eines Ablasses von Papst Honorius III., den dieser auf Bitten des hl. Franziskus gewährte. Jesus hatte dem Heiligen in einem prophetischen Traum zugestanden, alle Gläubigen, die in dem genannten Zeitraum in der Porziuncola von Santa Maria degli Angeli die Beichte ablegen und die Kommunion erhalten würden, von ihren Sünden freizusprechen. Mit dem hl. Franziskus hat auch die 'Cavalcata di Satriano' am ersten Sonntag im September zu tun: Mit einem prachtvollen Reiterzug, der sich in Richtung Nocera Umbra in Bewegung setzt, gedenkt man der letzten Rückkehr des Heiligen in seine Heimatstadt vor seinem Tod. Ein weiteres Fest zu Ehren des berühmten Heiligen feiert Assisi am 3. und 4. Oktober jeden Jahres, die 'Festa die San Francesco'. Bekannt ist die Franziskus-Stadt darüberhinaus auch für ihre große Karfreitagsprozession.

Geschichte

Assisi entwickelte sich aus einer Siedlung der Umbrer. Nach dem Bundesgenossenkrieg 89 v. Chr., durch die sog. Lex Julia Civitate, wurde die Stadt römisches Munizipium mit der Verpflichtung, Legionäre zu stellen, aber auch mit dem Vorteil, denselben Rechtsstatus wie die Bürger Roms

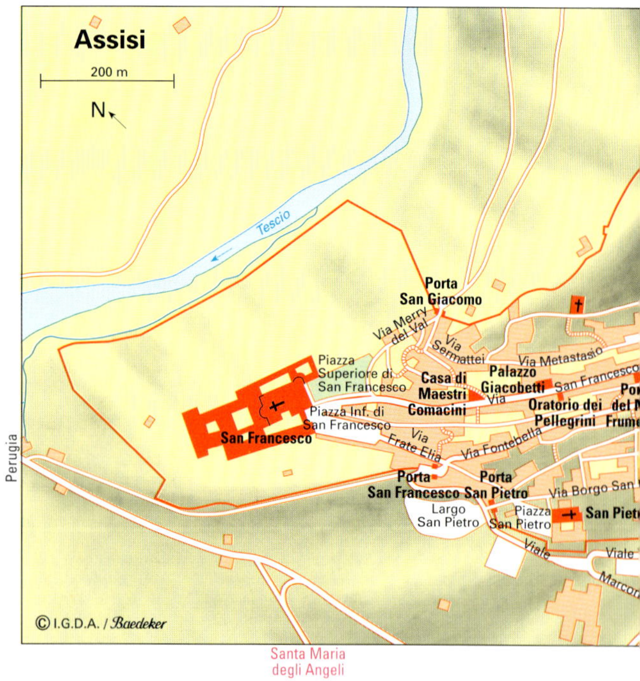

Geschichte (Fortsetzung)

zu genießen. Unter römischer Herrschaft blühte Asisium zu einem wichtigen Handelszentrum auf, dessen Bedeutung an großartigen öffentlichen Bauten deutlich wird. Assisi besaß ein Forum, den Minerva-Tempel, ein Theater, Thermenanlagen und ein außerhalb der Mauern gelegenes Amphitheater. Die von einem Mauerring umgürtete Römerstadt erstreckte sich im oberen Teil der heutigen Altstadt, das Forum lag nach neuesten Erkenntnissen nicht wie bisher angenommen unter der heutigen Piazza del Comune, sondern in der Nähe des Doms. Um 50 v. Chr. erblickte der römische Dichter Properz (gestorben 16 n. Chr.) in Assisi das Licht der Welt.
Die Anhänger des Christentums wurden auch in Assisi zunächst verfolgt – in der ersten Hälfte des 3. Jh.s starb hier Bischof Rufino als einer der ersten den Märtyrertod (238). Nach dem Zusammenbruch des Römischen Reichs begann für Assisi wie für die meisten umbrischen Städte eine bewegte Zeit. Im Jahre 505 wurde es von den Goten erobert und zerstört. Für kurze Zeit unter der Herrschaft Ostroms, fiel es in der Folgezeit an die Langobarden und wurde dann dem Herzogtum Spoleto einverleibt. Als freie Kommune (ab dem 12. Jh.) gewährte Assisi in einer berühmt gewordenen Verordnung allen Leibeigenen, die innerhalb ihrer Mauern Zuflucht gesucht hatten, die Freiheit. Im Gegensatz zum guelfischen Perugia schlugen sich die Bewohner von Assisi auf die Seite des Kaisers Friedrich Barbarossa, der die Rocca erbauen ließ und ihnen Herzog Konrad von Lützen als Statthalter vor die Nase setzte. Seine tyrannische Herrschaft führte 1198 zu einem Volksaufstand und zur Vertreibung des verhaßten Herzogs; auch Perugia griff in den Konflikt ein.
Im 13. Jh. setzte in der prosperierenden Stadt eine rege Bautätigkeit ein, die mit der Heiligsprechung des Franziskus und der Grundsteinlegung seiner Grabeskirche den Anfang nahm; beinahe gleichzeitig entstanden auch die beiden anderen großen Kirchen, der Dom San Rufino und Santa Chia-

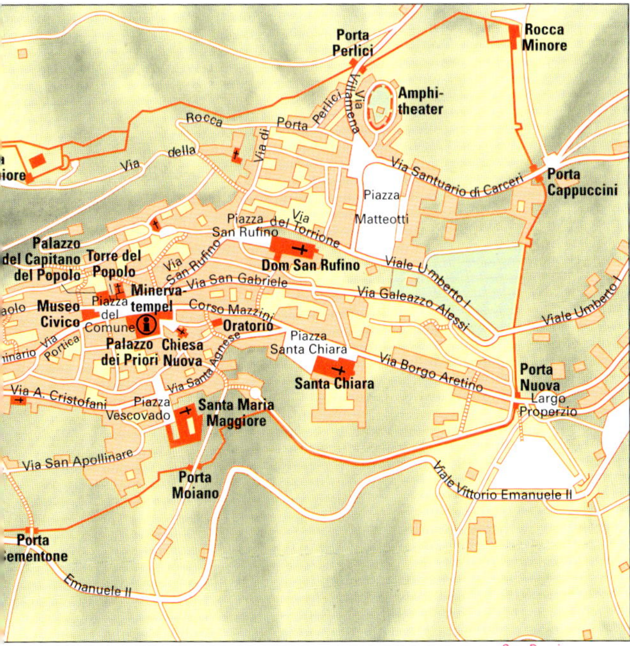

Geschichte (Fortsetzung)

ra, wo die hl. Klara ihre letzte Ruhestätte fand. Kardinal Albornoz ließ 1354 über der ehemaligen Ghibellinenstadt, an der Stelle der staufischen Burg, die päpstliche Rocca Maggiore errichten. Bevor sich allerdings die kirchliche Herrschaft unter Papst Pius II. endgültig durchsetzen konnte, wurde Assisi von mächtigen Adelsfamilien wie der Michelotti, der Visconti, der Montefeltre, von Braccio Fortebraccio und Francesco Sforza regiert. Seine herausragende Stellung als Pilgerort prägte die Geschichte von Assisi bis in die heutige Zeit. Anläßlich des 700. Todesjahres von Franziskus 1926 wurde das mittelalterliche Stadtbild restauriert und mit Neubauten im mittelalterlichen Stil bestückt.

Die schweren Erdbeben, die Umbrien im Herbst 1997 erschütterten, brachten Assisi in der jüngsten Vergangenheit in die Schlagzeilen. In San Francesco stürzten zwei Gewölbeabschnitte der Oberkirche ein; vier Menschen kamen dabei ums Leben. Auch der Dom San Rufino und die Kirche Santa Chiara erlitten schwere Schäden.

Empfehlungen für die Stadtbesichtigung

Die meistbesuchte Sehenswürdigkeit in Assisi ist die Grabeskirche San Francesco westlich unterhalb der Altstadt (großer, gebührenpflichtiger Parkplatz). Der nachfolgend beschriebene Stadtrundgang beginnt deshalb bei dieser Kirche und führt von dort hinauf ins Zentrum, zur Piazza del Comune mit dem Minerva-Tempel, zum Dom und weiter zur alles überragenden Rocca Maggiore, die man schon wegen der herrlichen Aussicht unbedingt besuchen sollte. Empfehlenswert ist der Aufstieg zur Burg auch wegen des hübschen, noch sehr mittelalterlichen Viertels, das sich zwischen Dom und Burg ausbreitet. Wer San Francesco bereits an einem anderen Tag besichtigt hat, kann den Stadtrundgang auch am südöstlichen Eingang, der Porta Nuova, beginnen lassen – vom darunterliegenden Parkplatz führen Rolltreppen bis vor das alte Stadttor. Erster Besichtigungspunkt ist dann die Grabeskirche der hl. Klara, Santa Chiara an der gleichnamigen Piazza. Von der Porta Nuova sind es auch nur etwa 20 Gehminuten hinunter zum idyllisch gelegenen Kloster San Damiano, das mit einer Atmosphäre der Stille den Besucher in seinen Bann zieht.

Assisi • San Francesco LÄNGSSCHNITT

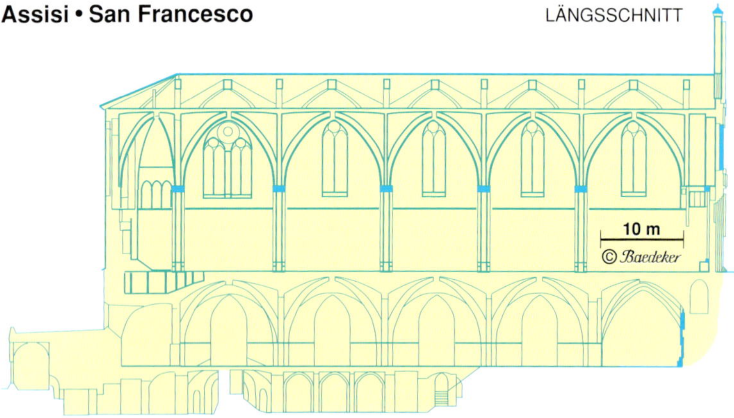

**San Francesco

Allgemeines

Als Grabeskirche eines der meistverehrten Heiligen der katholischen Kirche, der gleichzeitig auch der Nationalheilige Italiens ist, nimmt San Francesco unter den christlichen Pilgerstätten eine herausragende Stellung ein. Durch die Erdstöße im Herbst 1997 erlitt die Kirche schwere, zum Teil irreparable Schäden. Am meisten betroffen ist die Oberkirche, wo zwei

San Francesco (Fortsetzung)

Gewölbeabschnitte einstürzten. Die dortigen Malereien von Cimabue sind unwiederbringlich verloren, ebenfalls beschädigt, aber restaurierbar sind die Fresken von Giotto und Cavallini. Bis die Oberkirche wieder geöffnet ist (voraussichtlich Weihnachten 1999), können nur die Unterkirche und die Krypta mit dem Grab des Heiligen besichtigt werden. Eine Dokumentation mit Fotos und Erläuterungen vor dem Eingang des Klosters vermittelt einen Eindruck vom Aussehen der Oberkirche vor dem Erdbeben.

Baugeschichte

Die komplizierte Baugeschichte von San Francesco wirft bis heute Fragen auf. Zwei Jahre nach dem Tod von Franziskus (1226) und einen Tag nach seiner Heiligsprechung, am 17. Juli 1228, legte Papst Gregor IX. den Grundstein für die Kirche. Als Standort für Kirche und Kloster wählte man den Hügel westlich unterhalb der Stadt. Schon zwei Jahre später wurde der Leichnam des Heiligen in das Felsengrab der noch unfertigen Unterkirche transferiert. Die Bauleitung lag bei dem franziskanischen Ordensgeneral Fra Elia. Wann mit der Oberkirche begonnen wurde, ist nicht geklärt, überliefert ist nur das Weihedatum 1253 für Ober- und Unterkirche. Um 1300 hat man die Seitenwände der Unterkirche niedergerissen und die Seitenkapellen geöffnet sowie die Querarme angefügt. Im 13. Jh. entstanden auch die ersten Gebäude für den Konvent und die Papstresidenz. Die Erweiterungen, die der Baukomplex im 14. und im 15. Jahrhundert erfuhr, sowie die Aufschüttung des Geländes vor der Kirche 1279 sorgten dafür, daß die Unterkirche keine Fassade hat und die Doppelgeschossigkeit des Bauwerks kaum mehr am Außenbau manifest ist. Der heutige Besucher, der vom großangelegten Parkplatz über die Rampe (Via Frate Elia) zur Piazza Inferiore hochspaziert, nähert sich der Seitenfront von San Francesco; zur Fassade der Oberkirche führt ein seitlicher Treppenaufgang.

Unterkirche

Rundgang
(Grundriß S. 76)

Unter- und Oberkirche von San Francesco sind – ungewöhnlich für einen mittelalterlichen Kirchenbau – nach Westen ausgerichtet. Man betritt die Unterkirche durch eine Renaissancevorhalle (1487) und ein gotisches Portal und gelangt ins östliche Querhaus aus dem 13. Jahrhundert. Zwei Grabmonumente an der rechten (westlichen) Wand verdienen Beachtung: das gotische, baldachinbekrönte Grabmal für ein Mitglied der Florentiner Familie Cerchi und ein gotisches Grabmal aus den ersten Jahrzehnten des 14. Jh.s, vermutlich für Johann von Brienne geschaffen. Der Tote ist auf diesem Monument einmal auf der Tumba liegend und einmal auf einem Löwen sitzend dargestellt. Im Aufbau erinnert diese Form des Grabmals an das des Kardinals de Braye in San Domenico in Orvieto. In der Kapelle des hl. Antonius Abbas ist Blasco Fernandez, Herzog von Spoleto, mit seinem Sohn beigesetzt. Die beiden wurden 1367 ermordet. Die Katharinenkapelle baute der berühmte, aus Gubbio stammende Baumeister Gattapone für Kardinal Albornoz. An den Wänden Fresken von Andrea da Bologna (1368), die Begebenheiten aus dem Leben der hl. Katharina von Alexandrien erzählen. Die bemalten Gewölbe des einschiffigen Langhauses sind weit herabgezogen und mit breiten Bandrippen unterlegt. Sie verleihen dem nur spärlich erhellten Raum einen kryptenartigen Charakter, der durch den tiefblauen Grund der Gewölbemalereien noch verstärkt wird.

*Wandmalereien im Langhaus

Die Wände des Langhauses sind oberhalb einer Sockelzone vollständig mit Malereien in Tempera bedeckt, die zu den eindrucksvollsten Leistungen der frühen italienischen Malerei gehören. Sie entstanden um 1260 und sind das Werk eines unbekannten Künstlers, der mit dem Notnamen 'Franziskusmeister' bedacht wurde. Der Künstler war vermutlich toskanischer Herkunft und gehörte in den Umkreis von Giunta Pisano und Coppo di Marcovaldo. Den Szenen aus der Leidensgeschichte Christi auf der rechten Seite des Langhauses, beginnend mit der Vorbereitung auf die Kreuzigung, werden auf der anderen Seite Episoden aus der Franziskus-Vita gegenübergestellt, die mit der Lossagung des Heiligen vom Vater begin-

San Francesco, Unterkirche, Wandmalereien (Fortsetzung)

nen und mit dem Tod des Franziskus enden. Eine solche Anordnung verfolgt die Intention, dem Betrachter die Parallele zwischen dem Leben Christi und dem Wirken des ihm nachfolgenden Franziskus sichtbar zu machen. Die Komposition der Wandbilder ist noch weitgehend byzantinischen Vorbildern verpflichtet (gleiche Kopfhöhe der Figuren, Frontalität, Flächigkeit usw.), ihre innovative Kraft liegt in der Bilderfindung bei der Vita des Heiligen und in der starken Expressivität, die der Künstler seinen Figuren, ihren Gesichtern, Gesten und Gewändern verleiht. Einige Bilder sind stark beschnitten, da man um 1300 die Seitenwände für die Kapellen öffnete und sie dabei zerstörte.

Assisi • San Francesco, Unterkirche

1227 - 1239

1280 - 1300

14. Jahrhundert

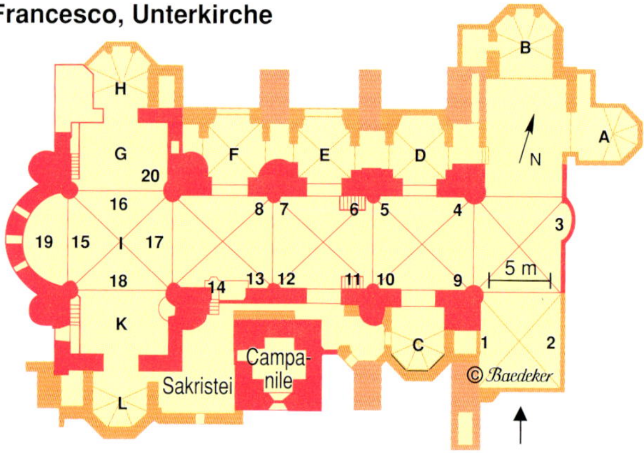

- A Kapelle des Antonius Abbas
- B Katharinenkapelle
- C Martinskapelle
- D Kapelle des hl. Ludwig von Toulouse und Stephan
- E Kapelle des hl. Antonius von Padua
- F Magdalenenkapelle
- G Nördliches Querhaus
- H Nikolauskapelle
- I Vierung mit Hochaltar
- K Südliches Querhaus
- L Kapelle Johannes des Täufers

- 1 "Madonna della Salute", Wandbild von Ceccolo di Giovanni
- 2 Grabmal der Familie Cerchi
- 3 Grabmal

4 -13 WANDMALEREIEN IM LANGHAUS

- 4 Vorbereitung zur Kreuzigung
- 5 Kreuzigung
- 6 Kreuzabnahme
- 7 Beweinung
- 8 Emmausmahl
- 9 Lossagung vom Vater
- 10 Traum Papst Innozenz´ III.
- 11 Vogelpredigt des Franziskus
- 12 Stigmatisation des Franziskus
- 13 Tod des Franziskus

- 14 Marienkrönung, Fresko von Puccio Capanna

15 -18 GEWÖLBEMALEREIEN IN DER VIERUNG

- 15 Verherrlichung des Franziskus
- 16 Allegorie der Keuschheit
- 17 Allegorie der Armut
- 18 Allegorie des Gehorsams
- 19 Jüngstes Gericht, Apsisfresko von Cesare Semei (1623)
- 20 Madonna mit Engel und dem hl. Franziskus von Cimabue

**Martinskapelle

Mit der Ausmalung der Martinskapelle, der ersten Kapelle links, hinterließ der toskanische Künstler Simone Martini (1280/1285 – 1344) ein Hauptwerk der Trecentomalerei in Italien. Das besondere seines Stils liegt in der höfischen Eleganz seiner Figuren, der feinabgestimmten, kostbaren Farbigkeit, den individuellen Gesichtszügen und den vielen dekorativen Details. Die Entstehung der Fresken wird zwischen 1312 und 1315 angenommen. Unter dem Eingangsbogen sind in acht gemalten gotischen Nischen die Heiligen Maria Magdalena, Katharina von Alexandrien, Klara, Elisabeth von Ungarn, Franziskus, Antonius von Padua, Ludwig von Frankreich und Ludwig von Toulouse dargestellt. An der Eingangswand der Kapelle kniet der Stifter, Kardinal Gentile da Montefiore, zu Füßen des hl. Martin, daneben sind Episoden aus dem Leben des Heiligen festgehalten.

Kapellen an der rechten Langhausseite

Gegenüber der Martinskapelle öffnet sich die Kapelle, die den Heiligen Ludwig von Toulouse und Stephan geweiht ist. Ihre Glasfenster entwarf vielleicht Simone Martini. Die anschließende Kapelle des hl. Antonius von Padua schmücken Fresken des Orvietaners Cesare Semei (1610). Die um

1320 von Schülern Giottos ausgeführten Wandbilder in der Magdalenenkapelle schildern die Lebensgeschichte der hl. Magdalena. An zwei Stellen hat sich auch der Stifter der Kapelle, Bischof Teobaldo da Pantano, verewigen lassen – an der linken Wand wird ihm vom Märtyrerbischof Rufinus die Mitra aufgesetzt, rechts kniet er im Pilgergewand vor Maria Magdalena.

San Francesco, Kapellen an der rechten Langhausseite (Forts.)

Die Treppe auf der rechten Seite des Langhauses führt in das Zentrum der Pilgerstätte, die Krypta mit dem Grab des hl. Franziskus hinab, das erst 1818 wiederentdeckt wurde. Vier Jahre später erfolgte der Bau der Krypta, die den Pilgern den Zugang zum Sarkophag des Heiligen ermöglicht.

*Krypta, Franziskusgrab

Im Kreuzungsjoch von Lang- und Querhaus (Vierung), unter dem sich das Franziskus-Grab befindet, steht der prächtige, um 1230 datierte Hochaltar, dessen marmorne Altarplatte auf zierlichen Blendarkaden (14. Jh.) liegt. Bis in das Jahr 1870 war er, wie das Heilige Grab in Jerusalem, von 12 Säulen umstellt – ein weiterer Verweis auf die Parallelität zwischen Christus und Franziskus.

Vierung, Hochaltar

Kostbarer Goldgrund läßt die Fresken im Gewölbe der Vierung aufleuchten, die in figuren- und detailreichen Szenen die drei Mönchsgebote Keuschheit, Gehorsam und Armut versinnbildlichen. Das Armutsgelübde spielte im Leben des Franziskus und in der franziskanischen Ordensbewegung eine besondere Rolle. In einem Gewölbezwickel ("Verherrlichung des Franziskus") erblickt man den Titelheiligen in einer goldenen Dalmatika, von zahlreichen Engeln umgeben. Wie bei den Wandmalereien im Langhaus ist der Künstler, der die Vierung zwischen 1315 und 1320 ausmalte und im Umkreis des berühmten Giotto vermutet wird, nur unter dem Notnamen Maestro delle Vele ('Vierungsmeister') bekannt.

**Fresken

Im gleichzeitig mit der Vierung bemalten Tonnengewölbe des rechten Querarms werden Szenen aus der Kindheitsgeschichte Jesu behandelt, die man einem Künstler aus der Werkstatt des großen Giotto (→ Berühmte Persönlichkeiten) zuschreibt. An den Wänden waren mehrere Künstler zu unterschiedlichen Zeiten tätig. Aufmerksamkeit verdient die "Thronende Madonna mit Engeln und hl. Franziskus" an der Ostwand, nicht nur, weil sie 1280 von Cimabue (um 1240–1302), dem bedeutendsten Vertreter der italienischen Malerei des 13. Jhs. gemalt wurde, sondern auch, weil man hier vor einem der ältesten Porträts des hl. Franziskus steht (siehe Abb. S. 35). Links unten neben der Madonna von Cimabue schuf Simone Martini, der Meister der herrlichen Fresken in der Martinskapelle, das sehenswerte Fresko "Die Heiligen Franziskus, Ludwig von Toulouse, Elisabeth von Thüringen und Klara von Assisi" (1321–1326). Die Fresken an der Nord- und Westwand stammen von Malern aus der Giotto-Schule und stellen posthume Wunder des Franziskus dar (um 1320). Zeitlich zwischen der Cimabue-Madonna und diesen Malereien liegt die um 1300 entstandene "Verkündigung an Maria" über dem Eingang zur Nikolauskapelle. Diese Kapelle mit Fresken aus der Giotto-Nachfolge birgt das Grabmal des Giovanni Orsini (um 1300), dem Bruder des Stifters.

Rechtes Querhaus

Das linke Querhaus wurde von Pietro Lorenzetti (um 1280–1348) und seinen Schülern zwischen 1315 und 1330 mit Szenen aus der Passion Christi ausgemalt. Zu näherer Betrachtung lädt vor allem die großartige, figurenreiche Kreuzigung an der Ostwand ein, die durch die Anbringung eines Barockaltars im Jahre 1607 im unteren Teil zerstört wurde. Daneben sollte man noch einen Blick werfen auf das Fresko "Madonna mit Kind, dem hl. Franziskus und Johannes dem Evangelisten", die den späten Stil des Meisters widerspiegelt. Die Treppen an der Westwand führen hinauf zum großen Kreuzgang (s. u.).

Linkes Querhaus

Ein weiteres Werk von Lorenzetti ist das Altartriptychon in der anschließenden Johanneskapelle "Madonna mit Kind, hl. Franziskus und Johannes dem Täufer" (um 1320).

Johanneskapelle

San Francesco (Fortsetzung)

Vom rechten Querhaus gelangt man in den Kapitelsaal, wo Reliquien des hl. Franziskus gezeigt werden, u. a. seine Kutte (nicht immer göffnet).

Großer Kreuzgang, Museum (zur Zeit geschlossen)

Den doppelgeschossigen Kreuzgang hinter der Apsis von San Francesco (erreichbar über Treppenaufgänge in den Querhäusern) ließ Papst Sixtus IV. 1476 anlegen, der selbst dem Franziskanerorden angehörte.
Von hier aus gelangt man in das sehenswerte Museum (Tesoro; geöffnet Apr.–Okt. tgl. 9.30–12.00 und 14.00–18.00 Uhr), das u. a. kostbare Reliquiare, Tafelbilder und Kirchengerät bewahrt. Beim Eingang fällt ein flämischer Gobelin mit dem Stammbaum der Franziskaner ins Auge.

Oberkirche

Über die Treppe neben dem Eingang zur Unterkirche kommt man auf die Piazza Superiore. Die Fassade der Oberkirche von San Francesco, ist horizontal dreigeteilt; die mittlere Zone schmücken eine Fensterrose und die Evangelistensymbole. An der linken Seite schließt sich eine barocke Benediktionsloggia an.

Inneres
(Abb. S. 80)

In stärkstem Kontrast zum Halbdunkel der Unterkirche präsentiert sich die Oberkirche, die für den Konvent des Klosters bestimmt war, als ein hoher, lichter Raum, der von einem grazilen, über schlanken Dienstbündeln aufsteigenden Gewölbe überspannt wird. Für eine Bettelordenskirche zeigt San Francesco eine ungewöhnlich reiche und farbenfreudige Ausstattung. Französisch inspirierte Architektur, italienische Wandmalerei und bunte Glasfenster, die zunächst von deutschen und französischen Werkstätten gefertigt wurden, vereinen sich zu einem kostbaren Raumeindruck. Neben anderen, weniger bekannten, werden vor allem der florentinische Maler Cimabue (um 1240–1302) und der knapp dreißig Jahre jüngere Giotto (um 1267–1337; → Berühmte Persönlichkeiten) mit den Fresken in der Oberkirche in Verbindung gebracht. Giotto, der neben der toskanischen und der römischen Malerei auch Einflüsse der französischen und byzantinischen Kunst verarbeitet, gilt gemeinhin als Begründer der neuzeitlichen italienischen Malerei. Der Generationswechsel zwischen den beiden Künstlern macht sich u. a. darin bemerkbar, daß die Giotto zugeschriebenen Bilder in der neuen, zukunftsweisenden Technik 'al fresco' an die Wand gebracht wurden. Bei dieser in Renaissance und Barock höchst beliebten Technik werden die angerührten Farbpigmente auf den nassen Kalkputz aufgetragen, wobei jeweils nur soviel Wandfläche für den Auftrag mit Putz versehen wurde, wie man vor dem Festwerden bemalen konnte (Tagwerk). Gegenüber dem Auftrag auf Trockenputz ('al secco') ist den echten Fresken eine längere Haltbarkeit beschieden.

**Franziskus-Zyklus

Dem Franziskus-Zyklus im Langhaus kommt unter den Wandmalereien der Oberkirche eine zentrale Rolle zu. In 28 Bildern, die zwischen Sockel- und Obergadenzone des Langhauses sitzen, wird nach der Überlieferung der "Legenda Major" des hl. Bonaventura das Leben des hl. Franziskus geschildert (siehe nebenstehendes Schema). Der Zyklus beginnt im vierten Joch und zwar nicht mit der Geburt des Heiligen (wie etwa später bei Benozzo Gozzoli in San Francesco in → Montefalco), sondern mit der Szene, wie ein einfacher Mann vor Franziskus seinen Mantel ausbreitet und ihm seine große Bedeutung für die katholische Kirche voraussagt ("Huldigung auf der Piazza"). Galt der Franziskus-Zyklus früher als eigenhändiges Werk von Giotto, so hält heute die Mehrheit der Forscher den Künstler nur noch für den Erfinder der umfassenden Bildfolge, für die es in dieser Form kein Vorbild gab, während man die Ausführung als Schüler- und Werkstattarbeit betrachtet. Dennoch tragen die Fresken insofern die Handschrift des großen Künstlers, als sie wesentliche Elemente seiner stilistischen und formalen Neuerungen aufweisen, u. a. den eng, aber klar begrenzten Bildraum, die Körperlichkeit der Figuren sowie eine naturalistische Darstellung der Ereignisse.

Assisi • San Francesco

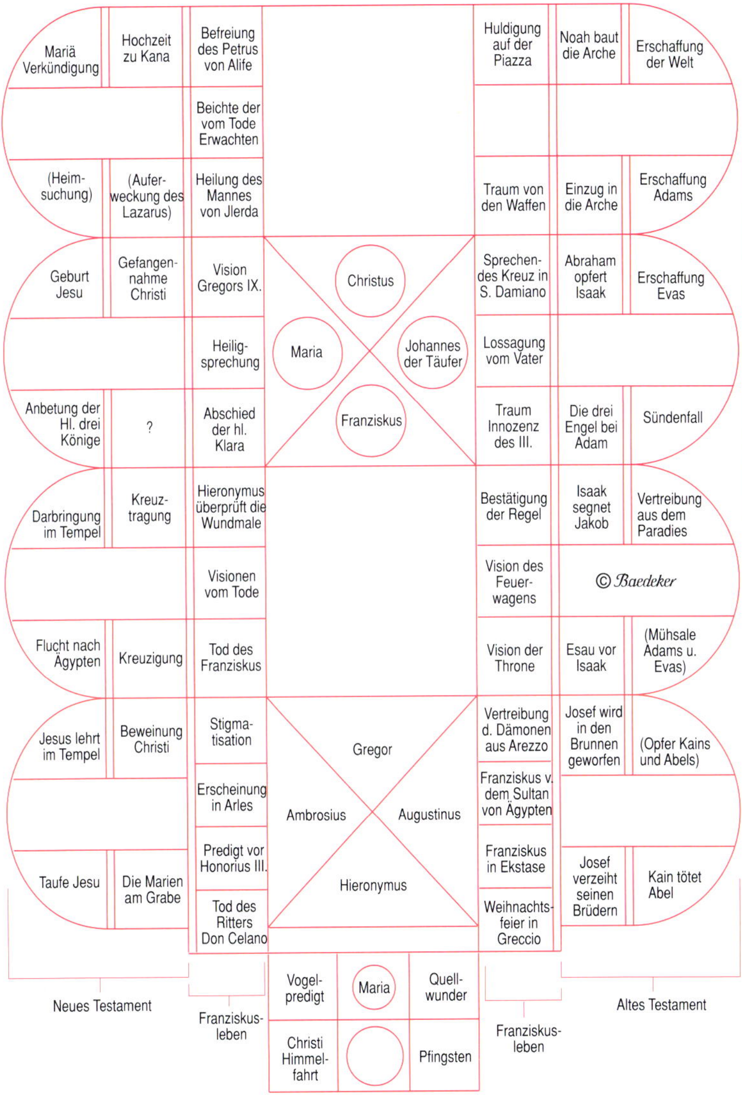

Oberkirche, Freskenschema des Langhauses

San Francesco, Oberkirche (Forts.) Obergaden-malereien

Auch die Fensterzone über dem Franziskus-Zyklus ist nach einem einheitlichen Programm ausgemalt, wobei jeweils zwei Wandbilder übereinandersitzen. Der Bildfolge auf der rechten Seite mit Szenen aus dem Alten Testament, beginnend mit der "Erschaffung der Welt" und darunter dem "Bau der Arche Noah", entsprechen auf der linken Langhausseite Episoden aus dem Neuen Testament, die mit der "Hochzeit zu Kana" und der "Verkündigung an Maria" einsetzen. Ebenso wie bei den Langhausmalereien der Unterkirche folgt diese Gegenüberstellung dem System einer Typologie, derzufolge sich das Alte Testament im Leben und Leiden Christi erfüllt. Die Entwürfe für diese Bildfolgen lieferte Cimabue, der sie vermutlich nicht eigenhändig ausführte, sondern dies seinen Gehilfen und Schülern überließ (insbesondere Jacopo Torriti und Filippo Resuti). Auch der junge Giotto war wohl bei diesem Teil der Ausmalung schon in Assisi tätig.

**Isaakszenen

Die beeindruckenden 'Isaakszenen' auf der rechten Seite mit auffallend bewegten Gesten und besonders fein ausgearbeiteten Gesichtern gelten als eigenhändige Werke dieses Künstlers.

Vierung und Chor der Oberkirche von San Francesco vor dem Erdbeben – ein Juwel der gotischen Architektur in Italien

Malereien im Sanktuarium

Die Ausmalung der Vierung und des Sanktuariums, zu dem die Laien ursprünglich keinen Zutritt hatten, ist das Werk Cimabues und seiner Werkstatt (um 1280). Seine "Kreuzigung" im linken Querarm ist zwar durch die Oxidation des Bleiweiß, die die hellen Bildstellen schwarz erscheinen läßt, stark beschädigt, hat aber dennoch nichts von ihrer expressiven Sprache und ihrer ergreifenden Dramatik eingebüßt. An der Stirnwand sind Szenen aus der Apokalypse wiedergegeben.

Die Wände der Chorapsis füllte Cimabue mit Episoden aus dem Marienleben, im rechten Querarm werden Stationen aus der Lebensgeschichte des Apostel Petrus geschildert und die Enthauptung von Paulus gezeigt. Über diesen Szenen befinden sich die ältesten Wandmalereien der Oberkirche von San Francesco aus der Zeit zwischen 1265 und 1280, also noch vor dem Wirken Cimabues.

Stadtrundgang

Von der Via San Francesco zur Piazza del Comune

Die Via San Francesco führt von der Franziskuskirche hinauf in die Altstadt von Assisi. Vor allem hier und in der Via Frate Elia blüht der Souvenirhandel, aber auch Keramik- und Kunsthandwerksläden sind hier zahlreich vertreten. Die Via San Francesco säumen schöne mittelalterliche Häuser und Palazzi wie beispielsweise der Palazzo Bernabei (Nr. 19 A), den der einheimische Baumeister Giacomo Giorgetti im 17. Jh. erbaute. Etwas weiter, auf der linken Seite, beachte man an Haus Nr. 24 die sog. Totentür, eine Pforte neben dem Haupteingang des Hauses, durch den angeblich die Toten hinausgetragen wurden (vgl. ⟶ Gubbio).

*Straßenbild

Haus Nr. 14 aus dem 13. Jh. war die Casa dei Maestri Comacini, das Haus der lombardischen Wandersteinmetzen, wie man am Zirkel im Wappen noch erkennen kann. 18 Fensterachsen zählt der barocke Palazzo Giacobetti, den ebenfalls Meister Giorgetti entworfen hat. Heute ist der Stadtpalast Sitz verschiedener kultureller Institutionen.

Casa dei Maestri Comacini, Palazzo Giacobetti

Auf der anderen Straßenseite wurde 1432 das Oratorio dei Pellegrini als Kirche eines Pilgerhospitals errichtet. Das Fassadenfresko ist ein Werk des umbrischen Malers Matteo da Gualdo (1435–um 1503), der neben Pier Antonio Mezzastris und einem Perugino-Schüler auch an der Ausmalung des Innenraums beteiligt war; von ihm stammt das Fresko an der Stirnwand der Kirche (1468). Die sieben Arkadenbögen am Haus Nr. 5/A gehören zur Loggia des Monte Frumentario, der aus einem Hospital aus dem Jahre 1267 hervorging. Die anschließende Fonte Olivera (Brunnen) ist benannt nach ihrem Erbauer Oliviero Lodovici (1570). Hinter dem Stützbogen aus dem 13. Jh. geht die Via San Francesco über in die Via del Seminario, die weiter oben als Via Portica in die Piazza del Comune einmündet.

Oratorio dei Pellegrini, Fonte Oliviero

An der Via Portica (Nr. 2) liegt der Eingang zum Museo Civico, dem Stadtmuseum von Assisi. Es ist bis auf weiteres in der Krypta der Kirche San Nicolò, unter dem Postgebäude, untergebracht (geöffnet 16. Okt.–15. März tgl. 10.00–13.00 und 14.00–17.00 Uhr, 16. März bis 15. Oktober 10.00–13.00 und 15.00–19.00 Uhr). Die kleine archäologische Sammlung in der Krypta besteht aus römischen Fundstücken aus der näheren Umgebung von Assisi und aus dem Stadtgebiet, u.a. römische Sarkophage, Stelen, Inschriften und Fragmente von Säulen. Die aus verschiedenen Nekropolen stammenden Urnen zeigen eine ganz typische Form, die mit der herkömmlichen Urnenform wenig gemeinsam hat. Es handelt sich um flache, reliefgeschmückte Steinplatten, bei denen nur die kleine Öffnung oben darauf hinweist, daß ein Hohlraum zur Aufnahme der Asche vorhanden ist.

Museo Civico

Der interessantere Teil des Museo Civico ist zweifelsohne das unterirdische Ausgrabungsgelände unter der Piazza del Comune, das durch einen Korridor vom Museo aus erreichbar ist. Das römische Pflaster unter den Füßen, wandelt man an unzähligen Grabstelen mit Inschriften vorbei, bis sich der schmale Gang zur Archäologischen Zone weitet. Da man früher das römische Forum an dieser Stelle vermutete, heißt es Foro Romano. Heute weiß man, daß es sich nicht um das einstige Forum handelt, sondern um eine 85 x 44 m große Terrasse vor dem Minervatempel, die durch die Anhebung des Bodenniveaus im Lauf der Zeit verschwand. Das Areal war an drei Seiten, außer an der ausgegrabenen Nordseite, von Säulenhallen gefaßt; der Tempel stand auf einem stark erhöhten Sockel, zu dem zwei seitliche Treppen hinaufführten. In der Achse des Tempels befand sich eine erhöhte Plattform aus Kalksteinblöcken, die man heute als Rest eines Opferaltars oder als Basis für Statuen interpretiert. Ebenfalls in dieser Achse stand ein Tetrastylum, ein Block mit vier Säulen, von dem die Basis aus Travertinsteinen noch zu erkennen ist. Eine Inschrift besagt, daß in diesem Monument Dioskurenstatuen aufgestellt waren.

*'Foro Romano'

*Piazza del Comune

Allgemeines

Auf der Piazza del Comune treffen Ober- und Unterstadt zusammen. Der langgestreckte Platz ist der Mittelpunkt des städtischen Lebens – dafür sorgen neben verschiedenen Einrichtungen (Post, Verkehrsamt, Stadtverwaltung und Gemäldegalerie) vor allem die Geschäfte und Cafés.

Palazzo del Capitano del Popolo

Der aus dem 13. Jh. stammende Palazzo del Popolo, ehemals Sitz des Volkskapitäns, ist eines jener Gebäude, die anläßlich des 700. Todesjahres von Franziskus 1927 nach dem damaligen Mittelalterverständnis restauriert wurde. Einen markanten Akzent setzt die ebenfalls zinnenbekrönte Torre del Popolo rechts daneben, die erst 1305 vollendet wurde. Am Sokkel erkennt man noch die hier eingemauerten Maßeinheiten.

Begeisterte schon Goethe: Minervatempel

Romanischer Campanile des Doms

**Minerva-Tempel

Als Johann Wolfgang von Goethe auf dem Weg nach Rom Umbrien durchreiste, zog es ihn nicht wegen der Grabeskirche des hl. Franziskus – die ließ er "links mit Abneigung liegen" – nach Assisi, sondern wegen des antiken Minervatempels, von dem er sich zutiefst beeindruckt zeigte. Der in spätrepublikanischer oder frühkaiserlicher Zeit errichtete Tempel gehört auch heute noch zu den am besten erhaltenen römischen Denkmälern in Umbrien. Hinter dem antiken Portikus mit sechs Säulen, die ein Gebälk und das Giebeldreieck tragen, verbirgt sich heute die Kirche Santa Maria sopra Minerva, die 1539 hier eingerichtet und 1634 barockisiert wurde. Die Zuschreibung an Minerva kam durch die in der Nähe des Tempels aufgefundenen weiblichen Statuen zustande. Einer nicht mehr existenten Inschrift zufolge veranlaßten die beiden höchsten Beamten im römischen Assisi den Bau des Tempels.

Palazzo dei Priori, Pinacoteca

An der gegenüberliegenden Langseite des Platzes bilden vier mittelalterliche Häuser den 1337 errichteten Palazzo dei Priori, der ebenfalls Objekt der Restaurierungskampagne von 1927 wurde. Er ist heute Sitz der Stadtverwaltung von Assisi und bis zu ihrer Evakuierung (u. a. wegen der Erdbeben) war auch die städtische Gemäldesammlung (Pinacoteca Civica) hier beheimatet. Die Pinacoteca besitzt abgelöste Fresken aus verschiedenen Gebäuden und Kirchen in und um Assisi aus dem 14.–16. Jh., insbesondere von Künstlern der Giotto-Nachfolge, sowie einige Gemälde umbrischer Renaissancemaler wie Ottaviano Nelli, Nicolò di Liberatore (genannt Alunno), Dono Doni oder Tiberio d'Assisi. Mit der "Madonna mit Kind" (um 1340) bewahrt die Pinacoteca das einzige gesicherte Werk des florentinischen Malers Puccio Capanna.

Palazzo dei Priori, Pinacoteca (zur Zeit geschlossen)

Nur wenige Meter vom Palazzo dei Priori entfernt, ließ im Jahre 1615 der spanische König Philipp III. eine Barockkirche über griechischem Kreuz errichten. An der Stelle der Kirche befand sich angeblich das Elternhaus von Franziskus.

Chiesa Nuova

*Dom San Rufino (zur Zeit geschlossen)

Allgemeines

Über die Via San Rufino steigt man zum Dom hoch, der ab 1134 über zwei Vorgängerkirchen errichtet wurde. Eine Inschrift nennt Giovanni da Gubbio als Baumeister. Die Weihe fand 1253 statt; ob zu diesem Zeitpunkt die Kirche tatsächlich schon vollendet war, ist ungewiß.

**Fassade

Die in Restaurierung befindliche Fassade dieser Bischofskirche gilt als ein Juwel der umbrischen Romanik, obgleich sie nicht in einem Guß entstand. Sie gliedert sich in drei horizontale Zonen. In die unterste, in Felder unterteilte, schneiden die drei rundbogigen Portale ein. Die reiche Dekoration an den Portalrahmungen weist biblische Themen und verschiedene dämonische Figuren und Tiere auf; neben dem typisch romanischen Flechtbandwerk sind auch antikisierende Elemente wie beispielsweise der Mäander zu erkennen. Die Blendarkatur zwischen Portalzone und Rosengeschoß sitzt auf einem Gesims mit Tierreliefs, das von Konsolen mit Menschenköpfen getragen wird. Ein ungewöhnliches Motiv sind die drei Männerfiguren, die die mittlere, große Fensterrose zu tragen scheinen. Der Giebel mit einem eingeschnittenen Spitzbogen geht vermutlich auf das 13. Jahrhundert zurück. Der schöne, blendwerkgegliederte Campanile gehörte schon zum Vorgängerbau aus den 30er Jahren des 11. Jahrhunderts.

Innenraum

Den dreischiffigen Innenraum erneuerte 1571 der Peruginer Baumeister Galeazzo Alessi grundlegend. Links vom Eingang liegt der Zugang zu der römischen Zisterne unter dem Campanile. Im rechten Seitenschiff steht noch das Taufbecken, in dem Franziskus, Klara und Friedrich II., der einen Teil seiner Jugend auf der Rocca zubrachte, die Taufe empfangen haben. Das intarsiengeschmückte Renaissancegestühl schnitzte 1520 Pier Jacopo da Severino. Die Pietà links der Chorapsis vertritt als Kopie das in den 80er Jahren geraubte Original (15. Jh.). Von der Sakristei (rechts der Apsis) gelangt man in das Oratorium, in dem Franziskus betete und in dem seinen Mitbrüdern die Vision vom Feuerwagen erschien. Das Dommuseum (am rechten Seitenschiff) birgt Fresken aus der Giotto-Nachfolge, vermutlich von Puccio Capanna, Bilder von Alunno (15. Jh.) und Steinmetzarbeiten aus der alten Domkirche.
Die Krypta mit dem Sarkophag des Titelheiligen erreicht man vom Domvorplatz aus (rechts). Wie der Campanile war sie schon Teil des zweiten Vorgängerbaus aus dem 11. Jahrhundert.

Dommuseum und Krypta (zur Zeit geschlossen)

*Rocca Maggiore (Abb. S. 29)

*Aufstieg

Durch die malerische Oberstadt von Assisi mit ziegel- oder kopfsteingepflasterten Gassen und blumengeschmückten, niederen Steinhäusern geht es steil bergauf zur Rocca, die zusammen mit der Stadtmauer und der

Rocca Maggiore (Fortsetzung)

Rocca Minore die Befestigung von Assisi bildete. Wem der Aufstieg zu beschwerlich ist, der kann von der Porta Nuova über die Piazza Matteotti bis zum Parkplatz unterhalb der Burg hochfahren.

Besichtigung

Die im 12. Jh. angelegte Stauferburg war ebenso wie die weiter östlich liegende Rocca Minore Teil der Stadtbefestigung von Assisi. Der junge Friedrich II. lebte hier einige Zeit als Schützling des kaiserlichen Statthalters Konrad von Lützen, bevor die Bewohner von Assisi 1198 diesen verjagten und die Rocca in Schutt und Asche legten. Ihren Wiederaufbau als päpstliche Zwingburg veranlaßte 1367 Kardinal Albornoz (→ Berühmte Persönlichkeiten); spätere Erweiterungen sind der achteckige Turm, der lange Verbindungsgang (1458) und der runde Turm beim Eingang, den Papst Paul III. 1535–1538 hochmauern ließ. Im Innern der unregelmäßigen, turmbewehrten Festung befindet sich das annähernd quadratische Wohnhaus des Burgherrn (Ruine), und der Bergfried, den man besteigen kann. Durch einen Laufgang in der Wehrmauer erreicht man den achteckigen Turm (Achtung: Taschenlampe mitnehmen, da sehr dunkel!).

Porta Perlici, Amphitheater

Der Rückweg von der Burg läßt sich mit einem Abstecher zur Porta Perlici verbinden, einem der ruhigsten und hübschesten Winkel von Assisi mit schönem Blick in das idyllische Tescio-Tal, dem die SS 444 folgt. Die Häuser zwischen dem Stadttor und der modernen Piazza Matteotti stehen auf den Grundmauern des römischen Amphitheaters, was man noch am elliptischen Straßenverlauf ablesen kann. Vom Domplatz kann man über schmale Treppengassen direkt zur Piazza Santa Chiara hinabsteigen, ohne den Umweg über die Piazza del Comune.

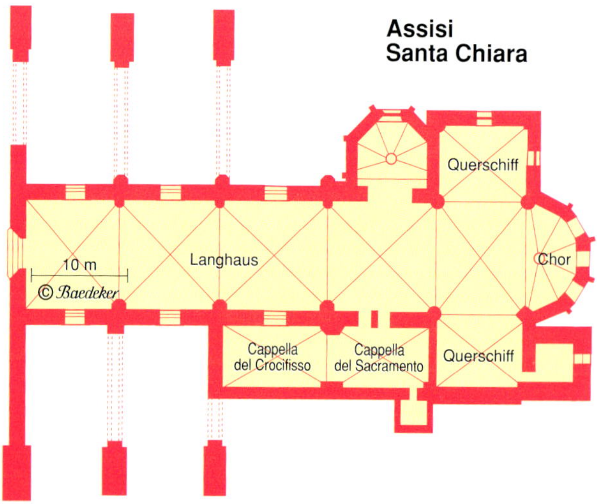

*Santa Chiara

Allgemeines

Die Grabeskirche der 1253 verstorbenen Klara von Assisi (→ Berühmte Persönlichkeiten), der Gründerin des Klarissinnenordens, ist der dritte große Sakralbau in Assisi und eine weitere Pilgerstätte für Besucher aus aller Welt. Bereits zwei Jahre nach der Heiligsprechung von Klara 1255 legte man den Grundstein für die Kirche, in die 1260 die sterblichen Überreste der Heiligen überführt wurden. Die Weihe des Gotteshauses erfolgte im Jahre 1265.

Zwei von drei bedeutenden Kirchenbauten in Assisi: der Dom San Rufino und die Chiesa Santa Chiara

Äußeres

Auch Santa Chiara gehört zu den Bauwerken in Assisi, die durch die Erdbeben Schäden erlitten haben und zur Zeit restauriert werden. Das Äußere der Kirche mit seinem Lagenwechsel zwischen rosa und weißem Stein ist nicht unbedingt typisch für Umbrien und läßt eher an toskanische Kirchen denken. Auffällig sind die weiten Strebebögen, die angeblich durch die Erdbebengefahr bedingt waren.

Inneres

Das einschiffige Innere greift den t-förmigen Grundriß der Oberkirche von San Francesco wieder auf. Der farbenprächtige, kostbare Eindruck dieser Kirche wird bei Santa Chiara u.a. durch kleinere Fenster und eine einfachere Wandgliederung auf eine schlichte, beinahe asketische Raumwirkung reduziert.

Eine besondere Bedeutung kommt den beiden rechten Kapellen zu, die durch eine Glaswand miteinander verbunden sind. Die Cappella del Crocefisso (Kapelle des Kreuzes) erhielt ihren Namen nach dem berühmten Holzkruzifix von San Damiano (s.u.), das heute vor der Glaswand hängt. Vor dem Kreuz soll Franziskus die Worte vernommen haben: "Gehe hin und stelle mein Haus wieder her, das zu zerfallen droht." Das in der zweiten Hälfte des 12. Jh.s gemalte Crocefisso zeigt im Gegensatz zu späteren umbrischen Kreuzesdarstellungen einen frontal am Kreuz hängenden, triumphierenden Christus, der den Betrachter anblickt. Die Cappella del Sacramento (Sakramentskapelle) entzieht sich einer ausführlichen Besichtigung, da sie dem Gebet vorbehalten ist. Ihre Fresken aus dem 14. Jh. sind das Werk von Nachfolgern Giottos.

'Sprechendes Kreuz' von San Damiano

Die Wandmalereien in den Querarmen stammen z.T. ebenfalls von Schülern dieses berühmten Künstlers, so die Fresken an der Stirnwand des rechten Querarms (um 1330), die "Klaras Begräbnis" und die "Translation in die neue Kirche" thematisieren. Ein unbekannter Maler mit dem Notnamen 'Klarameister' schuf im rechten Querarm die Tafel "hl. Klara und Sze-

Santa Chiara (Fortsetzung)

nen aus ihrem Leben" (um 1280) und das Kruzifix in der Chorapsis (vor 1260). Die Gebeine der Heiligen ruhen in der 1850–1872 neogotisch ausgebauten Krypta.

Weitere Kirchen
Santa Maria Maggiore (z. Zt. geschlossen)

Im unteren Teil der Altstadt, an der Piazza di Vescovado, erhebt sich die ehemalige Bischofskirche von Assisi, die ihre Funktion um 1030 an San Rufino abtreten mußte; rechts neben der Kirche befindet sich der Bischofspalast. Hinter der Fassade von 1163 verbirgt sich ein dreischiffiger, basilikaler Innenraum mit gewölbten Seitenschiffen. Rechts vom Hauptportal steht ein frühmittelalterlicher Sarkophag mit Ritzzeichnungen.

San Pietro (zur Zeit geschlossen)

An der alten Stadtmauer und der Porta San Pietro liegt die alte Benediktinerkirche, die um 970 erstmals erwähnt wurde; der heutige Bau entstand im 13. Jh. (Weihe 1253). Ähnlich wie beim Dom San Rufino (s. o.) ist auch hier die Fassade in Felder unterteilt. Ursprünglich schloß sie mit einem Dreiecksgiebel, der im 19. Jh. entfernt wurde. Man beachte wiederum die schönen Steinmetzarbeiten am Hauptportal. Da das erhöhte Mittelschiff keine Obergadenfenster besitzt (wie sonst beim basilikalen Aufriß üblich), wird das Langhaus fast nur durch die Fensterrose erhellt. Unter dem erhöhten, tonnengewölbten Querhaus befindet sich die Krypta. Die Kapelle im linken Querhaus schmücken Fresken aus dem 14. Jahrhundert.

Umgebung von Assisi

***San Damiano**

Wem der Menschenandrang in Assisi bzw. in San Francesco zu groß wird, der sollte einen Spaziergang zum Kloster San Damiano unternehmen, das etwa 1 km unterhalb der Stadt am Hang liegt und von der Porta Nuova (Parkplatz) in etwa 20 Gehminuten zu erreichen ist.
San Damiano kommt eine wichtige Rolle in der Legende des Franziskus zu, der hier im Jahre 1209 vom sogenannten sprechenden Kreuz den Auftrag zur Reform der katholischen Kirche erhielt (Franziskus nahm den Auftrag zunächst wörtlich und renovierte die kleine Kirche). Das Original des berühmten Kreuzes hängt heute in Santa Chiara, eine Kopie über dem Hauptaltar der hiesigen Klosterkirche. Für die hl. Klara (→ Berühmte Persönlichkeiten) und ihre Schwestern richtete Franziskus hier ein Kloster ein. Während seines Aufenthaltes in San Damiano 1225 dichtete er den berühmten "Lobgesang der Sonne".

Besichtigung

Zypressengesäumte Wege führen vor die Tore der Klosteranlage, die sich höchst malerisch zwischen Olivenhainen versteckt. An der rechten Seite der Portikusfassade liegt die Hieronymuskapelle mit Fresken des umbrischen Malers Tiberio d'Assisi (um 1520). Neben der Klosterkirche kann man auch den 1507 von Eusebio da San Giorgio freskierten Kreuzgang, die Konventsgebäude und den Klostergarten besichtigen. Im Dormitorium verstarb am 11. August 1253 die hl. Klara. Im Speisesaal schildern die Fresken von Dono Doni, wie das Kreuz von San Damiano zu Franziskus sprach sowie das sog. Brotwunder der hl. Klara.

Santa Maria in Rivotorto

Auch die 1854 erbaute Kirche in Rivotorto, das 2 km unterhalb von San Damiano liegt, ist eine franziskanische Stätte. Sie wurde über dem 'Tugurio', einem Schuppen, errichtet, in dem sich der hl. Franziskus am 16. April 1208 oder 1209 mit seinen beiden ersten Gefährten Bernardo di Quintavalle und Pietro Cattani traf und für ihr Zusammenleben eine Regel aufstellte, die später vom Papst bestätigt wurde. Santa Maria in Rivotorto gilt deshalb als die Wiege der Frati Minori (Minderbrüder), wie die Anhänger von Franziskus genannt werden.

***Eremo delle Carceri**

Inmitten dichter Steineichenwälder, am Hang des Monte Subasio liegt in 791 m Höhe die Einsiedelei Eremo delle Carceri, deren Besichtigung unbedingt in das Programm eines Assisi-Besuchs gehört. Man kann von der Porta Cappuccini zu Fuß (in ca. 1½ Stunden) oder auf einer Fahrstraße dorthin gelangen. Der angenehme Spaziergang ermöglicht herrliche Aus-

Eremo delle Carceri (Fortsetzung)

blicke auf Assisi und die Valle Umbra. Ein kleines Restaurant auf der Strecke (La Stalla) sorgt dafür, daß das leibliche Wohl bei diesem Spaziergang nicht zu kurz kommt.
Die Eremo delle Carceri scheint dem Nähertretenden wie eine kleine Oase inmitten einer Waldlandschaft, ein Konglomerat von dicht aufeinandersitzenden Gebäuden mit flach geneigten Dächern und Fassaden aus grobem, hellem Natursteinmauerwerk. Die karge Schönheit dieses abgeschiedenen Ortes vermittelt eine Vorstellung von der meditativen, naturverbundenen Lebensweise und den Armutsidealen seiner früheren Bewohner. Das Kloster in seiner heutigen Form entstand im 15. Jh. als Gründung von Bernhardin von Siena. Vorher gab es keine festen Gebäude hier außer ein paar kleinen Kapellen und den im Wald liegenden Felsgrotten. Ein Rundgang verbindet die für die Öffentlichkeit zugänglichen Räume der Einsiedelei. Im Mittelpunkt der Anlage liegt der brunnengeschmückte Hof, der an einer Seite den Blick auf die Waldlandschaft freigibt. Der dortige Brunnen führte der Legende nach erst Wasser, als der hl. Franziskus darum bat. In der Zelle des Franziskus sieht man noch die in den Fels gehauene Schlafstätte des Heiligen. Hinter der schmalen Brücke beginnen die Spazierwege durch den Wald, die an Gebetsgrotten vorbeiführen.

Abgeschieden in einem engen Talschluß am bewaldeten Hang des Monte Subasio gelegen: das Kloster Eremo delle Carceri

Monte Subasio

**Panoramastraße

Der 1290 m hohe Monte Subasio, seit 1991 Parco Naturale Regionale, ist der Hausberg von Assisi und eines der besten Wandergebiete in Umbrien. Die Straße zum Gipfel beginnt hinter dem Parkplatz der Eremo delle Carceri (s.o.), passiert den Gipfel und schlängelt sich auf der anderen Seite des Berghanges wieder hinab bis in das malerische Bergdorf Collepino (⟶ Spello, Umgebung). Die nicht-asphaltierte Strecke ist bei klarem Wetter ein unbeschreibliches Naturerlebnis; nicht nur vom Gipfel, auch schon

Monte Subasio (Fortsetzung)

weiter unterhalb genießt man grandiose Ausblicke über die Valle Umbra bis hinüber zum Lago Trasimeno und nach Osten über die Berghänge des umbrisch-märkischen Apennins. Im Mai trifft man hier auf eine farbenprächtige Bergflora.
Man kann die Panoramaroute auch zu Fuß gehen; vom Kloster Eremo delle Carceri bis nach Spello sind es etwa 4 Stunden Wanderzeit.

Santa Maria degli Angeli

Lage und *Bedeutung

Schon von der Autostrada aus sieht man die mächtige Kuppel von Santa Maria degli Angeli, die in der Ebene unterhalb von Assisi (5 km südwestlich der Stadt) die umliegenden Häuser weit überragt. Zwei der bedeutendsten Stätten der Franziskus-Legende, die sog. Porziuncola-Kapelle und die Sterbekapelle des Heiligen (Cappella del Transito), verbergen sich im Inneren des 115 m langen und 64 m breiten Gotteshauses. Der enorme Pilgerandrang zu diesen beiden Gedenkstätten, aber auch die Ablaßfeiern am 1. und 2. August jedes Jahres, ließen einen Kirchenbau dieser Größenordnung nötig werden, mit dessen Planung Papst Pius V. den peruginischen Baumeister Galeazzo Alessi beauftragte. Von der Grundsteinlegung 1569 bis zur Einwölbung der Kuppel (1679) vergingen mehr als einhundert Jahre. Ein Geschenk der Medici war der große Pilgerbrunnen mit 26 Wasserstellen an der Nordseite der Kirche (1610). 1832 mußte nach einem schweren Erdbeben das Mittelschiffsgewölbe neu eingezogen werden. Die Vorhalle kam erst 1928 in neobarocken Formen hinzu.

Besichtigung

Der monumentale Eindruck des Außenbaus bestätigt sich im Innern der dreischiffigen, an der römischen Barockarchitektur orientierten Basilika. Das von Kapellen begleitete Langhaus und das Querschiff schneiden sich in der Vierung, die durch ihre wuchtigen Pfeiler Gewicht erhält.

Porziuncola

Im Vierungsquadrat unter der Kuppel steht die sog. Porziuncola, eine kleine, tonnengewölbte Kapelle mit einem gotischen Tabernakel auf dem Dach (1832 erneuert). Das Fassadenfresko schuf 1829 Friedrich Overbeck, ein deutscher Maler der Romantik, der in Rom ansässig geworden war. Es zeigt Franziskus, der von Christus und Maria den Ablaß erhält. Die Rückwand der Kapelle füllt ein Fresko ("Kalvarienberg") von Andrea d'Assisi. Im Innern schildert das Altarretabel von Ilario da Viterbo die Verkündigung und Szenen aus der Franziskus-Legende (1393).

Cappella del Transito

Auf dem Boden der Cappella del Transito liegend starb der hl. Franziskus. Er hatte die Kapelle zur Pflege kranker Mitbrüder errichtet. Im Innern befinden sich Fresken des umbrischen Malers Lo Spagna (1514) und eine Majolikastatue des Heiligen von Andrea della Robbia.
Im Rosengarten hinter dem rechten Querhaus (Roseto) soll sich Franziskus nackt in einen Rosenbusch geworfen haben, der daraufhin seine Dornen verlor und blühte. Die Fresken von Tiberio d'Assisi im ersten Raum der Cappella del Roseto (1506–1516) schildern in einzelnen Szenen die Geschichte des Ablasses, den Franziskus im Anschluß an dieses Ereignis bei Papst Honorius erwirkte.

Museum

Das Museum im Konventsgebäude von Santa Maria degli Angeli bewahrt ein frühes Kruzifix von Giunta Pisano (um 1240) und das Franziskusbildnis des sog. Franziskusmeisters (s. San Francesco, Unterkirche).

Bastia Umbra

3 km nordwestlich von Santa Maria degli Angeli, am Zusammenfluß von Chiascio und Tescio, liegt Bastia Umbra (200 m ü. d. M.; 17 500 Einw.), eine hauptsächlich von Landwirtschaft und neueren Industrieansiedlungen geprägte Stadt (Bekleidung, Metall- und Maschinenbau, Möbel). Im Mittelalter war der Ort ein ständiger Zankapfel zwischen Perugia und Assisi.
An der Piazza Martini steht die Kirche Santa Croce mit einer Fassade aus rosa und weißen Steinen. 1295 von Franziskanermönchen gegründet, wurde sie im Laufe der Jahrhunderte mehrmals umgestaltet. Das Kircheninnere schmücken Fresken und Kunstwerke aus dem 15. bis 17. Jahrhundert. Besondere Beachtung verdienen die von Domenico Bruschi geschaf-

Bastia Umbra (Fortsetzung)

fenen Leinwandgemälde und Fresken in der Vierung, das abgelöste Fresko mit dem hl. Lukas von Tiberio d'Assisi (1515) und das große Triptychon von Nicolò Alunno aus dem Jahre 1499. Die nahe Pfarrkirche, dem Erzengel Michael geweiht, bewahrt eine schöne Terrakotta-Arbeit. Hinter der Piazza Martini beginnt die Altstadt, wo man auf die Mauerreste der Burg stößt. Innerhalb der Burganlage befindet sich die säkularisierte Kirche Sant'Angelo.

Attigliano

C 10

Provinz: Terni
Höhe: 95 m ü.d.M.
Einwohnerzahl: 1700

Lage und Allgemeines

Von einem terrassenförmigen Landsporn knapp 20 km südwestlich von Amelia blickt der alte Ort Attigliano auf das flache Tibertal herab. Für den Ursprung seines Namens gibt es zwei Erklärungen: Die eine führt ihn auf das Lateinische 'ad tilium' zurück und spielt damit auf die Linden an, die hier das Tiberufer säumen. Anderer Meinung zufolge ist Attigliano, das genau auf der Grenze zwischen den Provinzen Terni und Viterbo liegt, nach dem Geschlecht der Atti benannt, die hier ihre Ländereien besaßen. Mit Sicherheit war das Gebiet von Attigliano schon lange vor dem Mittelalter besiedelt – davon zeugen die im benachbarten Marziano und Jano (wenige hundert Meter südlich von Attigliano) gefundenen etruskischen Kammergräber und Krypten. Von Attigliano aus ließ sich leicht der Handelsverkehr auf dem Tiber überwachen, so daß es in der Vergangenheit wiederholt den Besitzer wechselte, bevor es im 15. Jh. endgültig an den Kirchenstaat fiel.

Sehenswertes

Attigliano hat leider viel von seiner historischen Bausubstanz eingebüßt, so daß an sehenswerten älteren Bauwerken nur der Uhrturm an der Piazza Rocca und das ehemalige Kastell, das mit einem Burggraben, einer Zugbrücke und fünf Rundtürmen – einst mit Zinnenkranz – befestigt war, eine Besichtigung lohnen. Der im 16. Jh. neben dem polygonalen Wachturm der Burg errichtete Palast wurde vor einigen Jahren abgerissen – ein Schicksal, das auch vielen Gebäuden des mittelalterlichen Städtchens droht, die nicht mehr bewohnt sind und baufällig werden. Mit San Lorenzo besitzt Attigliano eine moderne Kirche, die mit kunstvollen Glasfenstern und einem Bronzeportal der Bildhauerin Nadia Rognoni aufwartet.

Umgebung Bomarzo

Empfehlenswert ist ein Ausflug in das 6 km südwestlich von Attigliano in Latium gelegene Dorf Bomarzo. Der dortige Parco dei Mostri ist einer der berühmtesten und originellsten Parkanlagen Mittelitaliens, 1550 von Fürst Vicino Orsini eingerichtet. Am Wochenende ist der Rummel dort allerdings groß; wenn möglich sollte man unter der Woche dorthin fahren.

Avigliano Umbro

D 10

Provinz: Terni
Höhe: 441 m ü.d.M.
Einwohnerzahl: 2300

Lage und Allgemeines

Auf dem Hügelland genau in der Mitte zwischen Todi und Amelia liegt die 'jüngste' Gemeinde Umbriens, das 1975 nach einem Volksentscheid selbständig gewordene Avigliano Umbro. Bis dahin war Avigliano der größte Ortsteil des benachbarten Montecastrilli.
In römischer Zeit lag Avigliano in unmittelbarer Nähe wichtiger Verkehrswege, der Via Flaminia und der Via Amerina, einer umbrisch-etruskischen

Lage und Allgemeines (Fortsetzung)

Handelsstraße, die auch Amelia, Todi und Perugia berührte. Aufgrund seiner ausgedehnten Wälder und Wiesen und der fruchtbaren Äcker, auf denen man Wein und Getreide anbaute, war Avigliano im Mittelalter ein ständiges Streitobjekt zwischen Todi und Amelia, die es beide gerne in Besitz genommen hätten.

Feste und Veranstaltungen

Die Bevölkerung von Avigliano Umbro lebt traditionell von den Erzeugnissen der Landwirtschaft, setzt aber in jüngster Zeit mehr und mehr auf die Herstellung von Kunsthandwerk. Die kunsthandwerklichen Produkte werden jedes Jahr von Ende Juli bis Mitte August auf der 'Expolabor' zum Verkauf angeboten.
Mit Freiluftkonzerten, Ausstellungen und Theateraufführungen begeht Avigliano Umbro jährlich den 'Agosto aviglianese'. Während dieser Zeit werden in den Gasthäusern der Stadt die typischen Gerichte der Gegend angeboten.

Sehenswertes

Heute merkt man dem Städtchen kaum noch seine mittelalterliche Vergangenheit an. Von der ehemaligen Burg stehen noch der runde Bergfried und Reste der Befestigungsmauer. Das dortige Portal schmückt ein marmorner Adler mit seinen zwei Jungen – Symbol für die Vorherrschaft Todis über Amelia und Terni. Die Pfarrkirche Santissima Trinità birgt eine Rosenkranzmadonna, die Andrea Polinori di Todi zugeschrieben wird. Sehenswert sind auch die kleinen romanischen Kirchen Santa Vittorina, Sant' Egidio und Sant' Angelo in der näheren Umgebung von Avigliano.

Umgebung von Avigliano Umbro

Santa Restituta, Grotta Bella

Empfehlenswert ist ein Abstecher nach Santa Restituta (9 km westlich an der Strada Provinciale 37) wegen der dortigen Burg und der Grotta Bella, einer Tropfsteinhöhle mit wundervollen Stalaktiten und Stalagmiten. Bei Ausgrabungen kamen hier interessante Zeugnisse aus der umbrischen Frühgeschichte und der Römerzeit zutage. Unter den Funden waren auch zahlreiche Bronzestatuetten, die nahelegen, daß die Höhle einst als Kultstätte diente.

Toscolano

Etwa 1 km hinter Santa Restituta liegt Toscolano, wo man ebenfalls ein Castello, vor allem aber die sog. 'Maestà di Toscolano', eine kleine Andachtskapelle am Rand des Dorfes, besuchen sollte. Die Kapelle überrascht mit qualitätvollen Fresken aus der zweiten Hälfte des 15. Jh.s. Wie so oft der Fall, ist der Künstler nicht überliefert, doch vermutlich handelte es sich um einen namentlich nicht bekannten Maler, den man jüngst mit Piermatteo di Amelia, den Schöpfer der ersten Freskendekoration der Sixtinischen Kapelle, gleichsetzte.

Dunarobba, Sismano

Auf der Straße von Avigliano Nord nach Acquasparta erreicht man nach wenigen Kilometern Dunarobba. Etwas außerhalb des Ortes erhebt sich inmitten von Feldern und Wiesen eine gut erhaltene Festung von quadratischer Anlage mit vier trutzigen Ecktürmen. Auch im ca. 3 km nördlich von Dunarobba gelegenen Sismano hatten sich die früheren Herren ein wehrhaftes Schloß errichtet.

Versteinerter Wald

Einzigartig in Umbrien ist der sog. versteinerte Wald (foresta fossile), der ein paar Kilometer hinter Dunarobba in Richtung Acquasparta liegt (bei der Ziegelei; Besuch nur in Begleitung eines Führers). Vor wenigen Jahren kamen in einer Lehmgrube etwa 40 versteinerte, noch im Boden verwurzelte Baumstümpfe von gigantischen Ausmaßen zum Vorschein, Zeugnisse eines uralten Waldes, der durch die darüberliegende Lehmschicht vor der Zersetzung bewahrt blieb.
Die zum Teil 3–4 m dicken, durchschnittlich 6–8 m hohen und etwa 800 000 bis 2 Mio. Jahre alten Baumstümpfe sind die Überreste einer Ufervegetation des sog. Lacus Tiberinus. Dieser riesige, durch den Rück-

gang des Tyrrhenischen Meeres entstandene See füllte die gesamte Talebene von Città di Castello bis zur Mulde von Terni. Beim Wald von Dunarobba handelte es sich um Sequoia-Bäume, die über 100 m hoch werden können.

Versteinerter Wald (Fortsetzung)

⟶ Amelia, Umgebung

Amerino

Bettona

D/E 7

Provinz: Perugia
Höhe: 353 m ü. d. M.
Einwohnerzahl: 3520

*Lage und Allgemeines

Das alte umbrische Städtchen breitet sich in einzigartiger Lage auf einem mit Olivenbäumen bepflanzten Hügel über der Valle Umbra aus. Nur etwa 20 km südöstlich von Perugia und etwa ebenso weit von Assisi entfernt, scheint Bettona, das keine großartigen Sehenswürdigkeiten aufweist, noch abseits der Touristenströme. Sein Charme liegt in der unverfälschten Atmosphäre und in der ruhigen, ländlichen Umgebung. Von Bettona genießt man eine herrliche Aussicht auf die Talebene der oberen Valle Umbra sowie die gegenüberliegenden Städtchen und Dörfer.

Geschichte

Bettona entstand am Zusammenfluß zweier Wasserläufe, des Chiascio und des Topino. Obgleich die Stadt eine Gründung der Umbrer war, verraten die Stadtmauern etruskischen Einfluß. Unter den Römern wurde das umbrische Vettona Municipium. Im Mittelalter war Bettona freie Kommune. Nach der Zerstörung der Stadt durch Perugia im Jahre 1352 veranlaßte Kardinal Albornoz ihren Wiederaufbau. Darauf fiel sie unter die Herrschaft der Baglioni und wurde 1648 dem Kirchenstaat einverleibt.

Sehenswertes

Die mittelalterliche, auf die etruskische Befestigung aus dem 4. Jh. v. Chr. zurückgehende Stadtmauer umschließt den alten Ortskern ringförmig. An der Stadtmauer führt außen eine Art 'Umgehungsstraße' entlang – die Aussichtsterrasse von Bettona. Wegen der schmalen Straßenführung und der unübersichtlichen Kurven ist das Halten fast unmöglich – am besten, man spaziert hier zu Fuß entlang.
Die Piazza Cavour ist damals wie heute das Herz der Altstadt auf der Spitze des Hügels. Dort stehen die beiden wichtigsten Baudenkmäler Bettonas, die Kirche Santa Maria Maggiore und der Palazzetto del Podestà. Das zu Beginn des 13. Jh.s errichtete und im 17. Jh. grundlegend umgebaute Gotteshaus ist zur Zeit wegen Renovierungsarbeiten geschlossen. Im 1371 errichteten Palazzetto del Podestà, heute Sitz einer kleinen archäologischen Sammlung und der Städtischen Gemäldegalerie (Pinacoteca Comunale), werden u. a. zwei sehenswerte Prozessionsfahnen aus Santa Maria Maggiore gezeigt (geöffnet im Sommer tgl. 10.30–13.00 und 15.00 bis 18.00, im Winter tgl. außer Mo. 10.30–13.00 und 14.30–17.00 Uhr). Bei der einen handelt es sich um ein Werk von Perugino, von dem sich auch eine "Madonna della Misericordia" in der Sammlung befindet. Die andere ist auf beiden Seiten bemalt und zeigt auf der Vorderseite eine Pietà, auf der Rückseite eine Kreuzigung von Nicolò Alunno. Zu den sehenswerten Stücken der Sammlung gehört desweiteren eine "Geburt Christi" von Dono Doni und eine glasierte Terrakotta-Arbeit aus der Werkstatt der Della Robbia (hl. Antonius von Padua).
In der Pinakothek erhält man auch den Schlüssel für das Oratorio di Sant' Andrea (nahe der Kirche), wo erst vor kurzem bei einer Renovierung Fresken aus dem Jahr 1394 zum Vorschein kamen.

Etruskisches Grab

Bei Colle, etwa 2 km außerhalb von Bettona an der Landstraße nach Torgiano, stößt man auf ein tonnengewölbtes Etruskergrab, wie es für die Umgebung von Perugia charakteristisch ist.

Bevagna **E 8**

Provinz: Perugia
Höhe: 225 m ü. d. M.
Einwohnerzahl: 4500

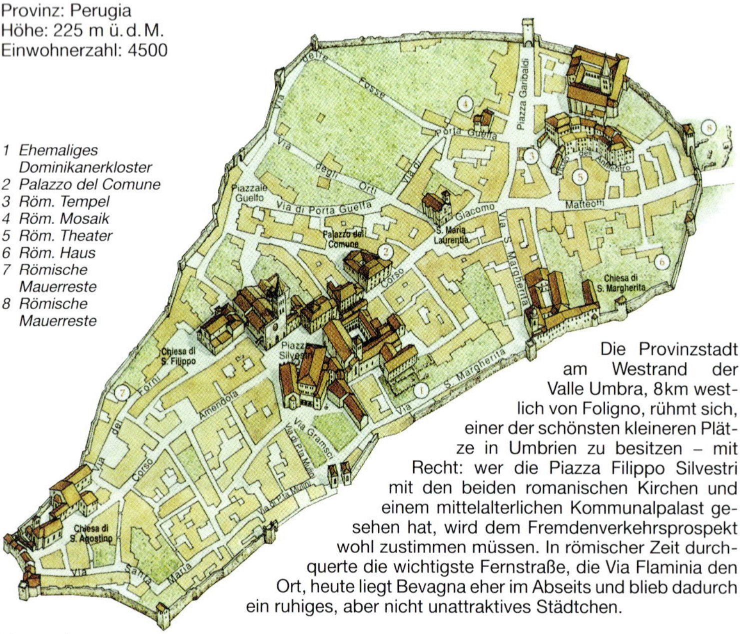

1 Ehemaliges Dominikanerkloster
2 Palazzo del Comune
3 Röm. Tempel
4 Röm. Mosaik
5 Röm. Theater
6 Röm. Haus
7 Römische Mauerreste
8 Römische Mauerreste

Die Provinzstadt am Westrand der Valle Umbra, 8 km westlich von Foligno, rühmt sich, einer der schönsten kleineren Plätze in Umbrien zu besitzen – mit Recht: wer die Piazza Filippo Silvestri mit den beiden romanischen Kirchen und einem mittelalterlichen Kommunalpalast gesehen hat, wird dem Fremdenverkehrsprospekt wohl zustimmen müssen. In römischer Zeit durchquerte die wichtigste Fernstraße, die Via Flaminia den Ort, heute liegt Bevagna eher im Abseits und blieb dadurch ein ruhiges, aber nicht unattraktives Städtchen.

Feste und Veranstaltungen

Die interessanteste kulturelle Veranstaltung in Bevagna ist der 'Mercato delle Gaite' (Markt der Stadtteile) im Juni jeden Jahres, bei dem eine ganze Woche lang gefeiert wird. Für Besucher besonders eindrucksvoll ist der Brauch, die traditionellen städtischen Handwerksberufe wiederzubeleben und vorzuführen: das Seilmacherhandwerk, die Kunstschmiede und die Korbflechterei. Musikalische Darbietungen, Theateraufführungen in historischen Kostümen sowie spielerische Wettkämpfe zwischen den Stadtvierteln laden zum Zuschauen und Zuhören ein. Außerdem kommen in den Gaststätten Gerichte nach mittelalterlichen Rezepten auf den Tisch.

Geschichte

Aus einer umbrischen Siedlung hervorgegangen, war Bevagna, so berichten zahlreiche antike Autoren, in römischer Zeit ein blühender Ort am Kreuzpunkt wichtiger Handelsstraßen. Die Via Flaminia verlief als Decumanus Maximus mitten durch den Ort – dort, wo heute der Corso die Stadt durchquert. Die Verlegung der Via Flaminia führte im 3. Jh. zum Niedergang von Bevagna; an seine römische Vergangenheit erinnern die Reste eines Theaters, Abschnitte des antiken, zum Teil in den mittelalterlichen Konstruktionen aufgegangenen Mauerrings, sowie das Fußbodenmosaik aus einer Thermalanlage. Der erste Bischof von Bevagna, Vincenzo, starb um 300 im Zuge der Christenverfolgungen Diokletians den Märtyrertod; seine Reliquien gelangten in die deutsche Stadt Magdeburg. Kaiser Friedrich Barbarossa legte die papsttreue Kommune 1152 in Schutt und Asche. Knappe 100 Jahre später (1249) ereilte sie dasselbe Schicksal erneut, als der Graf von Aquin auf Geheiß Friedrichs II. alle Häuser von Bevagna niederbrennen ließ. Doch damit war das Schicksal der Stadt noch lange nicht besiegelt. Ihr erneutes Aufblühen verdankt sie hauptsächlich dem Einsatz des Dominikanermönchs Giacomo Bianconi, einem Freund des berühmten Gelehrten Albertus Magnus. Im 14. Jh. wurde Bevagna von der Adelsfamilie Trinci aus Foligno regiert. Die Signoria der Trinci währte bis 1439, dann wurde Bevagna Teil des Kirchenstaates. Dort verblieb es, von einem Zwischenspiel der Baglioni abgesehen, bis zur Einigung Italiens.

Geschichte (Fortsetzung)

Sehenswertes

Stadtmauern und Tore

Bevagna lag schon in römischer Zeit im Schutz einer Mauer, über der im 13. und 14. Jh. die mittelalterliche, mit sechs Toren besetzte Stadtmauer hochgezogen wurde. Die Hauptachse von Bevagna ist der Corso Matteotti, der zwischen der Porta Sant' Agostino und der Porta di Foligno das Zentrum durchmißt. Außerhalb der letztgenannten sind die antiken Mauern noch recht gut zu erkennen.

Porta Cannara, Piazza Garibaldi, Tempelreste

Wenn man die Stadt durch die Porta Cannara betritt (davor ein großer Parkplatz), landet man zunächst auf der langgezogenen Piazza Garibaldi, von der an der linken Platzseite Treppen zur Kirche San Francesco hinaufsteigen. Das Gebäude an der dem Stadttor gegenüberliegenden Schmalseite des Platzes war ursprünglich ein römischer Tempel aus dem 2. Jh., wurde dann aber in die Kirche Madonna della Neve umgewandelt. Man erkennt noch die Kalksteinverkleidungen der aus Ziegelstein hochgemauerten Pilaster. Der bei römischen Bauten häufig anzutreffende Lagenwechsel zwischen Ziegelmauerwerk und Hausteinen heißt in der Fachsprache 'opus mixtum' (wörtlich: gemischtes Mauerwerk).

Römisches Mosaik, Reste des römischen Theaters

Die Überreste des römischen Mosaikbodens aus einer Thermenanlage kann man in der Via Guelfa besichtigen (Kustode wohnt im Haus Nr. 2). Das in der ersten Hälfte des 2. Jh.s verlegte Mosaik zeigt verschiedene Meerestiere, u.a. Tintenfische, Delphine und Seepferdchen.
Der Straßenverlauf der Gassen zwischen dem römischen Tempel und der Kirche San Francesco folgt den Grundmauern des einstigen römischen Amphitheaters, über dem die Bewohner von Bevagna im Mittelalter ihre Häuser errichteten. Bei einigen Gebäuden dieses überaus hübschen Viertels sind die einstigen Substruktionen der Zuschauerränge noch in den ebenerdigen Werkstätten zu entdecken.

Corso Matteotti, Palazzo Comunale San Domenico

Am Corso Matteotti liegt der klassizistische Palazzo Comunale aus dem späten 19. Jh., der eine kleine archäologische Sammlung, eine Sammlung römischer Münzen sowie die städtische Pinacoteca mit Gemälden des 15.–18. Jh.s, darunter auch eine Madonna von Dono Doni, beherbergt (geöffnet April, Mai und Sept. tgl. außer Mo. 10.30–13.00, 15.30–18.00, Juni–August 10.30–13.00, 16.00–19.00, Oktober–März Sa. und So. 10.30–13.00, 14.30–17.00 Uhr). An der Einmündung des Corso Matteotti in die Piazza Filippo Silvestri steht linker Hand die im 13./14. Jh. erbaute Kirche San Domenico, die zu einem ehemaligen Dominikanerkloster gehört. Episoden aus dem Leben des Titelheiligen schmücken die mittlere Chorkapelle (14. Jh.), die beiden Holzskulpturen in den seitlichen Chorkapellen entstanden um 1300.

**Piazza Filippo Silvestri

Platzanlage

Das Herz von Bevagna ist die Piazza Filippo Silvestri, ein in seiner Einheitlichkeit und Unversehrtheit beeindruckendes Platzensemble, an der die romanischen Kirchen San Silvestro, San Michele und der Palazzo dei Consoli versammelt sind. Der pseudo-trecenteske Brunnen ersetzt seit 1896 eine ältere Brunnenanlage. Aus römischer Zeit stammt die freistehende Säule, die von den Bewohnern 'San Rocco' genannt wird.

Palazzo dei Consoli

Der Palazzo dei Consoli entstand vermutlich schon in der zweiten Hälfte des 13. Jh.s und ist damit einer der ältesten Kommunalpaläste in Mittelitalien. Die gewölbte Halle im Erdgeschoß öffnet sich in drei gespitzten

Palazzo dei Consoli (Fortsetzung)

Bögen; seitlich führt eine Freitreppe zum Eingang auf der Höhe des ersten Obergeschosses hinauf, das durch kleine, axial angeordnete Zwillingsfenster erhellt wird.
Hinter der romanischen Fassade des Gebäudes verbirgt sich seit 1886 das von Domenico Bruschi und Mariano Piervittori als Logentheater angelegte Teatro Torti, das man mittlerweile als Kleinod der Theaterarchitektur zu würdigen versteht. Sogar der originale Bühnenvorhang von Domenico Bruschi ist erhalten geblieben.

San Michele in Bevagna ...

... mit romanischem Portalschmuck

*San Silvestro (zur Zeit geschlossen)

An den Palazzo dei Consoli schließt sich die Kirche San Silvestro an. Eine Inschrift neben dem Eingangsportal nennt die Jahreszahl 1195 und einen Baumeister namens Binellus. Die zweigeschossig geplante, nicht vollendete Fassade wurde im unteren Teil in Travertin ausgeführt, darüber der rötliche Sandstein vom Monte Subasio verwendet. In der Mitte der Fassade öffnet sich ein romanisches Rundbogenportal. Den Inneren der drei Bögen ziert, wie bei romanischen Portalrahmungen in Umbrien häufig anzutreffen, ein Relief aus Weinranken und Tieren. An antike Vorbilder erinnert der Reliefschmuck an den kleinen Bögen des darübersitzenden Drillingsfensters – möglicherweise handelt es sich hierbei um Versatzstücke aus antiken Gebäuden, Spolien genannt. Flankiert wird die mittlere Fensteröffnung von Zwillingsfenstern mit zierlichen, gedrehten Säulchen.
Das unverputzte Mauerwerk, die kräftigen Säulen und die schweren Tonnengewölbe bestimmen den Charakter des schlichten, fast völlig im Dunkeln liegenden Innenraums (1954 restauriert). Unter dem erhöhten Chor befindet sich die kreuzgratgewölbte Krypta, zu der eine Treppe im linken Seitenschiff hinabführt.

*San Michele (zur Zeit geschlossen)

Das imposante Pendant zu San Silvestro bildet die gegenüberliegende, wohl zeitgleich entstandene Kirche San Michele. Laut Inschrift am Portal waren auch hier Meister Binello sowie ein weiterer Baumeister namens Rudolfo am Werk.

San Michele (Fortsetzung)

Ihre horizontal abschließende Fassade zeigt die typischen Ausprägungen der romanischen Baukunst in Umbrien. Lisenen und ein Gesims unterhalb der runden Öffnung für die Fensterrose gliedern die glatten Wandflächen, in die nur die Portale und zwei Triforenfenster einschneiden. Der plastische Schmuck konzentriert sich auf das mittlere Portal.

**Hauptportal

Auch hier bedienten sich die Baumeister antiker, bereits bearbeiteter Versatzstücke, wie man sie vor allem an den seitlichen Pfosten des aus einzelnen Teilen zusammengesetzten Portalrahmens erkennt. Besondere Aufmerksamkeit verdient das Relief an der Kämpferplatte über der Inschrift links, wo der Erzengel Michael mit einem Drachen ringt. Das in der romanischen Kunst beliebte Motiv steht in direktem Bezug zur Inschrift ("Rodolfus und Binellus erstellten dieses Werk, Christus möge ihnen stets gnädig sein und Michael möge sie beschützen"). Der über die Fassade hinausragende Teil des Campanile ist eine Schöpfung des 15. Jahrhunderts.
Das Innere der Kirche hat mehrmals Umgestaltungen erfahren; zuletzt durch die Restaurierung 1951–1957, die die barocken Einbauten wieder aus der Kirche verbannte und einen puren mittelalterlichen Raum rekonstruierte.

Cascia

H 9

Provinz: Perugia
Höhe: 653 m ü. d. M.
Einwohnerzahl: 3200

Lage und Allgemeines

Nach Cascia reist man nicht irgendwelcher Sehenswürdigkeiten wegen, sondern weil hier die hl. Rita verehrt wird, die nach Franziskus und Klara von Assisi sowie Benedikt von Nursia zu den populärsten Heiligen Umbriens zählt. Trotz der abgeschiedenen Lage – ca. 19 km südwestlich von Norcia, in einem Seitental der Nera (Corno-Tal) – ist Cascia durch den Pilgertourismus eine äußerst belebte, allerdings in ihrem heutigen Erscheinungsbild für Umbrien höchst untypische Stadt: Hotelkomplexe und Pilgerunterkünfte sowie großzügige Parkplätze, die durch den enormen Verkehrsandrang nötig wurden, lassen beim Anblick von Cascia eher an einen modernen Luftkurort denn an eine Wallfahrtsstätte denken. Drangvolle Enge herrscht in dem Städtchen am 22. Mai jedes Jahres, wenn sich Pilger aus allen Teilen Italiens und Europas zum Rosenfest zu Ehren der hl. Rita hier einfinden.

Geschichte

Vermutlich waren die Bewohner der römischen Siedlung Cursula, die durch ein Erdbeben zerstört wurde, die Gründer von Cascia. Die im Jahre 553 erstmals erwähnte Stadt erlebte eine Blütezeit im Mittelalter, als sie sogar eigene Münzen prägen durfte. Seit dem 12. Jh. freier Stadtstaat, wurde Cascia von verschiedensten Seiten hart umkämpft und gelangte schließlich 1490 unter päpstliche Herrschaft, gegen die es 1516 letztmals aufbegehrte (Zerstörung der Rocca). Weitaus prägender als die politischen Ereignisse erwiesen sich für die Geschichte Cascias die zahlreichen Erdbeben, die das Städtchen und seine Umgebung bis in die jüngste Vergangenheit heimsuchten. Besonders verheerend waren die Erschütterungen in den Jahren 1300, 1599 und 1703; bei letztgenanntem fanden 730 Menschen den Tod.

Veranstaltungen

Selbstverständlich beziehen sich die wichtigsten Feste von Cascia auf die hl. Rita. Will man die italienische Volksfrömmigkeit hautnah erleben, dann sollte man das Rosenfest (22. Mai) besuchen, das am Abend des 21. Mai mit einem stimmungsvollen Fackelzug beginnt. Am nächsten Tag werden mit großem Aufgebot an Laiendarstellern Szenen aus dem Leben der Heiligen nachgespielt. In Roccaporena, dem Geburtsort der Heiligen, feiert man am dritten Sonntag im Juni auch ein Rosenfest.

Baedeker Special

Die heilige Rita von Cascia

Die 1381 in Roccaporena geborene Rita wurde als Fünfzehnjährige gegen ihren Willen mit einem jungen Mann des Ortes verheiratet. Als dieser wegen seiner Streitsucht eines gewaltsamen Todes starb und ihre beiden Söhne auf Rache sannen, erbat sie deren Tod, um weiteres Blutvergießen zu verhindern. Ihre Bitte wurde erhört. Von Schmerz gezeichnet, zog sich die hl. Rita im Alter von 33 Jahren in das Augustinerkloster von Cascia zurück, wo sie in einer bescheidenen Zelle mehr als vierzig Jahre ihres Lebens zubrachte. 15 Jahre bevor sie starb (22. Mai 1457), empfing sie an einem Karfreitag beim Gebet in ihrer Zelle einen Stachel aus der Dornenkrone Christi, den sie bis zum Ende ihrer Tage in der Stirn trug. In ihrer Todesnacht – so heißt es – begannen in Cascia die Glocken von selbst zu läuten, so als wollten sie die Sterbende in den Himmel begleiten.

Wie Franz von Assisi verehrte man Rita schon zu Lebzeiten wegen ihres unerschütterlichen Glaubens und ihrer Opferbereitschaft wie eine Heilige. In die Liste der Heiligen wurde die 'Helferin in aussichtslosen Nöten' und Patronin 'scheinbar unerfüllbarer Wünsche' allerdings erst durch Papst Leo XIII. am 26. Mai 1900 aufgenommen.

Sehenswertes

*Santuario di Santa Rita

Das Ziel der Pilgerreisenden ist das 1937–1947 von Spirito Maria Chiapetta über einem Vorgängerbau errichtete Santuario di Santa Rita. Die monumentale Wallfahrtskirche beherrscht die kleine Altstadt von Cascia. Das Portal an der von Türmen gefaßten Hauptfassade umrahmen Reliefs mit Szenen aus dem Leben der Heiligen. Die Kirche erhebt sich über einem griechischen Kreuz, über dessen Vierung sich eine Kuppel wölbt (Kuppelfresken von Luigi Montanarini mit einer Apotheose der augustinischen Heiligen). Den Hauptaltar im Chor entwarf der italienische Bildhauer Giacomo Manzù. In einer Kapelle links vom Eingang befindet sich hinter einem Schutzgitter der Leichnam der Heiligen. Als man ihren Körper 1745 exhumierte, um ihn für die Gläubigen sichtbar aufzubahren, war er noch nahezu intakt. In der ganz modern gestalteten Unterkirche (1988) hat Mutter Teresa Fasce, der Cascia den Bau des Santuario di Santa Rita verdankt, in einer Andachtskapelle links vom Eingang ihre letzte Ruhestätte gefunden. Rechts steht ein kleiner, dem seligen Augustinermönch Simone Fidati geweihter Altar. Es handelt sich um das Tabernakel des Wunders von Siena: Ein sienesischer Priester wollte einem Kranken das letzte Abendmahl ermöglichen und legte die Hostie in sein Gebetbuch; als er es öffnete, sah er, daß aus der Hostie Blut getropft war und die Seiten des Buches befleckt hatte. Simone Fidati brachte die Hostie nach Cascia, wo sie in diesem Tabernakel aufbewahrt wird.

Kloster

An die Kirche schließt sich das Kloster an, in das sich die heilige Rita zurückgezogen hatte. Die geführte Besichtigung umfaßt das alte Chorhaus, den Brunnen der hl. Rita, das Oratorio del Crocifisso (Kapelle des Gekreuzigten), wo die Heilige die Wundmale empfing, und die Zelle mit dem Sarkophag, der bis 1745 ihre sterblichen Überreste barg; außerdem werden hier Ehering und Rosenkranz der Heiligen aufbewahrt. Im Klostergarten steht der 'wundertätige Rosenstock', der in Ritas letztem Lebensjahr mitten im Winter zu blühen begann.

Altstadt, weitere Kirchen

Das mittelalterliche Cascia mit schmalen, dunklen Gassen findet man noch in dem Viertel hinter der Kirche San Francesco, die sich an der Piazza Garibaldi erhebt. Die Fassade dieses 1424 gotisch erneuerten Gotteshauses schmückt eine schöne Fensterrose. Im Inneren, das von den üppigen Stuckdekorationen aus dem 18. Jh. geprägt ist, sind das Fresko an der Eingangswand (Nicolò da Siena, 1460), das Chorgestühl aus dem 14. Jh. und der Altar im linken Querschiff (Altarblatt von Antonio Pomarancio, 1596) bemerkenswert.
Santa Maria, nach mehrfachen Erdbebenschäden erneuert, ist nicht nur die Taufkirche der hl. Rita, sondern auch das älteste Gotteshaus am Ort (9. Jh.). Einen Blick lohnen die "Grablegung" an der Eingangswand von Nicolò da Siena und das Gemälde am ersten rechten Seitenaltar, auf dem ein historischer Augenblick in der Geschichte Cascias, der Friedensschluß zwischen den Cascianer Guelfen und Ghibellinen, dargestellt ist (1547).
Dem Maler Nicolò da Siena begegnet man erneut in der zum Museum umgebauten Kirche Sant' Antonio Abate (15. Jh.; 1707 erneuert), wo er im ehemaligen Mönchschor einen Passionszyklus ausführte.

Umgebung von Cascia

Roccaporena

Eine kurvenreiche Strecke führt von Cascia in das 6 km westlich gelegene Dorf (105 Einw.), das auf rund 700 m Höhe am Ende einer Talenge liegt. Da Roccaporena von zahlreichen Pilgerreisenden besucht wird, ist es von Cascia auch per Linienbus erreichbar.

Geburtshaus der hl. Rita

In Roccaporena kann man das Geburtshaus der hl. Rita besichtigen sowie das einfache Haus, in dem sie mit ihrem Gatten gelebt hatte. In dem hübschen Kirchlein San Montano wurde Rita getraut und hier wurden auch ihr Mann und ihre Söhne beigesetzt. Zum Wallfahrts-Besichtigungsprogramm gehören auch der 'Orto del miracolo' (Wundergarten) und die 'Via Crucis' (Straße des Kreuzes). Das Dorf wird überragt von der 'Scoglio della preghiera', einem Felsen in Form eines Zuckerhutes. Hier zog sich die hl. Rita in die Einsamkeit zurück, um Zwiesprache mit Gott zu halten.

Bergdörfer und Piani

Nach Norcia ist Cascia die zweitgrößte Stadt in der südwestlichsten Ecke Umbriens und bis heute wichtiger Bezugspunkt für eine Reihe von kleinen Bergdörfern in der näheren Umgebung. Die ersten Siedlungen in diesem Gebiet entstanden vermutlich im 13. und 14. Jh., als die Landbevölkerung Schutz vor den ständigen Übergriffen des nahegelegenen Norcia und des neapolitanischen Königreichs, zu dem damals auch der Monte Sabina gehörte, suchte und in die Berge floh. Nachdem die Menschen entdeckt hatten, daß die 'Piani', wie die Hochebenen genannt werden, gute Bedingungen für Jagd und Viehwirtschaft boten, ließen sie sich hier oben nieder und gründeten Dörfer wie z. B. Fogliano, Colforcella, Agriano, Aliena, San Giorgio oder Ospedaletto, um nur einige zu nennen. Auch wenn heute anstelle der alten Hirtenwege Straßen verlaufen, die die kleinen Siedlungen untereinander bzw. mit dem Verwaltungszentrum Cascia verbinden, so blieb die karge Berglandschaft doch recht ursprünglich. Viel Natur, aber auch so manche kleine Sehenswürdigkeit kann man hier entdecken: Logna beispielsweise wartet mit einer hübschen Pfarrkirche aus dem 14. Jh. auf, Avendita mit einer 'Pieve' (Landkirche) aus dem 14. Jh. und in Poggio Primocaso hat sich San Fortunato aus dem 12. Jh. erhalten. Herrlich ist der Blick vom Monte Meraviglia (1392 m ü. d. M), zu dem eine landschaftlich schöne Straße hinaufführt. Wer etwas Kondition mitbringt, kann auch zu Fuß die Höhen dieser Region erklimmen; neben dem Monte Meraviglia eignen sich hierfür der Monte Pizzuto (1904 m ü. d. M.) und natürlich das Naturschutzgebiet zwischen Monte Aspra und Monte Coscerno (⟶ Zahlen und Fakten, Naturschutz).

Monteleone di Spoleto

Die kleine Gemeinde (978 m ü. d. M.; 670 Einw.), 12 km flußaufwärts im Corno-Tal gelegen, ging auf Grund eines für die umbrische Geschichte spektakulären Fundes in die Geschichte dieser Region ein: Im Jahre 1902

Monteleone di Spoleto (Fortsetzung)

kam hier bei der Aushebung eines Etrusker-Grabes ein bestens erhaltener Streitwagen (Biga) aus dem 6. Jh. v. Chr. zum Vorschein kam, der heute im Metropolitan Museum in New York aufbewahrt wird. Ähnliche etruskische Streitwagen wurden sonst nur in Castel S. Mariano bei Perugia und bei Castro in der Toskana gefunden.

Sehenswertes

Monteleone di Spoleto war über den Ruinen des antiken Brufa herangewachsen, wurde aber im 12. Jh. vernichtet und später von Spoleto, unter dessen Herrschaft es damals stand, wiederaufgebaut. Die Torre dell'orologio, der Palazzo Bernabò und die Kirche San Francesco sind die drei Schmuckstücke dieses kleinen Ortes am linken Ufer des Corno. Der Uhrturm bildete einst den Eingang zum Kastell, das sich jetzt nur noch als Ruine darbietet. Unter dem Portikus sind mittelalterliche Maße ausgestellt, die bei Handelsstreitigkeiten herangezogen wurden.
Die im 14. Jh. entstandene, im 15. und 18. Jh. sowie zuletzt in den siebziger Jahren des 20. Jh.s veränderte Kirche zeigt eine Fassade mit einem von zwei Löwen flankierten, gotischen Portal. Im Kreuzgang werden römische Ausgrabungsfunde aufbewahrt. Der Palazzo Bernabò, ein gut erhaltener zweistöckiger Bau des 15. Jh.s mit Altan an der Hauptfassade, beherrscht den kleinen Platz am Ortseingang.

Castel Ritaldi F 9

Provinz: Perugia
Höhe: 297 m ü.d.M.
Einwohnerzahl: 2400

Lage und Allgemeines

Das alte Städtchen liegt malerisch auf einer Hügelkuppe am Rande der Valle Umbra, annähernd gleichweit von Spoleto wie von Trevi entfernt.

Castel Ritaldi ist mit seinen braunen Steinhäusern ein typisch umbrisches Städtchen

Castel Ritaldi (Fortsetzung)

Schon die Römer hatten hier eine Wehranlage zur Überwachung und Verteidigung ihrer Handelswege eingerichtet. Im Mittelalter gehörte die Stadt, die seit dem 13. Jh. durch ein kleines Castello befestigt war, zum mächtigen Herzogtum von Spoleto, später wurde sie dem Kirchenstaat zugeschlagen.

Sehenswertes

Die Pfarrkirche Santa Marina enthält eine bemerkenswerte Schutzmantelmadonna von Lattanzio di Nicolò (1509) und ein Fresko von Tiberio d'Assisi, auf dem Gottvater, die Jungfrau Maria, Engel und Heilige versammelt sind. Die Kirche San Nicola schmückt ein schönes Portal (1486) und im Innern ein Fresko aus der Schule von Giovanni di Pietro, genannt Lo Spagna – ein Maler, der vor allem in Spoleto tätig war und dort einen großen Anhängerkreis um sich sammelte.

*Pieve San Gregorio

Fährt man von Castel Ritaldi hinunter zur Straßenkreuzung und dort den gegenüberliegenden Hügel wieder hinauf, dann entdeckt man nach wenigen hundert Metern rechts neben der Straße die romanische Pfarrkirche San Gregorio (1141). Das Kirchlein ist wegen seines außergewöhnlichen bauplastischen Schmucks, der sich vor allem auf die beiden verzierten Portalbögen konzentriert, den kleinen Umweg wert. Während der äußere nur Rankenwerk zeigt, das aus den Mäulern von löwenähnlichen Tieren 'herauswächst', sind bei dem breiteren inneren Reliefband verschiedenste Fabelwesen in Mensch- und Tiergestalt durch stilisiertes Blattwerk miteinander verbunden. Die einzigen szenischen Darstellungen sind der mit dem Löwen kämpfende Samson und drei miteinander ringende Tiere. Im oberen Teil der Fassade stehen in zwei seitlichen Nischen die Figuren der beiden Propheten Ezechiel und Jeremias.

Castiglione del Lago

⟶ Lago Trasimeno, Rundfahrt

Città della Pieve A/B 8

Provinz: Perugia
Höhe: 508 m ü. d. M.
Einwohnerzahl: 6500

Lage und Allgemeines

Città della Pieve unterscheidet sich von allen anderen umbrischen Städten durch den roten Ziegelstein, der hier traditionell das bevorzugte Baumaterial ist und dem Ort einen ganz eigenes Flair verleiht. Ihre Lage auf einem Hügel, in aussichtsreicher Position über der Valdichiana, an der Strada Statale (SS 71) zwischen dem Lago Trasimeno und Orvieto, ist wiederum für Umbrien nichts außergewöhnliches, gefällt aber dennoch, insbesondere, wenn man sich der Stadt von Perugia über die Landstraße 220 nähert, die durch eine überaus anmutige Landschaft führt – grüne Hügel, mit Feldern und Wiesen bedeckt, dazwischen kleine Baumgruppen, Olivenhaine und alte Gehöfte.

Geburtsstadt von Perugino

Nicht nur der besagte Backstein, sondern vor allem ein Maler hat Città della Pieve berühmt gemacht: Pietro Vannucci, besser bekannt als Perugino (⟶ Berühmte Persönlichkeiten), hat hier das Licht der Welt erblickt. Obgleich er später überwiegend in Perugia, Florenz und anderen mittelitalienischen Kunstzentren tätig war, gibt es in seiner Heimatstadt einige Werke von ihm, darunter auch die wunderbare "Anbetung der Könige" im Oratorio Santa Maria dei Bianchi, zu bestaunen.

Geschichte

Wie viele Orte im Grenzgebiet zur Toskana war auch Città della Pieve schon von den Etruskern besiedelt. Eine kleine Landpfarrkirche (Pieve) vor

den Toren des römischen Castrums sollte dem Ort den Namen geben ('Castello della Pieve'). Karl der Große schenkte die von den Langobarden besiedelte Stadt dem Papsttum. Obgleich offiziell der Kirche unterstellt, stand Città della Pieve seit dem Ende des 12.Jh.s unter dem Einfluß des mächtigen Perugia, gegen das es sich immer wieder vergeblich auflehnte. Schon im Mittelalter beherrschten die Bewohner von Città della Pieve die Ziegelherstellung, und nicht selten mußten sie für ihre rebellische Haltung Perugia gegenüber mit einer Lieferung von Ziegelsteinen bezahlen. Papst Clemens VII. konnte 1529 die Stadt dem Kirchenstaat angliedern. Er richtete in Città della Pieve ein Bistum ein und verlieh dem Ort im Jahre 1600 das Stadtrecht – das Castello della Pieve war zur Città della Pieve geworden.

Seit 1960 feiert Città della Pieve wieder alljährlich am Sonntag nach dem 10. August den 'Palio dei terzieri', einen spielerischen Wettkampf, der zwischen den einzelnen Stadtteilen, den terzieri (zu deutsch eigentlich Drittel), ausgetragen wird. Wer ihn gewinnt, erhält bis zum nächsten Jahr den Palio, ein Banner mit dem Namen des siegreichen Stadtviertels. Bereits am Vorabend des Palio wird das bunte Stadtfest mit Theateraufführungen und Vorführungen alter Handwerkskünste eingeleitet. Außer der Prozession zum Santuario della Madonna della Grondici (Mai) gibt es in Città della Pieve im Frühling die Infiorata (19. – 21. Juni).

Sehenswertes

Casalinobrunnen

Die Via Pietro Vannucci ist die große Nord-Süd-Achse in Città della Pieve, die vom nördlichen Stadteingang auf die zentrale Piazza Plebiscito zuführt. Mit ihren alten und neuen Backsteinhäusern ist sie ein schönes Beispiel für eine gelungene Straßensanierung. Kurz hinter dem Eintritt in die Altstadt weitet sie sich zu einer kleinen Piazzetta, wo der 62 m tiefe Casalinobrunnen, eine römische Zisterne, steht.

*Via Baciadonne

Über die Via Santa Maria Maddalena, die ebenfalls in die Piazzetta am Casalinobrunnen mündet, erreicht man die Via Baciadonne, die angeblich engste Gasse Italiens: Sie ist etwa 30 m lang und zwischen 50 bis 60 cm breit – zwei Passanten kommen hier, wenn überhaupt, nur quer aneinander vorbei. Kein Wunder also, daß man das düstere Sträßchen Baciadonne ("Küß die Frauen") genannt hat.

**Oratorio di Santa Maria dei Bianchi

Geht man die Via Pietro Vannucci weiter stadteinwärts, dann kommt man zur Hauptsehenswürdigkeit von Città della Pieve, dem kleinen, äußerlich unscheinbaren Oratorio di Santa Maria dei Bianchi mit dem berühmten Fresko von Perugino (geöffnet Mai – Sept. 10.30 – 12.30, 16.00 – 19.00, sonst Fr. – So. 10.30 – 12.30, 15.30 – 18.30 Uhr).
Die Bruderschaft der Bianchi vergab 1504 den Auftrag für ein Wandgemälde an den in Città della Pieve geborenen Maler, der damals schon den

Oratorio di Santa Maria dei Bianchi (Fortsetzung)

Höhepunkt seiner Künstlerkarriere erreicht hatte. Wie man aus den Urkunden weiß, gingen dieser Arbeit zähe Verhandlungen voraus, bis sich Perugino, wohl aus einem Gefühl der Verbundenheit zu seiner Heimatstadt, mit 75 statt der ursprünglich vereinbarten 200 Florinen zufriedengab, wie er selbst in einer Inschrift an der Wand festhielt (Reproduktion an der linken Wand). Böse Zungen behaupten allerdings, er habe obendrein auch noch ein Grundstück mit dem dazugehörigen Haus erhalten.
Das Fresko, das die Anbetung der Könige darstellt, nimmt die gesamte Rückwand des Oratoriums ein. Charakteristisch für den bedeutendsten Maler Umbriens sind die grazilen, geradezu höfisch wirkenden Figuren und die in weiches Licht getauchte, weitläufige Landschaft, die durch kleine Figurengruppen, Hirtenszenen oder Wanderer belebt wird.

***Dom**

Das beherrschende Bauwerk an der Piazza Plebiscito ist der Dom Santi Gervasio e Protasio. Das im 12. Jh. als Pfarrkirche erbaute Gotteshaus wurde zuerst 1580 und dann noch einmal im Jahr 1600, als man es zur Bischofskirche erhob, grundlegend umgestaltet. Romanische Baudetails wie etwa die Biforienfenster erkennt man noch am unteren Teil der Fassade und am Campanile an der Rückseite. Was man auf den ersten Blick vielleicht für den Glockenturm halten möchte, ist die Torre civica, ein ebenfalls im 12. Jh. unter Verwendung antiken Baumaterials begonnener Turm, der 1471 in rotem Ziegelmauerwerk zu der stolzen Höhe von 38 m aufgestockt und seit der Erweiterung der Kirche 1580 mit dieser verbunden ist.

Inneres

Weit mehr als außen ist das Innere der Kirche von den späteren Veränderungen geprägt; insbesondere durch die seitlichen, das einschiffige Langhaus begleitenden Kapellen und die Verkleidung mit dunklem Stuckmarmor erhielt das Gotteshaus eine für den katholischen Kirchenbau des 17. Jh.s typische Gestalt. Beim Gang durch die Kirche verdienen folgende Bildwerke Beachtung: In der Kapelle links neben dem Eingang hängt eine "Taufe Christi" (1510) des berühmten Stadtsohns Perugino – ein Thema, das der Künstler in abgewandelter Form in mehreren Werken behandelte. Ebenfalls von Perugino stammt das 1514 datierte Gemälde des Hauptaltars, das eine Madonna mit den Heiligen Petrus und Paulus sowie den beiden Titelheiligen Gervasius und Protasius zeigt. Das Apsisfresko ("Maria im Himmel zwischen Heiligen") ist das Werk des Manieristen Nicolò Pomarancio. Rechts vom Hauptaltar entdeckt man die "Madonna mit Heiligen" von Gian Nicola di Paolo, einem Schüler Peruginos. Den ersten Altar auf der rechten Langhausseite schmückt ein mächtiges Holzkruzifix von Pietro di Tacca, einem Schüler von Giambologna (spätes 16. Jh.), in der zweiten Kapelle ist das von Domenico Alfani 1521 geschaffene Altarblatt sehenswert, das eine Madonna mit Kind und den hll. Bernhard und Maria Magdalena darstellt.

Dommuseum

Im Dommuseum werden u. a. Goldschmiedearbeiten, aus dem Dom entfernte Freskenfragmente, Gemälde sowie Urkunden zur Kirchengeschichte aufbewahrt (geöffnet So. 15.30 – 19.30 Uhr).
Hinter dem Dom steht der im ortsüblichen Backstein erbaute Palazzo Bandini (14. Jh.; Privatbesitz), der um die Mitte des 16. Jh.s erneuert wurde.

Palazzo Della Corgna

Schräg gegenüber vom Dom erhebt sich der Palazzo Della Corgna (heute Palazzo Mazzuoli), ein eleganter Renaissancebau mit zwei vollen und einem Mezzaningeschoß. Blickfang ist das Portal mit einer starken Rustika-Rahmung, die allerdings (ebenso wie die Quadersteine an den Gebäudeecken) dem Verwitterungsprozeß wohl nicht mehr allzulange standhalten wird. Ähnliches gilt für die Renaissancefresken an der gewölbten Hofdurchfahrt im Erdgeschoß. Auch die Säle im Inneren des u-förmig angelegten Palazzo schmücken Wand- und Deckenmalereien von Circignani (Il Pomarancio) und Salvio Savini.
Galeazzo Alessi hat den Stadtpalast 1551 für die Della Corgnas entworfen, heute wird er von der Stadt für kulturelle Veranstaltungen genutzt und beherbergt ein universitäres Forschungszentrum.

Geburtshaus von Perugino

An der Ostseite des Platzes, wo die Via V. Veneto einmündet, steht das Geburtshaus des Malers Perugino (Gedenktafel an der Fassade; nicht zu besichtigen, da Privatbesitz).

Rocca

Nächste Station des Stadtrundgangs ist die Rocca am nördlichen Ende der Via Vittorio Veneto. Die mächtige Burg wurde im Jahre 1326 errichtet und war mit einem Mauerring, mehreren Burggräben und sechs Türmen bewehrt, von denen drei bis etwa auf halbe Höhe erhalten sind. Der Mauerring besaß drei Stadttore, die Porta del Vecciano im Süden, die Porta di Sant'Agostino im Norden und die Porta della Rocca im Nordosten.

Roter Ziegelstein dominiert ...

... das Stadtbild von Città della Pieve

San Francesco

Außerhalb der Stadtmauer liegt die Kirche San Francesco oder 'Santuario della Madonna di Fatima'. Der untere Teil ihrer Ziegelfassade stammt noch aus dem 13. Jahrhundert. Interessant im Innern, das im 18. Jh. vollständig umgestaltet wurde, die beiden ersten Altäre rechts und links mit Gemälden des Perugino-Schülers Domenico Alfani und Nicolò Pomarancio.

*Oratorio di San Bartolomeo

An die Franziskanerkirche grenzt das kleine Oratorio di San Bartolomeo an. Berühmt ist das dortige, erst jüngst renovierte Kreuzigungsfresko aus dem frühen 14. Jh., das im Volksmund unter der Bezeichnung 'Pianto degli Angeli' (Das Weinen der Engel) bekannt ist. Neuerdings wird das Fresko dem sienesischen Maler Jacopo di Mino del Pellicciaio zugeschrieben. Das Oratorium ist 8.00–12.00 und 15.30–18.00 Uhr geöffnet, außerhalb dieser Zeiten kann man den Kustoden um Einlaß bitten.

Santa Maria dei Servi

Südlich außerhalb der alten Befestigungsmauern von Città della Pieve, an der Via Pieve, liegt die Kirche Santa Maria dei Servi aus dem 14. Jahrhundert. Das Gotteshaus wurde im 18. Jh. stark verändert. In der Kirche gibt es ein weiteres Werk von Perugino zu sehen, eine "Kreuzabnahme" aus dem Jahr 1517, die allerdings durch frühere Restaurierungen in ihrer Wirkung stark beeinträchtigt ist.

Umgebung von Città della Pieve

Chiusi (Toskana)

Eine Fahrt von Città della Pieve in die toskanische Stadt Chiusi, 13 km nordwestlich am Rand der Valdichiana gelegen, ist wegen der abwechslungsreichen Strecke durch die anmutige Hügellandschaft, aber auch wegen der dortigen Sehenswürdigkeiten lohnend.
Chiusi hat eine reiche etruskische Vergangenheit, der man heute noch im Museo Nazionale Etrusco, vor allem aber in den zahlreichen Etruskergräbern, die im engeren Umkreis der Stadt verstreut sind, begegnet. Zu den bekanntesten gehören die Tomba della Colle (mit Wandmalereien), die Tomba della Scimmia und die Tomba del Granduca, die zwischen Chiusi und dem Lago di Chiusi liegen.

Chianciano Terme

Folgt man der SS 146 in nordwestliche Richtung, dann erreicht man nach rund 12 km den bekannten toskanischen Kurort (550 m ü. M.; 7500 Einw.). Die Quellen von Chianciano werden für Trink- und Badekuren verwendet.

Montepulciano

Mit einer herrlichen, mauerumgürteten Altstadt lockt das Städtchen Montepulciano (605 m ü. d. M.; 14 000 Einw.), knapp 10 km hinter Chianciano an der SS 146 gelegen. Das Zentrum des historischen Montepulciano bildet die Piazza Grande (eigentlich Piazza Vittorio Emanuele) mit dem Dom, der 1592–1630 nach Plänen des orvietanischen Baumeisters Ippolito Scalza entstand, und dem zinnenbekrönten Palazzo Comunale (15 Jh.), dem Palazzo della Pretura, einem schlichten Bau aus dem 14. Jh., und dem Palazzo Tarugi, der seine heutige Form in der Renaissance erhielt. Schöne Palazzi und Kirchen aus Renaissance und Barock runden das Ortsbild ab.

Pienza

Knapp 13 km westlich von Montepulciano lohnt noch das hübsche Städtchen Pienza (491 m ü. d. M.; 2500 Einw.) einen Besuch. Der Renaissancepapst Pius II. formte mit den Bauwerken, die er in Auftrag gab, das Gesicht dieser Stadt. Die bedeutendsten Gebäude stehen an der zentralen Piazza, die – wie könnte es anders sein – Piazza Pio II heißt.

Piegaro

Allgemeines

10 km nordöstlich von Città della Pieve, an der SS 220 Richtung Perugia, liegt das Bergstädtchen Piegaro (356 m ü. d. M.; 3650 Einw.). Im Unterschied zu den meisten Ortschaften in der näheren Umgebung des Lago Trasimeno unterstand Piegaro nicht dem mächtigen Perugia, sondern erkämpfte sich im 13. Jh., nachdem seine Bewohner den Grafen von Marsciano vertrieben hatten, den Status einer freien Kommune. Die Selbstverwaltung war zwar nicht von langer Dauer, aber die Piegaresi sind bis heute stolz auf dieses Kapitel ihrer Stadtgeschichte.

Sehenswertes

Piegaro ist kein Städtchen mit großartigen Baudenkmälern oder Sehenswürdigkeiten, aber mit einer erholsamen, ursprünglichen Atmosphäre. Eichenwälder, Weinhänge und Olivenhaine umgeben den Ort, zu dessen Füßen das Flüßchen Nestore dahinfließt. In der Kirche San Silvestro wird ein Kruzifix aufbewahrt, von dem es heißt, es habe im Jahre 1738 'Blut geschwitzt'. Teile der Stadtmauer sowie Türme und Reste von mittelalterlichen Bauten haben die Zeiten überdauert; ebenso die ins frühe 15. Jh. zurückreichende Tradition der Glasbläserkunst, die von venezianischen Meistern hierher gebracht wurde.

Umgebung

In der Nähe von Piegaro liegen einige Orte, die einen kurzen Ausflug lohnen: das auf 657 m Höhe gelegene Dorf Greppolischieto, wo eine schlichte Burg und die außerhalb des Mauerkreises angesiedelte kleine Kirche San Lorenzo zu besichtigen sind, Castiglion Fosco, ein weiteres altes Dorf mit einem mittelalterlichen Turm sowie Monte Città di Fallera, ein 681 m hoher Hügel mit alten Siedlungsresten.

Città di Castello

C 5

Provinz: Perugia
Höhe: 288 m ü. d. M.
Einwohnerzahl: 38200

Lage und Allgemeines

Città di Castello ist die nördlichste Stadt in Umbrien und eine der wenigen, die sich nicht auf einem Hügel, sondern in der Ebene ausstrecken. Sie liegt im oberen Tibertal (Alta Valle Tiberina), vor der malerischen Kulisse einer grünen Hügelkette, inmitten großflächiger Tabakfelder. Die Altstadt auf der linken Tiberseite wird noch von einem fast vollständig intakten Mauerring aus dem 16. Jh. zusammengehalten, während sich der moderne Teil der Stadt von der Staatsstraße aus die Hänge hinaufzieht. Auch die Kanus auf dem trägen Tiber gehören zum Bild von Città di Castello – nicht ohne Grund ist der Kanutenclub der Stadt einer der besten Italiens.

Wirtschaft

Città di Castello war schon seit der Antike ein belebtes Wirtschafts- und Handelszentrum, als hier die Waren aus dem oberen Tibertal einerseits, den benachbarten Marken und der Toskana andererseits umgeschlagen wurden. Die ersten Manufakturen in der weiteren Umgebung der Gegend entstanden in Città di Castello und eine der angesehensten Druckereien Umbriens, die 'Tipografia di Scipione Lapi', ist hier beheimatet. Ein Ehrenplatz in der Industriegeschichte der Stadt gebührt dem zu Beginn unseres Jahrhunderts von der Baronin Alice Franchetti gegründeten 'Laboratorio di tela umbra', eine Tuchweberei, die hervorragende Leinwand produziert. Die hohe Qualität der tela umbra, die sich durch reines Gewebe, kräftige Schußfäden und schlichte Eleganz auszeichnet, ist der ganze Stolz der Tifernaten, wie die Bewohner von Città die Castello auch genannt werden. Das moderne Industriegebiet der Stadt liegt im Norden, an der Schnellstraße in Richtung San Sepolcro; die Spanne der hier angesiedelten Branchen reicht von der Textil-, über die Möbelproduktion, Metall- und Maschinenbau bis zur Keramikherstellung. Drei große Verkaufsmessen werden alljährlich in Città di Castello abgehalten, darunter auch Anfang November die 'Mostra del tartufo e dei prodotti del bosco' (Messe für Trüffel und Waldfrüchte). Über die Bedeutung der Industrie sollte man allerdings den Beitrag der Landwirtschaft um Città di Castello nicht vergessen – vor allem der Tabakanbau hat hier seit dem 19. Jh. Tradition.

Geschichte

Da die Stadt auf der linken Seite des Tibers liegt, der bekanntlich etruskisches und umbrisches Gebiet trennte, gilt Città di Castello als eine Gründung der Umbrer. Als römisches Munizipium mit dem Namen Tifernum Tiberinum gehörte es zur Regio VI Umbria, einer unter Kaiser Augustus geschaffenen Verwaltungseinheit, die das linkstiberianische Gebiet umfaßte. Der römische Schriftsteller Plinius d. J. besaß in der Nähe der Stadt eine Villa und zwar in der Ortschaft Celalba, heute Colle Plinio (Plinius-Hügel) genannt. Während der Völkerwanderung wurde Città di Castello von den Kriegern Totilas zerstört, später auf Betreiben des Bischofs Floridus wieder aufgebaut. Seit dem 10. Jh. ist der Name Civitas Castelli verbürgt. Im Zeitalter der freien Kommunen sah sich die Stadt einem ständigen Wechsel von Unabhängigkeit und Fremdherrschaft (Florenz, Perugia u. a.) ausgesetzt. Am 6. Juli 1422 stand der legendäre Condottiere Andrea Braccio da Montone (⟶ Berühmte Persönlichkeiten) vor den Toren der Stadt, um sie in Besitz zu nehmen. Die Tifernaten leisteten anfangs Widerstand – weniger, weil sie seine Herrschaft fürchteten, denn aus Angst vor der Rache der Rebellen, die einst aus der Stadt verjagt worden waren und im Heer des Söldnerführers Zuflucht gefunden hatten. Erst als Fortebraccio, wie man ihn auch nannte, aus Perugia 5000 Soldaten zur Verstärkung kommen ließ, gaben sich die Bewohner von Città di Castello geschlagen. Die im 15. Jh. andauernden innerstädtischen Auseinandersetzungen um die Signoria wurden in der zweiten Jahrhunderthälfte durch die Familie Vitelli beendet, die auch noch im 16. Jh., als Cesare Borgia die Stadt dem

Geschichte (Fortsetzung)

Kirchenstaat zugeführt hatte, die Politik in Città di Castello bestimmte. Vom Ende des 16. bis zum Ende des 17. Jh. lebte das obere Tibertal unter dem Alpdruck der Pest; die Stadt war abgeriegelt und die Tore scharf bewacht. Wie aus einer Notiz in der Stadtchronik hervorgeht, öffnete Città di Castello am 21. April des Jahres 1691 wieder die Stadttore und ließ die Wachen endgültig abziehen. Die Tifernaten feierten die gute Nachricht mit einem Fest, zu dem die gesamte Bevölkerung geladen war. Bei einem Erdbeben im Jahre 1789 wurde die Stadt schwer beschädigt, u. a. stürzte die Kuppel der Kathedrale ein und begrub den Altar der Unterkirche unter ihren Trümmern. Im Zweiten Weltkrieg war Città di Castello wiederholt Bombenangriffen ausgesetzt, während in den Bergen die Partisanenbrigade San Faustino gegen die Faschisten kämpfte.

Veranstaltungen

Nicht nur für die Kanuten ist die sog. Discesa a Roma, eine in mehrere Etappen aufgeteilte Kanufahrt von Città di Castello bis Rom, das Sportereignis des Jahres (25. April – 1. Mai). Musiker aus aller Welt treffen sich im Juli zum ‘Festival delle Nazioni di musica da camera’ (Kammermusikfestival der Nationen), das von Musikkursen, Ballett- und Theateraufführungen sowie Kunstausstellungen begleitet wird.

Kunststadt Città di Castello

Das Mäzenatentum der Vitelli brachte im 16. Jh. bedeutende Künstler nach Città di Castello, u. a. den schon damals hochgeschätzten Luca Signorelli, aber auch andere große Meister, die noch am Beginn ihrer Laufbahn standen, wie den jungen Raffaello Sanzio aus Urbino. Raffael malte hier das berühmte Ölgemälde “Verlobung Mariä”, das sich heute in der Mailänder Pinacoteca di Brera befindet. Ursprünglich für die Kirche San Francesco in Città di Castello bestimmt, kam das Bild 1789 über eine Schenkung der Stadt in den Besitz des Generals Lechi; 1801 wurde es für 50 000 Lire an den Kaufmann Sannazzari veräußert und ging drei Jahre später über einen Nachlaß an das Ospedale Maggiore von Mailand; 1806 erwarb es die Regierung für die Brera-Akademie.

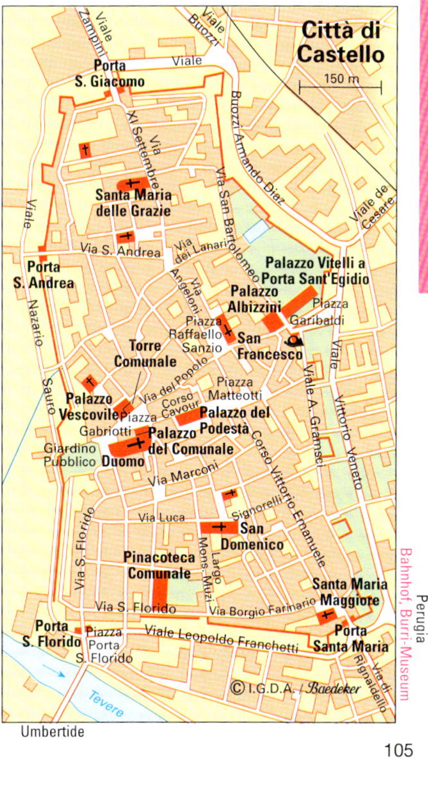

Neben Raffel und Luca Signorelli, der im Dom zu Orvieto sein Meisterwerk in Umbrien geschaffen hat, waren auch andere, heute etwas weniger bekannte Künstler nach Città di Castello gekommen, wie Angelo da Orvieto, Antonio da Ferrara, Ottaviano Nelli und Gualfreduccio; später Andrea und Giovanni Della Robbia, Battista di Domenico und dessen Sohn Florido, Antonio da Sangallo der Jüngere, Rosso Fiorentino, Raffaellino del Colle, Cristoforo Gherardi und Vasari, der hier u. a. die herrlichen Sgraffitomalereien an der Hoffassade des Palazzo Vitelli alla Cannoniera (heute Pinacoteca Comunale) hinterließ.

Und heute? Città di Castello hat sich seinen Ruf als Kunststadt wiedererobert – mit Alberto Burri, der seiner Heimatstadt zwei Museen mit seinen Werken vermachte (s. nächste Seite).

Baedeker Special

Umbrien und die Moderne

Città di Castello, die nordumbrische Stadt im oberen Tibertal, ist die Heimat des 1995 verstorbenen Malers, Zeichners und Bildhauers Alberto Burri, der zu den interessantesten Erscheinungen der zeitgenössischen Kunstszene Italiens gehörte und neben Lucio Fontana als einer der wichtigsten Vertreter der sogenannten Arte Povera gilt. Viele Künstler verbindet mit ihrer Vaterstadt nicht viel mehr als die Tatsache, daß sie hier das Licht der Welt erblickt haben, nicht so bei Alberto Burri, der mit seinen Werken in seine Geburtsstadt zurückkehrte.

In Città di Castello gibt es mittlerweile schon zwei Museen mit seinen Arbeiten: Als erstes wurde im Dezember 1981 im altehrwürdigen Palazzo Albizzini im Zentrum der Stadt die Collezzione Burri eingerichtet, ein Museum, das einen repräsentativen Querschnitt über das Schaffen des Künstlers zeigt. Die meisten Arbeiten – Ölbilder, Holzassemblagen, Collagen, Zeichnungen – hat Burri dem Museum vermacht. Ein systematischer Katalog, 1990 von der Stiftung Palazzo Albizzini herausgegeben, verzeichnet rund 2000 Werke – stolzes Fazit einer über 40jährigen Schaffenszeit.
Alberto Burri kam erst verhältnismäßig spät zur Kunst. Der 1915 in Citta di Castello Geborene studierte zunächst Medizin und wurde 1943 als Militärarzt nach Tunesien geschickt. Als Gefangener der Alliierten verbrachte er drei Jahre im amerikanischen Texas, wo er angeblich mit dem Malen begonnen hatte. Nach seiner Rückkehr in die italienische Heimat ließ er sich in Rom nieder. Die Ölmalerei, über die er den Einstieg in die Kunst gefunden hatte, gab er Ende der vierziger Jahre auf, um sich anderen Techniken, anderen Werkstoffen zuzuwenden. Eine zentrale Rolle spielte dabei die Collage, eine Kunstform, die zu Beginn des 20. Jh.s Dadaisten wie Kurt Schwitters oder John Heartfield aus der Taufe hoben.

Neu bei Burri war vor allem seine Konzentration auf besonders archaische, rohe Materialien wie Holz, Blech, Leinen. Insbesondere letzteres sollte zum Markenzeichen seiner Kunst werden. Aus grobem, zerschlissenem, abgenutztem Sackleinen klebte, nähte, flickte er seine Sackbilder, die als ‘Sacchi’ in der Kunstszene bekannt wurden. Warum gerade dieses Material, wird sich so mancher fragen. Der einfache Leinensack impliziert vieles, was mit Burri, seiner Herkunft, seinem Leben zu tun hat, er steht u. a. für das bäuerliche Umfeld seiner Heimatstadt und die Feldarbeit, bei der er als Behältnis unentbehrlich ist. Für den Künstler ist das Leinen, das übrigens in Città di Castello seit Jahrhunderten in hervorragender Qualität produziert wird, nicht weniger elementar, dient es doch als Träger seiner Bilder.
Die Beteiligung an der Biennale in Venedig im Jahr 1957 bedeutete für Burri den internationalen Durchbruch, es folgten Ausstellungen in aller Welt, u. a. in Los Angeles, Madrid, Wien, ja sogar im weltberühmten Guggenheim Museum in New York.

Die Montagen aus Sackleinen führten Burri weg vom flachen Bild zur Plastik, für die er sich auch anderen, aber ebenfalls höchst elementaren Werkstoffen, ja sogar Abfallprodukten zuwandte, so z. B. Erde und Holzleim (cretti) sowie dem Eisen (ferri). Combustioni (Verbrennungen) heißen die Skulpturen, die durch den Vorgang des Verbrennens einer neuen Form zugeführt werden. Bei all diesen Plastiken hat das Material und seine Symbolik einen hohen Stellenwert;

es spricht sozusagen für sich selbst. Die zum Teil sehr raumgreifenden Plastiken verlangten nach einem besonderen Ausstellungsraum, den der Künstler wenige Kilometer südlich von Città di Castello fand: hohe, schmucklose Hallen, in denen einst der Tabak aus der Umgebung der Stadt zum Trocknen aufgehängt wurde. Ein ideales, man möchte fast sagen: kongeniales Ambiente für die schnörkellosen Arbeiten des Künstlers. Das zweite Burri-Museum von Città di Castello, vom Künstler selbst mit seinen Werken bestückt, um es dann seiner Heimatstadt zu übergeben, öffnete im Jahr 1990 seine Pforten.

Seitdem hat Città di Castello eine Attraktion mehr – und wer könnte jetzt noch behaupten, Umbrien besitze nur alte Kirchen und Palazzi ?

Das Material spielt eine wichtige Rolle bei den Skulpturen von Alberto Burri

Sehenswertes

Piazza Garibaldi, Palazzo Vitelli a Porta Sant' Egidio

Die Besichtigung von Città di Castello beginnt an der Piazza Garibaldi an der nordöstlichen Stadtmauer. Hier steht der größte der insgesamt vier Palazzi der Familie Vitelli. Der Florentiner Architekt Giorgio Vasari entwarf diesen Stadtpalast 1540 für Paolo Vitelli, der Papst Paul III. und Kaiser Karl V. als Condottiere gedient hatte. Die Gewölbe in der Erdgeschoßhalle malte Cristoforo Gherardi aus, den Saal im ersten Obergeschoß schmükken die Fresken von Prospero Fontana. Die schöne Rückfassade blickt auf einen großzügigen Park, an dessen Ende ein kleines, ebenfalls von Gherardi ausgemaltes Lustschloß, die sog. 'Palazzina', steht.

Palazzo Albizzini, *Sammlung Burri

Direkt neben dem Palazzo Vitelli erhebt sich der Palazzo Albizzini aus dem 15. Jh., in dem seit 1982 Arbeiten des in Città di Castello geborenen Malers Alberto Burri zu sehen sind (geöffnet Di.–Sa. 9.00–12.30 und 14.30–18.00, So. und Fei. 9.00–13.00 Uhr). Die chronologisch angeordnete Werkschau beginnt im ersten Saal mit drei wegweisenden Werken aus der Zeit zwischen 1948 und 1950, dem "Grande Pannello Fiat" ('Großes Fiat-Paneel'), dem "Catrame" ('Teer') und dem ersten aus einer Reihe von Sackbildern. Die nächste Stufe seiner künstlerischen Entwicklung dokumentieren Kompositionen wie "Grande Nero" ('Großes Schwarz', 1956) oder "Combustione Plastica" ('Plastik-Verbrennung', 1958). Burris strenge Reduktion auf das reine Material wird bereits an Titeln wie "Legni" (Hölzer) oder "Ferro" (Eisen) deutlich. Charakteristisch für das Werk des Künstlers sind auch die sog. "Cretti" ('Krakelüren'), die durch Bühnenbildarbeiten und Plastiken wie "Grande Cretto" ergänzt werden. Das zweite Museum mit Arbeiten von Burri heißt nach den Tabakhallen, in denen es eingerichtet wurde, Ex-Seccatoi-Tabacchi (siehe S. 112).

San Francesco

Wenn man sich nach dem Besuch des Palazzo Albizzini nach rechts wendet, kommt man zur Piazza Raffaello Sanzio mit der gotischen Kirche San Francesco. Das 1273 vollendete Gotteshaus wurde 1707 so grundlegend umgebaut, daß von der mittelalterlichen Kirche nur die drei polygonalen Apsiden und die Blendzwillingsfenster sowie ein schönes Spitzbogenportal erhalten blieben. Das architektonische Kleinod des weiß getünchten, einschiffigen Innenraums ist die um 1560 von Vasari gestaltete Capella Vitelli (erste Kapelle an der Nordwand, links des ursprünglichen Eingangs), die durch ein schmiedeeisernes Gitter (1566) abgetrennt ist. Besonders schön sind die Intarsienarbeiten am Chorgestühl, die Episoden aus dem Leben Marias und des hl. Franziskus wiedergeben. Das Altarblatt der Kapelle, eine Marienkrönung mit Heiligen darstellend, ist ebenfalls ein Werk Vasaris. Die Majolika-Arbeit "Stigmatisation des hl. Franziskus" aus der Della-Robbia-Werkstatt schmückt den nächsten Altar im Langhaus. Warum der Kirchenvorplatz Raffaello Sanzio heißt, klärt sich beim vierten Altar der Nordwand, wo ursprünglich das berühmte Raffaelbild "Verlöbnis Mariens" ('Sposalizio') hing – heute vertritt eine Kopie das in der Brera in Mailand aufbewahrte Meisterwerk. Vor Beendigung des Rundgangs sollte man noch in die Kapelle südlich bzw. rechts vom Chor einen Blick werfen, wo sich eine Pietà (15.Jh.) sowie ein spätgotisches Tabernakel befinden. Das Denkmal vor der Kirche, ein Werk des einheimischen Künstlers Elmo Palazzi, gedenkt Umbriens Anschluß an Italien (1860).

Santa Maria delle Grazie

Ein Abstecher in die nördliche Altstadt führt zur Kirche Santa Maria delle Grazie an der Via XI. Settembre. Das 1587 umgestaltete gotische Gotteshaus schmückt ein barockes Portal. Im Innern beachte man rechts das Fresko "Tod Mariens" von Ottaviano Nelli (1436) und links im Oratorium das Altarblatt ("Madonna mit Kind und Heiligen"), das ein Schüler von Piero della Francesca 1456 gemalt hat.

*Piazza Matteotti, Palazzo del Podestà

Nächste Station des Stadtrundgangs ist die Piazza Matteotti, der belebte Treffpunkt von Città di Castello. Der längsrechteckige, dicht umbaute Platz wird beherrscht von der Barockfassade (1686) des frisch renovierten

Blick über die Türme und Dächer von Città di Castello

Piazza Matteotti, Palazzo del Podestà (Fortsetzung)

Palazzo del Podestà, den um die Mitte des 14. Jh.s Angelo da Orvieto konzipierte. Die mittelalterliche Fassade des Palastes ist an der Seitenfront zum Corso Cavour an den teils noch originalen, teils auch rekonstruierten gotischen Doppelfenstern sichtbar. Die dem Palazzo del Podestà gegenüberliegende Seite der Piazza Matteotti nimmt der Palazzo Bufalini ein (16. Jh.), an der Südflanke des Platzes steht ein weiterer Vitelli-Palast.

Laboratorio di Tela Umbra

Nur wenige Meter nordöstlich der Piazza, in der Via S. Antonio, ist die weltbekannte Tuchweberei Laboratorio di Tela Umbra beheimatet (geöffnet Sa., So. und Mo. 10.00 – 11.30 Uhr).

*Piazza Gabriotti, *Palazzo Comunale

Der schmale, stimmungsvolle Corso Cavour verbindet die Piazza Matteotti mit der tiefer gelegenen Piazza Venanzio Gabriotti. Der leicht abfallende, dreiecksförmige Platz ist nach einem tifernatischen Partisanenkämpfer benannt, der 1944 von den Nationalsozialisten erschossen wurde. Links erhebt sich der prächtige Palazzo Comunale (1334 – 1352), ein unvollendetes Werk von Angelo da Orvieto, der auch als Architekt des Palazzo dei Consoli in Gubbio gilt. Die schwere Rustikaquaderung läßt an den Palazzo Vecchio in Florenz denken; das Obergeschoß gliedern schlanke, gotische Zwillingsfenster. Dort, wo der Corso Cavour in den Platz mündet, verbindet eine kleine Loggia aus dem 14. Jh. den Kommunalpalast mit dem Nachbargebäude. Am Gewölbe der Loggia kam bei Restaurierungsarbeiten ein schönes Fresko zum Vorschein, das in der Vergangenheit von einer dicken Putzschicht überdeckt war. Neben dem Eingangsportal des Palazzo Comunale hängt ein schmiedeeiserner Korb, in dem einst der Henker von Città di Castello die abgeschlagenen Köpfe der Hingerichteten zur Schau stellte, zuletzt den Kopf eines dreiundzwanzigjährigen Tifernaten namens Gaspare Pierini, der des Raubmords angeklagt war und am 15. Oktober 1842 von dem berühmten Henkermeister Titta geköpft wurde. Jenseits des eleganten Portals liegt eine große Halle, deren Gewölbe auf achteckigen Pfeilern ruht. Über eine breite Steintreppe gelangt man nach oben in das Notariatsarchiv und in die 'Sala Maggiore', den Großen Saal.

Palazzo Vescovile, Torre Comunale

Gegenüber vom Palazzo Comunale stößt man auf den Palazzo Vescovile (Bischofspalast) und die mit Wappen besetzte Torre Comunale, die man besteigen kann (Di.–So. 9.00–12.30 und 15.00–18.00 Uhr).

*Dom

Mit seiner Längsseite stößt der Dom SS. Florido e Amanzio an die Piazza Gabriotti. Er wurde an der Stelle eines römischen Tempels im 11. Jh. erbaut, 1356 erweitert und zwischen 1466 und 1529 im Stil der Renaissance fast vollständig erneuert. Der Entwurf für diese Baumaßnahme stammte vermutlich von einem Architekten aus Florenz, die Ausführung oblag einheimischen Handwerkern. Francesco Lazzari entwarf 1632 die Barockfassade, die nur im unteren Teil vollendet wurde. Der für Umbrien ungewöhnliche runde Campanile geht auf das 11./12. Jh. zurück und ist den Glockentürmen Ravennas nachempfunden. Von dem Umbau 1356 blieb das gotische Seitenportal mit schön gearbeitetem plastischen Schmuck erhalten. Für die Gestaltung des Innenraums stand die florentinische Architektur der Frührenaissance Pate, was vor allem an der Wandgliederung in zwei streng voneinander getrennte Zonen (unten Arkaden, die sich zu Kapellen öffnen, oben durch Lisenen unterteilte Wandfelder mit Fenstereinschnitten) und durch die Rahmung der Fenster mit grauer Pietra Serena ablesbar ist. Aus dem 16. Jh. stammen das mit Intarsienarbeiten verzierte Chorgestühl (1540) und der dazugehörige Bischofsthron. Im 18. Jh. wurden die prächtige Kassettendecke eingezogen, die eingestürzte Kuppel wiederhergestellt (1789) sowie Apsis und Gewölbe ausgemalt. An die vierte Langhausarkade fügte man über quadratischem Grundriß eine Kapelle an, in der heute das bedeutendste Kunstwerk des Doms ausgestellt ist, eine 1529 von dem Florentiner Manieristen Rosso Fiorentino gemalte "Verklärung Christi". Ein Novum bei der Behandlung dieses Motivs ist die Anreicherung der Szene mit allerlei Figuren aus dem gemeinen Volk. Schon der Zeitgenosse und Künstlerbiograph Giorgio Vasari bemerkte dies und charakterisierte diese Zuschauer als "Mohren, Zigeuner und die seltsamsten Dinge der Welt".

*Museo della Cattedrale

Über den im 14. Jh. angelegten Innenhof gelangt man in das anschließende Dommuseum, das mit kostbaren Exponaten aufwartet (geöffnet 10.00–13.00, 15.00–18.00, Okt.–März 10.30–13.00, 15.00–17.30 Uhr). Besondere Aufmerksamkeit verdienen das im 12. Jh. entstandene, mit Treibarbeit verzierte Antependium aus vergoldetem Silber – angeblich ein Geschenk Papst Cölestins II. an seine Heimatstadt. Im Mittelpunkt der Darstellung steht eine "Majestas Domini", der Szenen aus dem Leben Christi zur Seite gestellt sind (v. l. o. Verkündigung, Heimsuchung, Geburt, Anbetung der Könige, Darbringung im Tempel, Flucht nach Ägypten, Gefangennahme und Kreuzigung). Auch die Stadtheiligen Florido, Amanzio und Donino sind auf dem Relief präsent. Desweiteren wird im Dommuseum der sog. Schatz von Canoscio aufbewahrt. Es handelt sich hierbei um frühchristliche Liturgiegeräte aus dem 5. und 6. Jh., die 1935 bei der Landkirche von Canoscio gefunden wurden. Schöne Stücke sind auch der gotische, vermutlich im 14. Jh. geschaffene Krummstab aus vergoldetem Silber mit Ziselier- und Emailleverzierungen, ein Achatkreuz (16. Jh.) und ein Gemälde "Madonna mit Kind und Johannesknaben", das Pinturicchio zugeschrieben wird.

**Palazzo Vitelli alla Cannoniera

Allgemeines

Ein besonderer Genuß ist der Besuch der Pinacoteca Comunale im Palazzo Vitelli alla Cannoniera, die nach der Galleria Nazionale dell' Umbria den bedeutendsten Bestand umbrischer Malerei besitzt (geöffnet April bis Mitte Juli Di.–So. 9.30–12.45, 15.00–18.30, Mitte Juli–Sept. bis 19.15, Okt.–März 10.00–12.30, 15.00–17.30 Uhr). Der Weg zu diesem Museum führt durch den südöstlichen Teil der Altstadt mit ihren freundlichen Gas-

"Martyrium des hl. Sebastian" von Luca Signorelli (1498) ▶

Palazzo Vitelli alla Cannoniera (Fortsetzung)

sen. Der Museumseingang liegt etwas versteckt in der schmalen Via Cannoniera, die ihren Namen von der einst hier befindlichen Kanonengießerei erhielt. Alessandro Vitelli ließ den Palast zwischen 1521 und 1545 von dem Baumeister Antonio da Sangallo d. J. bauen und die Gartenseite in Sgraffito-Technik 'bemalen'. Die Entwürfe für die Fassadengestaltung stammten vermutlich von Giorgio Vasari, ausgeführt wurden sie von Cristofano Gherardi. Letzterer dekorierte zusammen mit Cola dell'Amatrice auch die Innenräume im Stil der Zeit. Besonders beeindruckend sind die Fresken im Gewölbe des Treppenhauses, wo neben Masken, floralem Rankenwerk und Grotesken Szenen aus der antiken Mythologie und Geschichte dargestellt sind, so beispielsweise Apoll mit den Musen oder Porträts berühmter Paare aus der Römerzeit.

**Pinacoteca Comunale

In den restaurierten Räumen des Palazzo zeigt die Städtische Gemäldesammlung ihre Schätze. Die Präsentation umbrischer Malerei beginnt mit Werken aus dem 13. und beginnenden 14. Jh. (Saal I). Saal II bis Saal V zeigen Altarbilder des 15. Jh.s, darunter auch Gemälde aus den Werkstätten von Ghirlandaio und Lorenzo Ghiberti. In der Loggia des Palazzo werden Terrakotta-Arbeiten aus der berühmten Werkstatt des Andrea della Robbia ausgestellt (16. Jh.).
Das Spitzenstück der Pinacoteca Comunale ist zweifellos die Peststandarte für SS. Trinità (Hl. Dreifaltigkeit), die Raffael neben anderen Werken für Città di Castello malte. Sie wird in Raum VI gezeigt. Vorder- und Rückseite wurden anläßlich einer Restaurierung getrennt. Auf einer Seite ist die Dreifaltigkeit mit den Heiligen Rochus und Sebastian dargestellt, auf der anderen die Erschaffung Evas mit Gottvater und zwei Engeln, die dem Schöpfungsakt beiwohnen. Zu den bedeutendsten Werken der Sammlung zählt auch die in Raum XII gezeigte, großformatige Tafel mit dem "Martyrium des hl. Sebastian" aus dem Jahr 1498 (siehe Abb. S. 111). Von demselben Künstler, Luca Signorelli, der im Dom von Orvieto ein grandioses Freskenwerk hinterlassen hat, besitzt die Galerie in Città di Castello auch eine "Madonna mit Kind zwischen Heiligen" (Fragment, 1474). Luca Signorellis stilbildende Wirkung in Umbrien läßt sich anhand der Arbeiten seiner Nachfolger in Raum XIII nachvollziehen. In Raum XVI veranschaulichen die gezeigten Werke von Raffellino del Colle den Manierismus, der um die Mitte des 16. Jh.s in Umbrien einsetzte. Der Hauptvertreter dieses Stils war neben del Colle ein Maler namens Nicolò Circignani, genannt Pomarancio, von dem die Pinakothek ebenfalls mehrere Gemälde besitzt. In den beiden Räumen XIX und XX wird die Entwicklung der umbrischen Malerei bis ins 17. und 18. Jh. weiterverfolgt.

Weitere Sehenswürdigkeiten

Santa Maria Maggiore, San Domenico

Bei einem Spaziergang entlang der südlichen Stadtmauer kommt man zur Kirche Santa Maria Maggiore (1489–1509) am Südende des Corso Vittorio Emanuele. Biegt man stattdessen schon in den Largo Muzi ein, der ebenfalls stadteinwärts führt, dann liegt die ehemalige Bettelordenskirche San Domenico (1424 begonnen) am Weg. Das große Gotteshaus mit der ordenstypischen, schmucklosen Fassade wurde zu Beginn des 20. Jh.s wieder in den ursprünglichen Zustand versetzt. Auch der anschließende zweigeschossige Kreuzgang kann besichtigt werden.

**Tabakhallen, Burri-Museum

Wer durch den Besuch des Palazzo Albizzini dazu angeregt wurde, sich noch mehr mit dem Werk des zeitgenössischen Künstlers Alberto Burri zu beschäftigen, dem sei die Besichtigung des weitaus größeren Burri-Museums in der Viale Orlando (außerhalb der Altstadt am südöstlichen Stadtrand) wärmstens empfohlen (geöffnet 10.00–12.00 und 15.00 bis 18.00 Uhr). Besonders beeindruckend ist dieses Museum durch den Ort der Präsentation, zwölf riesige, einst von den Tabakbauern benutzte Trokkenhallen, die der Künstler aufkaufte und in ein Atelier-Museum umwandelte. Außer dem dunkelroten Anstrich hat Burri die alten Hallen nicht ver-

Fachrichtung Grafikdesign und Fotografie sowie Keramikrestaurierung an, vor allem aber sollen die zukünftigen Keramikkünstler eine möglichst breitgefächerte Grundlage für ihre Tätigkeit erhalten. Auf dem Stundenplan stehen theoretische Fächer wie Kunstgeschichte, Geschichte und Geografie, aber auch Zeichnen, plastisches Gestalten, etwas Mathematik und Physik sowie eine praktische Einführung in die Techniken der Majolikafertigung. Eine dreijährige Ausbildung endet mit dem 'Maestro d'Arte' und ist einer Lehre vergleichbar; das zweijährige Aufbaustudium schließt mit der 'Maturità d'Arte Applicata' ab.

Schon seit dem Mittelalter ist Deruta neben Gubbio eines der Zentren der Keramikherstellung in Umbrien. Majolika wird in Deruta seit dem ausgehenden 13. Jh. produziert; erst seit dem Jahre 1387 ist das Keramikgewerbe urkundlich für die Stadt belegt. Zu diesem Zeitpunkt gab es bereits fünfzig Keramikwerkstätten, in denen so berühmte Meister wie Giacomo Mancini ('El Frate' genannt) oder die Künstlerfamilie Maturanzio tätig waren. Wie die meisten Handwerker waren auch die 'vasari' (Töpfer) in Gilden organisiert.

Mit den Töpfern aus Faenza, jener Stadt in der norditalienischen Region Emilia-Romagna, die auch als Wiege der Majolika-Kunst in Italien bezeichnet wird, pflegten die Kunsthandwerker aus Deruta einen intensiven Austausch. Da sie bis zum Beginn des 16. Jh.s ihre Werke noch nicht signierten, bereitet die Zuschreibung von Vasen und Platten, die vor dieser Zeit entstanden, oft Schwierigkeiten.

Rätselhaft ist bis heute, wie der sogenannte Goldlüster, im 15. Jh. noch ein wohlgehütetes Geheimrezept der spanischen Töpfer, nach Deruta gelangte, wo schon vor 1500 diese Art der Dekoration auftauchte und sich zu einem Charakteristikum der dortigen Majoliken entwickelte.

Ihre Blütezeit erlebte die Deruta-Keramik in der ersten Hälfte des 16. Jh.s, als auch erstmalig eine Vorliebe für bestimmte Farben (klares Orangegelb, helles Zitronengelb, Purpurbraun und kräftiges Blau) feststellbar sind. Bis ins 18. Jh. hielt die Keramik aus Deruta ihr hohes künstlerisches Niveau und ihre technische Reife, danach setzte eine

Ein typischer Teller aus Deruta: Den flachen Spiegel ziert ein Portät im Profil, an den Rändern ranken sich Blatt- und Groteskenornamente, wie sie in der Renaissance entwickelt wurden

langsam, aber unaufhaltsame Rückentwicklung ein, die schließlich, in der zweiten Hälfte des 19. Jh.s, in die kleinindustrielle Produktion von Keramik einmündete.

Erst nach der Jahrhundertwende besannen sich einige Werkstätten wieder der alten Techniken und kehrten zur Töpferscheibe und zur handbemalten Dekoration nach den überlieferten Vorbildern zurück.

Auch wenn heute viele Kunsthandwerker in Deruta schon mal mit modernen Formen spielen und neue Techniken ausprobieren, so sind die mit traditionellen Mustern bemalten Teller, Vasen, Tassen, Amphoren, Schüsseln und vieles andere heute mehr denn je gefragt – Fernando und seine zahlreichen Konkurrenten wissen, was die Besucher aus aller Welt von Deruta-Töpfern erwarten und erfüllen diese Erwartungen bereitwillig.

Palazzo comunale, Pinacoteca

Im Palazzo Comunale ist die kleine städtische Pinacoteca (Gemäldesammlung) untergebracht. Neben einigen barocken Porträt- und Landschaftsdarstellungen von mäßiger Qualität bewahrt sie u.a. abgelöste Fresken aus verschiedenen Kirchen der Umgebung, ein Wandbild von Fiorenzo di Lorenzo ("Hl. Rochus und hl. Romanus", 1478) mit einer Stadtansicht von Deruta sowie zwei Werke von Nicolò di Liberatore.

Museo regionale della ceramica di Deruta

Seit 1999 besitzt Deruta ein eigenständiges Keramik-Museum, das im ehemaligen Konvent des Franziskanerklosters untergebracht ist (geöffnet tgl. außer Di. 10.00–13.00 und 15.00–18.00 Uhr). Die hier gezeigten Fayencen – Fliesen, Teller, Votivtäfelchen, Amphoren, Krüge und weitere Gefäße – stammen vorwiegend aus dem 16. und 17. Jh., als die Majolikaherstellung in Deruta in höchster Blüte stand. Besonders beliebt waren die Prunkteller, auf denen der Auftraggeber mit einem Porträt verewigt ist.

San Francesco

Dem Palazzo Comunale gegenüber liegt die 1388 errichtete Kirche San Francesco. Die Umbauten von 1652 wurden durch die jüngste Restaurierung wieder rückgängig gemacht, um ihr gotisches Aussehen wiederherzustellen. Im Hauptschiff der Kirche, an der linken Wand unter einem großen Fresko von 1339, auf dem die Geschichte der hl. Katharina von Alexandrien dargestellt ist, hängt eine Glocke, die 1228 anläßlich der Heiligsprechung von Franz von Assisi gegossen wurde; das Innere schmücken Fresken der umbrisch-sienesischen Schule des 14. und 16. Jahrhunderts.

Wem die hl. Muttergottes geholfen hat, der stiftet der Kirche Madonna dei Bagni ein Votivtäfelchen aus Majolika

Umgebung von Deruta

*Madonna dei Bagni

Ein beeindruckendes Zeugnis italienischer Volksfrömmigkeit ist die kleine Kirche Madonna dei Bagni, die 2 km südlich von Deruta, direkt an der Superstrada liegt (Ausfahrt Casalina, von dort ausgeschildert). Die Chiesa

Madonna dei Bagni (Fortsetzung)

gehört zu einem Franziskanerinnenkonvent, kann aber dennoch besichtigt werden (am Tor klingeln). Die Innenwände des kleinen Gotteshauses sind über und über bedeckt mit Votivtafeln aus Majolika – insgesamt etwa 630. Sie beziehen sich auf die wunderbare Wirkung eines kleinen Madonnenbildes aus Terrakotta, um das sich – wie könnte es anders sein – eine Legende rankt.
Ein Händler namens Cristoforo di Francesco aus Casalina hatte das Madonnenbildnis auf dem Boden gefunden, als er seine Waren auf den Markt bringen mußte, obgleich seine Frau mit hohem Fieber zu Hause lag. Er steckte das Täfelchen an den Stamm einer Eiche und bat um die Genesung seiner Frau. Bei seiner abendlichen Heimkehr fand er diese vom Fieber erholt und völlig genesen am Herd vor. Wenige Monate später kehrte er mit ihr zu der Eiche zurück und brachte dort die erste Votivtafel an. An der Stelle, wo der Baum gestanden hatte, wurde noch im selben Jahr eine Kapelle errichtet, auf deren Altar die Astgabel mit dem Madonnenbildnis aufgestellt wurde. Immer mehr Menschen riefen die Madonna dei Bagni um Hilfe an und dankten ihr mit einem Votivtäfelchen, auf dem der Anlaß ihres Bittgesuchs abgebildet ist – jede Tafel erzählt somit eine eigene Geschichte, die der Betrachter mit etwas Phantasie entziffern kann.

Ficulle

B 8

Provinz: Terni
Höhe: 437 ü. d. M.
Einwohnerzahl: 1700

Lage und Allgemeines

Ficulle liegt oberhalb des Chiani-Tals, etwa auf halber Strecke zwischen Città della Pieve und Orvieto (an der Strada Statale 71). Der Ort ist bekannt für seine Keramik, die hier noch nach dem Vorbild etruskischer Terrakotten produziert werden: Ölkrüge, Schalen und andere Gebrauchsgegenstände zur Aufbewahrung von Vorräten und Lebensmitteln. Einige Gefäße haben sogar Eigennamen, die mit ihren Eigenschaften oder ihrem Gebrauch in Zusammenhang stehen. Ein solches Gefäß ist die 'truffa' (zu deutsch: Betrug), ein ungewöhnlich dickbauchiger Krug zur Aufbewahrung von Öl oder Wein, der nach mehr aussieht als er tatsächlich aufnehmen kann.
Der zweite wichtige Erwerbszweig des Ortes ist die Landwirtschaft – Ficulle gehört unter anderem zum Produktionsgebiet der Weine mit kontrollierter Herkunftsbezeichnung (DOC) von Orvieto. Im Süden des Städtchens, um das Dorf Sala, liegen die Rebhänge des Weingutes Antinori (s. bei Umgebung von Ficulle).

Geschichte

Der Überlieferung nach wurde Ficulle zur Zeit des römischen Kaisers Tiberius (42 v. Chr. – 37 n. Chr.) von Zugewanderten aus Ficulea gegründet. Mit hoher Wahrscheinlichkeit war der Ort aber schon vorher besiedelt, wie die etruskischen Funde in einigen Höhlen, die möglicherweise als Kultstätte oder auch nur als Versammlungsort dienten, nahelegen. Über diesen Höhlen wurde später die Kirche della Maestà erbaut, in der man ein Fresko ("Madonna und Kind") bewundern kann.
Urkundlich verbürgt ist die Wahl des hl. Eumenius zum Schutzpatron der Stadt, der als Bischof von Kreta in keinerlei Beziehung zu Ficulle stand. Folgende Geschichte klärt diesen Sachverhalt auf: Als die Burg bei einem der zahlreichen Angriffe zu fallen drohte, beschlossen die Bewohner von Ficulle, nicht mehr verschiedene Schutzpatrone zu Hilfe zu rufen, sondern sich durch Losverfahren auf einen bestimmten Heiligen festzulegen. Da die Auslosung am 18. September, dem Festtag des hl. Eumenius, stattfand, wurde er in die Auswahl mitaufgenommen und das Schicksal wollte es, daß ausgerechnet sein Name gezogen wurde. Angeblich war dies eine glückliche Entscheidung, denn es wird behauptet, daß in der darauffolgenden Nacht unzählige Flämmchen auf den Burgmauern aufleuchteten, wodurch die Angreifer endgültig in die Flucht geschlagen wurden.

Sehenswertes

Altstadt, Burg

Den Mittelpunkt der Altstadt bildet ein hübscher kleiner Platz, der von einem Labyrinth von Gassen und Gäßchen umgeben ist. Die Burg, die den mittelalterlichen Ortskern überragt, wurde zwischen dem 10. und 11. Jh. von den damaligen Feudalherren, den Grafen Bovaccini, zur Verteidigung ihrer Besitztümer errichtet. Bis zum Jahr 1313 gehörte sie den Filippeschi, dann bis 1550 den Monaldeschi aus Orvieto. Gut erhalten sind zwei Türme und einige zinnenbekrönte Mauerstücke. Der größere der beiden Türme hat einen runden Grundriß; der andere, halbrunde, war mit einem Tor und einer Torbefestigung versehen.

Kirchen

Im Zentrum sollte man die gotische Kirche Santa Maria Vecchia mit ihrem schönen Portal und den Fresken aus dem 14. und dem 15. Jh. besichtigen. Im Innern werden zwei Holzskulpturen, die hl. Christina und die Assunta darstellend, aufbewahrt. Aus römischer Zeit stammen die Grabstelen sowie der dem persischen Gott Mitra gewidmete Grenzstein. Gleich neben Santa Maria Vecchia erhebt sich die Kirche Santa Maria Nuova. Sie wurde im 17. Jh. vollständig aus Ziegelsteinen erbaut; die Entwürfe stammen vermutlich von Ippolito Scalza, dem Dombaumeister von Orvieto.

Umgebung von Ficulle

Castello della Sala

Landschaftlich reizvoll ist ein Ausflug in das 5 km südlich (an der SS 71) gelegene Burgdorf Sala, einem Ortsteil von Ficulle. Völlig unerwartet taucht die Burg plötzlich hinter einer der zahlreichen Haarnadelkurven zum Monte Nibbio auf. Das auf unregelmäßigem Grundriß erbaute Castello schließt auch ein paar Wohnhäuser und einige Kirchen und Kapellen mit ein. Etwas abseits vor dem Haupteingang steht ein runder Bergfried, der mit dem Schloß durch zwei Laufgänge, einem aus Holz und einem aus Stein, verbunden ist. Das Castello wurde 1350 für Angelo Monaldeschi della Vipera aus Orvieto errichtet; heute gehört die schön gelegene Burg, die man nur nach Voranmeldung bei den Besitzern besichtigen kann, zum rund 130 ha großen Weingut des renommierten Winzers Antinori. Der weiße Spitzenwein dieses Weinhauses, ‘Cervaro della Sala’, erhielt seinen Namen nach dem alten, von der Familie restaurierten Castello.

Monte Nibbio

Ein herrlicher Blick auf das Tal des Chiani bietet sich weiter oberhalb vom 544 m hoch gelegenen Paß des Monte Nibbio (Valico di Monte Nibbio).

Parrano

Etwa 7 km nordöstlich von Ficulle, auf der gegenüberliegenden Seite des schmalen Chiani-Tals, liegt das alte Dorf Parrano (441 m ü. d. M.; 590 Einwohner). Zwei Stadttore und das Castello sind die wichtigsten baulichen Zeugnisse aus dem Mittelalter.

Teufelshöhlen

Die in der nahen Umgebung von Parrano liegenden ‘Tane del Diavolo’ (Teufelshöhlen), in denen Knochen aus dem Jungpaläolithikum gefunden wurden, sind nur in Begleitung eines Führers zugänglich.

Castello

Das wuchtige, fünfgeschossige Castello wurde um das Jahr 1000 über den Mauerresten eines römischen Kastells errichtet. Seine von zwei quadratischen, zinnenbekrönten Türmen flankierte Fassade blickt auf das Chiani-Tal, zu dessen Kontrolle es erbaut worden war.

Fabro

Die Bewohner von Fabro (364 m ü. d. M.; 2800 Einw.), das 11 km nordwestlich auf der anderen Seite der im Tal verlaufenden ‘Autostrada del Sole’ liegt, lebten jahrhundertelang ausschließlich von der Landwirtschaft, bis sich der Ort durch den Bau der Eisenbahnlinie Rom-Florenz und der Autobahn zu einem Verkehrsknotenpunkt entwickelte.
Unterhalb des alten Dorfs entstand in der Nähe der Autobahnausfahrt und des Bahnhofs das moderne Fabro Scalo mit einem Industriegebiet und

Fabro (Fortsetzung)

einigen Hotels, die sich als Standquartier für Ausflüge nach → Orvieto oder → Città della Pieve eignen. Seit einiger Zeit gibt es dort auch ein Ausstellungszentrum. Der mittelalterliche Borgo entwickelte sich um eine Burg, von der heute nur noch der restaurierte Burgfried und Teile der Ringmauer erhalten sind.
In Fabro findet jedes Jahr im November ein Trüffelfest statt, bei dem man diese in der Umgebung des Ortes recht häufig vorkommende Delikatesse probieren und kaufen kann.

Foligno **F 8**

Provinz: Perugia
Höhe: 234 m ü. d. M.
Einwohnerzahl: 53 000

Lage und Allgemeines

Die Industriestadt auf der linken Seite des Topino-Flusses unterscheidet sich von anderen umbrischen Städten nicht nur durch ihre Lage in der Ebene der Valle Umbra, sondern auch durch das ungewohnt geradlinige, rechtwinkelige Straßennetz, das im Vergleich mit dem Gassengewirr anderer Orte geradezu planmäßig anmutet.
Handwerk und Handel haben der Stadt ihren Stempel aufgedrückt; zur Wiegenstätte des Buchdrucks in Italien wurde sie durch den Folignaten

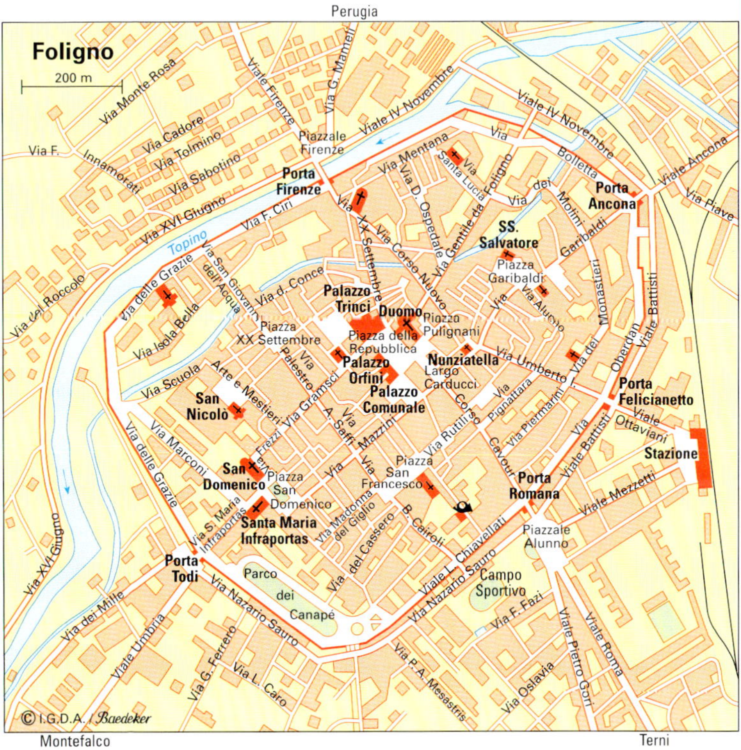

Lage und Allgemeines (Fortsetzung)

Emiliano Orfini und den aus Deutschland zugewanderten Johann Neumeister, die am 11. April 1472 die ersten 300 Exemplare der "Divina Commedia", der "Göttlichen Kommödie" von Dante druckten damit das erste gedruckte Buch in italienischer Sprache herausbrachten. Auch auf dem Gebiet der Künste hat Foligno zumindest zwei über die Stadtgrenzen hinaus bekannte Persönlichkeiten hervorgebracht, den Maler Nicolò di Liberatore, genannt Alunno (1430–1502), und den nicht weniger bedeutenden Architekten Giuseppe Piermarini (1734–1808), den Erbauer des Mailänder Teatro alla Scala und des Palazzo Reale in Monza.

Geschichte

Dank der günstigen Bodenbeschaffenheit war Foligno bereits ein Siedlungsplatz der Umbrer. In römischer Zeit entwickelte sich das Gebiet zu einem Verkehrs- und später auch zu einem Handelszentrum, da hier mehrere antike Straßen, insbesondere die alte und die neue Via Flaminia, zusammentrafen. Im frühen Mittelalter entstand neben dem römischen Fulginium und dem Forum Flaminii über dem Grab des Märtyrers Feliciano eine kleine Kirche (heute Domkrypta), die später mit Mauern und Türmen befestigt wurde. Allmählich mauserte sich das Castellum Feliciani zur Stadt. Nova Fulginii, das neue Fulginium, nannte man sie deshalb, weil die alten Römersiedlungen aufgegeben und die Bevölkerung in die neue Stadt zugewandert war. Die im 9. Jh. von den Plünderungen der Ungarn und Sarazenen heimgesuchte Gemeinde stieg im 12. Jh. zur freien Kommune auf, in der sich Guelfen und Ghibellinen die Stadtherrschaft streitig machten. Bis 1310 waren die Ghibellinen in der Übermacht, doch mit der Unterstützung des papsttreuen Perugia wurden sie von den Guelfen geschlagen, die den päpstlichen Vikar Rinaldo Trinci zum 'Capitano del popolo' (Volkshauptmann) ernannten. Damit begann der Aufstieg der Familie Trinci, die die Stadt 134 Jahre lang, von 1305 bis 1439, regierte. Die Protektion des Papstes ermöglichte auch die Ausdehnung ihrer Herrschaft auf kleinere Städte in der Umgebung wie Spello, Bevagna, Nocera Umbra, Montefalco, Assisi und Trevi. Die durch Familienzwiste geschwächte Macht der Trinci nutzte Papst Eugen IV. im September 1439 zur Einnahme der Stadt durch die Truppen von Kardinal Giovanni Vitelleschi und zur Hinrichtung von Corrado Trinci und seinen Männern. Unter päpstlichem Regiment (bis 1860) gedieh die Stadt weiterhin; die fruchtbare Ebene der Valle Umbra ließen neben Handwerk und Handel auch die Landwirtschaft zu einem wichtigen Erwerbszweig heranwachsen.
Als Standort einer Flugzeugindustrie war Foligno im zweiten Weltkrieg Bombardements ausgesetzt, durch die seine Altstadt schwer beschädigt wurde. Heute ist Foligno eine rege Industriestadt mit zahlreichen Betrieben der Textilbranche sowie des Metall- und Maschinenbaus.
Von den jüngsten Erdbeben im Herbst 1997 war Foligno besonders schwer betroffen: Zahlreiche Wohnhäuser wurden beschädigt und eine Reihe der wichtigsten Baudenkmäler in der Altstadt, u. a. der Dom und der Palazzo Trinci, erlitten z. T. schwere Schäden und werden renoviert.

'Giostra della Quintana' – Foligno steht Kopf

Was den Bewohnern von Gubbio die 'Corsa dei Ceri' bedeutet, ist den Folignaten die 'Quintana' – ein Reiterspiel, das auf die zweite Hälfte des 17. Jh.s zurückgeht. Damals wurde erstmals auf der Piazza Maggiore eine Zielscheibe, die sog. Quintana aufgestellt, die es vom Pferde aus zu treffen galt. Die Quintana verkörperte einen Sarazenen, also jene gefürchteten Eindringlinge, die vom Mittelalter bis in die frühe Neuzeit Europa immer wieder in Angst und Schrecken versetzten. Heute wird das Turnierspiel wegen der großen Anteilnahme der Besucher gleich zweimal abgehalten, am zweiten und am dritten Septemberwochenende. Zehn Reiter, stellvertretend für die zehn Stadtteile, treten in einem Ringstechen gegeneinander an – wer am schnellsten zu Pferd ist und gleichzeitig die meisten Ringe auf die Lanze bekommt, darf für seinen Stadtteil das von einem Künstler bemalte Palio in Empfang nehmen. Natürlich werden die Reiter von den Zuschauern durch anfeuernde Zurufe kräftig unterstützt. Das Ringstechen ist jedoch nur der Höhepunkt des Festes; am Vorabend des Wettkampfes bewegt sich ein Umzug mit rund 600 Teilnehmern in historischen Kostümen durch die Straßen der Altstadt. Unter der Woche gibt es in jedem Stadtviertel Tavernen, die typisch umbrische Gerichte nach alten Rezepten kochen. Das Rahmenprogramm zum Reiterwettspiel umfaßt auch die Messe 'Fiera di Foligno', Ausstellungen, sowie im Vorfeld (die ersten drei Wochen im September) die 'Segni Barocchi', eine Veranstaltungsreihe mit Theater-, Musik- und Filmvorführungen zum Thema Barock.

'Giostra della Quintana' – Foligno steht Kopf (Fortsetzung)

Sehenswertes

Piazza della Repubblica

Die herausragenden Gebäude in der Altstadt, die von einem mittelalterlichen, bereits im 13. Jh. angelegten Mauerring umschlossen wird, gruppieren sich um die autofreie Piazza della Repubblica: Dom, Palazzo Trinci und Palazzo Comunale.

***Dom**

Wie man einer Inschrift über dem Portal der Hauptfassade entnehmen kann, wurde der Dom 1133 von einem Meister Atto errichtet. Er erhebt sich über der Grabstätte des heiligen Feliciano, dem er auch geweiht wurde. Mehrfache spätere Umgestaltungen haben sein ursprünglich romanisches Aussehen fast völlig überlagert. Im Jahre 1201 fügten die aus Bevagna stammenden Baumeister Rodolfus und Binellus das südliche Querschiff an und verliehen ihm eine prächtige Fassade.
Während der Renaissance wurde die Kirche im Innern dem Zeitgeschmack entsprechend umgestaltet, das Langhaus eingewölbt (1513) und einige Jahre später (1541) der Vierung eine Kuppel aufgesetzt; an diesen Umbauten waren Antonio Sangallo d. J. und Baccio d'Agnolo, zwei erfahrene Baumeister aus Florenz, sowie Cola da Caprarola, der sich bereits mit der Kirche Santa Maria della Consolazione einen Namen gemacht hatte, beteiligt. Eine weitere, von dem Architekten Giuseppe Piermarini geleitete Renovierung in der zweiten Hälfte des 18. Jh.s gab dem Innenraum sein klassizistisches Aussehen; die Fassade wurde in den Jahren 1903/1904 endgültig ihrer heutigen Form zugeführt. Der Dom besitzt zwei Fassaden, wobei die zur Piazza del Duomo zugewandte Hauptfassade durch die Umgestaltung zu Beginn des 20. Jh.s an Glanz verloren hat (Mosaik mit dem thronenden Christus, dem Stadtheiligen San Feliciano, Papst Leo XIII. und der Märtyrerin Santa Messalina); allein die auf die Piazza della Repubblica blickende Fassade des südlichen Querarms läßt noch etwas von der Schönheit des romanischen Baus erahnen. Typisch für die umbrischen Kirchenfassaden dieser Zeit sind die horizontale Zweiteilung, das rundbogige, mehrfach gestaffelte Portal, die Rosetten und die Polyphorenfenster über dem Gesims, auf dem vier Fabelwesen sitzen; die Maßwerkfenster über den seitlichen Rosetten sind eine von der Familie Trinci veranlaßte Zutat des 15. Jh.s. Besondere Beachtung verdient das reich verzierte Portal mit den Portraits von Friedrich Barbarossa und dem Bauherrn Bischof Anselm an den Pfeilerinnenseiten. Den inneren Bogen schmücken die Evangelistensymbole und Sternzeichen, den äußeren Reliefs mit der Darstellung von Sonne, Mond und Sternen.

Südfassade des Doms

Bei Betreten der Kirche fällt zuerst der Baldachin über dem Hauptaltar auf. Er ist zweifelsohne dem berühmten, 1624–1633 von Bernini für San Pietro in Rom geschaffenen Bronzebaldachin nachempfunden, dem er sehr

Dom (Fortsetzung)

nahe kommt. Davor ein schmiedeeisernes Gittertor aus dem 14. Jh., hinter dem der Abgang zur Krypta von San Feliciano liegt.
An den hier beigesetzten Heiligen erinnert auch die in einer Nische im rechten Querarm stehende lebensgroße Sitzfigur von Giovanni Battista Maini. Der Sockel darunter stammt aus der Werkstatt des Silberschmieds Johann Adolf Gaap aus Augsburg. Im rechten Querschiff hängt eine Kopie der berühmten "Madonna von Foligno" von Raffael (Original in der Pinacoteca Vaticana), hinter dem linken Querschiff liegt die Capella del Sacramento, die Antonio da Sangallo 1527 entwarf und Vespasiano Strada (Geschichten des hl. Feliciano) und Baldassare Croce da Bologna (Wunder des hl. Martin) ausmalten. In der Sakristei werden zwei Marmorbüsten aufbewahrt, die Werke des großen Barockbildhauers Gian Lorenzo Bernini sein sollen. Auf dem Rückweg zum Eingang beachte man am mittleren Wandpfeiler rechts das abgelöste Fresko "Kreuzigung mit Heiligen" eines unbekannten Malers aus Foligno (Anf. 16. Jh.).

Palazzo della Canonica

Direkt an den Dom angeschlossen ist der ehemalige Palast der Kanoniker aus dem 14. Jahrhundert. Sein heutiges Erscheinungsbild ist das Ergebnis einer umfassenden Restaurierung zwischen 1923 und 1926.

*__Palazzo Trinci__ (zur Zeit geschlossen)

Die gesamte Nordwestseite der Piazza della Repubblica nimmt der 1389–1407 für die Familie Trinci erbaute Palazzo ein. Er ist einer der frühesten Signorenpaläste, die in umbrischen Städten entstanden. Um seinen Nachfahren die Baugeschichte des Palazzo zu überliefern, ließ Nicolò Trinci, der Sohn des Bauherrn Ugolino, von einer römischen Grabstele mit der Darstellung des Liebespaares Amor und Psyche den römischen Text entfernen und stattdessen sechs Verse einritzen. Sie erzählen, wie Ugolino im Jahr 1389 die hier bereits bestehende Burg einnahm und sie zur stattlichen Residenz seiner Familie umgestaltete. Der Architekt, der ihm dies realisierte, bleibt allerdings unerwähnt. Es entstand ein gewaltiger Vierflügelbau um einen offenen Innenhof, auf den sich freskengeschmückte Loggien öffnen. Nach einem Erdbeben 1832 wurde die Straßenfront 1841–1847 nach Plänen von Odoardo Poggi mit einer neoklassizistischen Fassade versehen. Die durch Bombenangriffe 1944 ausgelösten schweren Schäden wurden 1949 nur provisorisch behoben. Eine gründliche Instandsetzung des Bauwerks ist seit 1986 in Gang.

Pinacoteca

Der Palazzo Trinci beherbergt neben anderen Einrichtungen das archäologische Museum und die städtische Pinakothek, die beide bis zum Abschluß der Renovierungsarbeiten geschlossen bleiben.
Die Pinacoteca hat ihren Sitz im zweiten Obergeschoß des Palazzo. Im Vestibül vor dem Eingang zur Gemäldegalerie haben sich Wandgemälde aus dem 15. und 16. Jh. und eine prächtige Holzdecke mit dem Wappen von Papst Sixtus IV. erhalten. Die Palastkapelle wurde 1424 von Ottaviano Nelli mit einem Freskenzyklus zum Leben Marias ausgemalt. Auch die anderen Räume der Pinacoteca sind freskiert. Ein besonders interessantes Freskenprogramm birgt die 'Sala delle Arti Liberali e dei Pianeti' (Saal der Freien Künste und der Planeten), den ein unbekannter Künstler um 1420 mit den weiblichen Figuren der Freien Künste (Grammatik, Dialektik, Musik, Geometrie, Philosophie, Astrologie, Arithmetik, Rhetorik) und mit den Darstellungen der Planeten (Mond, Mars, Merkur, Jupiter, Venus, Saturn, Sonne) ausschmückte. Die 15 überlebensgroßen Helden der römischen Geschichte in der berühmten 'Sala dei Giganti' (Saal der Riesen) stammen von Schülern Ottaviano Nellis (1424). Die Tafelbilder und die abgelösten Fresken stammen v. a. aus dem 14. und 15. Jh.; sie werden ergänzt durch Gemälde aus der Spätrenaissance und dem Barock.
Zu den Hauptwerken der Gemäldesammlung gehören ein Tafelbild von Nicolò Alunno ("Stigmatisation des hl. Franziskus"), sowie die gemeinsam mit seinem Sohn Lattanzio ausgeführte Predella mit vier Propheten und ein auf Leinwand gemaltes Bild mit einem Verkündigungsengel, das die Jahreszahl 1523 und den Namenszug Lattanzio di Nicolò trägt. Desweiteren besitzt die Sammlung Fresken aus der Schule von Foligno, ein Kruzifix mit

Palazzo Trinci, Pinacoteca (Fortsetzung)

Engeln und Heiligen, das dem Lehrer von Niccolò Alunno, Piero Mazzaforte, zugeschrieben wird und ein Freskenfragment (Verkündigungsengel), das vermutlich von Benozzo Gozzoli stammt. Von dem umbrischen Maler Dono Doni bewahrt die Pinacoteca ein Fresko mit dem Martyrium der hl. Katharina.

Palazzo Comunale, Palazzo Orfini

An der Südseite des Platzes dominiert der im 13. Jh. erbaute, zwischen 1546 und 1620 erneuerte Palazzo Comunale. Aus dem frühen 19. Jh. stammt seine klassizistische Fassade mit den wuchtigen, kolossalen Halbsäulen. Der zinnenbekrönte Turm aus dem 15. Jh. stürzte bei dem Erdbeben 1997 ein. Ein überdachter Gang verbindet den Palazzo Comunale mit dem eleganten Palazzo Orfini, an dem vor allem sein schönes Portal aus dem Jahr 1515 gefällt. Möglicherweise war der Stadtpalast nicht nur das Wohnhaus, sondern auch der Sitz der Druckerei von Emiliano Orfini, der mit der ersten gedruckten Ausgabe der "Göttlichen Kommödie" von Dante berühmt wurde.

Oratorio della Nunziatella

Am benachbarten Largo Carducci steht das Oratorium della Nunziatella, ein 1494 errichteter Renaissancebau, der wegen eines Freskos von Perugino ("Taufe Christi", um 1507) und eines Tabernakels von Lattanzio di Niccolò einen Blick lohnt.

SS. Salvatore

Nur ein paar Schritte weiter stößt man an der Piazza Garibaldi auf die ehemalige Benediktinerkirche Santissimo Salvatore (14. Jh.) mit einer Fassade aus weißen und roten Hausteinen, drei spitzbogigen Portalen und drei kleinen, im späten 19. Jh. erneuerten Fensterrosen. Der Glockenturm mit gotischen Zwillingsfenstern stammt ebenfalls aus dem 14. Jahrhundert. Das Innere des Gotteshauses wurde von dem neapolitanischen Baumeister Luigi Vanvitelli 1748–1757 umgebaut.

*Santa Maria Infraportas

In der südwestlichen Altstadt kann man drei weitere Kirchen besichtigen, darunter auch die sehenswerte Chiesa Santa Maria Infraportas, die älteste Kirche von Foligno. Die Fassade dieses romanischen Gotteshauses schmückt ein zierlicher Portikus, der durch den erhöhten mittleren und die zwei niedrigeren seitlichen Arkadenbögen seine besondere Note erhält. Darüber ist in die schlichte, rot-weiß gestreifte Fassade an der Stelle einer früheren Fensterrose ein gotisches Zwillingsfenster mit Kleeblattbogen eingeschnitten. Das dreischiffige Innere ist großenteils mit Fresken bedeckt. Das erste Wandbild der Kreuzigungsszenen im rechten Seitenschiff wird Pier Antonio Mezzastris aus Foligno zugeschrieben. Die frühesten Wandmalereien findet man (allerdings in schlechtem Erhaltungszustand) in der Cappella dell' Assunta im linken Seitenschiff (12. Jh.). An der Stirnwand ist "Christus zwischen Petrus und Paulus" zu erkennen, davor die Darstellung eines orientalischen Teppichs.

San Domenico

An der nördlichen Schmalseite des Platzes steht, ebenfalls von einem Campanile überragt, die 1251 erbaute Kirche San Domenico, deren Inneres mit Fresken aus dem 14. und 15. Jh. dekoriert ist (u. a. von Mezzastris).

San Nicolò

Über die Via Scuola delle Arti e Mestieri erreicht man die Piazza San Nicolò mit der gleichnamigen Kirche. Sie hat zwar ihr ursprüngliches Aussehen (14. Jh.) eingebüßt, wartet aber mit zwei interessanten Werken des aus Foligno gebürtigen Renaissancemalers Nicolò di Liberatore auf. Von ihm stammen eine Marienkrönung am letzten Altar des rechten Seitenschiffs sowie die 1492 gemalten Altartafeln "Geburt Christi" und "Auferstehung Christi mit Heiligen". Die zu den beiden Tafeln gehörende Predella mit Szenen aus der Leidensgeschichte Christi nahmen 1812 französische Truppen mit nach Paris, wo sie bis heute im Louvre aufbewahrt wird. Die Madonnendarstellung in der Sakristei ist eine Arbeit des sienesischen Künstlers Luca di Tommè (14. Jh.).
Über die Via Mezzalancia kommt man auf die Piazza XX. Settembre mit dem mächtigen Palazzo Barnabò und einigen mittelalterlichen Häusern – ein Stadtviertel, in dem die Zeit stillzustehen scheint.

Umgebung von Foligno

*Abbazia di Sassovivo (zur Zeit geschlossen)

In waldeseinsamer, aber beherrschender Lage über einem schmalen Talschluß gelegen, ist die Abbazia di Sassovivo eine jener Einsiedeleien, wie sie für Umbrien typisch sind. Ob wegen der landschaftlichen Schönheit und idyllischen Ruhe dieses Fleckchens oder wegen des berühmten Kreuzgangs – ein Ausflug dorthin lohnt in jedem Fall. Man fährt zunächst ein Stück auf der Strada Statale 3, von der schon bald rechts die (ausgeschilderte) Straße nach Sassovivo abbiegt. Bei der Weggabelung im hinteren Teil des Tals geht es rechts zur Quelle (Fontanelle di Sassovivo), links führt die Straße hoch zur Abbazia (für die Besichtigung beim Konvent klingeln). Der Klosterkomplex liegt inmitten eines Steineichenwaldes und wird von dem grünen Monte Serrone und dem Gipfel des Monte Aguzzo überragt. Das um 1000 gegründete Benediktinerkloster besitzt eine schlichte Kirche und einen außergewöhnlich schönen Kreuzgang, den laut einer Inschrift am Südflügel im Jahre 1229 der römische Baumeister Pietro de Maria geschaffen hat. Besondere Aufmerksamkeit verdienen die 128 teils glatten, teils spiralförmig gedrehten Doppelsäulen, auf denen die Rundbögen des Kreuzgangs ruhen. Die Rundbögen und Teile des Gebälks ließ De Maria von seinen Steinmetzen in Rom anfertigen und vor Ort zusammensetzen. Nach der Besichtigung laden die schattigen Grünflächen im Vorhof der Abtei zu einem Picknick oder einer kleinen Ruhepause ein.

San Bartolomeo

Auf dem Rückweg nach Foligno, kurz vor der Einbiegung in die SS 3 sieht man auf der Spitze eines Hügels links der Straße die Kirche San Bartolomeo. Aus der Nähe ist das Gotteshaus allerdings nicht mehr so beeindrukkend; die einstige Renaissancefassade wirkt überrestauriert, das Innere wurde im 17. und 18. Jh. dem Zeitgeschmack angepaßt.

Giano dell' Umbria — E 8/9

Provinz: Perugia
Höhe: 546 m ü. d. M.
Einwohnerzahl: 3200

Lage und Allgemeines

Der kleine Ort liegt im Herzen von Umbrien, nördlich unterhalb des knapp 1100 m hohen Monte Martano. Auf die Valle Umbra zwischen Trevi und Campello sul Clitunno genießt man von hier oben einen prächtigen Panoramablick – vergleichbar dem von Montefalco oder Bevagna, die beide etwas nördlicher liegen. Das von den Römern gegründete Städtchen erlebte seine Blütezeit im Mittelalter, als aus der Vereinigung zweier Burgen der jetzige 'borgo', die Altstadt, entstand. Heute noch verleihen ihm die Ringmauer mit ihren Türmen und Toren ein mittelalterliches Aussehen.

Sehenswertes

Wie viele Städtchen in Umbrien gefällt Giano dell' Umbria nicht so sehr wegen besonderer Sehenswürdigkeiten, sondern in erster Linie wegen seiner reizvollen Lage auf einer Anhöhe der Martani-Berge und seines mittelalterlichen Ortsbildes. Wem das nicht genügt, der besichtige die Kirchen von Giano: San Michele aus dem 14. Jh. mit Fresken aus der Erbauungszeit, die schon im 13. Jh. erbaute Pfarrkirche mit den hohen gotischen Fenstern und die ebenfalls im 14. Jh. geweihte Chiesa San Francesco, deren Fresken Giovanni di Corraduccio zugeschrieben werden. Im Palazzo del Municipio (Rathaus) an der höchsten Stelle des Ortes werden Fundstücke aus einer in der Nähe freigelegten römischen Villa aufbewahrt.

Umgebung von Giano dell' Umbria

Abbazia di San Felice

Gern besucht wird das 3 km nördlich außerhalb von Giano dell' Umbria gelegene Kloster San Felice wegen seiner Kirche, die ein besonders schö-

Giano dell' Umbria, Umgebung (Forts.)

nes Beispiel für den romanischen Kirchenbau in Umbrien darstellt. Mit etwas Zeit läßt sich der Ausflug auch zu Fuß unternehmen, was angesichts der landschaftlichen Schönheit der Gegend empfehlenswert ist. Der Legende zufolge soll der Märtyrerbischof Felix hier im 4. Jh. ein Oratorium errichtet haben, um das sich im frühen Mittelalter ein Kloster entwickelte. Der seit dem 8. oder 9. Jh. von Benediktinern besiedelte Konvent ging 1815 an die Ordensgemeinschaft der 'Missionari del Preziosissimo' über. Die heutige Kirche stammt aus dem 12. Jh., im 14. Jh. kam der Kreuzgang, im 16. Jh. der Campanile und ein Teil der Klausurgebäude hinzu.

*Klosterkirche

Die in rötlichem Gestein gehaltene Kirchenfassade ist, wie man unschwer erkennen kann, an den Seitenschiffen nachträglich aufgestockt worden; einziger Schmuck sind das zweifach gestufte Portal und das darübersitzende Drillingsfenster mit antiken Säulen. Der im Mittelschiff tonnengewölbte Innenraum ist von schlichter Schönheit; das dreischiffige Langhaus mündet in einen erhöhten Chor, in dem sich die Unterteilung in drei Schiffe fortsetzt. Die Stützen der Chorarkaden sind antike Spolien. Unter dem Chor liegt die Krypta, zu der man wegen der Kapitelle mit eingeritzten Tierdarstellungen hinabsteigen sollte. Hinter dem Altar befindet sich der Sarkophag des hl. Feliciano.

Giove

C/D 10

Provinz: Terni
Höhe: 292 m ü.d.M.
Einwohnerzahl: 1600

Lage und Allgemeines

Giove ist auf einer Hochebene oberhalb des linken Tiberufers angesiedelt, knapp 13 km südwestlich von → Narni. In der Antike stand hier ein Zeustempel (Zeus = ital. 'Giove'), der dem Ort seinen Namen gab. Von der einstigen Kultstätte hat allerdings nichts überdauert. Überreste des Flußhafens San Valentino sowie zahlreiche Fundstücke (insbesondere Münzen und andere Grabbeigaben), Gräber und Mauerreste weisen darauf hin, daß das Gebiet während der Römerzeit stark besiedelt war. Wegen seiner erhöhten Lage und der Nähe zum Fluß war das Castello im Mittelalter immer wieder Zankapfel zwischen den umliegenden Kommunen und den mächtigen Familien der Gegend. Im Jahre 1328 gehörte der Ort der Familie Anguillara; 1465 wurde Giove von Amelia besetzt und an die Farnese ausgeliefert.

Altstadt

Interessant ist der mittelalterliche Ortskern mit seiner Burg auf der einen und den dicht aneinandergedrängten Wohnhäusern auf der anderen Seite. Bei einem Spaziergang durch die engen Gassen bietet sich immer wieder ein unerwarteter Ausblick über das Tibertal. An der Außenmauer des Palazzo Comunale am Ortseingang (heute in Privatbesitz) ist ein Stein mit den mittelalterlichen Maßen angebracht.
Etwas außerhalb liegt das Kloster Santa Maria del Gesù aus dem 17. Jahrhundert.

Palazzo Ducale

Im 16. Jh. ließ Herzog Ciriaco Mattei über dem bereits vorhandenen mittelalterlichen Castello der Familie Colonna den imposanten Palazzo Ducale hochziehen, der an Größe und Höhe alle anderen Gebäude der Stadt übertrifft. Nicht nur die durch das vormalige Castello vorgegebenen Ausmaße dieses Stadtpalastes, auch die Anzahl seiner Fenster ist gigantisch – es sind angeblich genauso viele, wie das Kalenderjahr Tage hat – 365! Die Repräsentativräume des Palazzo, der bis vor wenigen Jahren noch den Herzögen Acquarone gehörte, schmücken Wandmalereien mit mythologischen Szenen sowie Gemälde aus dem Umkreis von Paolo Veronese und der perusinischen Künstlerfamilie Alfani. Auf einer spiralförmigen Rampe konnte man einst mit der Kutsche vom Eingangsportal bis in das erste Obergeschoß hinauffahren; von der dortigen Terrasse überblickt man das

Giove, Palazzo Ducale (Fortsetzung)

Tibertal. Eine Besichtigung des Palazzo Ducale ist auf Anfrage beim Kustoden möglich; ansonsten ist er nur bei festlichen Anlässen und während der 'Giostra del velo' in der letzten Juniwoche öffentlich zugänglich. Auch Theateraufführungen und Konzerte des Festivals "Il sole, la luna" (Ende Juli) werden zum Teil in Räumlichkeiten des Palazzo Ducale veranstaltet.
Vor der ehemaligen Herzogsresidenz steht die städtische Pfarrkirche, die eine Assunta, vermutlich das Werk eines Schülers von Nicolò di Liberatore, birgt. In der Kirche San Rocco (von Amelia kommend links vor dem zentralen Platz) kann man ein Fresko mit einer Kreuzigungsdarstellung bewundern, das ein folignatischer Künstler im frühen 16. Jh. schuf.

Gualdo Cattaneo — E 8

Provinz: Perugia
Höhe: 446 m ü. d. M.
Einwohnerzahl: 5900

Allgemeines und Geschichte

Das auf einer Anhöhe oberhalb des Flüßchens Paglia, nur wenige Kilometer südwestlich von → Bevagna gelegene Gualdo Cattaneo lohnt wegen seines hübschen Ortsbildes und der schönen Aussicht einen Kurzbesuch. Während des Mittelalters war der Ort Lehen der Herzoge von Spoleto, die es im 12. Jh. mit einer Ringmauer und Türmen befestigten. Nach der Auflösung des Herzogtums von Spoleto fiel das Städtchen an die in → Foligno herrschende Familie Trinci, bevor es an den Kirchenstaat überging (1439). Zur Verteidigung gegen mögliche Übergriffe, aber auch als Ausdruck der päpstlichen Macht im Gebiet von Gualdo ließ Alexander VI. Borgia (reg. 1492–1503) im Jahre 1494 auf der zentralen Piazza den imposanten Bergfried aufrichten.

Sehenswertes

Zwei Kirchen sollte man sich in Gualdo Cattaneo anschauen: die 1804 umgebaute Pfarrkirche wegen eines dort aufbewahrten Tabernakels aus dem 15. Jh. und wegen ihrer gewölbten Krypta aus dem 13. Jh., in der die sterblichen Überreste des hl. Ugolino aufbewahrt werden. Sehenswert ist auch die Kirche Sant' Agostino mit einem Fresko ("Kreuzigung") aus der Schule von Nicolò di Liberatore.

Veranstaltungen

Ende August/Anfang September gibt es in Gualdo Cattaneo eine Reihe von Festen und kulturellen Veranstaltungen, u. a. eine 'Corsa' (Wettrennen) und einen Umzug mit historischen Kostümen.

Gualdo Tadino — F 6

Provinz: Perugia
Höhe: 536 m ü. d. M.
Einwohnerzahl: 14 500

Lage und Allgemeines

Gualdo Tadino, auf einer Anhöhe am Rande des Hochplateaus von Gualdo, den Ausläufern des Monte Serra Santa gelegen, ist eine geschichtsträchtige, in ihrem Ortsbild aber sehr moderne Stadt im Nordosten Umbriens. Der Namensbestandteil 'Gualdo' (Wald) weist auf die waldreiche Umgebung hin. Das bergige, beinahe schon alpine Hinterland von Gualdo Tadino ist nicht so lieblich wie der südliche Teil der Region, eignet sich aber bestens für Bergwanderungen. Mit seiner weithin bekannten, traditionsreichen Keramikproduktion ist Gualdo Tadino die große Konkurrentin von Deruta. Die meisten Keramikgeschäfte findet man an der Ausfallstraße nach Foligno. Alljährlich zwischen August und September findet in Gualdo Tadino der 'Concorso internazionale della Ceramica d'Arte' statt, eine Verkaufsmesse, die mittlerweile nicht nur von professionellen Keramikhändlern besucht wird, sondern auch bei Majolika-Liebhabern bekannt und beliebt ist.

Lage und Allgemeines (Fortsetzung)

Geschichte

Die umbrische Siedlung, in den Eugubinischen Tafeln bereits erwähnt, fiel im Jahre 266 v. Chr. unter römische Herrschaft. Das römische Tadinum lag an der Via Flaminia in der Talebene. Während der Völkerwanderungszeit verwüsteten die Krieger des Ostgotenkönigs Totila die Stadt. Totilas Heer wurde wenig später, 552 n. Chr., von dem byzantinischen Feldherrn Narses vernichtend geschlagen. Im Jahre 996 legte Otto III. Gualdo Tadino in Schutt und Asche als Strafe für ihre Unterstützung des römischen Konsuls Crescencius. 1180 wurde Tadinum unter dem Namen Gualdo zu neuem Leben erweckt und unter Friedrich II. (reg. 1212–1250) durch eine 'rocca' befestigt. Der Aufschwung war allerdings nur von kurzer Dauer, denn schon 1251 mußte sich der Ort dem mächtigen Perugia, später dann dem Kirchenstaat unterwerfen.

Matteo di Pietro

In Gualdo wurde um 1430 der Maler Matteo di Pietro geboren, der später nach seiner Heimatstadt Matteo da Gualdo genannt wurde.

Sehenswertes

Dom

Die wichtigsten Sehenswürdigkeiten liegen dicht beieinander an der Piazza Martiri della Libertà, an dessen Schmalseite der Dom Benedetto aufragt. Er wurde 1256 errichtet, im 19. Jh. vor allem im Innern stark verändert. Den ursprünglichen Zustand zeigt noch die dem Platz zugewandte Hauptfassade. Das Gewände des Mittelportals ist reich dekoriert; darüber sitzt eine große Fensterrose mit einem zweifachen Säulenring. An der rechten Seite des Gebäudes ist ein Brunnen von Antonio da Sangallo dem Älteren angebracht. Von der Innenausstattung seien das Taufbecken aus der Renaissance, der im 14. Jh. entstandene Altar, das in der Sakristei aufbewahrte, kostbare Silberkreuz (1381) sowie ein mit Einlegearbeiten verziertes und vergoldetes Tabernakel aus dem späten 16. Jahrhundert erwähnt.

San Francesco

Auf der gegenüberliegenden Platzseite steht die 1315 geweihte Kirche San Francesco, die dem berühmten Vorbild der Franziskus-Kirche in Assisi nachempfunden ist. Im linken Kirchenschiff blieben drei Fresken von Matteo da Gualdo erhalten.
Ein weiteres Werk von Matteo da Gualdo, ein Triptychon aus der Zeit um 1480, kann man in der Kirche Santa Maria dei Raccomandati, ebenfalls am Corso Italia, bewundern.

Palazzo Comunale

Auch der Palazzo Comunale (Rathaus) und die Torre civica (Stadtturm) stehen an der Piazza Martiri della Libertà. Der Palazzo Comunale wurde in der zweiten Hälfte des 18. Jh.s auf den Trümmern des 'Palazzetto delle Arti e dei Priori' errichtet, wohingegen der Stadtturm auf das 13. Jh. zurückgeht. Er wurde aber in späterer Zeit, als man ihm die charakteristische Barocklaterne aufsetzte, um einiges verkürzt.

Gualdo Tadino (Fortsetzung) Keramikmuseum

Wer sich über die aktuellen Tendenzen in der Keramik-Kunst informieren will, sollte dem Palazzo del Podestà an der Piazza Soprammuro einen Besuch abstatten, wo das Museo della Ceramica Contemporana (Museum für zeitgenössische Keramik) eingerichtet wurde (geöffnet Mitte Juni bis Sept. Sa., So und Fei. 10.30–12.30 und 16.30–18.30 Uhr, August tgl. zu den angegebenen Zeiten).

Rocca Flea, Pinacoteca

Rechts neben dem Dom führt ein steiles Sträßchen hinauf zur Rocca Flea, der Festung Friedrichs II., seit 1998 Sitz der Städtischen Gemäldegalerie. Die Sammlung besteht vor allem aus Fresken und Altartafeln von Künstlern, die in Umbrien tätig waren wie Matteo da Gualdo, Niccolò Alunno, Ottaviano Nelli oder Antonio da Fabriano.

Umgebung von Gualdo Tadino

Valsorda

Nach knapp 8 km Fahrt auf einer aussichtsreichen Bergstraße erreicht man das nordöstlich von Gualdo Tadino gelegene, von Bergen umrahmte Erholungsgebiet Valsorda (touristische Infrastruktur, Wandermöglichkeiten). Ein Ausflug dorthin läßt sich kombinieren mit dem Besuch der abgeschiedenen Einsiedelei San Marzio und der benachbarten Fonte della Rocchetta, die etwas südlicher als Valsorda liegen.

Fossato di Vico
Allgemeines

Knapp 8 km nördlich von Gualdo Tadino (auf der SS 3 bis Osteria del Gatto, dort Abzweigung rechts) kommt man nach Fossato di Vico (584 m ü. d. M.; 2400 Einwohner), dessen alter Ortskern oben auf dem Hügel liegt. Vermutlich stehen die Häuser von Fossato an der Stelle der einstigen Römersiedlung Helvillum; die Gründung des Ortes im Jahre 980 wird einem Grafen von Nocera namens Lupo di Monaldo, der den Beinamen Vico trug, zugeschrieben. Im Jahre 1208 nahm Perugia das Dorf in Besitz, um es zunächst an Gubbio zu verkaufen und fünfzig Jahre später wieder zurückzuerobern. Der Friede, den Fossato in der Folgzeit genoß, hatte im 16. Jh. ein Ende, als die Stadt vom Heer Cesare Borgias überfallen, geplündert und für den Kirchenstaat eingenommen wurde.

Sehenswertes

Fossato di Vico besteht aus zwei Ortsteilen: Während der alte, von Lupo di Monaldo gegründete Ortskern auf einem Felsvorsprung liegt, hat sich der neue Teil im Tal ausgedehnt. An der Straße zur Altstadt hinauf (Fossato Alto) steht linker Hand das Kirchlein San Benedetto mit einer 1337 datierten Inschrift. An den fragmentarisch erhaltenen Fresken ist das Porträt von Papst Urban V. zu erkennen. Das mittelalterliche Stadtbild von Fossato Alto blieb vollständig erhalten. In der Via San Pietro befindet sich die hübsche Cappella della Piaggiola, die mit interessanten Fresken aus dem frühen 15. Jh. ausgestattet ist.

San Pellegrino

6,5 km nordwestlich von Gualdo Tadino, oberhalb der SS 219 nach ⟶ Gubbio, erhebt sich in herrlicher Aussichtsposition das Dorf San Pellegrino (490 m ü. d. M.). Die dortige Kirche ist gotischen Ursprungs (im 15. und 16. Jh. renoviert). Im Innern blieben einige Fresken des Renaissancemalers Matteo da Gualdo erhalten sowie ein steinernes Tabernakel aus dem Jahr 1521. In San Pellegrino wird jedes Jahr in der Nacht vom 30. April auf den 1. Mai der 'Maggio Fiorito' gefeiert und ein Maibaum errichtet.

Gubbio E 5

Provinz: Perugia
Höhe: 500 m ü. d. M.
Einwohnerzahl: 31 300

**Lage und Bedeutung

Die alte Umbrerstadt im Nordosten der Region gehört zu den meistbesuchten Reisezielen in Umbrien. Schon von weitem leuchtet dem Ankom-

Lage und Bedeutung (Fortsetzung)

menden der helle Kalkstein des imposanten Palazzo dei Consoli entgegen, der das Stadtbild dominiert. Während die modernen Ortsteile von Gubbio, wo die Mehrzahl seiner Bewohner lebt und arbeitet, unten im Tal liegen, klettert die von einem geschlossenen Mauerring umgebene Altstadt an den Hängen des Monte Ingino hoch. In den typischen mittelalterlichen Gassen findet man zahlreiche kleine Keramikwerkstätten und -läden, die die alte Tradition der Majolikaproduktion für die Bedürfnisse des Fremdenverkehrs bewahren.

Feste und Veranstaltungen

Kaum ein Volksfest in Umbrien genießt eine solche Popularität wie die 'Corsa dei Ceri', der Kerzenlauf am Vorabend des Todestages des hl. Ubaldus (15. Mai) – für diejenigen, die Umbrien im Mai besuchen, ein absolutes Muß (siehe dazu das Baedeker Special S. 47).
Wer die Corsa dei Ceri (15. Mai) versäumt hat, kann am letzten Maisonntag beim Armbrustschießen 'Palio della Balestra' oder am 14. August beim 'Palio dei Quartieri' noch einmal ein Bad in der Menge nehmen.
Im rauhen Hinterland von Gubbio wachsen die köstlichen weißen Trüffeln, die u. a. Ende Oktober/Anfang November auf der 'Mostra mercato del tartufo bianco e dei prodotti locali' (Verkaufsmesse für weiße Trüffel und andere einheimische Erzeugnisse) verkauft werden.

Hausfassaden aus unverputzten Hausteinen prägen das Bild der malerischen Altstadt von Gubbio

Künstler in Gubbio

In Gubbio wurde Matteo di Giovannello, 'Il Gattapone' (→ Berühmte Persönlichkeiten), geboren, einer der meistbeschäftigten Baumeister des 14. Jh.s, von dem u. a. die Pläne für die Rocca del Sole in Perugia und für die Rocca von Spoleto stammen. Wer sich für Majolika interessiert, die in Gubbio ebenfalls eine lange Tradition hat, wird über kurz oder lang dem Namen Giorgio Andreoli (→ Berühmte Persönlichkeiten) begegnen, der in den ersten Jahrzehnten des 16. Jh.s die Majolika-Bemalung mit Rot- und Goldlüster verbreitete und als einer der ersten Künstler seine Werke datierte und signierte.

Geschichte

Tavole Eugubine

Gubbio war eine der bedeutendsten Stadtgründungen der Umbrer. Vom ehemaligen Glanz des umbrischen Ikuvium zeugen heute nur noch wenige Teile der im Mittelalter erneuerten und erweiterten Stadtmauer und die berühmten Eugubinischen Tafeln, die 1444 gefunden und heute im Museum im Palazzo dei Consoli aufbewahrt werden. Die sieben beschrifteten Bronzetafeln stammen aus dem 3. bis 1. Jh. v. Chr.; die ältesten Inschriften sind in etruskischem, die jüngeren in lateinischem Alphabet verfaßt. Die Tafeln gelten als das wichtigste Zeugnis der umbrischen Kultur (s. dazu auch das Kapitel "Geschichte"). Die Texte berichten von religiösen Läuterungszeremonien und Opferriten, geben Auskunft über gesellschaftliche Zustände und über die Topographie der umbrischen Stadt im fünften und vierten vorchristlichen Jahrhundert.

Verbündete Roms

Die vom frühen 3. Jh. v. Chr. an mit Rom verbündete Stadt wurde nach dem Bundesgenossenkrieg (89 v. Chr.) römisches Munizipium. Unter der römischen Herrschaft, gegen die sich die Umbrer im Gegensatz zu den Etruskern anscheinend nicht auflehnten, erweiterte sich Gubbio talwärts – die römischen Bauzeugnisse liegen deshalb in der Ebene und nicht in der

Geschichte, Verbündete Roms (Fortsetzung)

mittelalterlichen Stadt am Hang. Auf die Zerstörung durch die Ostgoten unter Totila folgte der Wiederaufbau durch den byzantinischen Feldherrn Narses. Schon im 11. Jh. besaß Gubbio den Status einer freien Kommune, die zunächst die Ghibellinen, dann die Guelfen unterstützte. Das Jahr 1151 ist ein wichtiges Datum in der Geschichte Gubbios: Den Angriff von elf verbündeten, feindlichen Städten konnten die Bewohner nicht nur abwehren, sondern sie gingen zum Gegenangriff über und trugen einen glänzenden Sieg davon, den das Volk dem wundertätigen Eingreifen des Bischofs Ubaldus zuschrieb. Als freie Kommune war Gubbio bis um die Mitte des 14. Jh.s eine für mittelalterliche Verhältnisse große (bis zu 50 000 Einwohner), mächtige und wohlhabende Stadt, wie man heute noch an den beiden Kommunalpalästen an der Piazza Grande erkennen kann. Erst durch die Machtkämpfe führender Familien, die die Stellung der Kommune schwächten, wurde diese Phase der Stadtgeschichte beendet. 1350 übernahm Giovanni Gabrielli das Regiment in Gubbio, bis 1354 Kardinal Albornoz die Stadt für den Kirchenstaat eroberte und ein päpstlicher Legat fortan regierte. Nach einem kurzen Intermezzo der kommunalen Selbstverwaltung unterstellte sich die Stadt 1384 der Familie Montefeltro von Urbino, die mit wenigen Unterbrechungen bis 1508 regierte. Unter den kunstliebenden Montefeltro erfuhr das kulturelle und künstlerische Leben von Gubbio eine neue Blüte; in den Jahren ihrer Herrschaft wurde der Palazzo Ducale von Grund auf umgebaut. Nach dem Tode Guidobaldos von Montefeltro traten die Della Rovere die Nachfolge an. Der letzte ihrer Familie, Francesco Maria II. Della Rovere, vermachte die Stadt 1624 dem Kirchenstaat. Im Jahre 1860, mit der Gründung des italienischen Staates, wurde Gubbio, das wegen seiner Anbindung an Urbino den Marken zugehörte, wieder der Region Umbrien angegliedert.
Als im Zweiten Weltkrieg in den Bergen hinter Gubbio Partisanen gegen die deutsche Truppen kämpften, mußte die Stadt dafür teuer bezahlen: Als Rache für eine Partisanenaktion wurden am 22. Juni 1944 vierzig Personen, darunter auch Frauen und Kinder, in der Kirche Madonna del Prato hingerichtet – die Piazza Quaranta Martiri (Platz der 40 Märtyrer) erinnert heute noch daran. Bis zum Ende des Krieges stand Gubbio unter dem Beschuß deutscher Truppen, die von den Bergen aus versuchten, die vorrückenden Alliierten aufzuhalten.

Wirtschaft

Jahrhundertelang waren Landwirtschaft und Handwerk die Haupterwerbsquelle der Bewohner von Gubbio. In jüngster Zeit kommt neben verschiedenen Industriezweigen und dem Dienstleistungsgewerbe vor allem dem Fremdenverkehr steigende Bedeutung zu, durch den auch das heimische Kunsthandwerk, insbesondere die Keramik- und Kunstschmiedewerkstätten, florieren.

Sehenswertes in der Altstadt

Stadtrundgang

Von Perugia kommend, landet man zunächst auf der weitläufigen Piazza Quaranta Martiri, dem Busbahnhof unterhalb der Altstadt.

*San Francesco

Die imposante Bettelordenskirche mit ihrem schlanken, polygonalen Campanile (15. Jh.) ist das beherrschende Bauwerk an der Piazza Quaranta Martiri. Bereits für das Jahr 1256 ist urkundlich eine Klosteranlage der in Gubbio ansässigen Franziskanermönche belegt, die dazugehörige Kirche war allerdings 1292 noch nicht fertiggestellt. Die Fassade blieb unvollendet, die dortige Fensterrose wurde 1958 aus der Kirche San Francesco in Foligno hierher versetzt. An der linken Längsseite sitzt über dem zugemauerten Doppelportal eine weitere, sehr schön gearbeitete Rose. Der schlichte Außenbau wird ansonsten nur durch die nachträglich eingesetzten Fenster (17. Jh.) und die schmalen Lisenen gegliedert.

San Francesco (Fortsetzung)
Innenraum

San Francesco ist eine dreischiffige Hallenkirche mit leicht erhöhtem, aber fensterlosem Mittelschiff. Alle drei Schiffe, durch Arkadenstellungen auf schlanken Achteckpfeilern voneinander getrennt, münden in polygonale Apsiden. Ursprünglich deckte das Mittelschiff nur ein offener Dachstuhl, der im 18. Jh. durch ein Tonnengewölbe ersetzt wurde (1724–1754); die Seitenschiffe sind kreuzgratgewölbt.

Ausstattung

Die linke Chorkapelle schmückt ein Freskenzyklus (1408–1413) des einheimischen Künstlers Ottaviano Nelli mit 17 Szenen aus dem Leben Marias. Von Nelli stammen auch die Fresken am rechten Pfeiler: Mystische Vermählung der hl. Katharina von Alexandrien, Christophorus, Antonius Abbas und ein Schmerzensmann mit Marterwerkzeugen. Das Altarbild in dieser Kapelle (Madonna della Misericordia) ist eine Kopie des Altarblattes von Santa Chiara in Rimini.
In der mittleren Chorapsis sind in den Lünettenfeldern Fresken aus den 70er Jahren des 13. Jh.s erhalten, die im Umkreis des sog. Franziskusmeisters (vgl. Assisi, San Francesco) entstanden. Das zentrale Bild "Christus auf dem Richterstuhl" wird begleitet von Darstellungen der Heiligen Petrus, Paulus sowie Franziskus und Antonius von Padua. Dort, wo sich heute die rechte Chorkapelle (Cappella Sforzolini) befindet, soll der hl. Franziskus von der Wollhändler-Familie Spadalonga seine Kutte empfangen haben. Die Mauerreste des Wohn- und Geschäftshauses dieser Familie wurden in den Bau der Kirche integriert (rechts vor der Kapelle zu erkennen). Zwei Fresken aus dem 14. Jh., möglicherweise das Werk von Palmerino di Guido, nehmen auf das Leben des Franziskus Bezug; auf dem einen reicht der Bischof dem Heiligen einen Mantel, nachdem dieser sein väterliches Erbe abgelehnt hatte, auf dem anderen ist Papst Innozenz III. dargestellt, dem im Traum Franziskus als Stütze der Kirche erscheint. Unter den Franziskus-Szenen sind verschiedene Heilige versammelt: Ludwig IX. von Frankreich, Johannes der Täufer, Elisabeth (Mutter von Johannes), Ludwig von Anjou, der Evangelist Johannes und Klara (oder Elisabeth von Thüringen). Darunter ein "Pankreator" mit den vier Evangelisten. Von den Altarblättern verdienen eine "Unbefleckte Empfängnis" von Antonio Gherardi auf dem ersten Altar sowie auf dem dritten Altar eine Kopie der "Kreuzabnahme" von Daniele da Volterra Beachtung.

Klosterhof
Kapitelsaal

Durch die Sakristei gelangt man in den schönen Chiostro della Pace, der erste und kleinere von zwei Klosterhöfen. Seine schlichten Rundbogenarkaden werden um 1300 datiert. Im Kapitelsaal, den man von hier aus erreicht, ist ein Fresko mit dem Transport der Casa Loreto erhalten. Das ins 14. Jh. datierte Fresko ist angeblich die älteste Darstellung dieses religiösen Sujets. Von Interesse ist außerdem die Kunstsammlung, die Gemälde, Goldschmiedearbeiten und archäologische Funde umfaßt.

Von San Francesco zur Piazza Grande

Loggia dei Tiratori

Der Kirche gegenüber auf der anderen Seite des Platzes hinter einer kleinen Grünfläche liegt die Loggia dei Tiratori, eine auffallend lange, zweigeschossige Säulenhalle. Das im 14. Jh. als Krankenhaus errichtete Gebäude übernahm später die Wollweberzunft (Tiratori dell'Arte della Lana), die im 1603 aufgesetzten Obergeschoß ihre Stoffe nach dem Färben zum Trocknen ausbreitete.

Santa Maria dei Laici

An die Loggia schließt sich die Kirche Santa Maria dei Laici (14. Jh.) an, die nur bei kulturellen Veranstaltungen zugänglich ist. Interessant ist sie wegen des Zyklus von 24 kleinformatigen Gemälden mit Szenen aus dem Marienleben von Felice Damiani (2. Hälfte 16. Jh.) und wegen der "Verkündigung" am linken Altar, dem letzten Werk von Federico Barocci (1612).

San Giovanni Battista

Nur ein paar Meter links der Via della Repubblica, die in die Altstadt hinaufführt, liegt die Kirche San Giovanni Battista, vermutlich das erste Gottes-

San Giovanni Battista (Forts.)

aus in Gubbio, das im romanischen Stil erbaut wurde. Ihre Fassade wird von einem kräftigen Campanile flankiert. Im einschiffigen, von Schwibbögen überspannten Innenraum lohnt die von Künstlern aus der Schule des Perugino ausgemalte Taufkapelle einen Blick. Das im 16. Jh. entstandene Taufbecken aus Terrakotta zieren Szenen aus dem Leben Johannes des Täufers. Benedetto Nucci aus Gubbio malte die beiden Tafeln zuseiten des ersten Altars links, die hl. Lucia und die hl. Barbara darstellend.

Via Baldassini, *Totentüren

Den steilen Weg hinauf zur Piazza Grande kreuzt die Via Baldassini, in der es noch einige Häuser aus dem 13. und 14. Jh. mit den charakteristischen Totentüren ('Porte del Morto') gibt. Die Rede ist von jenen kleinen Eingängen neben dem Haupteingang, die ein wenig über dem Straßenniveau liegen und so schmal sind, daß gerade eine Person hindurchgehen kann. Angeblich sollen diese Türen nur geöffnet worden sein, um die Verstorbenen hinauszutragen.

Piazza Grande

In der Verlängerung der Via della Repubblica steigt von der Via Baldassini eine Freitreppe zur Piazza Grande hinauf. Die grandiose Wirkung dieses Platzes ist nicht nur das Verdienst des mächtigen Palazzo dei Consoli an seiner Nordwestseite, sondern auch der Tatsache zu verdanken, daß er sich wie eine Art Aussichtsbalkon zur Stadt hin öffnet.
Die Anlage eines solchen Platzes am steilen Hang war für die damalige Zeit eine Pioniertat der Ingenieurkunst, da sie nur mit Hilfe der mächtigen Substruktionen zu bewältigen war, deren Arkadenbögen noch in der Via Baldassini zu sehen sind. Die Entscheidung für eine so aufwendige Konstruktion hängt vermutlich damit zusammen, daß der Palazzo dei Consoli gerade hier, am Schnittpunkt der Stadtviertel von Gubbio, entstehen sollte.

**Palazzo dei Consoli (Abb. S. 136)

Das weithin sichtbare Wahrzeichen von Gubbio und einer der schönsten Kommunalpaläste in Umbrien ist der 1332–1337 erbaute Palazzo dei Consoli an der Piazza Grande. Eine Inschrift über dem Hauptportal nennt zwar Angelo da Orvieto als Baumeister dieses Gebäudes, doch die Mitwirkung des Eugubiners Matteo di Giovanello, genannt Gattapone (→ Berühmte Persönlichkeiten), wird mittlerweile kaum mehr bezweifelt. Der blockhafte und ernste Eindruck des dreigeschossigen, von einem schlanken Glokkentürmchen überragten Palazzo wird durch die herrliche, fächerartig sich öffnende Freitreppe und die Verwendung des hellen Kalksteins als Baumaterial gemildert. Der hohe Saal hinter dem rundbogigen Eingangsportal war zu Zeiten der freien Kommune der Versammlungsraum des städtischen Rates.

Museo Civico, Pinacoteca Comunale

Der Palazzo dei Consoli ist heute Sitz des Museo Civico und der Pinacoteca Comunale (geöffnet täglich außer Mo. April–Juli und September 10.00–13.30 und 15.00–18.00, Aug. bis 19.00, Okt.–März 10.00–13.00 und 14.00–17.00 Uhr). Im Museo Civico werden u.a. alte Maße aufbewahrt, Fragmente römischer und mittelalterlicher Skulpturen, antike Inschriften, in Gubbio geprägte Münzen aus verschiedenen Zeiten, Sarkophage, alte Stadtansichten von Gubbio und vieles mehr. Das Spitzenstück des Museums sind die sogenannten Eugubinischen Tafeln, die 1444 im römischen Theater der Stadt oder, nach anderer Überlieferung, im Nachbarort Scheggia von einem gewissen Paolo di Gregorio gefunden wurden, welcher sie der Kommune für ein kümmerliches Stück Weideland überließ (näheres zu den Eugubinischen Tafeln im Kapitel "Geschichte").
Von den Exponaten der Pinacoteca wurden einige Tafelbilder und Fresken früher Palmerucci, dem ersten urkundlich faßbaren Maler Gubbios, zugeschrieben, mußten aber in jüngster Zeit anderen Künstlern zugeordnet werden. Beachtenswert ist der Reliquienschrein mit dem byzantinisch anmutenden Diptychon, das Polyptychon "Madonna mit Heiligen", ver-

VIA
DELLE CONCE

Pinacoteca (Fortsetzung)

mutlich das Werk eines Malers aus Gubbio, sowie die "Madonna mit Kind" von Mello da Gubbio. Von diesem Künstler stammen auch die Fresken aus der Kirche Santa Maria Nuova (14. Jh.), die sich ebenfalls im Besitz des Städtischen Museums befinden.

Palazzo Pretorio, Palazzo Ranghiasci-Brancaleoni

Gegenüber vom Palazzo dei Consoli erhebt sich der Palazzo Pretorio (heute Sitz der Stadtverwaltung), 1349 nach dem Entwurf Gattapones begonnen, aber nicht vollendet. Die lange Bergseite des Platzes nimmt der Palazzo Ranghiasci-Brancaleoni ein, den zu Beginn des 19. Jh.s Graf Ranghiasci im Stil des Klassizismus erbauen ließ.

Von der Piazza Grande zur Kirche S. Domenico

Largo del Bargello, Fontana dei Matti

Über die Via dei Consoli, eine der insgesamt fünf paralell zum Berghang verlaufenden Hauptstraßen Gubbios, erreicht man den Largo del Bargello genannten, intimen Platz mit dem Lieblingsbrunnen der Bewohner von Gubbio. Auch Besucher zieht es dorthin, denn einer alten Tradition zufolge erwirbt der Fremde, der drei Runden um den Brunnen dreht, das eugubinische Bürgerrecht und damit auch die Auszeichnung 'Matto d'Agobbio' (Verrückter von Gubbio).

Palazzo del Bargello

Der schlichte Palazzo del Bargello, zu Beginn des 14. Jh.s erbaut, ist mit seiner durchgängigen Hausteinverkleidung und den schmalen Gesimsen zwischen den einzelnen Geschossen ein typisches eugubinisches Stadthaus. Seinen Namen erhielt der Palazzo nach dem Polizeihauptmann Bargello, der hier wohnte.

San Domenico

Die 1278 dem hl. Martin geweihte Kirche wurde um 1300 erweitert und ging 1304 an die Dominikaner über. Weitere Veränderungen erfuhr das Gotteshaus vor allem im 16. Jh., als man es um ein Joch verkürzte, ein Querschiff einzog und den Bau einwölbte. Die 1765 durchgeführten Umbauten tragen den Stempel des Spätbarock.

In den ersten beiden Kapellen auf der rechten Seite stößt man auf Fresken umbrischer Künstler aus dem späten 15. Jahrhundert. Weitere beachtenswerte Arbeiten in der Kirche sind die "Hl. Maria Magdalena" von Giovanni Baglione (17. Jh.), eine Pietà aus Terrakotta (15. Jh.) in der 6. Kapelle links und das mit Intarsien verzierte Lesepult im Chorraum. Vom berühmtesten Keramik-Künstler Gubbios, Meister Giorgio Andreoli, stammt angeblich die Majolika-Arbeit "Antonius Abbas" in der 7. Kapelle links (16. Jh.).

Palazzo Beni

Schräg gegenüber von San Domenico steht der stattliche, an der Wende vom 14. zum 15. Jh. erbaute Palazzo Beni, einstiger Wohnsitz der gleichnamigen Familie, die u.a. so berühmte Gäste wie Papst Martin V. (1420) und Julius II. (1506) in ihrem Haus aufnahm.

Palazzo del Capitano del Popolo

Folgt man der Via Vantaggi, die in die Via Gabrielli übergeht, dann kommt man in die nördliche Altstadt. Kurz vor dem Stadttor Porta Metauro steht linker Hand der ehemalige Palazzo des Stadthauptmanns, ein dem Palazzo del Bargello ähnliches, ebenfalls recht schlichtes Gebäude, das sich nur wenig von den umgebenden Häusern abhebt.

Der kürzeste Weg zum Palazzo Ducale und zum Dom führt über die schmale Via della Cattedrale.

*Palazzo Ducale

Mo.–Sa. 9.00–13.30, 14.30–19.00, So. und Fei. 9.00–12.30 Uhr

Obgleich an der höchsten Stelle der Altstadt gelegen, entdeckt man den Palazzo Ducale ebenso wie den schräg gegenüber liegenden Dom erst, wenn man direkt vor ihnen steht. Den Palazzo Ducale ließ sich um 1471–1474 Federico da Montefeltro, Herzog von Urbino und Stadtherr

◀ *Durch enge Gassen geht es hinauf zum Palazzo dei Consoli*

Palazzo Ducale (Fortsetzung)

von Gubbio, an der Stelle eines langobardischen Verwaltungssitzes erbauen. Auffallend ist die Ähnlichkeit mit dem von Francesco Laurana für die Montefeltro entworfenen Palast in Urbino, der dem Architekten – vermutlich Francesco di Giorgio Martini, der ebenfalls in den Diensten der Montefeltro stand – wohl als Vorbild diente.
Das Zentrum der Anlage bildet der herrliche Cortile d'onore (Ehrenhof), der den Wandaufriß des Cortile von Urbino in leichter Abwandlung wiederholt. Im Erdgeschoß öffnen sich zum Hof an drei Seiten wohlproportionierte, zierliche Rundbogenarkaden. Im Obergeschoß trennen Pilaster in der Verlängerung der Stützen gleichmäßige Wandfelder gegeneinander ab, in denen rechteckige Fenster sitzen. Für die Stützen, die Pilaster und die Rahmungen wurde die kühle 'pietra serena', grauer Stein, verwendet, der einen schönen Kontrast zum rostbraunen Ziegelmauerwerk des Obergeschosses bildet.

*Aussichtsterrasse

Ein Durchgang am Palazzo führt in eine kleine, bewirtschaftete Gartenanlage mit Aussichtsterrasse – von hier aus bietet sich ein herrlicher Blick über die Altstadt von Gubbio!

*Dom Santi Mariano e Giacomo

Besichtigung

Schräg gegenüber vom Palazzo Ducale, dicht an den steilen Hang geschmiegt, erhebt sich der Dom Santi Mariano e Giacomo. Er wurde in der ersten Hälfte des 13. Jh.s über einer dem Märtyrer Mariano geweihten, vermutlich um 1040 zur Kathedrale erhobenen Vorgängerkirche errichtet. Die Skulpturen an der um 1300 hochgezogenen Fassade stammen von der älteren Kirche. Der Eindruck des einschiffigen, verhältnismäßig dunklen Innenraums wird wesentlich durch die zehn Schwibbögen bestimmt, die über Wandpfeilern aufsteigen und den offenen Dachstuhl tragen. Eine Ausnahme bilden die beiden letzten Joche vor dem Chor, die zusammengefaßt und eingewölbt wurden. Die zwischen den Wandpfeilern eingelassenen Kapellen bieten einigen sehenswerten Altarbildern aus dem 16. Jh. Platz. In der ersten Kapelle links hängt eine 1513–1521 entstandene "Anbetung der Hirten", die Eusebio da San Giorgio in Anlehnung an Pinturicchios Version dieses Themas malte. In der darauffolgenden Kapelle ein Altarbild (Hl. Maria Magdalena, 1521) von Timoteo Viti aus Urbino. Anschließend, in der dritten Kapelle, ein Altarblatt ("Madonna mit Kind und den Heiligen Sebastian und Ubaldus", dem Stadtpatron von Gubbio) von Sinibaldo Ibi, einem Epigonen Peruginos. Die Pietà nach dem dritten Pfeiler ist ein Werk von Dono Doni (um 1560). Der hl. Ubaldus begegnet noch einmal in der fünften Kapelle auf der linken Seite, wo ihn Benedotto Nucci als Bischof dargestellt hat (1598).

Dommusem

Im ehemaligen Kanonikerhaus des Doms ist das kleine Dommuseum untergebracht (z.Zt. wegen Renovierung geschlossen). Das dortige Altarbild "Maria in der Gloriole", lange Zeit als Werk des Guido Palmerucci gehandelt, mußte nach der Restaurierung, die eine Signatur freigab, dem Maler Mello da Gubbio zugeschrieben werden. Der Stolz des Museums ist das mit Passionsszenen bestickte, flämische Pluviale aus Goldbrokat.

*Via Galeotti

Besonders malerisch ist die unterhalb des Doms paralell zur Via dei Consoli verlaufende Via Galeotti, die an vielen Stellen überbaut und von Stützbögen und niedrigen Gewölben überspannt ist.

Südöstliche Altstadt

*Santa Maria Nuova

Zwei interessante Kirchen lohnen den Spaziergang in die südöstliche Altstadt von Gubbio, Santa Maria Nuova und Sant' Agostino, das direkt hinter der Porta Romana liegt. Erstgenannte, in der zweiten Hälfte des 13. Jh.s erbaute Kirche wird vor allem wegen des dortigen Freskos "Madonna del Belvedere" von Ottaviano Nelli (1403 oder 1413) besucht, das als eines der

Santa Maria Nuova (Fortsetzung)

schönsten Beispiele für die internationale Gotik in Umbrien gefeiert wird. Es schmückt die rechte Längswand der im 17. Jh. eingewölbten Kirche und zeigt die Madonna mit dem Jesuskind auf dem Schoß, das sich den musizierenden Engeln und den beigestellten Heiligen (Emilianus und Antonius Abbas) sowie dem Stifterpaar mit dem Zeigegestus zuwendet. Außerdem birgt die Kirche zwei an den Innenseiten bemalte Sarkophage des hl. Ubaldus.

Sant' Agostino

Wer durch die Besichtigung der Chiesa Santa Maria Nuova zur weiteren Begegnung mit dem Werk von Ottaviano Nelli angeregt wurde, sollte noch die Kirche Sant' Agostini besichtigen, die direkt hinter der Porta Romana liegt. Die mittlere Chorkapelle dieses 1251–1294 errichteten Gotteshauses ist mit einem Freskenzyklus von 26 Bildern zum Leben des hl. Augustinus ausgemalt (1422–1424). Auch das "Jüngste Gericht" am Triumphbogen stammt von Nelli bzw. einem seiner Mitarbeiter.

San Pietro

Im Süden der Altstadt, an der gleichnamigen Piazza, liegt die Kirche San Pietro, im wesentlichen im 13. Jh. über einem romanischen Vorgängerbau entstanden. Nachdem die Kirche den Olivetanern übergeben worden war, wurde sie 1519 umgebaut. Das Gehäuse der Orgel an der Eingangswand fertigten 1598 die aus Gubbio stammenden Brüder Antonio und Giambattista Maffei.

Außerhalb der Altstadt

Sant' Ubaldo

Die Kirche des Stadtheiligen Ubaldo erhebt sich in aussichtsreicher Lage etwa 300 m oberhalb von Gubbio am Hang des Monte Ingino. Es gibt drei Möglichkeiten, dort hinzukommen: zu Fuß (ca. 2 km, vom Dom aus über die Via Sant' Ubaldo), mit der Drahtseilbahn (Talstation bei der Chiesa Sant' Agostino am südwestlichen Ortsausgang) oder mit dem Wagen durch das enge Flußtal des Camignano, genannt Gola del Bottaccione (zunächst auf der SS 298, dann ausgeschildert). Seit 1194 ruhten die Gebeine des Ubaldus in einer kleinen Landpfarrkirche, die im Jahre 1514 auf Veranlassung der Familie Della Rovere zu einer Basilika ausgebaut wurde. An der Wand des rechten Seitenschiffs stehen die Ceri, jene großen Holzstatuen, die alljährlich am 15. Mai in einem Wettlauf vom Palazzo dei Consoli hier heraufgetragen werden (siehe dazu das Baedeker Special S. 47).

Römisches Theater

Außerhalb der Altstadt liegt auch das Römische Theater (Teatro Romano) aus dem ersten vorchristlichen Jahrhundert. Mit einem Durchmesser von 70 m und einem Platzangebot für rund 6000 Zuschauer ist es eines der großen römischen Theater in Italien.

Mausoleum

Ein weiteres Bauzeugnis aus der römischen Vergangenheit von Gubbio ist das kleine Mausoleum in der Via del Mausoleo, von dem nur die etwa 6 auf 5 m große, tonnengewölbte Grabkammer erhalten blieb.

Umgebung von Gubbio

Scheggia e Pascelupo

Allgemeines

Im bergigen Hinterland von Gubbio, knapp 13 km nordöstlich an der SS 298, liegt Scheggia, das zusammen mit Pascelupo eine Doppelgemeinde bildet (1612 Einw.). In römischer Zeit verlief zwischen diesen beiden Dörfern die Via Flaminia, eine der Hauptverkehrsadern im Römischen Reich. Das antike Schisa war eine Station an der Via Flaminia. Im Mittelalter geriet Schisa zusammen mit Pascelupo unter die Herrschaft von Gubbio, das die Dörfer zeitweilig an die Familie Montefeltro bzw. an den Kirchenstaat abtreten mußte. Ein mittelalterlicher Turm im Zentrum von Scheggia ist das einzige Relikt aus früheren Zeiten.

Scheggia e Pascelupo

Der Weg zu der bedeutenden Abtei Santa Maria di Sitria (11 km nordöstlich von Scheggia) führt über Isola Fossara an der SS 360. Der hl. Romuald hatte diese Klostergemeinschaft zu Beginn des 11. Jh.s ins Leben gerufen. Es wird berichtet, daß der Heilige in einer der Klosterzellen von seinen Mitbrüdern sechs Monate festgehalten wurde. Sehenswert ist die romanische, im 12./13. Jh. errichtete Klosterkirche mit halbrunder Apsis und Krypta unter dem Chor.

Eremo di Fonte Avellana

Nur wenige Kilometer nördlich von Santa Maria di Sitria, direkt hinter der Grenze zwischen Umbrien und den Marken, liegt an den felsigen Abhängen des Monte Catria (1701 m ü.d.M.) die kurz vor 1000 gegründete Einsiedelei S. Croce di Fonte Avellana, vermutlich das Mutterkloster von Santa Maria di Sitria.

Costacciaro

Allgemeines

Verläßt man Scheggia auf der Strada Statale (SS) 3 in südliche Richtung, dann erreicht man nach etwa 8 km Costacciaro (567 m ü.d.M.; 1300 Einw.). Das Dorf liegt im Chiascio-Tal, vor der malerischen Kulisse der Bergkette um den Monte Cucco. Costacciaro geht auf eine römische Siedlung zurück, wie die Überreste einer Brücke über das Flüßchen Sirca erkennen lassen (im Ort und in der Umgebung kennt man sie allerdings unter dem fälschlichen Namen 'ponte etrusco', d.h. etruskische Brücke).

Sehenswertes

Wie viele andere Ortschaften der Provinz, unterstand auch Costacciaro abwechselnd der Herrschaft Perugias, Gubbios und der Montefeltre, für die der Ort zur Verteidigung ihrer Ländereien von strategischer Bedeutung war. Aus diesen bewegten Zeiten kann man heute noch die Ruinen der Burg, ein Stück des Mauerrings und die dreischiffige Kirche San Francesco (14. Jh.) bewundern; letztere enthält Matteo da Gualdo zugeschriebene Fresken, eine mit Gravuren verzierte Urne, die die sterblichen Überreste des seligen Tommaso da Costacciaro birgt, und Altäre aus dem 17. Jahrhundert. Costacciaro eignet sich für Wanderungen und Ausflüge in das Naturschutzgebiet um den Monte Cucco (s.u.).

Sigillo

Allgemeines

Knapp 4 km hinter Costacciaro (an der SS 3) liegt Sigillo (490 m ü.d.M.; 2390 Einw.), das vor allem als Ausgangspunkt für Fahrten auf den Monte Cucco (s.u.) und zur berühmten Grotta del Monte Cucco bekannt ist. Wie das benachbarte Costacciaro war auch Sigillo eine römische Gründung an der Via Flaminia; möglicherweise handelt es sich bei Sigillo um das antike Suillum. Relikte aus der römischen Vergangenheit sind die Überreste einer aus großen quadratischen Hausteinen errichteten Brücke kurz vor dem Ortseingang. Gegen Ende des 12. Jh.s wurde Sigillo vollkommen zerstört. Die Stadt Perugia, bis im 15. Jh. im Besitz des Dorfes, ließ es wiederaufbauen. In Sigillo wurde der Barockmaler Ippolito Borghese geboren, der in der ersten Hälfte des 17. Jh.s einige Kirchen des Königreichs Neapel freskierte. In seinem Heimatort wird in der Kirche Sant'Agostino ein Tafelbild ("Verkündigung") von ihm aufbewahrt.

*Monte Cucco

Allgemeines

Nordöstlich von Sigillo erhebt sich der 1566 m hohe Monte Cucco. Der Monte Cucco und seine Umgebung, durch die Ausweisung als Naturpark (Parco Naturale Regionale) besonders geschützt, gehören zu den schönsten Wandergebieten in Umbrien. Zahlreiche markierte Bergpfade führen durch die herrliche Landschaft des kargen umbrisch-märkischen Apennins. In den Frühjahr- und Sommermonaten kann man hier typische Bergflora blühen sehen.

Die Panoramastraße, die bis etwa 1200 m reicht, beginnt in Sigillo (man folge dem Straßenschild 'Val di Ranco'). Nach etwa 8 km kommt man zur Abzweigung nach Val di Ranco, einem von Buchenwäldern umgebenen Ort, der nur aus ein paar Häusern und zwei Hotels besteht. 1 km hinter dieser Abzweigung nach Val di Ranco endet die Straße zum Gipfel (Parkplatz); ab hier geht es zu Fuß weiter. Auch die Grotta del Monte Cucco ist nur zu Fuß über einen leicht begehbaren Bergpfad erreichbar (ca. 1/2 Stunde).

Anfahrt

Eine der größten Karsthöhlen Italiens öffnet sich am Ostabhang des Monte Cucco auf 1390 m Höhe. Noch lange sind nicht alle Gänge dieser riesigen und weitverzweigten Höhle erforscht. Bis zu 929 m tief reichen die gewundenen Gänge und die weitläufigen Säle mit prächtigen Tropfsteinbildungen hinab, die sich mehr als 20 km in den Berg hineingraben. Die Begehung der Grotta del Monte Cucco ist möglich, allerdings nur in Begleitung eines höhlenkundigen Führers. Bei Höhlenwanderungen wird empfohlen, sich vor dem Abstieg bei seiner Unterkunft oder an anderer Stelle abzumelden. In den Hotels von Val di Ranco kann man Fackeln kaufen, besser sind allerdings große Taschenlampen, für die man allerdings unbedingt eine zusätzliche Batterie in der Hosentasche haben sollte.

*Grotta del Monte Cucco

Lago di Piediluco

F 10

Provinz: Terni
Fläche: 1,52 km²

Ganz im Süden von Umbrien, an der Grenze zu Latium, liegt der zweitgrößte See der Region, der Lago di Piediluco, eingebettet in bewaldete Berghänge, hinter denen die meist schneebedeckten Gipfel der Monti Reatini aufragen. Von der Großstadt → Terni aus sind es nur etwa 10 km

**Lage und Allgemeines

Ein ideales Plätzchen für Erholungssuchende: der Lago di Piediluco

Lage und Allgemeines (Fortsetzung)

auf der SS 79 (Richtung Rieti), bis man dieses idyllische Fleckchen Erde erreicht hat. Der in drei schmalen Armen auslaufende, fischreiche See ist etwa 3 km lang und an der breitesten Stelle 2,5 km breit. Das heutige Gewässer ist nur der Rest eines weitaus größeren Sees (Velino-See genannt), der in vorgeschichtlicher Zeit die ganze Ebene von Rieti füllte.

*Naherholungsgebiet

Dank der umsichtigen Baupolitik der Stadtverwaltung von Terni sind die Ufer des Lago di Piediluco bis heute unverbaut und die Wälder an den Berghängen weitgehend noch gesund. Da das Ufer nur an wenigen Stellen zugänglich ist (vor allem bei der gleichnamigen Ortschaft) und die Wasserqualität etwas zu wünschen übrig läßt, eignet er sich nur bedingt zum Baden. Empfehlenswert ist dagegen die Erkundung des Sees mit dem Tret- oder Ruderboot (Bootsverleih in Piediluco). Die oft zu beobachtenden Ruderstaffeln sind seit der Einrichtung eines Rudersportzentrums und -trainingslagers vor ein paar Jahren ein vertrautes Bild – mittlerweile werden auf dem Lago di Piediluco sogar internationale Ruderregatten ausgetragen.
Am Ufer gegenüber des Ortes Piediluco, auf dem Monte Caperno, soll angeblich das Echo besonders gut sein.

Piediluco (Ort)

Allgemeines

Piediluco hat zwei Gesichter, die so verschieden sind, daß man sich das jeweils andere kaum vorstellen kann. Wenn man unter der Woche, möglichst noch im Frühjahr oder Herbst, dorthin fährt, trifft man auf ein beschauliches, ja geradezu verschlafenes umbrisches Städtchen am Seeufer. Keine Spur von Tourismus, ein paar Hotels, die um die wenigen Gäste buhlen, ein paar kleine, gemütliche Pensionen und am Abend als einzige Abwechslung die trainierenden Ruderer auf dem ansonsten ruhigen See. Ganz anders sieht es an heißen Sommerwochenenden in Piediluco aus, wenn die Ausflügler aus Terni und Umgebung den Ort überschwemmen, die Seeterrassen der Lokale gefüllt sind und der großzügige Parkplatz am Ortsrand endlich seinen Zweck erfüllt.
Piediluco ist zwar – da nicht auf einem Hügel gelegen – kein prototypischer, aber dennoch ein für Umbrien charakteristischer Borgo mit engen Gassen und kleinen Plätzen ohne den Schmuck bedeutender Bauwerke. Der Fischfang ernährt auch heute noch einige Familien; die anderen arbeiten in den Fabriken von Terni oder betreiben eine Gastronomie.

Geschichte

Zu der Annahme, daß das Gebiet von Piediluco bereits von einem italischen Volksstamm besiedelt war, berechtigt der sogenannte 'Tesoretto di Piediluco' (Schatz von Piediluco), der 1868 beim Bau der Verbindungsstraße Terni-Rieti entdeckt wurde. Der aus Fibeln, Äxten und anderen Bronzegegenständen bestehende Fund, heute im Museum für Paläontologie in Rom ausgestellt, wird ins 9./8. Jh. v. Chr. datiert.
Im Jahre 1028 ist auf dem Berg eine Burg bezeugt, ihre Ruine sowie ein Stück des einstigen Mauerrings um den Ort sind noch zu sehen. Burg und Siedlung waren bis zum Beginn des 13. Jh.s im Besitz der Familie Arroni, die haben Arrone (→ Valuerina) den Namen gaben, und gingen dann an die Familie Brancaleone über, die zahlreiche neue Häuser am Ufer des Sees errichten ließ.
Im 13. Jh. gerieten die Bewohner von Piediluco in die Auseinandersetzungen zwischen Guelfen und Ghibellinen sowie zwischen Perugia und Spoleto. Nach der Rückkehr der Päpste aus dem Exil in Avignon bezog man auch Piediluco in das Verteidigungssystem der kirchlichen Besitztümer mit ein, das sich Kardinal Albornoz ausgedacht hatte. Er überließ das Castello seinem Neffen Blasco di Fernando di Belviso, der aber ein Jahr nach dem Tod des Kardinals zusammen mit seinem Sohn von den Bewohnern Piedilucos ermordet wurde. Um den Aufstand niederzuschlagen, befahl Papst Urban V. die Hinrichtung etlicher Bewohner von Piediluco und die Zerstörung des Ortes. Die Burg blieb jedoch erhalten und fiel im 15. Jh. in die

Piediluco, Geschichte (Fortsetzung)

Hände der Familie Trinci aus Foligno. Ihre späteren Besitzer, die Familie Poiani, zog im 17. Jh. hinab in den Ort, und die Festung wurde in einen Kerker verwandelt. Um die Mitte des 18. Jh.s war er bereits zur Ruine heruntergekommen.
Das Städtchen Piediluco wurde im Jahre 1927 zu Terni eingemeindet.

Sehenswertes

Einen Besuch lohnt die Kirche San Francesco, die im Zentrum von Piediluco recht eigenwillig den zentralen Corso Umberto überragt. Ursprünglich soll der See bis an den Fuß der steilen, aber breitangelegten Treppe gereicht haben, die zur Kirche hinaufführt. Das Ende des 13. bis um die Mitte des 14. Jh.s errichtete Gotteshaus ist dem hl. Franziskus geweiht, der 1217 in Piediluco eine Predigt gehalten hatte – am reich skulptierten Hauptportal findet man die Jahreszahl 1339 sowie Darstellungen des Fischfangs. Das Innere des einschiffigen Kirchenraums wird durch kräftige Schwibbögen in sieben Joche unterteilt. Links vom Eingang ein Fresko ("Madonna mit Heiligen", 1514) des Malers Marcantonio di Antoniazzo. Das Weihwasserbecken ist ein zusammengesetztes Stück aus dem Kapitell und der Basis einer Säule.

Feste und Veranstaltungen

Zu den nennenswerten Veranstaltungen in Piediluco zählen die 'Festa delle Acque' (Wasserfest) und die Ende April ausgetragene, internationale Ruderregatta ('Memoriale d'Aloja').

Lago Trasimeno

B/C 6/7

Provinz: Perugia
Höhe: 258 m ü. d. M.
Fläche: 128 km²

Allgemeines

Den Namen des flachen Sees im Nordwesten Umbriens kennen viele aus dem Geschichtsbuch: In der Schlacht am Trasimenischen See im Jahre 217 v. Chr. mußten die Römer eine bittere und blutige Niederlage gegen den karthagischen Feldherrn Hannibal einstecken, der mit einem Heer von 26 000 Mann die Alpen überschritten hatte und – zum Entsetzen der Römer – auf die Stadt Rom zumarschierte. Der Ort des grausamen Geschehens lag bei Sanguineto, einem Dorf bei Tuoro sul Trasimeno (s. dazu das Baedeker Special S. 149).

*Erholungsregion

Ansonsten erinnert nichts mehr an das einstige Geschehen – der Lago Trasimeno ist heute eines der bevorzugten Erholungsgebiete in Umbrien mit einem reichhaltigen Angebot an Campingplätzen, Ferienwohnungen, Freizeit- und Sporteinrichtungen. Die flachen Ufer des Sees sind verhältnismäßig dünn besiedelt – kleine Fischerdörfer schmiegen sich unauffällig in die stark verschilfte Uferlandschaft. Am stärksten frequentiert, aber in Nebensaisonzeiten immer noch beschaulich, sind die beiden größeren Ortschaften am See, das hübsche Uferstädtchen Passignano sul Trasimeno und das auf erhöhtem Standpunkt am Westufer thronende Castiglione del Lago. Wassersport (Segeln, Surfen) steht naturgemäß am Trasimeno hoch im Kurs, aber auch zum Reiten, Wandern und Fahrradfahren gibt es genügend Möglichkeiten. Trotz fast überall vorhandener Badeanstalten ist das Schwimmen im Trasimeno wegen der geringen Wassertiefe und des starken Algenwachstums ein zweifelhaftes Vergnügen.

*Landschaftsbild

Der viertgrößte See Italiens liegt eingebettet in eine sanft-hügelige Agrarlandschaft, in der hauptsächlich Getreide, Wein und Obst angebaut werden. Besonders schön ist ein Blick auf den See von einer der etwas höher gelegenen, zumeist befestigten alten Ortschaften im Hinterland des Trasimeno. Drei Inseln bestimmen das Seepanorama mit: die Isola Maggiore, zu der es eine regelmäßige Schiffsverbindung gibt, die Isola Minore (Naturschutzgebiet und in Privatbesitz) und die Isola Polvese, die nur zwischen April und Mitte September angesteuert wird.

Lage und Anfahrt

Der Lago Trasimeno liegt knapp 30 km nordwestlich von Perugia und ist von hier aus über die 'SS 75 bis' schnell zu erreichen. Diese gut ausgebaute Straße verläuft am Nordufer des Trasimeno entlang und stößt kurz vor der toskanischen Stadt Sinalunga auf die Autostrada del Sole (A 1) Florenz – Rom. Von Perugia und von Chiusi (Toskana) aus gibt es auch eine Bahnverbindung zum Lago Trasimeno.

Fischerei

Der Trasimenische See ist nicht nur reich an Fischen, er hat auch besonders feine zu bieten, u. a. Karpfen, Hechte, Aale, Schleien, Barben, Döbel und Flußbarsche. Rund 30 % der Fangerträge aus italienischen Gewässern stammen aus dem Lago Trasimeno. Fischfang und fischverarbeitende Industrie bilden auch heute noch wichtige Erwerbszweige der hier angesiedelten Familien. Beinahe unnötig zu erwähnen, daß frisch zubereiteter Fisch fast überall um den Trasimeno auf der Speisekarte zu finden ist.

Probleme des Wasserstandes

Der Lago Trasimeno erreicht nur eine durchschnittliche Tiefe von etwa 4,5 m, an der tiefsten Stelle mißt er etwas über 6 m. Seine geringe Tiefe erklärt sich durch die geologische Entstehung des Gewässers durch das Absinken der Erdkruste. Da er nur von kleinen Wasserläufen, insbesondere dem Macerone, dem Tresabach und dem Rio Maggiore gespeist wird, ist sein Wasserstand sehr schwankend. In den letzten Jahren sank der Wasserspiegel kontinuierlich, so daß zu befürchten stand, der See würde austrocknen. Daß der See tatsächlich früher größer war, bestätigen historische Landkarten.
Immer wieder in der Geschichte gab es Versuche, das Problem des schwankenden Wasserstands in den Griff zu bekommen. Bereits die Römer konstruierten am südöstlichen Ufer des Sees, bei San Savino, einen unterirdischen Abflußkanal, der bei Hochwasser die überflüssigen Wassermengen ableitete. Er blieb solange in Betrieb, wie das kaiserliche Rom über seine Instandhaltung wachte, danach verlandete er. Im Mittelalter war er bereits so verschüttet, daß sich eine Instandsetzung nicht lohnte. Den Bau eines neuen Abflußkanals nahm erst Braccio Fortebraccio (⟶ Berühmte Persönlichkeiten) in Angriff, als er Herr über Perugia war, zu dessen Contado der See gehörte. Im Jahre 1421 ließ er einen römischen Kanal öffnen, der zunächst als Wundermittel gegen die Wasserstandsschwankungen gerühmt wurde, sich aber bald als ebenso unbrauchbar erwies wie sechzig Jahre später der Versuch von Papst Sixtus IV., durch die Umleitung der Tresa das Problem zu lösen. Der Lago Trasimeno wechselte somit weiterhin zwischen Überschwemmungen, Morastbildungen und dem Absinken des Wasserstands durch lange Trockenperioden. Abhilfe schaffte erst ein 1898 angelegter Abflußkanal, der den See seither vor Überschwemmungen bewahrt, aber für die Verlandungsgefahr immer noch keine Lösung bietet.

Rundfahrt um den Lago Trasimeno

Streckenverlauf

Die nachfolgende Route um den Lago Trasimeno beginnt in Magione am östlichen Seeufer und folgt der Uferstraße entgegen dem Uhrzeigersinn. Man kann den See ohne Mühe in einem Tag umrunden – allerdings bleibt dann für die Besichtigung der Städtchen und Ortschaften nur wenig Zeit. Wer einen Besuch der Isola Maggiore in die Rundfahrt miteinbezieht, sollte dafür mindestens einen halben Tag einplanen.

Magione

Lage und Allgemeines

Wenn man von Perugia über die SS 75 zum Lago Trasimeno fährt, sieht man wenige Kilometer vor dem See das Kastell, das die Industriestadt Magione (299 m ü. d. M.; 12200 Einw.) überragt.

◂ *Sanft ansteigende Hügel rahmen den größten See Umbriens*

Magione (Fortsetzung)

Magione hat sich in den letzten Jahren in erheblichem Maß zur Ebene hin ausgedehnt, wo auch die Industriebetriebe (Möbel, Bekleidungsindustrie) angesiedelt wurden. In der Umgebung von Magione werden Gemüse, Oliven und Wein angebaut und obwohl Magione ein ganzes Stück vom See entfernt ist, leben viele Bewohner der kleinen, zu Magione eingemeindeten Dörfer immer noch vom Fischfang bzw. von der Fischzucht.

Fra Giovanni da Pian di Carpine

Magione ist die Geburtsstadt des Franziskanermönchs Fra Giovanni da Pian di Carpine (1182–1252?), der als einer der ersten Europäer Zentralasien bereist hat. Fra Giovanni brach im Jahre 1245 in missionarischem Auftrag als Gesandter Papst Innozenz IV. auf und landete 15 Monate später am Hof des Mongolenherrschers Kujuk in Karakorum. 1247 kehrte er von seiner weiten Reise zurück und machte sich an die Niederschrift seiner Eindrücke. Seine Historia Mongolorum (Geschichte der Mongolen), die erste von einem Euopäer verfaßte Abhandlung über die Gesellschaft des mongolischen Volkes, wurden für spätere Orientreisende, u.a. auch den berühmten Marco Polo, ein vielgelesenes Handbuch. Vermutlich, weil Magione als Ortschaft zu Lebzeiten von Giovanni noch gar nicht existierte, wurde als Bezeichnung seiner Herkunft 'Pian di Carpine' verwendet, was soviel wie 'Ebene mit den Buchen' heißt und sich auf die einstigen Buchenwälder in der Umgebung von Magione bezieht.

Castello dei Cavallieri di Malta

Die auf dem Hügel sitzende Burg von Magione ist eines der wenigen Beispiele für eine Ritterordensarchitektur in Umbrien. Die Anfänge bildete ein von den Rittern des Johanniterordens gegründetes Hospital für Pilger und Kranke, um das sich im Laufe der Zeit die Siedlung Magione bildete. Unter der Leitung des Bolognesen Fieravante Fieravanti wurde das Hospiz im Jahre 1420 zu einer kastellförmigen, von überdachten Ecktürmen flankierten Anlage über quadratischem Grundriß ausgebaut. Im Jahre 1502 war die imposante Burg Schauplatz einer Verschwörung verschiedener umbrischer und märkischer Adeliger gegen Cesare Borgia, der die Abtrünnigen mit blutiger Rache für ihre Tat bestrafte. Die aus der Spaltung der Johanniter hervorgegangenen Malteser sind heute noch im Besitz der Burg.

Weitere Sehenswürdigkeiten

Nicht nur das Castello dei Cavallieri di Malta, sondern auch der um 1200 erbaute Torre dei Lombardi ragt aus dem Ortsbild heraus. Der Turm wurde im Jahre 1800 in ein Nonnenkloster integriert und später von Erdbeben beschädigt. Die mittelalterliche Kirche Santa Maria delle Grazie wurde im 19. Jh. modernisiert, die ein Fresko von Giovanni da Orvieto (1371) birgt. Der Glockenturm stammt aus dem 18. Jahrhundert. Die im 16. Jh. errichtete Kirche San Giovanni Battista, im Zweiten Weltkrieg teilweise zerstört und Ende der vierziger Jahre wiederaufgebaut, wurde 1947 von dem futuristischen Maler Gerardo Dottori, der auch in anderen Gotteshäusern am Trasimenischen See Werke hinterließ, mit Fresken ausgemalt. Dottori soll zusammen mit Balla, Carrá und Marinetti das berühmte 'Manifesto del Futurismo' verfaßt haben.
Auch die Sala del Consiglio Comunale, den Ratssaal der Gemeinde von Magione, hat Dottori freskiert. Dort stellte er die Begegnung von Fra Giovanni da Pian di Carpine mit dem Großen Khan dar.

Monte Sperello

Burgen (castelli) zum Schutz der ihnen zu Füßen liegenden Orte bzw. als Verteidiungsposten für das Grenzgebiet findet man in der Umgebung des Lago Trasimeno in großer Zahl, die meisten sind allerdings verfallen oder nur in Teilen erhalten. Zu den wenigen, die heute noch (oder wieder) bewohnt werden, gehört das Castello von Monte Sperello, einem Dorf etwa 4 km südlich von Magione. Etwas weiter südlich ragt aus der Ebene auf einem 411 m hohen Hügel Agello auf, ein ebenfalls von einer Burg bewachtes Örtchen.

Castel Rigone
*Aussicht

Von Magione kann man auf direktem Weg zum See durchfahren, oder aber einen kleinen Umweg in das 653 m hoch gelegene Hügeldorf Castel Rigone wählen, wo man den Trasimeno erst einmal in seiner ganzen Größe

Castel Rigone Aussicht (Fortsetzung)

überblicken kann. Die Befestigungsmauer des alten Borgo aus dem 13. Jh. hielt dem Angriff der Florentiner 1479 nicht stand, doch das Castello mit seinen Türmen blieb erhalten. Bevor man nach Castel Rigone hinauffährt, sind am Straßenrand die Ruinen des Monteruffiano-Turms aus dem 11. Jh. zu erkennen. Nach einer Volkslegende gaben sich hier alljährlich sämtliche Hexen Umbriens ein Stelldichein.

Wallfahrtskirche Maria Santissima dei Miracoli

Sehenswert sind in Castel Rigone das Ospizio genannte, ehemalige Krankenhaus aus dem 15. Jh. und die 1494 begonnene Wallfahrtskirche Maria Santissima dei Miracoli. Ihr Campanile ersetzte im 19. Jh. den alten Glokkenturm. Den Skulpturenschmuck am Portal der eleganten, aber sehr renovierungsbedürftigen Renaissancekirche schuf Domenico Bertini da Settignano im Jahre 1512. Das Innere schmücken Fresken und Tafelgemälde der umbrischen Renaissancemaler Giovanni Battista Caporali ("Krönung Mariens") und Domenico Alfani ("Anbetung der Könige"; Kopie).

San Vito

Über eine kurvenreiche Straße geht es wieder bergabwärts nach San Vito, wo man auf die Uferstraße von Magione nach Passignano stößt. Einen kurzen Halt lohnt die dortige Kirche aus dem 13. Jh. mit einem niedrigen, etwas grob wirkenden Glockenturm und einem Fresko, das einem Künstler im Umkreis von Fiorenzo di Lorenzo (um 1440–1525) zugeschrieben wird.

Passignano sul Trasimeno

Lage und *Ortsbild

Passignano (289 m ü. d. M.; 4950 Einwohner) ist ein hübscher Bade- und Hafenort und in den Sommermonaten Hauptanziehungspunkt am Nordufer des Lago Trasimeno. Das Erscheinungsbild von Passignano erinnert sehr an die Uferstädtchen der oberitalienischen Seen: Ein schmaler Streifen mit einer gepflegten Strandpromenade, dahinter die Uferstraße mit ein paar Hotels und Geschäften, hinter denen die alten Häuser von Passignano den Hang hochklettern. Auf dem höchsten Punkt des alten Borgo ragen die Ruinen des Castello empor, die von einem ebenfalls recht desolaten Turm überragt werden. Die ehemalige Hauptstadt des unter Napoleon eingerichteten Departements Lago Trasimeno ist heute die Wassersportmetropole am Lago Trasimeno (Badeanlagen, Yachthafen, Bootsverleih u. a.). Wer Ruhe und Natur mehr schätzt als das Strandleben, sollte Ausflüge in das Hinterland von Passignano unternehmen.

Uferpromenade

Ein (vor allem in Vorsaisonzeiten) schönes Plätzchen ist die Uferpromenade, weil man hier unter schattenspendenden Pinien bei einer gemütlichen Tasse Kaffee den Seeblick genießen kann. Die in Ufernähe aus dem Wasser ragende Fliegerskulptur erinnert daran, daß Passignano seit 1922 Sitz einer kleinen Flugzeugwerft und einer Pilotenschule ist und im Zweiten Weltkrieg schwer bombardiert wurde. Blickt man in die andere Richtung, dann tauchen die etwa 100 m lange Landzunge und daneben die beiden Inseln Isola Minore und Isola Maggiore auf.

Schiffsverbindungen

Von Passignano gibt es das ganze Jahr über regelmäßig und mehrmals täglich Schiffsverbindungen zur Isola Maggiore (über Tuoro). Nur in den Sommermonaten und auch nur ein Mal pro Tag fährt ein Schiff von Passignano nach Castiglione del Lago und weiter nach San Feliciano sowie zur Isola Polvese (Anlegestelle direkt an der Uferpromenade).

Isola Maggiore

**Ausflugsziel

Wer etwas Zeit mitbringt, wird auf jeden Fall einen Tagesausflug zu der reizvollen Isola Maggiore unternehmen, die mit idyllischen Spazierwegen, einem kleinen Dorf und herrlichen Ausblicken auf die Uferlandschaften des Trasimeno lockt. In den Sommermonaten sollte man versuchen, den Besuch auf einen Wochentag zu legen, da an den Sonn- und Feiertagen der Andrang groß ist. Von Passignano laufen die Schiffe zu der autofreien Insel in den Sommermonaten beinahe stündlich aus.

Isola Maggiore (Fortsetzung) Sehenswertes

Auf der Isola Maggiore gibt es nur eine winzige Siedlung, ein Fischerdorf aus dem 15. Jh., dessen niedere Häuser sich an einer kopfsteingepflasterten Straße aneinanderreihen. In einem dieser Häuser wurde im ausgehenden 15. Jh. der Literat und humanistische Gelehrte Matteo dell' Isola geboren. Er ist der Autor der 'Trasimenide', einer auf Lateinisch verfaßten Geschichte seiner Heimat. Neben dem kleinen Friedhof, auf dem höchsten Punkt der Insel, steht die gotische Kirche San Michele Archangelo aus dem 14. Jahrhundert. Im Innern ist sie mit Fresken des 14. und 15. Jh.s ausgemalt. Auf dem Altar ein gemaltes Kruzifix von Bartolomeo Caporali (1460), der möglicherweise auch einen Teil der Fresken im Chorraum ausführte. Die romanische Kirche San Salvatore erfreut den Besucher mit einer gemalten "Madonna mit Kind", die ursprünglich in der Kirche San Francesco hing. Einer volkstümlichen Überlieferung zufolge hat im Jahre 1211 der hl. Franziskus (siehe das Baedeker Special S. 35) 42 Tage betend auf der Insel verbracht und während dieser Zeit nur einen halben Brotlaib verspeist. Heute wird durch seine Statue und zwei Kapellen die Erinnerung an den Aufenthalt des Heiligen wachgehalten.

Castello Guglielmi

Über einem verfallenen Kloster ließ sich 1855 der römische Marchese Guglielmi das turmbewehrte und von Mauern umgebene Castello erbauen. Der festungsartige Charakter dieser Residenz war eine romantische Attitüde des Bauherrn, denn zur Verteidigung diente das Castello zu keiner Zeit. Die Gemahlin des Marchese Guglielmi führte auf der Isola Maggiore das Spitzenklöppeln ein und verhalf damit der Insel zu einem Kunsthandwerk, das bis heute rege gepflegt wird.

Tuoro sul Trasimeno

Allgemeines

Tuoro besteht aus zwei Teilen, der eigentlichen Stadt an den flach abfallenden Hügeln, die sich schöner Ausblicke auf den Trasimeno rühmt, und der am Seeufer entstandenen Feriensiedlung mit Hafen und Badestrand. Im Jahre 217 v. Chr. trafen in der Nähe von Tuoro, bei Sanguineto, die Truppen Hannibals auf das römische Heer. Der eigentliche Schauplatz der Schlacht liegt bei dem Dorf Sanguineto, wo heute ein Lehrpfad die Stationen dieser kriegerischen Begegnung nachzeichnet. Im Ort selbst und im näheren Umkreis sind zahlreiche Einäscherungsgräben freigelegt worden, in denen nach der Schlacht am Trasimenischen See die Leichen von mehreren tausend römischen und afrikanischen Soldaten eingeäschert wurden. Das Städtchen Tuoro (309 m ü. d. M.; 3650 Einw.) entstand erst einige Jahrhunderte nach der verheerenden Schlacht, im Mittelalter war es eine wichtige Post- und Zollstation. Neben Handel und Kunstgewerbe kommt dem Fischfang bis heute eine wirtschaftliche Bedeutung zu.

Umgebung, Campo del Sole

Einen Besuch lohnt das zwischen dem Städtchen und dem Seeufer in Punta Navaccia angelegte Campo del Sole, ein Ausstellungsgelände, auf dem 28 große Skulpturen von verschiedenen italienischen und ausländischen Künstlern zu sehen sind. Als Material verwendeten die Künstler den hier heimischen hellen Sandstein, die sogenannte Pietra Serena.

Vernazzano

In den Hügeln hinter Vernazzano (knapp 2 km vor Tuoro rechts ab) stößt man auf die kuriose Torre Torta, einen Turm, der noch schiefer ist als der berühmte Schiefe Turm von Pisa. Die dazugehörige Burg ist Ruine.

Lisciano Niccone

Die SS 416 verläßt Tuoro in nördliche Richtung und schlängelt sich kurvenreich durch das hügelige Hinterland bis hinauf ins obere Tibertal, wo sie bei → Umbertide auf die SS '3 bis' stößt. Vom 604 m hoch gelegenen Passo Gosparini (etwa 6 km hinter Tuoro) sieht man bei gutem Wetter über den Lago Trasimeno bis hin zu den Weinhängen von Montepulciano in der Toskana. Nach 13 km Fahrt kommt man in das Hügeldorf Lisciano Niccone, wo rechts ein schmales Sträßchen in das benachbarte Val di Rosa abzweigt (etwa 4 km). In Val di Rosa sollte man einen Blick in die Kirche San Nicolò werfen, die ein Altarbild von Eusebio da San Giorgio bewahrt.

Baedeker Special

Die Schlacht am Trasimeno

In der Ebene am Nordufer des Lago Trasimeno herrschte dichter Nebel, als Gaius Flaminius mit seinen vier Legionen dem karthagischen Feldherrn Hannibal entgegenrückte. Flaminius bemerkte nicht, daß die Karthager auf den Hügelketten standen, die das Tal nach drei Seiten abschließen. Als die Römer weit genug in die Ebene vorgerückt waren, griff Hannibal an. Das Seeufer im Rücken, gab es für die Römer keine Fluchtmöglichkeit; im Kessel bei Tuoro starben rund 15000 römische Soldaten, Hannibal verlor etwa 1500 Mann. Die Schlacht am Trasimenischen See war nicht die erste und einzige, die der karthagische Feldherr auf seinem insgesamt 18 Jahre dauernden Feldzug gegen das römische Imperium gewonnen hatte. Doch während Hannibal und seine Truppen nach den Schlachten an Ticinus und Trebia (218 v. Chr.) noch weit im Norden des Reiches standen, waren es im Fall der Trasimeno-Schlacht nur noch knapp 200 km, die den Karthager von Rom trennten.

Hannibal

Der Sieg über die Römer am Trasimeno war ein erneuter Beweis von Hannibals überragenden Fähigkeiten als Feldherr. Doch obwohl Hannibal ein Jahr später in Cannae den Römern eine weitere schwere Niederlage beibringen konnte, sollte ihm die Einnahme Roms nicht gelingen – im Jahr 203 mußte er nach Karthago zurückkehren, ohne sein Ziel erreicht zu haben.

Castiglione del Lago

*Lage und Allgemeines

Von einem Landsporn aus Kalkstein blickt die befestigte Stadt stolz auf das Westufer des Lago Trasimeno herab. Schon von weitem erkennt man die Türme der Burg, die die Spitze der Landzunge einnimmt und das Panorama von Castiglione del Lago beherrscht. Das gepflegte Städtchen (304 m ü. d. M., 10000 Einw.) ist das touristische Zentrum am Westufer des Trasimeno mit Restaurants, Geschäften, Bade- und Sportmöglichkeiten.

Geschichte

Dort, wo sich heute Castiglione del Lago erhebt, war früher eine Insel. Als der Wasserspiegel sank und der See sich verkleinerte, blieb der Hügel von Castiglione als Halbinsel zurück.
Daß die Besiedlung von Castiglione bis in die Frühgeschichte zurückreicht, belegt die sogenannte Trasimenische Venus, eine 37 cm große Speckstein-Statuette ohne Kopf, die in der Nähe der Stadt gefunden wurde und vermutlich aus der Altsteinzeit stammt. Heute wird die kleine Statue im archäologischen Museum in Florenz aufbewahrt. Erst mit den Etruskern trat Castiglione ins Licht der Geschichte, auch wenn zahlreiche Funde, die heute in den Museen in Rom oder Perugia bewahrt werden, auf die Existenz einer prähistorischen Pfahlbauten-Kultur hindeuten. Die enge Verbindung Castigliones zur nahen Etruskerstadt Chiusi wird durch die Schriften des römischen Geschichtsschreibers Plinius, der die Stadt als Clusium

Castiglione del Lago Geschichte (Fortsetzung)

Novum erwähnt, sowie durch die antike Bezeichnung Castrum Clusii untermauert. Gegen Ende des 11. Jh.s geriet Castiglione unter die Herrschaft Perugias, aber auch Arezzo, Orvieto und Cortona versuchten, das günstig gelegene Städtchen ihrem Einzugsgebiet zuzuschlagen. Gleichzeitig war Castiglione angeblich auch unter allen Städten, die Perugia unterworfen hatte, die widerspenstigste. Friedrich II. verwandelte das eher bescheidene Castello in eine wehrhafte Burg, das 'Castello del Leone', aus dem später der Name Castiglione entstand. Papst Julius III. verlieh der Stadt den Titel einer Markgrafschaft.

Besonders eng ist Castiglione del Lago mit dem Geschlecht der Della Corgna verbunden, die durch Julius III. in den Besitz der Burg und damit auch des Ortes gelangten. Unter der Herrschaft der Della Corgna von 1550 bis 1643 erlebte die Stadt eine Blütezeit. Ascanio Della Corgna besaß humanistische Bildung und war ein begabter Feldherr, der sich auch dem Papst entgegenstellte. Den Kampf um die Markgrafschaft Castiglione, das seit 1616 Herzogtum war, gewann schließlich doch die Kirche; nach einer vorübergehenden Zugehörigkeit zum Großherzogtum Toskana wurde Castiglione del Lago im 18. Jh. endgültig Teil des Kirchenstaats.

Veranstaltungen

Die beiden interessantesten Feste in Castiglione del Lago ist das Ende April/ Anfang Mai veranstaltete 'Coloriamo i cieli', bei dem Tausende von Luftballons und Papierdrachen in den Himmel steigen, und die sommerliche 'Rassegna internazionale del folclore', bei der Folkloregruppen unterschiedlichster Herkunft zusammenkommen. Höhepunkt dieses Folkloretreffens sind die Darbietungen der Gruppe 'Agilla e Trasimeno'. Eine Bittprozession für den Schutz vor Hagel als Überbleibsel einer alten bäuerlichen Tradition, findet im Ortsteil Sanfatucchio am 30. Mai, dem Festtag des Stadtheiligen San Felice, statt. Am letzten Sonntag im August pilgern Fürbitter von Panicarola zu der kleinen Kirche La Madonna del Busso hinauf.

Sehenswertes

Zwischen der Burg im Osten und der kuppelbekrönten Kirche Santa Maria Maddalena erstreckt sich die überschaubare Altstadt von Castiglione. Vom schattigen Parkplatz vor der Wehrmauer gelangt man durch das Stadttor auf die zentrale Piazza Mazzini (dort befindet sich auch der Fremdenverkehrsverein). Sowohl dort als auch in dem links wegführenden Corso Matteotti, der im Burghof mündet, gibt es hübsche kleine Geschäfte und Cafés.

*Palazzo Della Corgna

Wenige Meter vor dem Eingang zum Burghof liegt linker Hand ein äußerlich wenig attraktives Gebäude, dem man unbedingt einen Besuch abstatten sollte. Es ist der ehemalige Palazzo Della Corgna, heute Sitz der Gemeindeverwaltung (vormittags geöffnet). Er ging aus einem ehemaligen Wohnturm der perusinischen Familie Baglioni hervor, den Ascanio Della Corgna zu einem zeitgemäßen Palast umbauen ließ.

Das Besondere an diesem Gebäude sind die in der zweiten Hälfte des 16. Jh.s im Auftrag der Della Corgna ausgemalten, offenbar erst jüngst restaurierten Säle im Erdgeschoß. An der Ausführung waren u.a. auch Giovanni Antonio Pandolfi aus Pesaro und der florentinische Maler Salvio Savini beteiligt. Die szenischen Darstellungen zum Ruhm der Della Corgna zeigen entweder Motive aus der griechischen Mythologie (u.a. 'Urteil des Paris' im ersten Saal) oder illustrieren das kulturelle und politische Engagement und kriegerische Unternehmungen des Herrschergeschlechts.

*Burg

Ein mittelalterlicher, überdachter Wehrgang verbindet den Palast der Della Corgna mit der von Friedrich II. ausgebauten 'Rocca del Leone'. Mit ihren vier Türmen und dem 39 m hohen Bergfried an der Westspitze gehörte sie zu den größten Wehranlagen Europas und galt als uneinnehmbar. Der Burgweg führt von der Piazza Gramsci durch einen grünen Olivenhain bis vor die mächtigen zinnenbekrönten Mauern des Burghofs, der in den Sommermonaten eine eindrucksvolle Kulisse für Freilichtaufführungen abgibt. Auf dem ehemaligen Wehrgang kann man entlangspazieren und dabei

Burg (Fortsetzung)

schöne Blicke auf den blau schimmernden Trasimeno-See riskieren (nur für Schwindelfreie zu empfehlen). Die Burg ist bis zum Sonnenuntergang geöffnet.

Kirchen

Die von einer Mauer umschlossene Altstadt westlich der Piazza Mazzini wird von der Kuppel der klassizistischen Chiesa Santa Maria Maddalena (1836–1860; Campanile 1893) beherrscht, die die Grundrißform eines griechischen Kreuzes aufweist. Unter den Gemälden im Inneren beachte man die "Madonna mit Kind und den Hll. Antonius Abbas und Maria Magdalena" (links neben dem Hauptaltar), die der Maler Eusebio di San Giorgio, ein Schüler des berühmten Perugino, fertigte. Sehenswert ist auch die Kirche San Domenico (1640) mit einer schönen Kassettendecke.

Badestrand

Der kleine, frei zugängliche Badestrand von Castiglione del Lago besteht aus einer teils baumbestandenen Liegewiese und einem schmalen Sand-/Kiesstreifen. Wer auf den Trasimener See hinaus möchte, kann hier ein Tretboot mieten.

Bestens geeignet für Ruderpartien: der Lago Trasimeno

Umgebung, Gioiella

Ein Ausflug führt in das fruchtbare Hinterland von Castiglione in das knapp 9 km entfernte Gioiella, das auf eine etruskische Siedlung zurückgeht. Ausgrabungen brachten etwa 13 Etrusker-Gräber ans Tageslicht. Abgesehen von der Pfarrkirche San Lorenzo, die Mitte des 18. Jh.s barock umgestaltet wurde, ist das Erscheinungsbild des Ortes noch weitgehend mittelalterlich. In der Kirche Santa Lucia hängt ein Madonnenbild aus dem Umkreis Peruginos. Moto-Cross-Fans dürfte in Gioiella die Rennpiste des Moto Club Castiglione del Lago interessieren, auf der sich Motorradsportler für Meisterschaftsrennen vorbereiten.

Vaiano

Vaiano liegt etwa 5 km südlich von Gioiella, oberhalb des toskanischen Lago di Chiusi, den man im Tal schimmern sieht. Die reizvolle Lage des eingemeindeten Dorfes, vor allem aber die reich verzierte Terrakotta-Fassade

Vaiano (Fortsetzung)

seiner Kirche aus der Zeit der Renaissance (die an den plastischen Schmuck des Oratoriums San Bernardino in Perugia erinnert), lohnen den Ausflug.

Panicarola-Mácchie

Das kleine Dorf am Südufer des Trasimeno rückte ins Licht der Öffentlichkeit, als der 1993 verstorbene Automobilhersteller Ferruccio Lamborghini sich zu Beginn der 70er Jahre auf sein dortiges, 300 ha großes Landgut La Fiorita zurückzog. Er betätigte sich erfolgreich als Winzer und errichtete eine Ferienwohnanlage für gehobene Ansprüche mit Golfplatz, Reitmöglichkeiten, Tennisplätzen etc.

Panicale

→ dort

Sant'Arcangelo

Sant'Arcangelo ist das nächste Fischerdorf an der Uferstraße mit einer bescheidenen touristischen Infrastruktur (u.a. Campingplatz, Badestrand). Etwa 1 km landeinwärts des Dorfs liegt eine alte, vermutlich im 11. Jh. gegründete Abtei, die vor ein paar Jahren in Privatbesitz überging und restauriert wurde.

San Savino

An San Savino führt die SS 599 östlich vorbei. Das idyllische Dorf schmiegt sich in die Bucht am südöstlichsten Zipfel des Trasimeno. Für Wassersportler eher hinderlich, aber dafür landschaftlich stimmungsvoll ist der breite Schilfgürtel, der bei San Savino das Ufer säumt.

San Feliciano

Allgemeines

Weiter am See entlangfahrend, gelangt man nach San Feliciano, ebenfalls ein typisches Fischerdorf am Trasimeno, wo man bis vor ein paar Jahrzehnten noch hauptsächlich vom Fischfang lebte. Auch heute noch gehört der Fischfang zum Alltag, wie man u.a. an den Reusen im flachen Wasser noch erkennen kann.

Museo della Pesca

Im Museo della Pesca (Fischereimuseum) in der Via Lungolago Alicata Porto Nord (geöffnet März–Mai und Okt. 10.00–12.30 und 15.00–17.30, Juni–Sept. 10.00–12.30 und 16.00–18.30 Uhr, sonst auf Anfrage, Tel. 075/8479261) werden die alten Fischfangtechniken vorgestellt und die Rolle der Fischerei für die Menschen am Lago Trasimeno erläutert.

Isola Polvese

Im kleinen Yachthafen von San Feliciano laufen zwischen April und September mehrmals täglich Schiffe zur Isola Polvese aus. Die Insel ist auch von Passignano, Tuoro und Castiglione del Lago aus erreichbar. Mit einer Fläche von 0,54 km^2 ist sie die größte der drei Inseln im Lago Trasimeno. Das naturgeschützte Eiland bezaubert durch seine üppige Vegetation und die artenreiche Vogelwelt, die man bei einer Wanderung über die Insel in Ruhe erforschen kann.
Auf der Insel lebten vermutlich schon seit frühmittelalterlicher Zeit Mönche vom Olivetaner-Orden und Fischer. Als die mächtige Stadt Perugia 1139 ihre Herrschaft auf den Lago Trasimeno ausdehnte, setzte sie auf die Insel einen Statthalter, der das Eiland von der Burg aus, deren Ruinen heute noch zu sehen sind, regierte. Im 17. Jh. verließen fast alle Bewohner die Isola Povese, ihre Wohnhäuser, die Abtei und die Kirchen verfielen. Noch bis vor wenigen Jahrzehnten diente das dicht bewachsene Inselchen als Jagdrevier, bevor es die Provinzverwaltung von Perugia aufkaufte und in einen öffentlich zugänglichen Naturpark verwandelte.

Castello di Zocco

Zwischen San Feliciano und Monte del Lago wachte früher eine imposante Festung mit sieben Türmen, drei Toren und einer dicken Ringmauer über das Seeufer, von der heute nur die verfallenen Mauerreste bestehen.

*Monte del Lago

Zweifelsohne der hübscheste Ort am Ostufer des Lago Trasimeno ist Monte del Lago, das sich in exponierter Lage auf einem steilen Felsvorsprung ausbreitet. Die Stadtmauern des im 12. oder 13. Jh. angelegten Borgo wurden angeblich sieben Mal zerstört und wiederaufgebaut. In der Kirche Sant' Andrea sind quattrocenteske Fresken der sienesischen Schule zu besichtigen.
Als Ferienort schätzte man Monte del Lago schon seit dem frühen 19. Jh.; zu den berühmtesten ausländischen Gästen zählte der bayrische König Ludwig I., der sich hier angeblich mit seiner Geliebten getroffen hatte. In der Villa Palombaro logierten die Komponisten Pietro Mascagni und der in Deutschland weitaus berühmtere Giacomo Puccini, von dem es heißt, er sei ein passionierter Entenjäger gewesen.

Montecolognola

Von Monte del Lago sind es nur wenige Kilometer hinauf nach Montecolognola, einem winzigen mittelalterlichen Ort, der durch ein höher gelegenes Castello befestigt war. Von dieser Burg blieben nur die Außenmauern, Reste der Wachtürme und die Tore übrig.

Torricella

Mit Torricella endet die Rundfahrt um den Trasimeno. Auch dieses ehemalige Fischerdorf öffnet sich allmählich dem Fremdenverkehr (Badestrand).

Lugnano in Teverina — D 10

Provinz: Terni
Höhe: 419 m ü. d. M.
Einwohnerzahl: 1600

Allgemeines

Lugnano liegt wie das benachbarte → Alviano aussichtsreich auf der Hügelkette oberhalb des Tibertals, knapp 11 km westlich von Amelia. Mit beiden Städtchen verbindet eine herrliche Panoramastraße (SS 205), die das Amerino (→ Amelia, Umgebung) durchquert.

Geschichte

Lugnanos Geschichte reicht bis ins frühe 7. Jh. zurück, als ein Kastell 'Luniano' in den Urkunden auftauchte. Es wird vermutet, daß die Bewohner des im 6. Jh. von den Goten zerstörten Luchiano den Ort gegründet haben. Zunächst war Lugnano dem langobardischen Herzogtum von Spoleto angegliedert, wurde dann aber 740 von Liutprand dem Kirchenstaat vermacht. Die erste Befestigungsanlage ließ 859 Papst Leo IV. errichten, um die Siedlung vor Sarazeneneinfällen zu schützen. Die freie Kommune Lugnano geriet schließlich unter päpstliche Herrschaft (1453). Im 17. Jh. erfuhr Lugnano eine neue Phase der Selbstverwaltung und – dank seiner ausgedehnten Wälder und Weidegebiete – einen wirtschaftlichen Aufschwung.

Sehenswertes

Ortsbild

Auch Lugnano hat viel von seiner mittelalterlichen Bausubstanz bewahrt; das Zentrum umschließt ein Mauerring mit noch erhaltenen Türmen. In der Via Duca degli Abbruzzi befand sich früher einmal das jüdische Getto, das in der zweiten Hälfte des 15. Jh.s durch die Zuwanderung vieler jüdischer, aus Rom geflüchteter Familien entstand.

*Collegiata Santa Maria Assunta

Die Hauptsehenswürdigkeit von Lugnano ist die romanische Kollegiatskirche Santa Maria Assunta an der Piazza Santa Maria. Das Gotteshaus wurde im späten 12. Jh. über einem Vorgängerbau aus dem 8. oder 9. Jh. errichtet und in späteren Jahrhunderten mehrfach verändert.
Für den hohen Glockenturm zu ihrer Linken verwendete man die Steine eines ehemaligen Wachturms an der Stadtmauer. Das auffallendste Fassadenelement ist die mit einem Pultdach gedeckte Vorhalle aus dem Jahre

Romanisches Juwel in der Provinz: die Kollegiatskirche Santa Maria Assunta

Collegiata Santa Maria Assunta (Fortsetzung)

1230. Eigenartig ist die darüberliegende Gebälkzone, die zusätzlich noch durch die aus dem Dom von Narni bekannten Flachbögen Halt erhielt. Die Reste eines Mosaiks in Kosmatenarbeit sind noch zu erkennen. Als weiteren Bauschmuck entdeckt man zwischen den Flachbögen Reliefs der vier Evangelisten sowie die Wappen der Auftraggeber, der Familien Liviani und Orsini. Im oberen Teil der Fassade sitzen zwei Fensterrosen, eine größere mit den Evangelistensymbolen in den Zwickeln des Quadrats und von seitlichen Biforien gerahmt, und eine kleinere, die in die Giebelspitze eingeschrieben und von Majolikascheiben umgeben ist. Das Kircheninnere ist dreischiffig und war ursprünglich mit einem Kosmatenboden ausgelegt (Reste erkennbar). Die Kapitelle der rundbogigen Arkaden schmücken teils ornamentale Motive, teils figürliche Darstellungen; am dritten Kapitell links wurde die Eucharistie bildlich umgesetzt. Die Situation im Chor mit den beiden Kanzeln, dem Altarziborium und den Chorschranken entspricht vermutlich nicht dem ursprünglichen Zustand, sondern ist das Ergebnis einer Restaurierung. Das Triptychon in der Apsis ("Himmelfahrt Marias mit den Heiligen Franziskus und Sebastian") malte Ende des 15. Jh.s der umbrische Renaissancemaler Nicolò di Liberatore.

San Francesco

500 m südlich außerhalb, an der Straße nach Attigliano, erinnert die 1229 errichtete Kirche San Francesco daran, daß sich hier der Überlieferung zufolge im Jahre 1212 ein Franziskus-Wunder ereignete. In der Kirche, der ein kleiner Konvent angeschlossen ist, gibt es ein Holzkruzifix aus dem 15. Jh. und zwei Tafelbilder der umbrischen Schule zu besichtigen.

Marmore, Cascata delle

→ Terni, Umgebung

Marsciano

D 8

Provinz: Perugia
Höhe: 184 m ü. d. M.
Einwohnerzahl: 15700

Lage und Allgemeines

Wenn man auf der E 45 von Perugia nach Todi fährt, sieht man Marsciano rechts der Autostrada liegen. Das Städtchen auf einer Anhöhe am Rande des Tibertals ist alten Ursprungs, auch wenn heute nur noch die Ruinen des Castello der Grafen von Marsciano, die über diese Gegend herrschten, von seiner Vergangenheit zeugen. Über lange Zeit hinweg, vor allem im Mittelalter, unterstand Marsciano der Stadt Perugia.
Interessant ist der Glockenturm der Pfarrkirche, dessen Uhr nicht nur Stunden und Minuten, sondern auch Tage, Monate und Mondphasen anzeigt. Im dreischiffigen Innenraum der Kirche gibt es ein Holzkruzifix des 13. Jh. und ein Fresko aus der Schule Peruginos, das aus einer anderen Kirche hierher versetzt wurde, zu sehen.

Umgebung von Marsciano

San Venanzo

Knapp 11 km südwestlich von Marsciano liegt inmitten dichter Kiefernwälder San Venanzo (465 m ü.d.M.; 2300 Einw.).
Von der im 12. Jh. erbauten Burg von San Venanzo sind nur noch einige wenige Teile, u.a. der zylindrische Turm erhalten. Im historischen Ortskern ist das Kirchlein der Madonna Liberatrice aus dem 13. Jh. sehenswert.
Die Gegend von San Venanzo ist ein begehrtes Ziel für Mineralogen, die hier ein aus vulkanischem Lavagestein entstandenes Mineral finden. Das Mineral ist unter dem Namen 'Wilhendersonite' bekannt, nach seinem Entdecker William Henderson. Der Ort, an dem dieses seltene Material zum ersten Mal gefunden wurde, der Steinbruch Vispi, ist heute staatlich geschützt. Die Gegend von San Venanzo ist als einzige in Umbrien vulkanischen Ursprungs, wie man an den beiden erloschenen Vulkanen zwischen Marsciano und San Venanzo (kurz hinter dem Dorf Civitella dei Conti) noch erkennen kann.

*Von San Venanzo nach Orvieto

Unbedingt zu empfehlen ist die Weiterfahrt von San Venanzo über den Monte Peglia nach → Orvieto, eine Strecke, die durch eine völlig unberührte, kaum besiedelte Landschaft führt. Sie wird bei den Routenvorschlägen S. 63 näher beschrieben.

Fratta Todina

7 km südlich von Marsciano (Landstraße 397) kommt man nach Fratta Todina (215 m ü.d.M.; 1610 Einwohner). Der Name tauchte erstmals 1334 in den Urkunden auf. Darin ist die Rede von einer Burg, die zu Florenz gehört haben soll. Die Florentiner hielten das Castello bis sich Braccio da Montone im Jahre 1413 seiner bemächtigte (→ Berühmte Persönlichkeiten). Carlo Malatesta, General im Hoor Gian Galeazzo Viscontis, wurde 1416 in den Burgverliesen von Fratta Todina gefangen gehalten. Bevor Burg und Ort 1452 unter die Herrschaft des nahegelegenen Todi fielen, war Fratta für kurze Zeit freie Kommune. Von der einstigen Burg stehen nur noch Teile der Mauer, während der Palazzo Vescovile (Bischofspalast) und der Turm, beide aus der ersten Hälfte des 17. Jh.s, gut erhalten sind.

Monte Castello di Vibio

Etwa 4 km hinter Fratta Todina in Richtung → Todi (vor der Überquerung des Tibers rechts ab) erreicht man Monte Castello di Vibio (423 m ü.d.M.; 1730 Einwohner). Die auf einer Hügelkuppe liegende Gemeinde, vermutlich etruskischen Ursprungs, ist eine der ältesten Ortschaften Umbriens. Das nahegelegene Todi hatte im Mittelalter immer wieder Machtansprüche auf den Monte Castello erhoben und es mit wechselndem Erfolg gegen die Städte Narni und Orvieto verteidigt. Im 15. Jh. bereitete der Papst den Auseinandersetzungen ein Ende, indem er sowohl Monte Castello di Vibio als auch Todi, Narni und Orvieto dem Kirchenstaat einverleibte. Im 12. Jh.

Monte Castello di Vibio (Fortsetzung)

war das kleine Zentrum auch mit einer Burg befestigt, heute sind jedoch nur noch wenige Mauerreste mittelalterlicher Häuser übrig. Sehenswert ist das kleine, leider auch verfallene Teatro della Concordia (Theater der Eintracht) aus dem 18. Jahrhundert.

Collazzone

13 km östlich von Marsciano, auf den Hügeln oberhalb des Tibertals, liegt die kleine Gemeinde (469 m ü. d. M.; 2900 Einw.), in der im Jahr 1306 der franziskanische Dichter Jacopone da Todi (→ Berühmte Persönlichkeiten) starb, nachdem er hier ein paar Jahre im Kloster San Lorenzo verbracht hatte. Collazzone war im Mittelalter lange Zeit Gegenstand harter Auseinandersetzungen zwischen Perugia und Todi, die sich um die Herrschaft über das Städtchen stritten. Die aus dieser Zeit stammende, zu großen Teilen erhaltene Wehrmauer und viele alte Wohnhäuser vermitteln noch einen Eindruck von der mittelalterlichen Stadt.

Massa Martana **E 9**

Provinz: Perugia
Höhe: 351 m ü. d. M.
Einwohnerzahl: 3600

Allgemeines

Die Kleinstadt Massa Martana liegt Luftlinie etwa 10 km östlich von Todi, in herrlicher Waldlandschaft, auf der Spitze einer Anhöhe. In der Umgebung von Massa Martana wird Wein und Getreide angebaut.
Ein Erdbeben, das Massa Martana im Mai 1997 erschütterte, richtete in der Kleinstadt schwere Schäden an.

Sehenswertes

Das Besondere an Massa Martana ist weniger der Ort selbst – außer dem eleganten mittelalterlichen Stadtturm und der Kirche Santa Madonna della

Massa Martana liegt zwischen bewaldeten Berghängen

Massa Martana (Fortsetzung)

Pace mit ihrem ungewöhnlichen achteckigen Grundriß gibt es keine nennenswerten Bauwerke – , sondern seine landschaftliche Umgebung, die zu Spazierfahrten oder Ausflügen zu Fuß einlädt. Egal, von welcher Himmelsrichtung man sich Massa Martana nähert – ob von Todi über die Landstraße oder von Acquasparta über die SS 316, oder von Norden, von Montefalco (ebenfalls über die SS 316) – immer führt die Strecke durch eine hügelige, heitere Landschaft mit Feldern und Wiesen, Gehöften und kleinen Ansiedlungen.

Umgebung von Massa Martana

Santa Maria in Pantano

Etwa 3 km südlich außerhalb des Ortes an der SS 316, wo sich in römischer Zeit das an der Via Flaminia Vetus gelegene Vicus Martis befand, steht heute Santa Maria in Pantano, eine der ältesten Kirchen Umbriens. Sie wurde auf Veranlassung des hl. Severus wohl über einem Gebäude des zerstörten Vicus Martis errichtet, wobei die Mauerreste heidnischer Tempel und anderer Bauten als Steinbruch dienten. Aus dieser ersten Bauphase stammen die Seitenwände, wohingegen die Fassade mit ihrem gotischen Portal und der Fensterrose bedeutend später (14. Jh.) entstand. Die Freskenreste im Innern sind sehr schlecht erhalten.

Villa Faustino

Auch die Kirche im 2 km weiter entfernten Villa Faustino ist ab dem 12. Jh. auf den Grundmauern eines römischen Gebäudes errichtet worden.

*Abbazia dei Santi Fidenzio e Terenzio

Die von einem Campanile begleitete Kirche liegt an einer schmalen Landstraße 3 km westlich von Massa Martana – etwas versteckt hinter hohen Bäumen und von der Straße zurückversetzt, so daß man leicht daran vorbeifährt. Das im 11. Jh. erbaute Gotteshaus ist außen und innen sehr schlicht, aber dennoch nicht ohne Reiz. Einziger Fassadenschmuck bildet neben dem einfachen Portal ein gedoppeltes Rundbogenfenster mit eingestellter Säule. Im Inneren gefällt vor allem die Kanzel mit ihren flechtbandverzierten Platten aus dem 9. Jh. und die kleine Krypta unter dem Chor, deren wuchtiges Gewölbe auf drei Mittelsäulen ruht.

Montecchio

C 10

Provinz: Terni
Höhe: 377 m ü. d. M.
Einwohnerzahl: 1700

Allgemeines und Geschichte

Der kleine Ort Montecchio schmiegt sich in aussichtsreicher Lage an die Hänge des Monte Croce di Serra: Auf der einen Seite blickt man auf den Lago di Corbara (→ Orvieto, Umgebung), auf der anderen auf den Lago di Alviano. In der Antike befand sich in der Nähe von Montecchio am Tiber ein Flußhafen für den Handel zwischen Rom und dem umbrisch-toskanischen sowie märkischen Hinterland.
Der befestigte Borgo von Montecchio entstand im 12. Jh. auf Betreiben der Familie Chiaravalle aus Todi, die damit ihre Besitzungen schützen wollte. Teile der Stadtmauer und ein gut erhaltener, quadratischer Turm mit Zinnenbekrönung, Tor und Rundbogen haben überdauert; der größte Teil der Stadtmauer wurde zum Bau der Häuser verwendet.
Südlich außerhalb von Montecchio, an der Straße nach Tenaglie, stößt man auf die verfallene Burg von Carnano. In Tenaglie gibt es den Palazzo Ancaiani aus dem 18. Jh., in Melezzole (östlich von Montecchio) ein Castello zu besichtigen.

Nekropole von Copio

Zwei Nekropolen geben Aufschluß über die Besiedlungsgeschichte von Montecchio. Von größerer Bedeutung ist die Nekropole von Copio, die vor kurzem entlang des San-Lorenzo-Grabens entdeckt wurde. Einige ihrer

Nekropole von Copio (Fortsetzung)

Kammergräber sind sogar in den Grat des Grabens hineingebaut. Bei den Ausgrabungen kamen reiche Grabbeigaben zum Vorschein, die von Kontakten zwischen den Etruskern und den Faliskern, einem italischen Volksstamm im südlichen Etrurien, zeugen. Ein Großteil der Grabbeigaben ist allerdings bereits durch Plünderungen verlorengegangen. Die Gräberstadt war zwischen dem 8. und dem 6. Jh. v. Chr. angelegt worden. Bisher ist noch nicht klar, wo ihre Grenzen genau verliefen, doch nach Auffassung einiger Archäologen nahm sie eine Fläche von rund 200 ha ein.

Montefalco

E 8

Provinz: Perugia
Höhe: 472 m ü. d. M.
Einwohnerzahl: 5500

**Aussichtsterrasse Umbriens

'La Ringhiera dell' Umbria', die Aussichtsterrasse Umbriens, wird das mittelalterliche Städtchen 12 km südwestlich von Foligno gerühmt. Tatsächlich ist seine Lage auf dem Hügelkamm über der Valle Umbra ein herrlicher Standort für weite Blicke ins Land. Doch das berühmte Panorama ist bei weitem nicht das Einzige, was Montefalco zu bieten hat. Hinter der alten

Eine typische Gasse in Montefalco: Das Pflaster der Straße geht scheinbar nahtlos über in die meist unverputzten Steinfassaden der Wohnhäuser. Für Farbtupfer sorgt der üppige Blumenschmuck.

Stadtmauer verbirgt sich ein reizvoller Ortskern mit malerischen engen Gassen und typisch umbrischen Steinfassaden, deren rauher Charakter durch das Grün der Fensterläden und ein paar Blumenkästen hier und da gemildert wird. Bei einem Spaziergang durch die Stadt kommt man fast nicht umhin, in eine der gemütlichen Weinprobierstuben einzukehren und den köstlichen Wein von Montefalco zu kosten. Neben dem arrivierten

Aussichtsterrasse Umbriens (Fortsetzung)

'Rosso di Montefalco' erfreut sich vor allem der lieblichere 'Sagrantino', ein hochprozentiger, vollmundiger Dessertwein, steigender Nachfrage. Last but not least kommt auch der Kunstfreund in Montefalco auf seine Kosten, denn mit dem Freskenzyklus in der ehemaligen Kirche San Francesco besitzt die Stadt ein kunsthistorisches Juwel, dessen Betrachtung man keinesfalls versäumen sollte.

Geschichte

Montefalco war wohl schon in römischer Zeit besiedelt, wie der alte Name Coccurione belegt. Im 12. Jh. strebte Montefalco wie viele andere umbrische Städte danach, freie Kommune zu sein. Dem machte Friedrich Barbarossa 1184 ein Ende, indem er sie dem benachbarten ghibellinischen Foligno übergab. Seit 1209 war Montefalco wieder direkt dem Reich unterstellt. Seine Auflehnung gegen Friedrich II. 1249 bezahlte die Stadt mit dem Verlust ihrer Reichsunmittelbarkeit. Der Kaiser ließ die Stadt durch die Truppen seines Vikars Tommaso d'Acerra, Graf von Aquino, dem Erdboden gleichmachen. Gleichzeitig mit dem Wiederaufbau legte sich der Ort den neuen Namen Montefalco zu. Zwischen 1320 und 1355 ließen die Päpste das Herzogtum Spoleto von Montefalco aus regieren; zu diesem Zweck wurde sogar ein (nicht mehr existierender) Papstpalast und eine Burg errichtet sowie die Stadtmauer erneuert. Später überließ die Kirche der Familie Trinci aus Foligno die Herrschaft über Montefalco, um sich dann im 16. Jh. seiner wieder zu bemächtigen. Die Anwesenheit der päpstlichen Statthalter in Montefalco bescherte dem Städtchen eine kulturelle Blüte. Ihre Aufträge zogen bedeutende Künstler in die Stadt wie etwa Benozzo Gozzoli, der in den Kirchen San Francesco und San Fortunato tätig war, den Baumeister Leonardo Maitani, der am Dom von Orvieto mitgewirkt hatte und in Montefalco den Bau des heute nicht mehr vorhandenen päpstlichen Palastes beaufsichtigte, sowie die Maler Nicolò Alunno oder Tiberio d'Assisi.

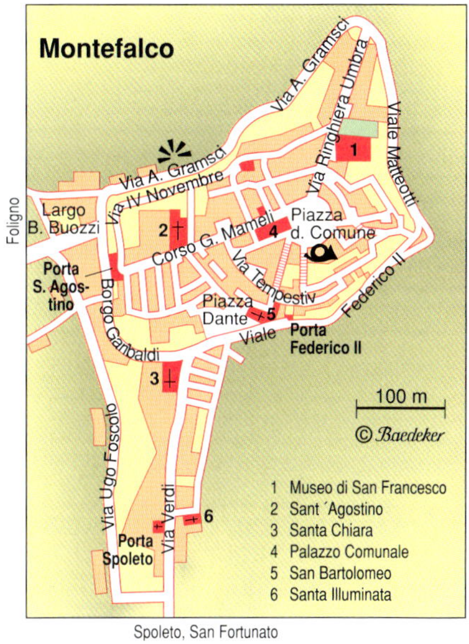

Veranstaltungen

An mittelalterliche Bräuche knüpft das im August stattfindende Fest 'Fuga del Bove' (wörtlich: Flucht des Ochsen) an. Heute wird allerdings nicht mehr ein Ochse durch die Straßen der Stadt gejagt, sondern die Wettläufer der vier Stadtviertel. Vor der eigentlichen Corsa gibt es einen Umzug in historischen Kostümen.

Sehenswertes

Corso Goffredo Mameli

Von Foligno kommend, betritt man die Altstadt durch die Porta Sant' Agostino (Parkplatz vor dem Stadttor). Hinter dem Tor beginnt der steile Corso Goffredo Mameli, der zur zentralen Piazza am höchsten Punkt hinaufführt. Im unteren Teil des Corso, auf der linken Seite, sollte man einen Blick in die Kirche Sant' Agostino werfen. Im Innern des 1279–1285 erbauten, 1327 um ein Seitenschiff erweiterten Gotteshauses sind einige qualitätvolle Fresken erhalten, insbesondere an der linken Langhauswand. Besonders interessant sind die "Marienkrönung" (1. Hälfte 14. Jh.; Umkreis von Ambrogio Lorenzetti) wegen der als Liegefigur aufgenommenen Eva und

Corso Goffredo Mameli (Fortsetzung)

rechts daneben eine "Sacra Conversatione" vor einem weiten Landschaftshintergrund, die seit neuestem Giovanni Battista Caporali zugeschrieben wird. Das daran anschließende Fresko ist eine Arbeit von Ugolino di Gisberto aus Foligno (um 1475).

Palazzo Comunale

Das beherrschende Gebäude an der Piazza del Comune ist der einstige Kommunalpalast aus dem Jahr 1270, der durch zahlreiche Umbauten sein ursprüngliches Aussehen eingebüßt hat. Das gotische Zwillingsfenster an der linken Seite ist das einzige Relikt des mittelalterlichen Baus. Im 15. Jh. wurde die Loggia mit Rundbogenarkaden angefügt. Krönender Abschluß der Fassade ist das Stadtwappen, das einen Falken abbildet.

Porta Federico II, San Bartolomeo

Über schmale Treppenwege geht es von der Piazza hinunter zur Porta Federico II (1244), an der zu Ehren des Kaisers der staufische Doppeladler angebracht wurde. Der Eingang zu der Kirche San Bartolomeo liegt an der Piazza Dante. Von der ursprünglichen, 1219 urkundlich bezeugten Kirche steht im wesentlichen nur die Apsis.

Santa Chiara

An der Ausfallstraße nach Spoleto, im Schatten der Stadtmauer, erhebt sich die Augustinerinnenkirche Santa Chiara. Die heilige Chiara von Montefalco – nicht zu verwechseln mit ihrer weitaus berühmteren Namensvetterin Klara von Assisi – lebte im ausgehenden 13. Jh. und war bis zu ihrem Tod 1308 Vorsteherin des 1281 gegründeten Augustinerinnenkonvents.

*Cappella di Santa Croce

Der barocke Neubau der Kirche wurde 1615–1670 realisiert, wobei der Chor der Vorgängerkirche, heute Cappella di Santa Croce genannt, gewahrt blieb (Eingang zur Kapelle links vom Hauptaltar; wenn verschlossen, klingeln). Sie ist wegen ihrer Freskenausmalung sehenswert, die im Jahre 1333 der Rektor des Herzogtums Spoleto, Jean d'Amiel, in Auftrag gegeben hatte. Von einem Künstler (von der Forschung 'Erster Meister von Santa Chiara von Montefalco' genannt) stammen die figurenreiche Kreuzigung und die Fresken an der rechten Seitenwand, wo neben einer "Madonna zwischen Erzengeln" Stationen aus dem Leben der hl. Klara und des hl. Blasius gezeigt werden. Die Gewölbeausmalung mit Evangelistensymbolen und die Gemälde an der linken Wand (Martyrium der hl. Katharina, Ecce Homo, Tod der hl. Chiara von Montefalco; darüber die Empfehlung des Auftraggebers an Christus durch die hl. Katharina und den hl. Blasius) werden einem anderen, dem sog. 'Zweiten Meister von Santa Chiara von Montefalco' zugeschrieben.

**Museo di San Francesco

Öffnungszeiten
März–Mai und Sept./Okt. tgl. 10.30–13.00, 14.00–18.00, Juni/Juli 10.30–13.00, 15.00–19.00, Aug. bis 19.30, Nov.–Feb. Di.–So. 10.30–13.00, 14.30–17.00 Uhr

Einen der schönsten Freskenzyklen Umbriens birgt die ehemalige Chiesa San Francesco in der Via Ringhiera Umbra, die heute zusammen mit einer kleinen, aber qualitätvollen Gemäldegalerie und einem Lapidarium museal zugänglich ist. Der Eingang zum Museum liegt rechts neben dem ehemaligen Kirchenportal aus der Renaissancezeit mit Holzflügeln von 1555. An der Kirchenfassade prangt auch ein Gedenkmedaillon für den einheimischen Maler Francesco Melanzio, von dem Gemälde in der Pinacoteca zu sehen sind. Die schlichte einschiffige Kirche, nach nur vierjähriger Bauzeit 1340 vollendet, schließt im Osten mit drei gewölbten Chorkapellen, wobei die mittlere und größte einen polygonalen Abschluß aufweist. Das Seitenschiff an der Südseite bestand ursprünglich aus sechs einzelnen Kapellen, die man vermutlich im 15. Jh. anfügte. Später wurden die Trennwände herausgenommen, so daß ein durchgehendes Seitenschiff entstand. Die Cappella Bontadossi an der Nordseite der Kirche kam 1589 dazu.

Hauptchorkapelle, **Freskenzyklus

Die Besichtigung der ehemaligen Kirche beginnt bei der Hauptchorkapelle, die 1450–1452 durch Benozzo Gozzoli (1420–1497) mit einem Zyklus zum Leben des hl. Franziskus ausgemalt wurde.

Benozzo Gozzoli

Der aus Florenz gebürtige Künstler war bei Fra Angelico in die Lehre gegangen und hatte im Anschluß daran einige Arbeiten mit seinem Lehrer

Benozzo Gozzoli (Fortsetzung)

zusammen ausgeführt, bevor er mit diesen Wandbildern seinen ersten großen Auftrag annahm. Gozzoli gehört zu der italienischen Künstlergeneration am Übergang zur Renaissance, die die mittelalterliche 'Erzählform' überwindet und bereits verschiedene 'moderne' Stilmittel anwendet, wie beispielsweise die Zentralperspektive, die individuellen, geradezu psychologisierten Gesichtszüge der Dargestellten bzw. die naturgetreue Wiedergabe der Handlungsorte. Den rund 150 Jahre zuvor von Giotto und seinen Schülern geschaffenen Franziskus-Zyklus in der Oberkirche von San Francesco in Assisi kannte Gozzoli gewiß.

Montefalco • San Francesco

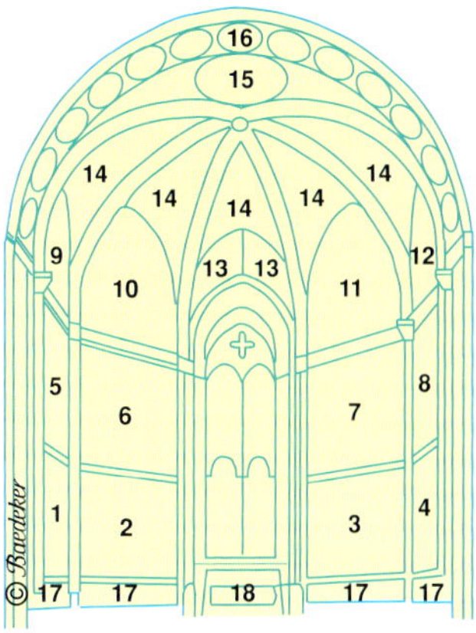

1 Geburt des hl. Franziskus
2 Mantelspende, Traum von den Waffen
3 Verzicht auf das väterliche Erbe
4 Fürbitte Mariens bei Christus, Begegnung zw. Franziskus und Dominikus
5 Traum Innozenz III. (Franziskus stützt die Lateransbasilika), Bestätigung der Ordensregel
6 Franziskus vertreibt die Dämonen aus Arezzo
7 Vogelpredigt u. Segnung v. Montefalco
8 Gastmahl und Tod des Edlen Celano
9 Krippenspiel in Greccio (Terni)
10 Predigt vor dem Sultan
11 Stigmatisation
12 Tod des hl. Franziskus
13 franziskanische Heilige
14 franziskanische Heilige
15 Glorie des hl. Franziskus
16 Franziskus und 12 seiner ersten Gefährten
17 23 Porträts berühmter Franziskaner
18 Porträits von Petrarca, Dante und Giotto

Schema der Apsisfresken

Franziskuslegende

Die 12teilige Bilderfolge zum Leben des Franziskus beginnt links unten mit der Geburt des Heiligen in einem Stall. Paralell dazu ist im gleichen Bildfeld dargestellt, wie Christus als Pilger an das Elternhaus des Franziskus klopft und ein einfacher Mann vor dem Heiligen seinen Mantel ausbreitet. Die Szene daneben schildert die Mantelteilung und den Traum von Franziskus, in dem Jesus ihm einen flaggengeschmückten Palast zeigt. Die nächste Szene zeigt den Verzicht auf das väterliche Erbe, gefolgt von der Fürbitte Mariens und der Begegnung zwischen Franziskus und dem hl. Dominikus, dem Gründer des Dominikanerordens. Die zweite Reihe beginnt mit dem Traum von Papst Innozenz III., dem Franziskus als die Stütze der Lateranskirche erscheint und der Bestätigung der franziskanischen Ordensregel durch Papst Honorius III. Auf die Vertreibung der Dämonen aus Arezzo mit einer Ansicht der mittelalterlichen Stadt folgt die berühmte Vogelpredigt in Bevagna und die Segnung von Montefalco mit einem Portrait des Auftraggebers Fra Jacopo da Montefalco. Im nächsten, ganz rechten Wandfeld der zweiten Reihe ist Franziskus bei dem Edlen von Celano zu Gast und sagt ihm bei Tisch seinen Tod voraus. Das erste Bild der dritten Reihe erzählt die Begründung des weihnachtlichen Krippenspiels in Greccio und im zweiten Feld wird die Feuerprobe vor dem Sultan von Ägypten geschildert, mit der Franziskus bewies, daß sein Glaube der richtige sei. Der Stigmatisation des Franziskus auf dem Berg Verna und dem "Tod des Heiligen" sind die beiden letzten Fresken gewidmet.
Neben den Wandfeldern mit den Episoden aus der Franziskus-Legende sind in der Kapelle wichtige Personen der franziskanischen Bewegung (in den Portätmedaillons), franziskanische Heilige (im Gewölbe und in der Laibung des Apsisfensters) sowie die beiden herausragenden Dichter Petrarca und Dante neben dem Maler Giotto (unter dem Apsisfenster) dar-

Museo di San Francesco (Fortsetzung)

gestellt. Im Gewölbescheitel ist die Glorie des hl. Franziskus dargestellt. Den Eingangsbogen schmücken die Porträts von Franziskus und 12 seiner ersten Gefährten.

Rundgang durch die Kirche

Von der Hauptchorkapelle aus ist die linke, d.h. nördliche Chorkapelle die nächste Station des Rundgangs durch San Francesco. Sie enthält Fresken des folignatischen Malers Giovanni di Corraduccio aus dem 14. Jh. (v.l.n.r.: “Kreuzigung”, “Verkündigung” und Fragmente eines Gekreuzigten, “Christus in der Vorhölle” und “Noli me tangere”). An der nördlichen Langhauswand wurde 1506 die Lünette einer Bogenarchitektur mit dem Fresko “Madonna mit Kind, Raphael, Tobias und Ludwig von Toulouse” ausgemalt, links daneben eine Kreuzigung in der Nachfolge Giottos. Die Bontadossi-Kapelle birgt ein Altargemälde von Ascensidonio Spacca aus Bevagna. In der folgenden Nische illustrieren Fresken des 14. Jh.s die Wunder des hl. Antonius von Padua, anschließend eine “Thronende Madonna zwischen den Heiligen Andreas und Bonaventura” von Tiberio d' Assisi (1510). Besondere Beachtung verdient die Nische an der Stirnwand, die Perugino (→ Berühmte Persönlichkeiten) architektonisch rahmte und mit einer “Anbetung der Hirten” sowie dem Gottvater in der Mandorla darüber füllte (1503). Auf der anderen Seite der (verschlossenen) Eingangstür zeigt die 1604 datierte Bemalung der Sängerkanzel die 12 Apostel sowie Franziskus und Antonius von Padua. Die Ausmalung der ersten Kapelle an der Südwand (Hieronymuskapelle) ist ebenfalls das Werk von Benozzo Gozzoli, wohl im Anschluß an die Freskierung der Hauptchorkapelle. Ein vorgetäuschtes, nur aufgemaltes Polyptychon an der Hauptwand der Kapelle zeigt eine Madonna mit Heiligen und seitlich Episoden aus dem Leben des hl. Hieronymus. Die Kapelle des hl. Bernhardin von Siena wurde von einem unbekannten umbrischen Maler mit Fresken ausgestaltet. In der dritten Kapelle befindet sich ein sehenswertes Kruzifix mit dem hl. Franziskus zu Füßen des Gekreuzigten. Es ist das Werk eines unbekannten Künst-

Mit der Geburt des hl. Franziskus (im Bild links) beginnt der Freskenzyklus von Benozzo Gozzoli in der Chorkapelle von San Francesco.

Rundgang durch die Kirche (Fortsetzung)

lers aus dem späten 13. Jh., der mit dem Notnamen 'Meister der Kreuzigung von Montefalco' bedacht wurde. Die Fresken der übernächsten Kapelle, wo sich der Eingang zur Kirche befindet, beleuchten das Leben des hl. Antonius Abbas und stammen von Giovanni di Corradduccio, dessen Werkstatt auch die nächste Kapelle ausmalte. In der südlichen Chorkapelle entdeckt man ein Tafelbild mit der thronenden Madonna (1332) und Fresken aus dem frühen 15. Jahrhundert.

Montefalco • Museo di San Francesco

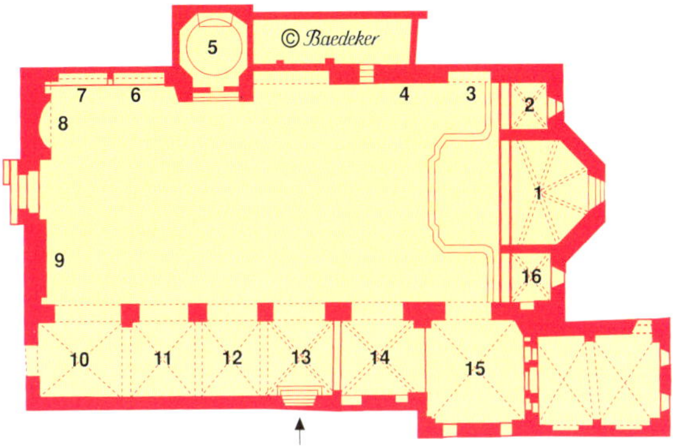

1 Hauptchorkapelle
2 Nördliche Chorkapelle
3 Fresko "Madonna mit Kind, Raphael, Tobias und Ludwig von Toulouse" (1506)
4 Kreuzigung
5 Bontadosi - Kapelle
6 Fresken des 15. Jh.s
7 Fresko "Madonna mit Kind und den hll. Andreas und Bonaventura" von Tiberio d'Assisi
8 Fresken von Perugino
9 Sängerkanzel
10 Kapelle des hl. Hieronymus
11 Kapelle des hl. Bernhardin von Siena
12 Kruzifix des Meisters der Kreuzigung von Montefalco
13 Fresken aus dem Umkreis von Giovanni di Corraduccio
14 Fresken von Giovanni di Corraduccio
15 Gewölbemalereien, 15. Jh.
16 Südliche Chorkapelle

*Pinacoteca

Im Obergeschoß der Anlage hat die städtische Gemäldesammlung einen würdigen Ausstellungsrahmen gefunden. Bis zur Einrichtung dieses modernen, aber sehr zurückhaltenden Museumsraums waren diese sakralen Kunstwerke unten in der Kirche ausgestellt. Der erste Raum ist dem Werk des Malers Francesco Melanzio gewidmet, der in der zweiten Hälfte des 15. Jh.s in Montefalco tätig war. Im zweiten Saal hängt neben anderen Werken das schöne Holzkruzifix eines Künstlers aus Spoleto aus dem 13. Jh. mit dem für umbrische Kreuzigungsdarstellungen typischen, beinahe s-förmig geschwungenen Körper Christi. Moderne Figurenauffassung und mittelalterlicher Goldgrund bestimmen das im späten 15. Jh. entstandene Gemälde mit den drei Heiligen Vincent, Illuminata und Nikolaus aus Tolentino im dritten Raum. Es gilt als eine Arbeit von Antoniazzo Romano.

Lapidarium

Das im gewölbten Untergeschoß eingerichtete Lapidarium zeigt einige Steindenkmäler aus römischer und mittelalterlicher Zeit, u.a. eine marmorne Herkules-Statue aus dem ersten Jahrhundert.

Umgebung von Montefalco

San Fortunato

Man verläßt Montefalco in Richtung Spoleto (Via Spoleto) und biegt kurz hinter dem Ortsausgang links in die schmale Straße nach San Fortunato ein. Schon nach wenigen Metern steht man vor den Toren des Klosters; auf Anfrage können die dortige Kirche sowie die Capella della Rose besichtigt werden.
Zu Ehren des hl. Fortunatus, dem 390 gestorbenen Patron von Montefalco, wurde bereits 422 ein Gotteshaus errichtet, das im Mittelalter als Pieve Bedeutung erlangte und 1446 grundlegend verändert wurde. In der Lünette über dem Eingang malte Benozzo Gozzoli, der Meister der Franziskus-Legende in Montefalco, eine "Maria mit Kind und den Heiligen Franziskus und Bernhardin" sowie musizierende Engel, im Innern weitere Fresken von Gozzoli (u.a. "Thronender Fortunatus").

Montefalco, Umgebung San Fortunato *Capella della Rose

An der linken Hofseite liegt die kleine, zu einem Laubengang hin geöffnete Kapelle, die der Perugino-Nachfolger Tiberio d'Assisi 1512 freskierte. Die einzelnen Wandfelder sind durch eine gemalte Architektur mit zierlicher Pilastergliederung gegeneinander abgesetzt, die auf das Gewölbesystem des Raumes Bezug nimmt. Das Vorbild Perugino wird vor allem an den hellen, heiteren Farben und den lichten Landschaftsprospekten deutlich. Von links nach rechts sind folgende Szenen aus der Franziskus-Legende dargestellt: Der hl. Franziskus wälzt sich nackt in einem Dornenstrauch, Engel begleiten ihn zur Porziuncola, Christus und Maria erscheinen bei der Messe, Bestätigung und Bekanntgabe des Ablasses von Assisi.
Die Figuren zuseiten dieser Wandfelder sind die franziskanischen Heiligen Bonaventura, Bernhardin von Siena, Ludwig von Toulouse, Antonius von Padua, Elisabeth von Thüringen und Klara von Assisi.

Abbazia di S. Felice

→ Giano dell' Umbria, Umgebung

Monteleone di Orvieto B 8

Provinz: Terni
Höhe: 495 m ü. d. M.
Einwohnerzahl: 1600

Lage und Allgemeines

Monteleone di Orvieto ist ein Städtchen im steilhügeligen Hinterland von Città della Pieve, von dem es etwa 7 km entfernt liegt. Die Häuser von Monteleone di Orvieto drängen sich auf einem Felsplateau am rechten Ufer des Ripignolo; an den Hängen unterhalb der Stadt dominieren terrassenförmig angelegte Olivenhaine das Bild.
Die Burg von Monteleone war wie die Burg des benachbarten Ortes Montegabbione (s. u.) als Wachposten über das Chiana-Tal gedacht. Sie wurde im 12. Jh. von den Bewohnern Orvietos angelegt, als die Stadt Chiusi ihnen das Gebiet abtrat. Nachdem in Monteleone ein Brennofen zur Herstellung von Mosaiksteinen und Glas für den Bau des Doms von Orvieto eingerichtet worden war, gewann der Ort in der ersten Hälfte des 14. Jh.s an Bedeutung. Im Jahre 1373 fiel er an den Visconte von Lerona und wurde später an die Familie Montemarte verkauft, die ihn wiederum Bartolomeo della Rovere überließ. Seit 1481 erneut im Besitz von Orvieto, wurde das Kastell 1643 im Krieg zwischen dem Papst und den Farnese von den Florentinern zerstört. Heute ist die Abwanderung der jungen Bewohner in größere Städte bzw. in industrialisierte Gebiete ein großes Problem der ausschließlich landwirtschaftlich ausgerichteten Gemeinde.

Sehenswertes

Von der einstigen Burg künden nur noch das in den Unterbau eines Turms eingelassene Haupttor, der Turm der Porta di Sopra und Reste des Befestigungswalls. Die Kollegiatskirche besitzt ein Gemälde umbrischer Schule, das die Muttergottes mit Kind und den hll. Petrus und Paulus wiedergibt, und eine Pietá von einem Schüler Peruginos. In der Chiesa del Crocefisso aus dem 17. Jh. gefällt ein holzgeschnitzter Barockaltar.

Veranstaltungen

Im August jeden Jahres, um Mariä Himmelfahrt, begrüßt Monteleone seine abgewanderten Bewohner, die hier ihre (zumeist renovierten) Häuser zurückließen, eine Woche lang als Gäste zum einem Wiedersehensfest, der 'Rimpatriata'.

Umgebung von Monteleone di Orvieto

Montegabbione

3 km östlich von Monteleone, auf der gegenüberliegenden Talseite, liegt das Städtchen Montegabbione (594 m ü. d. M.; 1240 Einw.), dessen Burg zusammen mit der von Monteleone di Orvieto eine Befestigungsanlage bildete, um das Straßennetz zwischen Ficulle und Orvieto zu bewachen. Von

Montegabbione (Fortsetzung)

den alten Festungen sind noch Ruinen bei Poggio della Croce sichtbar, wo unlängst auch Gräber aus römischer Zeit entdeckt wurden. Genau gegenüber der Befestigungsanlage ragt die Abtei von Acqualta auf.
Von der Burg in Montegabbione aus dem 12. Jh. blieb nur ein auf quadratischem Grundriß errichteter Wachturm aus Stein übrig; um die Befestigungsanlage wuchs der Ort heran, von dessen Verteidigungsmauer noch Teile erhalten sind. Ferner kann man die barocke Kirche Madonna delle Grazie (1625) und den außerhalb gelegenen ehemaligen Franziskanerkovent Scarzuola besuchen, der 1956 umgebaut worden war – Kritiker meinen, das Ergebnis erinnere eher an Disneyland als an ein Kloster.

Narni

E 10

Provinz: Terni
Höhe: 240 m ü. d. M.
Einwohnerzahl: 20300

**Lage und Allgemeines

Die meisten umbrischen Städte liegen malerisch an einem Berghang oder auf der Spitze einer Hügelkuppe, Narni dagegen erhebt sich kühn auf einem steil abfallenden Felssporn am Übergang der schmalen, waldreichen Nera-Schlucht in das breite Talbecken von Terni. Die imposanten Reste der unterhalb der Stadt über die Nera gespannten Ponte d'Augusto, eine römische Brücke von gewaltigen Ausmaßen, hat im frühen 19. Jh. Dichter und bildende Künstler gleichermaßen zu romantischen Schilderungen verführt – heute ist sie immer noch beeindruckend, wenngleich die Ruinenromantik nicht mehr ganz so fasziniert wie damals und die Natur auch hier ihre Unberührtheit eingebüßt hat. Das alles überragende Narni blieb hinter diesen Sensationen zurück – und konnte sich so den Charme einer typisch umbrischen Kleinstadt bewahren.

Romantisches Provinzstädtchen im Süden Umbriens: Narni

Geschichte

Narnis Ursprünge liegen in umbrischer Zeit. Die Umbrerstadt Nequinum war eines der ersten Angriffsziele der Römer, als diese daran gingen, die italischen Völker ihrer Herrschaft zu unterstellen. Trotz des heftigen Widerstands, den Nequinum den Römern leistete, wurde es 299 v. Chr. erobert und in Narnia, nach der antiken Bezeichnung des Flusses Nera, umbenannt. Mit dem Bau der Via Flaminia 220 v. Chr., die unterhalb von Narni über die Nera führte, stieg die neu gegründete Kolonie zu einer bedeutenden Handelsstation auf. Die während der römischen Kaiserzeit blühende Stadt fiel in den unruhigen Jahrhunderten der Völkerwanderung immer wieder neuen Eroberern zu, bis sie im 12. Jh. schließlich dem Kirchenstaat einverleibt wurde. Der päpstlichen Herrschaft überdrüssig, gelang es den Bewohnern von Narni im Jahre 1112, diese während der Gefangenschaft von Papst Paschalis II. zu beenden und sich zur freien Kommune zu erklären. Erst um 1370 konnte der Papst die abtrünnige Stadt mit Hilfe des berühmt-berüchtigten Kardinals Albornoz wieder dem Kirchenstaat eingliedern und sie in der Folgezeit durch römische Adelsgeschlechter, insbesondere die Orsini, regieren lassen. Als nach dem 'Sacco di Roma' 1527 die Landsknechte Karls V. über die Stadt herfielen und sie verwüstet zurückließen, lag Narni für lange Zeit wirtschaftlich und kulturell am Boden. Es blieb in kirchlichem Besitz, bis sich die in der 'Rocca' verschanzte Garnison am 23. September 1860 den piemontesischen Truppen ergeben mußte. Da die Altstadt auf dem Felsen keine weitere Ausdehnung erlaubte, entwickelte sich das moderne Narni unten in der Ebene.

Narni Scalo, das Gewerbegebiet von Narni im Tal unterhalb der Altstadt, ist nach Terni die zweite große Industrieagglomeration im Süden Umbriens. Hier sind eine Elektroindustrie, Linoleumfabriken sowie ein bedeutender Chemiekonzern angesiedelt.

Der Condottiere *Erasmo da Narni* (al. 'Gattamelata' = 'gescheckte Katze'; um 1370 bis 1443) stammt hierher; sein berühmtes Reiterstandbild (Mitte 15. Jh.; von Donatello) steht in Padova (Padua).

Ein traditioneller Wettkampf zwischen den drei Stadtvierteln Mezule, Fraporta und Santa Maria ist die 'Corsa dell' Anello', ein ins 14. Jh. zurückgehendes Ringstechen, das alljährlich am zweiten Maisonntag ausgetragen wird. Begleitet wird die Corsa von Darbietungen auf der Piazza und einem sehenswerten Umzug mit prächtigen Kostümen, die nach mittelalterlichen Vorbildern geschneidert werden. Seit 1991 hat man in das Programm des vielbesuchten Stadtfestes eine alte Tradition wieder miteingebracht, die Darbringung der 'Cero' zu Ehren des hl. Giovenale.

Sehenswertes

Piazza Garibaldi

Den Stadtrundgang beginnt man am besten an der Piazza Garibaldi, in die die Verlängerung der SS 3 einmündet (Parkplätze etwas unterhalb an der

Piazza Garibaldi (Fortsetzung)

Via Roma). Der unregelmäßig geformte und zum Dom hin ansteigende Platz atmet italienisches Lebensgefühl, zu dem die vielen Autos ebenso gehören wie die belebten Cafes und Bars sowie einladende kleine Geschäfte mit umbrischen Spezialitäten.

*Dom San Giovenale

Die Hauptfassade des mächtigen Gotteshauses mit einem zierlichen, quattrocentesken Säulenportikus liegt nicht an der Piazza Garibaldi (dort nur das romanische, von Reliefs mit Rankenwerk gerahmte Seitenportal), sondern ist der kleinen Piazza Cavour zugewandt. Im Inneren der ursprünglich dreischiffigen, im 15. Jh. nach Norden um ein viertes Schiff erweiterten Kirche fallen die extrem flachen Bögen der Langhausarkaden auf – eine Besonderheit der umbrischen Bautradition, die diese von den Konstruktionen römischer Bauten (dort als verdeckte Entlastungsbögen) übernommen hatte. Die Stützen des Mittelschiffs sind antike Säulen mit mittelalterlichen, vereinfachten Kompositkapitellen. Die Chorapsis wurde nach einem Erdrutsch 1332 im gotischen Stil ergänzt, der baldachinartige Altaraufbau in der Tradition von Berninis Hochaltar für St. Peter in Rom und die unter der Vierung angelegte Krypta sind barocke Ergänzungen aus dem 17. Jahrhundert.
Besondere Beachtung gebührt der Capella San Giovenale am nördlichen Seitenschiff, die lange vor dem Dom existierte. An der Stelle, wo im Jahre 376 der Titelheilige der Kirche, der hl. Iuvenal (Giovenale), verstarb, wurde in frühchristlicher Zeit, an der damaligen Stadtmauer, eine Gedächtniskapelle zu Ehren des Heiligen errichtet. Die Capella San Giovenale ist auch die Begräbnisstätte des hl. Cassius. Eine Fassade aus dem 15. Jh., deren Felder aus verschiedenen älteren Versatzstücken zusammengesetzt ist, schließt die Capella San Giovenale gegen die Kirche ab. Die Portale und die oberen Wandvorlagen schmücken Kosmatenarbeiten. Die Holzplastik des hl. Juvenal und die Pietà sind Werke des 15. Jh.s, wohingegen das Relief über dem größeren Portal mit dem Kreuz zwischen zwei Lämmern aus dem 6. Jh. stammt und neben Cassius auch dessen Gemahlin Fausta erwähnt. Im Innern der Kapelle befindet sich die ursprüngliche Grablege des hl. Giovenale, die im 17. Jh. durch die Krypta abgelöst wurde.

Narni • Dom San Giovenale

1. Sarkophag des Carlo Boccardi (1498)
2. Kapelle von Sebastiano Pellegrini (1499)
3. Kapelle des hl. Juvenal
4. Tafelbild "Hl. Juvenal", 15. Jahrhundert
5. Fresko "Madonna mit Kind und Heiligen"
6. Fresko "Kreuzabnahme", 15. Jahrhundert
7. Grabmal des Bischofs Gormaz (1514)
8. Grabmal des Pietro Cesi (1477)
9. Kanzeln von oberitalienischen Wandersteinmetzen, um 1490

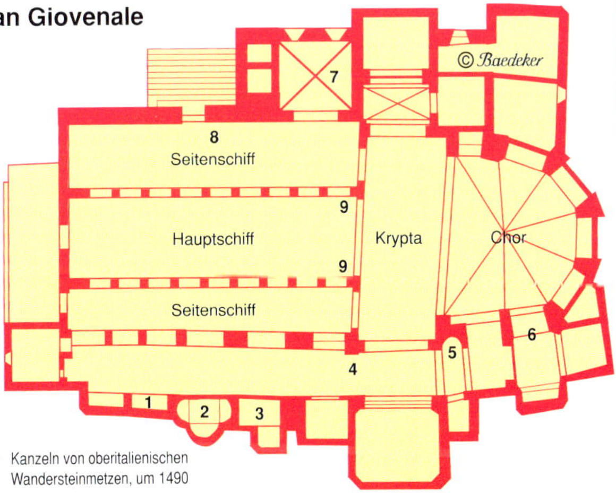

Via Garibaldi, San Francesco

Die von der Piazza Cavour nördlich wegführende Via Garibaldi war schon in römischer Zeit die Hauptachse der Stadt. Bis zur Piazza dei Priori ist sie noch verhältnismäßig breit, dahinter verengt sie sich zunehmend und hat bald nur noch die Qualität einer Gasse. Gleich am Beginn der Via Garibaldi

Via Garibaldi, San Francesco (Fortsetzung)

geht es linker Hand durch die schmale, von Strebebögen überspannte Via del Campanile zur Chiesa San Francesco. Die in der ersten Hälfte des 14. Jh.s errichtete und dem hl. Franziskus geweihte Kirche ist im Innern flachgedeckt und durch Rundpfeiler in drei Schiffe geteilt. Das erhöhte Mittelschiff besitzt keine eigenen Fenster, so daß man von einer Pseudobasilika spricht. Von der reichen Freskenausstattung der Kirche aus dem 14. und 15. Jh. sind die Wandbilder von Pier Antonio Mezzastris in der ersten Kapelle mit Szenen aus dem Leben des hl. Franz von Assisi und des hl. Benedikt besonders sehenswert.

Piazza dei Priori
*Loggia dei Priori

Sowohl in römischer Zeit, als sich hier das Forum befand, wie auch im Mittelalter war die Piazza dei Priori der städtische Mittelpunkt von Narni. An der nördlichen Schmalseite des Platzes steht ein polygonaler Brunnen (1303), für den die Fontana Maggiore in Perugia als Vorbild diente. Auf der rechten Platzseite erblickt man den Palazzo Sacripante und einen Glokkenturm, beide aus dem 13. Jahrhundert. Von dem ursprünglich anschließenden Palast blieb nur die Loggia dei Priori erhalten, eine für repräsentative Zwecke konzipierte, in zwei hohen Arkaden zur Piazza geöffnete Halle.

Palazzo del Podestà

Gegenüber der Loggia dei Priori steht der Palazzo del Podestà, der in den letzten Jahrzehnten des 13. Jh.s über drei mittelalterlichen Wohnhäusern erbaut wurde, die die Stadt 1273 angekauft hatte. Heute ist der Palazzo Sitz der Stadtverwaltung und des Tourismusbüros. Die früheren Portale sind an den Baunähten noch zu erkennen, in das rechte wurde eine Zwerggalerie und darüber romanische Reliefs eingemauert: Sie stellen Judith und Holfernes, den Kampf zwischen einem Löwen und einem Drachen, eine Falkenjagd und eine Turnierszene dar. Die sechs Renaissancefenster mit Fensterkreuzen im ersten Obergeschoß, um die Mitte des 15. Jh.s eingesetzt, verleihen dem Baukomplex eine einheitliche Note.
Hinter dem Eingang zum Palazzo liegt ein Innenhof, der ein kleines, etwas ungeordnet anmutendes Lapidarium beherbergt. Noch schlechter ist es um die städtische Gemäldesammlung bestellt, deren Hauptwerke bis zur Einrichtung eines Museums auf verschiedene Räume und Kämmerchen im ersten Obergeschoß verteilt sind, auf Anfrage aber besichtigt werden können. Sehenswert ist vor allem die in der Sala del Consiglio (Ratssaal) hängende "Marienkrönung" des Florentiner Malers Domenico Ghirlandaio aus dem Jahr 1486 und das an der gegenüberliegenden Wand angebrachte Fresko "Stigmatisation des hl. Franziskus" (um 1500), das Giovanni Spagna zugeschrieben wird. Auf Wunsch wird man auch zu der "Verkündigung" von Benezzo Gozzoli, dem Meister des glanzvollen Franziskus-Zyklus in der ehemaligen Kirche San Franceso in → Montefalco, und zu der ägyptischen Mumie aus dem 4. vorchristlichen Jahrhundert geführt, die eine prächtige vergoldete und bemalte Maske trägt und aus einer oberägyptischen Nekropole stammt.

*Santa Maria in Pensole

Nächste 'Station' an der leicht bergab verlaufenden Via Mazzini ist die kleine, 1175 erbaute Kirche Santa Maria in Pensole, die ursprünglich Teil eines Benediktinerklosters war. Die Bezeichnung 'in pensole' rührt von ihren an den Hang gebauten ('hängenden') Substruktionen her. Ihre Fassade weist einen Portikus mit den vom Dom bekannten, gedrückten Arkadenbögen auf, die sich über antiken Säulen spannen. Die drei Portale werden von Reliefbändern mit den charakteristischen Rankenornamenten gerahmt. Die extrem flachen Bögen wiederholen sich in den Langhausarkaden des basilikal angelegten, ansteigenden Innenraums. Kapitelle aus dem 12. Jh. vermitteln zwischen den antiken, als Spolien wiederverwendeten Säulenschaften und den Arkadenbögen, über denen die hohen Mittelschiffwände aufsitzen. Das dritte Kapitell rechts, als einziges mit figürlichem Schmuck, zeigt Daniel in der Löwengrube.

Museo di San Domenico

Dort, wo sich die Via Mazzini linker Hand zu einer kleinen Grünanlage mit Aussichtsterrasse öffnet (von hier Blick auf das Nera-Tal und die Abbazia di San Cassino), steht die säkularisierte Kirche San Domenico aus dem

Museo di San Domenico (Fortsetzung)

12. Jahrhundert. Sie wird heute als Bibliothek und Archiv sowie als Ausstellungsraum für archäologische Funde und einige Werke der städtischen Gemäldegalerie genutzt, bis diese eigene Räume beziehen kann. Am rechten Vierungspfeiler entdeckt man das Grabmal des Gabriele Massei aus dem Jahre 1494, am linken Pendant ein Marmortabernakel. Als bedeutendster vorgeschichtlicher Fund gelten die 1988 bei Narni entdeckten Stoßzähne eines Mammuts, deren Alter man auf vier Mio. Jahre schätzt.

Sant' Agostino

Der Rückweg zur Piazza Garibaldi führt an der Kirche Sant' Agostino vorbei. An der Piazza Galeotto Marzio biegt man rechts in die Via Marcellina ein und nochmals rechts in die Via Gattamelata. Eines der typischen mittelalterlichen Häuser in dieser Straße ist die Casa del Gattamelata, die ehemalige Bäckerei des Vaters von Gattamelata, dem aus Narni gebürtigen Kondottiere.
Auf der linken Straßenseite liegt die im 15. Jh. in einer Mischung aus Renaissance und Gotik erbaute Kirche Sant'Agostino. Hinter dem schönen Portal verbirgt sich ein dreischiffiger Innenraum mit Holzdecke im Mittelschiff und Kreuzrippengewölbe in der gotischen Chorapsis. Links neben dem Eingang hängt ein interessantes Fresko, "Madonna mit Kind und Heiligen" (1482), vermutlich von Pier Matteo d'Amelia. Das zu Beginn des 16. Jh.s von einem unbekannten Künstler geschaffene Holzkruzifix ist ein wichtiges Zeugnis für die Schnitzkunst in Umbrien.

Rocca dell' Albornoz

Vom äußersten Süden des Kalkfelsens, auf dem sich Narni ausbreitet, blickt die Rocca dell' Albornoz auf die Stadt herab. Sie ist nur von außen zu besichtigen, soll aber nach Abschluß der langen Renovierungsarbeiten als Stadtmuseum und Sitz der städtischen Gemäldesammlung wieder zugänglich gemacht werden. Auf dem Weg zur Rocca durchquert man das malerische alte Viertel Mezule (von der Piazza Garibaldi aus über die Via del Monte und dann über die Via Cocceio Nervo). Bevor man zur Burg

Gehörte ins Programm jeder klassischen Italienreise: die römische Brücke Ponte di Augusto

Rocca dell' Albornoz (Fortsetzung)

gelangt, sollte man einen Blick in die barocke Kirche Santa Margherita mit Fresken von Zuccari (Beginn 17. Jh.) und Tafelgemälden von Pomarancio (Hauptaltar) werfen. Die 1378 erbaute Burg ist die einzige erhaltene einer Reihe von Festungen, die der Kardinal Albornoz in der weiteren Umgebung von Terni errichten oder erneuern ließ, um die umbrischen Städte unter Kontrolle zu halten. Auf dem Tor sind vier miteinander verbundene Wappen zu sehen, wahrscheinlich die der Päpste Gregor XI. und Urban V. sowie der Kardinäle Angelico Grimoard und Filippo d'Alençon. Zu einem späteren Zeitpunkt wurde die Festung noch mit einer weiteren Bastion ausgerüstet, von der heute nur noch eine Zisterne übrig ist, die über einen unterirdischen Gang mit dem Hauptteil der Burg in Verbindung steht. Der über quadratischem Grundriß hochgezogene Bau mit vier Ecktürmen war ursprünglich mit einem Graben und einem doppelten Mauerring umgeben. Gegen Ende des 15. Jh.s ließ Papst Sixtus V. ihn noch mehr verstärken und mit fünf vorgeschobenen Wachtürmen verbinden.

Narni sottoterranea

Im Rahmen einer Führung wird Besuchern auch das "unterirdische Narni", sprich Katakomben zweier Kirchen und eine frühmittelalterliche Zisterne, zugänglich gemacht (Juni – September So. und Fei. 10.00 – 13.00 und 15.00 – 18.00, Oktober – Mai 11.00 – 13.00, 15.00 – 17.00 Uhr; Informationen unter Tel. 07 44 24 22 26).

*Ponte di Augusto (Abb. S. 169)

Vermutlich unter der Regierungszeit von Kaiser Augustus schlugen die Römer bei Narni, das eine Station an der Via Flaminia war, eine gewaltige, etwa 130 m lange und rund 30 m hohe Brücke über die Nera. Von diesem vielgerühmten technischen Baudenkmal steht heute nur noch ein monumentaler Bogen, zwei stürzten bereits im Mittelalter ein, der dritte im Jahre 1855. Die Spannweiten der Brückenbögen waren unterschiedlich; die größte Spannweite maß der mittlere Bogen mit über 32 m. Um die Reste des Ponte di Augusto in Ruhe zu betrachten, muß man in das Tal hinunterfahren zum Santuario della Madonna del Ponte, denn die paralell zum römischen Ponte verlaufende moderne Brücke ist zu schmal, um den Wagen anzuhalten und auszusteigen.

Abbazia San Cassiano

In der Nähe der römischen Brücke steht auf dem Berggrat die heute in Privatbesitz befindliche Abtei San Cassiano aus dem 10. Jahrhundert. Man sieht sie von der Aussichtsterrasse bei San Domenico in Narni am besten. Ein etwa ½stündiger Fußweg führt zu ihr hinauf.

Umgebung von Narni

*Landschaftsbild

Die hügelige Landschaft im Süden von Narni ist heiter, noch sehr ländlich geprägt und vom Tourismus kaum berührt – eine ideale Gegend für Wanderer, Radfahrer und solche, die Ruhe tanken wollen. Auch die Kultur kommt in diesem angenehmen Landstrich nicht zu kurz, denn in Visciano erwartet den Besucher eine der hübschesten Landkirchen Umbriens. Der Konvent von Sacro Speco vermittelt einen Eindruck von der Abgeschiedenheit des klösterlichen Lebens.

Convento Sacro Speco

Das Franziskanerkloster Sacro Speco liegt in Waldeseinsamkeit etwa 12 km südöstlich von Narni unweit der Ortschaft San Urbano. Die einfachen Konventsgebäude sind um einen kleinen Kreuzgang gruppiert. Im Wald oberhalb des Klosters ist eine Kapelle sowie eine Grotte versteckt.

Visciano, *Santa Pudenziana

Von Narni nimmt man die dem Nera-Tal folgende Landstraße nach Rom, die der ehemaligen Via Flaminia folgt. Nach ca. 6 km zweigt rechts die schmale, leicht zu übersehende Straße nach Visciano ab (ausgeschildert). Von der Abzweigung ist es noch etwa 1 km auf teilweise unbefestigter Straße bis zu der Kirche Santa Pudenziana, die versteckt an einem Hohlweg zwischen Olivenhainen, Obstbaumwiesen und Pferdekoppeln liegt – ein herrliches Plätzchen für ein Picknick oder eine kleine Ruhepause!

Die Säulen sind antik, der Kirchenbau ist romanisch: Santa Pudenziana in Visciano bei Narni

Santa Pudenziana (Fortsetzung)

Die kleine, wohl im 11. Jh. unter Verwendung antiker Spolien errichtete Kirche wird von einem mächtigen Campanile überragt. Ihrer Fassade ist, ähnlich wie bei Santa Maria Assunta in → Lugnano in Teverina, ein Portikus mit hellen antiken Säulen und Eckpfeilern aus Ziegelmauerwerk vorangestellt. Die Kirche selbst ist bis auf das ebenfalls in Ziegeln gemauerte Giebeldreieck in Haustein hochgeführt.
Auch im dreischiffigen Inneren des schlichten Gotteshauses wurden im Wechsel mit Pfeilern antike Säulen wiederverwendet. In der polygonalen Chorapsis steht ein sog. Bischofsthron aus der Erbauungszeit der Kirche. Zur Besichtigung der Kirche wende man sich an den Kustoden, Tel. (0744) 796589.

Otricoli

Lage und Allgemeines (Abb. S. 27)

Um nach Otricoli (209 m ü. d. M.; 1790 Einw.) zu gelangen, muß man von Visciano wieder zurück auf die Landstraße Richtung Rom. Nach ca. 9 km taucht links auf einer Anhöhe über dem Tibertal das kleine Städtchen auf. Die Hauptsehenswürdigkeit von Otricoli sind die Ruinen der Römerstadt Ocriculum, die knapp 2 km weiter auf der rechten Seite der Straße liegen.

Geschichte

Der Name der Stadt läßt sich auf das umbrische Wort 'okri' (= heiliger Hügel) zurückführen. Von der umbrischen Stadtmauer sind an der Ostseite der Stadt noch Reste erhalten. In der Nähe des Flusses wurden verschiedene Nekropolen entdeckt. In römischer Zeit breitete sich die Siedlung talwärts bis beinahe zum Tiber hin aus. Das antike Ocriculum war ein bedeutender Flußhafen, die an der Via Flaminia gelegene Siedlung noch im 4. Jh. ein wichtiges Zentrum, das von den Goten vernichtet wurde. Im Mittelalter zogen sich seine Bewohner aus Angst vor Überfällen wieder auf den höhergelegenen Standort zurück.

Otricoli Umgebung (Forts.) *Ruinen der Römerstadt Ocriculum

Von der Via Flaminia biegt etwa 2 km hinter dem heutigen Otricoli (in Richtung Rom) rechter Hand eine unbefestigte Straße ab, die zu der römischen Stadt Ocriculum führt.
Gleich hinter der Kreuzung stößt man auf einige Grabmonumente. Das erste Gebäude, das an der Straße auftaucht, sind die Thermen, die höchstwahrscheinlich in der Zeit des Kaisers Augustus erbaut und später erweitert wurden. Aus einem achteckigen Raum der Thermenanlage stammt offenbar das große Mosaik, das bei Grabungen um 1780 freigelegt und heute zusammen mit anderen Funden aus Ocriculum in den Vatikanischen Museen in Rom ausgestellt ist. Den benachbarten Raum soll das Mosaik mit dem Schiff und dem gefesselten Odysseus geschmückt haben, das ebenfalls in den Vatikanischen Museen aufbewahrt wird.
Geht man die antike Straßenachse entlang, dann erreicht man die Substruktionen eines großen, rund 80 m langen Gebäudes, vermutlich eines Tempels. Sie bestehen aus zwei Geschossen mit insgesamt zwölf überwölbten Räumen. Außer den Resten eines Theaters blieben auch Teile eines 120 m langen und 98 m breiten Amphitheaters erhalten. Deutlich zu erkennen sind noch die beiden Haupteingänge des vermutlich in augusteischer Zeit entstandenen Bauwerks.

Calvi dell' Umbria

Lage und Allgemeines

Calvi dell' Umbria (401 m ü. d. M.; 1832 Einw.), eine kleine Gemeinde an der Grenze zu Latium, 12 km östlich von Otricoli, lohnt schon wegen seiner malerischen Lage auf einem steilen Hügel und der mittelalterlichen Altstadt einen Ausflug. Die unbestrittene Hauptattraktion des Städtchens ist aber die weithin bekannte Weihnachtskrippe in der Kirche Sant' Antonio aus dem 16. Jahrhundert.

Geschichte

Der noch vor dem 11. Jh. entstandene Ort gehörte im Mittelalter der Abtei von Farfa, ging dann an die römische Adelsfamilie Orsini und später an die Familie Anguillara über.

Sehenswertes

Der Hauptplatz von Calvi dell' Umbria wird von den beiden Kirchen Sant' Antonio und San Paolo beherrscht. Ihre gemeinsame Fassade (1744) ist das Werk des vor allem in Neapel und Kampanien tätigen Barock-Architekten Ferdinando Fuga. Handwerker aus den Abruzzen fertigten 1546 die beeindruckende Weihnachtskrippe in Sant' Antonio, die aus dreißig etwa vierzig Zentimeter großen Figuren aus glasierter Terrakotta besteht. Da das Aufstellen von Krippen in Kirchen erst um die Mitte des 16. Jh.s in Italien und Spanien einsetzte, gehört sie zu den frühesten ihrer Art überhaupt. Auch die Tradition des Krippenspiels ('presepe vivente') wird in Calvi dell' Umbria noch rege gepflegt: am 24. Dezember und am 6. Januar kann man diesem Schauspiel im Ortsteil Santa Maria della Neve beiwohnen.

Weihnachtskrippe

Eine große Treppe führt vom Hauptplatz zu einer weiteren Kirche, Santa Maria, die ein schönes Taufbecken von 1559 birgt.
Auch zwei bescheidene Reste aus römischer Zeit gibt es in Calvi dell' Umbria zu sehen, einen Opferaltar in der Via Rinaldo da Calvi und einen Sarkophag in einer kleinen Ausbuchtung der Via Roma.

Murales

Bei einem Spaziergang durch die schmalen Gassen von Calvi dell'Umbria entdeckt man an vielen Altstadthäusern Wandbilder von zeitgenössischen Künstlern, die sog. Murales. Anders als in Mexiko, der Heimat der Murales, wo diese Wandgemälde als Medium für politische Forderungen entstanden, werden in Calvi dell' Umbria vor allem religiöse Themen dargestellt.

Eremo di San Pancrazio

Auf dem Monte Pancrazio, nördlich des Ortes, liegt mitten im Wald die Einsiedelei von San Pancrazio. Gleich daneben stößt man auf die Überreste eines italischen Heiligtums aus vorrömischer Zeit, ein zum Teil in den Fels hineingegrabenes Gebäude, von dem nur noch der von Säulen getragene Portikus erhalten blieb.

Nocera Umbra

F 7

Provinz: Perugia
Höhe: 520 m ü. d. M.
Einwohnerzahl: 5900

*Lage und Allgemeines

Vor der Kulisse bewaldeter Berghänge breitet sich die Altstadt von Nocera Umbra auf der Kuppe einer Anhöhe über dem Tal des Topino aus. Die für ihr hervorragendes Mineralwasser bekannte Kleinstadt liegt trotz des Anschlusses an die SS 3 im touristischen Windschatten. Von den jüngsten Erdbeben im Herbst und Winter 1997 war Nocera Umbra besonders schwer betroffen; die Wiederaufbauarbeiten dauern noch an. Um die wenigen Sehenswürdigkeiten in Nocera Umbra zu entdecken, muß man einfach nur der Alleenstraße zum höchsten Punkt des Ortes folgen, wo die Kirche San Francesco und der Dom auf die Stadt herabblicken. Einzige Ausnahme: il Portico San Filippo, eine malerische überwölbte Straße in der Unterstadt, die vor der modernen, mittelalterliche Bauformen imitierende Kirche San Filippo endet.

Geschichte

Als die alte umbrische Siedlung Noukria an die Römer fiel, entwickelte sie sich unter dem neuen Namen Nuceria Camellaria bald zu einer wichtigen Station an der Via Flaminia, da hier ab 76 n. Chr. eine Römerstraße nach Ancona abzweigte. Während der Völkerwanderung wurde sie mehrfach zerstört und wieder neu aufgebaut, dann zunächst dem mächtigen Herzogtum von Spoleto und 1392 der Familie Trinci aus Foligno unterstellt, die sie aber 1439 an die Kirche abtreten mußte. Im Jahre 1898 wurde im Gebiet von Nocera Umbra eine langobardische Nekropole entdeckt. Die Grabfunde wanderten allerdings in römische Museen.

Wirtschaft

Die Bewohner von Nocera Umbra leben traditionell von der Landwirtschaft. In jüngster Zeit setzt die Gemeinde verstärkt auf den Vertrieb des Mineralwassers und die Förderung des Tourismus.

Sehenswertes

San Francesco

Die ehemalige Kirche San Francesco aus dem 14. Jh. wird heute als Museum genutzt (wegen Erdbebenschäden z. Zt. evakuiert). Das Spitzenstück von San Francesco ist das große Polyptychon aus der Werkstatt des umbrischen Malers Nicolò di Liberatore, genannt Alunno, auf dem eine "Geburt Christi" und eine "Marienkrönung" geschildert werden. Die Wandmalereien, zum Teil aus anderen Profanbauten bzw. Kirchen abgelöst, stammen überwiegend aus dem Umkreis des Matteo da Gualdo. Die Hauptchorkapelle birgt ein bemaltes Holzkruzifix mit der Figur des hl. Franziskus (um 1280/1290), das eine stilistische Nähe zu den Arbeiten des sogenannten Franziskusmeisters (→ Assisi) aufweist.

Dom S. Maria Assunta

Über einem romanischen Bau, von dem ein Seitenportal erhalten ist, erhebt sich der 1488 errichtete, im 18. Jh. barockisierte Dom von Nocera Umbra. Als einziger Überrest einer Burg steht gegenüber der Kirche der Wachturm, der am 10. Januar 1421 Schauplatz eines Eifersuchtsdramas war: Der Burgherr Pasquale di Vagnolo überraschte seine Gemahlin bei einem Stelldichein mit seinem Gast, dem Familienoberhaupt der Trinci aus Foligno, und erstach die beiden auf der Stelle.

Bagni, Schiagni

Im benachbarten Dorf Bagni, etwa 5 km südöstlich von Nocera Umbra, und in Schiagni, 5 km nordwestlich von Nocera Umbra, entspringen die berühmten Heilquellen, die für ihre heiltherapeutischen Eigenschaften bekannt sind (Trinkkuren). Das in Bagni aus der Sorgente Angelica sprudelnde Wasser ist bikarbonat- und kalziumhaltig und wird auch zur Behandlung von Hautkrankheiten verwendet.

Norcia H 9

Provinz: Perugia
Höhe: 604 m ü. d. M.
Einwohnerzahl: 4900

Lage und Allgemeines

Norcia ist in fast jeder Hinsicht anders als andere umbrischen Städte. Außergewöhnlich ist schon seine abgeschiedene Lage auf einer ausgedehnten Hochebene, vor der imposanten Landschaftskulisse der Monti Sibillini, deren kahle Gipfel bis weit in den Frühsommer hinein schneebedeckt sind. Das Klima ist nicht mehr so lieblich wie anderorts in Umbrien, und die Vegetation weist bereits sehr alpine Züge auf. Auch die Stadt selbst wirkt nicht sehr umbrisch: keine engen, dunklen Gassen, keine steilen Treppen, sondern nahezu geradlinige Straßen und niedrige Häuser, die selten so eng aneinander gebaut wurden, daß man nicht dazwischen immer wieder einen Blick auf die umliegende Bergwelt erheischt. Das eigenwillige Stadtbild ist auch eine Folge der vielen Erdbeben, von denen Norcia bis in die jüngste Vergangenheit immer wieder geplagt wurde. Das letzte ereignete sich im Jahre 1979 (zuvor 1328, 1567, 1730 und 1859). Seit dem schweren Beben von 1859 erlaubte eine Bauverordnung nur noch eine Häuserhöhe von maximal 12,50 m.
Trotz des langen Tunnels, der Norcia seit einiger Zeit an die südöstlich verlaufende SS 4 anbindet – wodurch zumindest aus dieser Richtung die Anfahrt über Gebirgspässe entfällt – ist die Bergstadt weit davon entfernt, ein überlaufener Touristenort zu sein. Noch gilt Norcia, die Geburtsstadt des hl. Benedikt (⟶ Berühmte Persönlichkeiten), als Geheimtip für Sporturlauber und Naturfreunde. Als Ausgangspunkt für Touren in die unberührte Bergwelt des Apennin ist sie geradezu ideal – Bergwanderer, Skifahrer und Drachenflieger wissen das schon lange.

Feste und Veranstaltungen

An traditionsreichen Veranstaltungen fehlt es auch in Norcia nicht. Das Fest-Jahr beginnt mit dem 'Carnevale Nursino' (Karneval) und endet mit der 'Festa della Madonna di Loreto' am 9. Dezember, wo in den verschiedenen Stadtvierteln und auf den Bauernhöfen des Umlandes Wacholder- und Ginsterzweige zu großen Kegeln aufgeschichtet und angezündet werden. Zum Frühlingsbeginn, am 21. März, wird des hl. Benedikt gedacht und am vorletzten oder letzten Sonntag im Mai feiert Norcia die 'Fiorita', das Blütenfest. Nicht zu vergessen auch die 'Benedizione del Piano', die Segnung des Hochplateaus, am 11. September.
Die weitaus wichtigste Veranstaltung gilt dem bekanntesten Produkt der Region, der schwarzen Trüffel – gemeint ist die 'Sagra del Tartufo' Ende Februar jedes Jahres, die auch eine Verkaufsmesse miteinschließt.

Norcinerie

Rund um Norcia, vor allem auf den Hochebenen (Piani), werden auch heute noch Schweine und Schafe gezüchtet. In Norcia gibt es demzufolge traditionell viele Metzger, die früher in den rauhen Wintermonaten in die Täler ziehen und dort ihr Brot verdienen mußten. Ihre Fleisch- und Wurstwaren genießen bis heute einen hervorragenden Ruf. Das gilt auch für so manches andere Produkt aus dieser ländlichen Region, unter anderem Käse, Honig, im Hochtal Piano Grande angebaute Linsen und vor allem natürlich die schwarzen Trüffeln, die v.a. im Februar in der Valnerina und den benachbarten Tälern geerntet werden (siehe dazu das *Baedeker Special* S. 276). Die kleinen, aber

Norcinerie (Fortsetzung)

feinen (und im übrigen auch nicht ganz billigen) Geschäfte, in denen diese Köstlichkeiten zu kaufen sind, heißen Norcineria (Plural Norcinerie). Es gibt sie nicht nur in Norcia (dort aber natürlich besonders zahlreich vertreten), sondern auch in vielen anderen Städten Umbriens.

Geschichte

Vermutlich aus einer sabinischen Siedlung hervorgegangen, rühmt sich Norcia auf seinem Stadtwappen als 'vetusta', als uralte Gründung. Die seit 290 v. Chr. römische Stadt stand im Perusinischen Krieg auf der Seite Perugias und wurde dafür von Octavians Truppen eingenommen. Im Jahre 480 wurden in Norcia, das seit 250 das Christentum zugelassen hatte, der hl. Benedikt (→ Berühmte Persönlichkeiten), und seine Zwillingsschwester Scholastika geboren. Die Vorherrschaft über das obere Nera-Tal und über andere Täler mußte die Stadt Norcia, seit dem 12. Jh. freie Kommune, gegen die Ansprüche seiner Konkurrenten Spoleto, Visso, Cascia, Camerino und Ascoli hart erkämpfen. Im 14. Jh. eroberten die päpstlichen Truppen Norcia für den Kirchenstaat und beendeten damit die mittelalterliche Blütezeit der Stadt.

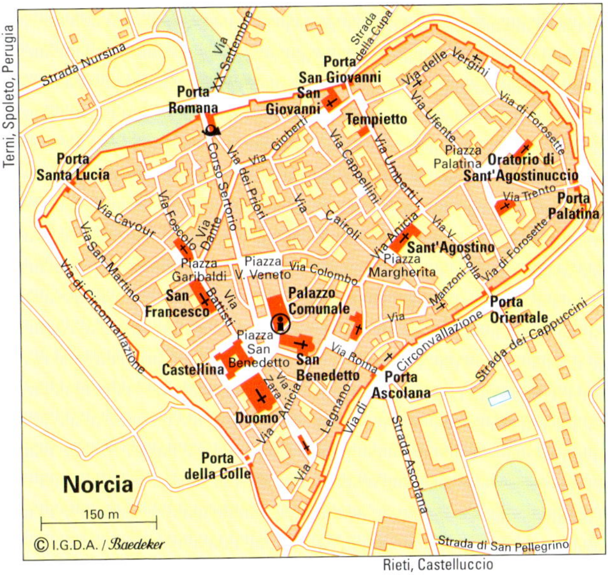

Sehenswertes

*Stadtbefestigung, Corso Sertorio

Norcia liegt hinter einem geschlossenen Mauerring aus dem 14. Jh., über den die Stadt bis heute nicht wesentlich hinausgewachsen ist. Hochaufragende Türme gibt es nicht im Stadtbild, was mit der starken Erdbebengefahr zusammenhängt. Sieben Tore, entsprechend den sieben Stadtvierteln, sind in die Stadtmauer eingelassen; das am meisten frequentierte ist die Porta Romana im Norden der Stadt. Dahinter zieht der Corso Sertorio, die wichtigste Verkehrsader der Unterstadt, eine gerade Linie bis zum zentralen Hauptplatz, der Piazza Benedetto.

*Piazza San Benedetto

Der Stadtpatron von Norcia, San Benedetto, gab diesem angenehmen Platz seinen Namen, an dem die wichtigsten Sehenswürdigkeiten von Norcia versammelt sind: der Palazzo Comunale, die Kirche San Benedetto,

Piazza San Benedetto (Fortsetzung)

der Dom Santa Maria Argentea und die 'Castellina' genannte Festung. Die Platzmitte schmückt eine überlebensgroße Statue des Heiligen (1880).

Palazzo Comunale

Die linke Seite der Piazza nimmt der Palazzo Comunale ein. Seine offene Halle im Erdgeschoß ist das Relikt des mittelalterlichen Baus, dem 1876 eine geschlossene Loggia im palladianischen Stil aufgesetzt wurde. Zu dem hübschen Turm aus dem Jahre 1713 führt eine Freitreppe. Im Innern kann man u. a. das in der Palastkapelle aufbewahrte Reliquiar des Stadtpatrons (1450) besichtigen (nur vormittags).

San Benedetto

Mit ihrer schlichten, aber wohlproportionierten gotischen Fassade zieht die Kirche San Benedetto die Blicke auf sich. Der Überlieferung zufolge wurde bereits im 6. Jh. eine Kirche über dem elterlichen Wohnhaus des Heiligen errichtet. Der heutige Bau entstand um 1389, mußte aber wegen Erdbebenschäden mehrfach restauriert werden. In der Mitte der aus hellem Stein aufgeführten Fassade ist das fein ausgearbeitete Portal (im Giebelfeld "Madonna mit Kind und Engeln") mit zwei seitlichen Nischen zu sehen, in denen Figuren des hl. Benedikt und der hl. Scholastika stehen. Im oberen, nach dem Erdbeben 1859 erneuerten Fassadenteil sitzt über einem schmalen Gesims die prächtige Fensterrose, die von den vier Evangelistensymbolen gerahmt wird. Seitlich wird die Fassade von schlichten, mit Fialen bekrönten Pilastern gefaßt. Der Innenraum ist von den Umbaumaßnahmen des 18. Jh.s geprägt und wirkt verhältnismäßig schmucklos. Unter der Sängerkanzel ein Fresko "Madonna mit Kind, der hl. Barbara und dem Erzengel Michael" aus dem 16. Jahrhundert. Von dem aus Norcia stammenden Maler Michelangelo Carducci stammt die "Auferweckung des Lazarus" (um 1560) am zweiten Altar links. Eine Begebenheit aus der Benedikt-Legende behandelt das Ölgemälde von Filippo Napoletano (1621) im linken Querarm: "Der Gotenkönig Totila kniet vor Benedikt".
In der Krypta haben sich die als Verblendmauerwerk ausgeführten Reste eines römischen Bauwerks erhalten.

Loggia dei Mercanti

An die rechte Langhausseite der Kirche ist die Loggia dei Mercanti (Loggia der Kaufleute; 1570) angebaut. Die schweren Steinfässer dienten zur Festsetzung der mittelalterlichen Maße.

Museo Civico Diocesano "La Castellina"

Die von trutzigen Ecktürmen flankierte Castellina (Verkleinerungsform von Castello) wurde 1554–1563 nach Plänen des berühmten Renaissance-Architekten Vignola als Residenz des 'Prefetto della Montagna' errichtet. Zuvor hatte an dieser Stelle eine Kirche gestanden, die durch den Neubau des Doms ersetzt wurde. Das in der Castellina eingerichtete Museum ist eine sehenswerte Sammlung sakraler Kunstwerke, die aus den Kirchen und Klöstern der Umgebung zusammengetragen wurden (geöffnet Di.–So. 10.00–12.30 und 15.00–17.00 Uhr).

Dom

An der Südostecke des Platzes, etwas versteckt neben der Castellina, liegt der 1560 erbaute Dom Santa Maria Argentea. Das spitzbogige Portal an der linken Wand stammt noch von der Vorgängerkirche am Platz der Festung. Im dreischiffigen Inneren birgt das Gotteshaus einen Barockaltar des Franzosen François Duquesnoy aus dem 17. Jahrhundert.

Weitere Sehenswürdigkeiten

Von den Kirchen in Norcia lohnt San'Agostino (14. Jh.) einen Besuch. Der Innenraum der Kirche, im 17. Jh. barockisiert, birgt einige schöne Schnitzaltäre und Fresken des 15. und 16. Jh.s. Sehenswert ist auch das Oratorio di Sant' Agostinuccio an der Piazza Palatina wegen seiner prächtigen, mit Schnitzwerk verzierten Holzdecke aus dem 17. Jahrhundert. Sant' Agostinuccio liegt im Stadtviertel Capolaterra, dem ehemaligen Wohnquartier der Hirten mit einfacheren Häusern, als man sie sonst in Norcia findet.

Tempietto

Wenn man wenige Meter hinter Sant' Agostino links in die Via Umberto einbiegt, kommt man zu dem hübschen Tempietto, mit dem im Jahre 1354 ein

Piazza San Benedetto mit dem Palazzo Comunale in Norcia ▶

Tempietto (Fortsetzung)

gewisser Vanni della Tuccia ein Gelübde einlöste. Ungewöhnlich für die Zeit sind die Renaissanceformen des kleinen Bauwerks, das aus einem rustizierten, quadratischen Sockel besteht, über dem zwei pfeilergestützte Bögen aufsteigen. Die benachbarte Kirche San Giovanni ist in schlechtem Zustand.

Umgebung von Norcia

In Richtung Valnerina

Am Zusammenfluß von Sordo und Corno, 6,5 km westlich von Norcia, liegt das kleine Dorf Serravalle, das noch ein sehr mittelalterliches Gepräge hat.

Gola di Biselli

Auf der Weiterfahrt in Richtung Triponzo (⟶ Valnerina) kommt man zu der eindrucksvollen Schlucht des Corno-Flusses. Im Mittelalter war diese Stelle ein berüchtigtes Nadelöhr für Raubüberfälle. Im 13. Jh. entstand auf einem Felsvorsprung über der Schlucht aus einem Castello eine Siedlung, die das Tal des Corno beherrschte. Mit ihrem Wachturm auf der Höhe und der darunterliegenden Ortschaft ist sie ein typisches Beispiel für die Castelli-Dörfer in der Valnerina.

Valle Castoriana

⟶ Valnerina

Madonna della Neve

Verläßt man Norcia in südliche Richtung, dann steigt nach etwa 8 km das Gelände zur Paßhöhe Forca di Civita an. Nach 15 km auf dieser Strecke zweigt linker Hand ein Sträßchen nach Castel S. Maria ab, das auch vor die Kirche Madonna della Neve führt. Das 1565–1571 erbaute Gotteshaus stürzte während des Erdbebens 1979 ein. Die Fresken aus der Erbauungszeit konnten gerettet werden.

*Piano Grande

Landschaftsbild

Nördlich und östlich von Norcia erstrecken sich die Sibillinischen Berge als südlicher Teil des umbrisch-märkischen Apennins. Eingebettet in diese karge Gebirgslandschaft, die seit 1989 als ‘Parco Nazionale’ ausgewiesen ist und unter besonderem Schutz steht, sind Hochebenen, die sogenannten Piani, die ihre Entstehung der Karstbildung verdanken: Piano di Santa Scolastica um Norcia, Piano Grande und Piano Piccolo nordöstlich von Norcia, sowie Piano Perduto. Letztgenanntes schließt sich nördlich an Piano Grande an. Charakteristisch für das Landschaftsbild des Piano di Santa Scolastica sind die durch das abfließende Karstwasser bewässerten Anbauflächen, Rieselfelder (Marcite) genannt. Dadurch, daß das Karstwasser in Hülle und Fülle fließt, gedeiht alles recht schnell und die Wiesen können mehrmals im Jahr gemäht werden.

Forca Canapine

2,6 km südlich von Norcia zweigt von der Route nach Madonna della Neve die gut ausgebaute, aber dennoch steil ansteigende Paßstraße nach Forca Canapine ab, das man nach 24 km erreicht. Die Strecke wird begleitet von phantastischen Ausblicken auf die Hochebene Piano di Santa Scolastica. Von der Paßhöhe genießt man ein großartiges Panorama über die Sibillinischen Berge bis hinab zum Gran Sasso d’Italia. Der 1500 m hoch an der Grenze zu den Marken gelegene Ort Forca Canapine ist ein beliebtes Wintersportzentrum. Von Forca Canapine führt der Weg auf märkischem Gebiet in zahlreichen Kehren und Windungen hinab in das Tal des Tronto und 20 km weiter nach Arquata del Tronto.

Hochebene

Wenige Kilometer, bevor die Paßstraße Forca Canapine erreicht, geht es links hinab in das Piano Grande, die größte der aus einem Karstsee entstandenen Hochflächen um Norcia. Das langgestreckte Hochtal eröffnet sich dem Ankommenden von hier oben in seiner ganzen Schönheit – rauh, wild, karg und meist menschenleer. Hinten am Horizont erblickt man etwas später Casteluccio, das einzige Dorf weit und breit, pittoresk auf einer

Von hohen, meist schneebedeckten Gipfeln umrahmt: das Piano Grande bei Norcia

Hochebene (Fortsetzung)

1400 m hohen Bergkuppe hockend. Die von schneebedeckten Berghängen des Monte Vettore, dem höchsten Gipfel der Monti Sibillini gerahmten Wiesen werden allenfalls von weidenden Schafen bevölkert. Im Juni und Juli erblüht hier eine einzigartige Flora. Dazu gehören auch die berühmten Hochlandlinsen, die im August geerntet werden.

Castelluccio

Castelluccio besteht aus einigen wenigen, eng zusammengedrängten Häusern, die sich spiralförmig bis zur Spitze des Hügels hinaufwinden. Einst besaß der Ort eine Stadtmauer und Tore, von denen aber fast nichts mehr erhalten ist. Im Winter liegt hier oben meist viel Schnee – genug jedenfalls, um Skifahrer, Langläufer und Wanderer heraufzulocken. Auch im Frühjahr und Sommer ist der Ort belebt, denn Castelluccio wird als Ausgangspunkt für Touren in die Sibillinischen Berge, für den Aufstieg zum Monte Vettore oder für Ausritte ins Piano Grande geschätzt. Vor allem aber ist Castelluccio ein Mekka für Drachen- und Gleitschirmflieger, die auf dem Piano Grande ideale Bedingungen vorfinden. Im Dorf gibt es auch eine Drachenflugschule; ansonsten ist die Infrastruktur eher bescheiden.

*Sibillinische Berge (Monti Sibillini)

Allgemeines

Die Sibillinischen Berge liegen zum größeren Teil auf märkischem Gebiet. Der höchste Gipfel dieser Gebirgskette ist der Monte Vettore mit 2476 m, den man von Castelluccio, aber auch von der 1536 m hoch gelegenen Paßhöhe Forca di Presta aus in einer etwa vier- bis fünfstündigen Wanderung erklimmen kann (in etwa 3,5 h bis zum Rifugio Zilioli auf 2238 m, von hier noch etwa 1 Stunde bis zum Gipfel).

Sibillengrotte

Ein beliebtes Wanderziel in dieser Bergregion ist die Sibillengrotte am Monte Sibilla nördlich des Monte Vettore. Die heute nicht mehr begehbare Grotte war in früheren Jahrhunderten geradezu ein Wallfahrtsort für Zauberer und Abergläubische und inspirierte möglicherweise noch im 19. Jh. Richard Wagner zu seinem Venusberg im "Tannhäuser".

Orvieto

B 9

Provinz: Terni
Höhe: 325 m ü. d. M.
Einwohnerzahl: 20800

**Lage und Bedeutung

Das Panorama von Orvieto, neben Perugia die zweite Stadt in Umbrien mit einer großen etruskischen Vergangenheit, ist höchst imposant: Orvieto, die Stolze, thront auf einem Plateau aus Tuffstein, 200 m über dem Paglia-Tal. Die Farbe des Tuffelsens, die je nach Tageszeit und Beleuchtung zwischen Braun, Gelb und Grau changiert, setzt sich in der Häusermasse auf seiner Spitze fort. An der höchsten Stelle überragt die schillernde Fassade des Doms die Altstadthäuser. Dieses 'Wunderwerk' der mittelalterlichen Baukunst hat seit jeher höchste Bewunderung erregt und ist bis heute die Hauptattraktion der Stadt. Neben der unglaublichen Pracht, die dieses Bauwerk außen und innen entfaltet, mutet der Rest von Orvieto zunächst eher trist, beinahe ärmlich an. Die Stadt verströmt keine gefällige Mittelalterromantik wie etwa Assisi, ihr Charme ist herber, aber auch authentischer. Besonders in den alten Vierteln an der Westseite des Stadtfelsens, diametral gegenüber dem frequentierten Eingangstor an der Piazzale Cahen, kann man noch ein sehr malerisches Orvieto entdecken, winzige Gassen durchschlendern, wo die Keller, Werkstätten und Hinterhöfe der Häuser sich in den Tuff graben. Neben dem Orvieto über der Erde gibt es

Unverwechselbar: das Panorama von Orvieto

Lage und Bedeutung (Fortsetzung)

auch eines unter dem Boden, das man an einzelnen Stellen besichtigen kann. Der Tuff, der die Stadt trägt, ist gleichzeitig auch ihr größtes Sorgenkind (siehe dazu das Baedeker Special auf S. 182), denn die jahrhundertelange Aushöhlung hat ihm schwer zugesetzt. "Progettorvieto" nennt sich die großangelegte Stadtsanierung, die Orvieto derzeit in Angriff nimmt, um das Tuffproblem langfristig zu lösen.

Wirtschaft

Der Maler Luca Signorelli, der im 16. Jh. mit der Ausmalung der Capella Nuova am Dom von Orvieto betraut wurde, soll angeblich mit der Dombauhütte eine Vertragsklausel ausgehandelt haben, die ihm als zusätzliches Honorar für seine Arbeiten soviel vom orvietanischen Wein zugestehen sollte, wie es ihm beliebe. Die Orvietaner zitieren diese Anekdote gerne, um zu belegen, daß der orvietanische Wein nicht erst heute hochgeschätzt wird.
Tatsächlich ist der 'Orvieto', insbesondere der 'Orvieto Classico', einer der bekanntesten italienischen Weißweine. Auch die Produktion von hochwertiger Majolika hat eine lange Tradition in Orvieto, die sich bis zu den Etruskern zurückverfolgen läßt. Seit dem Mittelalter ist Orvieto neben Deruta und Gubbio eines der Zentren der umbrischen Majolikaherstellung und des Verkaufs. Zu Kunsthandwerk und Landwirtschaft bzw. kommen in jüngster Zeit zunehmend Industrialisierung und der Fremdenverkehr als wichtige Erwerbsbranchen.

Feste und Veranstaltungen

Die orvietanische Folklore ist äußerst vielfältig, wobei zwei Ereignisse besonders hervorgehoben werden müssen: die 'Festa della Palombella' (Fest der Taube) am Pfingstsonntag und die Fronleichnamsprozession zum Andenken an das Wunder von Bolsena. Bei erstgenanntem, im 14. Jh. von Giovanna Monaldeschi della Cervara eingeführten Fest wird genau zur Mittagszeit mit dem italienischen Sinn für Theatralik die Ausgießung des Hl. Geistes 'nachgespielt': Vom Turm der Kirche San Francesco fliegt eine weiße Taube, an einem Drahtseil befestigt, hinab zu dem monumentalen, vor der Domfassade aufgebauten Tabernakel. An Fronleichnam wird in einer Prozession mit historischen Kostümen des 14. Jh.s und ebenfalls unter großer Zuschauerbeteiligung das Corpus-Christi-Tuch von Bolsena durch die Straßen von Orvieto getragen.

Baedeker Special

Wenn der Boden nachgibt ...

Der Tuffelsen von Orvieto ist krank – sagen die Spezialisten. Schon seit geraumer Zeit waren an seinen Südrändern, aber nicht nur dort, bedenkliche Zeichen der Instabilität zu beobachten.

Wie kommt es, daß der Stein, auf dem die Stadt seit nunmehr über 2000 Jahren sitzt, plötzlich nachzugeben droht, abbröckelt ? Die schlimmsten Schäden, die der kompakte Block aus Tuffstein erlitt, rühren von der Gewohnheit seiner Bewohner, den unterirdischen Raum auszuhöhlen, um zusätzlich Platz zu gewinnen auf dem inselgleichen Felsplateau der Stadt. In das weiche Gestein gruben die Orvietani Keller, Werkstätten, Laufgänge, Abfallgruben und vieles mehr, was über der Erde keinen Platz fand. Dazu kamen noch die Bohrbrunnen, die man seit dem 16. Jh. anlegte, um die Trinkwasserversorgung sicherzustellen und die nicht-kanalisierten Abwässer, die im Inneren des Felsblocks Bäche bildeten und das Gestein zerklüfteten. Die modernen Zeiten haben dem noch eines draufgesetzt durch die Abgase, die das Gestein erwiesenermaßen anfressen. All dies wußte man in Orvieto zwar, aber man schenkte ihm lange Zeit nicht die gebührende Beachtung – bis zum Jahr 1977, als die ersten Risse im Gestein auftraten und die Erdrutsche die Öffentlichkeit wachrüttelten.

Erst da waren die Orvietaner alarmiert: 1978 verabschiedete der italienische Staat ein Gesetz, das eine Reihe von Sanierungsmaßnahmen zur Konsolidierung des Felssockels und zur Behebung der dringlichsten Schäden vorsah. Zunächst festigte man den Felsen mit 75 630 m Zugankern, kanalisierte die Abwässer und errichtete an seinem Fuße Stützmauern. Dabei wurden insgesamt 350 t Stahl und 9000 t Zement verwendet, der dem Fels eingespritzt wurde und die Löcher im natürlichen Gestein füllen sollte. 97 Kontroll- und Montagestellen überwachten die gigantische Sanierungsmaßnahme. Ein zweites Gesetz aus dem Jahre 1987 schuf die Grundlage für eine weitere, und so hofft man, endgültige Konsolidierung des Felsens.

Die Zeiten, in denen man dem Verfall des Stadtberges und auch seiner Kunstschätze zusah, sind offenbar vorbei. Orvieto hat große Pläne, mit deren Realisierung bereits begonnen wurde – das Paket an Sanierungsmaßnahmen nennt sich werbeträchtig "Progettorvieto" und umfaßt mehr als nur die Stabilisierung des Tuffplateaus. Die gesamte Stadtanlage soll zur archäologischen Zone erklärt und nach dem Vorbild Perugias vom Autoverkehr befreit werden. Die alte Funicolare, 1888 erstmals in Betrieb genommen, befördert seit einiger Zeit wieder die Besucher, die auf den Parkplätzen am Bahnhof am Fuße des Stadtfelsens ihre Autos gelassen haben, ins hochgelegene Zentrum von Orvieto. Von dem großen Parkdeck auf auf der Westseite der Stadt, etwa auf halber Höhe des Tuffblocks, soll man künftig per Aufzug bzw. per Rolltreppe bequem in die historische Oberstadt gelangen.

Gleichzeitig mit der Sanierung des Untergrunds nahm die Stadt auch die Renovierung verschiedener wichtiger Bauwerke in Angriff; jüngstes Vorzeigeprojekt ist hier der Palazzo del Popolo, den man zu einem Kongresszentrum umbaut. Für Orvieto sicherlich ein nicht unwichtiger Schritt in die Richtung, seine Infrastruktur nicht nur auf dem Tourismus aufzubauen, sondern auch durch andere Aktivitäten der Stadt ein weiteres Standbein zu verschaffen.

Verkehr

Orvieto profitiert auch heute noch von seiner überaus günstigen Verkehrslage: zwei Eisenbahnstrecken, die 'Diretta' und die 'Direttissima' sowie die Autostrada del Sole schlängeln sich unterhalb des Stadtfelsens im Paglia-Tal dahin. Das gut ausgebaute Straßensystem Umbriens garantiert darüber hinaus die Verbindung Orvietos zu allen wichtigen Zentren, die Staatsstraße 'SS 3 bis della Valtiberina' sichert die Kontakte zu Nordumbrien und den Anschluß an die Via Flaminia.

Geschichte

Frühgeschichte

Der Tuffsteinblock, auf dem die Stadt sich ausbreitet, entstand durch Ausbrüche der Volsinii-Vulkane, die riesige Mengen an Eruptivgestein auf einer Lehmschicht ablagerten. Die Flüsse wuschen die Flanken der Tuffsteinbank aus und isolierten allmählich den Stadtfelsen von Orvieto, dessen Besiedlung sich bis in die Bronzezeit zurückverfolgen läßt.

Etrusker

Die Etrusker gründeten auf dem günstig über dem Paglia-Tal gelegenen Felsen eine Siedlung, die sich zwischen dem 7. und 3. Jh. v. Chr. zu einer bedeutenden etruskischen Stadt entwickelte. Welchen Namen die Etrusker dieser Stadt gegeben haben, ist nicht bekannt; von den Römern wurde sie höchstwahrscheinlich Volsinii genannt. Zeugnisse ihrer kulturellen Blüte hinterließen die Etrusker hauptsächlich in den Nekropolen, die um den Stadtfelsen angelegt wurden, wohingegen von den etruskischen Bauten und Weihestätten oben auf dem Plateau nur noch der Tempio del Belvedere existiert. In der Nähe von Orvieto lag auch die heilige Stätte des Fanum Voltumnae, wo die Vertreter der etruskischen Stadtstaaten sich einmal im Jahr zu Weihespielen und Versammlungen trafen.

Römer

Dem Expansionsdrang der Römer konnte auch die Etruskermetropole nicht standhalten; nach langer Belagerung durch römische Truppen mußte sie sich im Jahre 264 v. Chr. ergeben und wurde zerstört. Die Bevölkerung von Orvieto fand am Ufer des Lago di Bolsena eine neue Heimat – so erklärt die Forschung die Tatsache, daß in den Quellen zwei Siedlungen mit dem Namen 'Volsinii' auftauchen. Unter dem Namen urbs vetus (= alte Stadt) erstand Orvieto in römischer Zeit aus den Trümmern und erlebte eine lange Friedensperiode, die erst mit dem Einfall der Germanen ein Ende hatte. Orvieto fiel in die Hände der Goten, die es zu einem Stützpfeiler ihres Reiches machten. Belisars Truppen eroberten die Stadt im Jahre 538 in einer langen Belagerungsschlacht für Byzanz zurück. Nach der Errichtung des Herzogtums von Spoleto 571 bemächtigten sich die Langobarden der Stadt.

Stadtrepublik

Ab der Mitte des 12. Jh.s war Orvieto ein autonomer Stadtstaat, der sich zu Verteidigungszwecken und zur Ausdehnung seiner Herrschaftsgebiete vor den Stadtmauern mit dem toskanischen Florenz, der Erzrivalin von Siena, verbündete. Durch die zeitweilige Anwesenheit der Päpste im 12. und 13. Jh. stieg Orvietos kulturelle und politische Bedeutung, gleichzeitig geriet sie dadurch aber auch immer wieder in die Schußlinie des Kaisers. Auch innerhalb der Stadt lieferten sich die Anhänger der Guelfen, allen voran das Geschlecht der Monaldeschi, und die von den Filippeschi angeführten Ghibellinen heftige Kämpfe. Die Vertreibung ghibellinischer Familien rächte Kaiser Heinrich IV., indem er 1186 die Guelfen für kurze Zeit aus der Stadt jagte. Die Monaldeschi behielten schlußendlich die Oberhand, zerstritten sich aber untereinander und zerfielen in eine Reihe von Clans, die sich spezielle, aus der Tierwelt abgeleitete Namen gaben wie z. B. die 'Monaldeschi della Vipera' und die 'Monaldeschi della Cervara'. Für zusätzlichen Konfliktstoff sorgte das Auftauchen von Angehörigen der Pataria, einer revolutionären Volksbewegung aus der Lombardei, die gegen die Korruption des hohen Klerus und für soziale Reformen kämpfte, von vielen aber als ketzerisch betrachtet wurden. Im 13. und 14. Jh. erreichte das Herrschaftsgebiet von Orvieto seine größte Ausdehnung; zeitweise reichte dies sogar bis nach Orbetello an der Tyrrhenischen Küste. Der städtischen Selbstverwaltung legte die päpstliche 'Reconquista' durch Kardinal Albornoz, unmißverständlich durch den Bau der Rocca

Geschichte (Fortsetzung)

im Jahre 1364 'bekräftigt', erste Zügel an. Nach Albornoz (⟶ Berühmte Persönlichkeiten) übernahmen verschiedene Signoren, u.a. auch der berüchtigte Condottiere Fortebraccio (⟶ Berühmte Persönlichkeiten) das Regiment der Stadt. Im Jahre 1449 wurde Orvieto offiziell dem Kirchenstaat zugeschlagen und behielt diesen Status bis zur Eingliederung in den italienischen Staat 1860. Im 16. Jh. nahm Orvieto erneut Päpste und hohe kirchliche Würdenträger, die Rom aus verschiedensten Gründen zeitweilig den Rücken kehrten, in seinen Mauern auf (u.a. während des Sacco di Roma). Für die Stadt bedeutete dies einen erneuten wirtschaftlichen und kulturellen Aufschwung, der sich im heutigen Stadtbild noch an den vielen stolzen Renaissancepalästen aus dieser Zeit festmachen läßt.

Sehenswertes

Parkmöglichkeiten

Wer mit dem Wagen anreist, sollte diesen entweder am Fuße des Stadtfelsens auf einem der dortigen Parkplätze stehenlassen und mit der Drahtseilbahn in die Stadt hinauffahren (Fahrtzeit ca. 2 Min.) oder das Auto oben am Rande der Altstadt auf dem Parkplatz bei der Porta Maggiore bzw. auf der Piazzale Cahen abstellen (besonders beliebt, aber in der Saison auch schnell belegt). Von der Piazzale Cahen starten städtische Minibusse hinauf ins Zentrum; zu Fuß sind es etwa 15 Minuten.

Einkäufe

Der Corso Cavour, insbesondere der Abschnitt zwischen der Piazza della Repubblica und dem Torre del Moro, ist die Haupteinkaufsmeile von Orvieto – von kleinen Weinhandlungen, unzähligen Majolikageschäften über Andenkenläden bis zu exquisiten Lederwaren- und Modeboutiquen ist beinahe alles vertreten. An der Via del Duomo, dem kurzen Verbindungsstück zwischen Corso Cavour und Domplatz, reihen sich die Kunsthandwerks- und Keramikgeschäfte förmlich aneinander. Wer deftige Imbisse liebt, sollte die Piazza del Popolo ansteuern, wo donnerstags und samstags ein großer Markt abgehalten wird. Hier gibt es an einem Stand eine weitere umbrische Spezialität: porchetta, gegrilltes und mit köstlichen Kräutern gewürztes Schweinefleisch.

Führungen durch die 'Unterwelt' von Orvieto

Schon seit Jahrhunderten haben die Bewohner von Orvieto den Tuffblock unter ihren Füßen für unterschiedlichste Zwecke ausgehöhlt. Ein Teil der zahlreichen unterirdischen Räume, die als Keller, Lagerräume, Gänge, Werkstätten, Brunnen genutzt werden, können im Rahmen einer Führung besichtigt werden (tgl. 11.00 und 16.00 Uhr). Treffpunkt ist das Tourismusbüro Piazza Duomo 24.

**Dom Santa Maria

**Bedeutung und Baugeschichte

Das überragende Baudenkmal von Orvieto, gleichzeitig auch einer der schönsten und bedeutendsten gotischen Kirchenbauten in Italien, ist der Dom Santa Maria, der sich auf dem höchsten Punkt des Stadtfelsens erhebt. Getragen wurde der Bau dieses gewaltigen Gotteshauses von den Ablaßspenden der orvietanischen Bevölkerung, die möglicherweise wegen des 'Meßwunders von Bolsena' eine größere Kirche benötigte. Von der Grundsteinlegung am 13. November 1290 durch Papst Nikolaus IV. bis zur Fertigstellung des Rohbaus 1308 waren vermutlich Arnolfo di Cambio, der Peruginer Fra Bevignate (1295–1300) und als sein Nachfolger der aus Orvieto stammende Giovanni di Uguccione mit der Planung beschäftigt. Als 1305 Schwierigkeiten bei der Einwölbung der Vierung und der Querarme auftraten, beauftragte man den sienesischen Architekten, Maler und Bildhauer Lorenzo Maitani (um 1270–1330) mit der Fortführung der Bauarbeiten. Er leitete bis zu seinem Tod 1330 die Dombauhütte. Maitani ließ die Vierung durch Strebebögen verstärken, so daß sie den Gewölbeschub

Überstrahlt die Altstadt von Orvieto: der Dom Santa Maria ▶

Dom Santa Maria (Fortsetzung)

aufnehmen konnten, und vollendete die Apsis. Sein größtes Meisterwerk hinterließ er aber mit der Fassade, deren originale Aufrißzeichnung – eine der frühesten in der europäischen Kunstgeschichte – heute im Museo dell' Opera del Duomo aufbewahrt wird. Nach Maitani lag das Dombauprojekt in den Händen verschiedener Baumeister, von denen Andrea (1347/1348) und Nino Pisano (1349), der Florentiner Andrea Orcagna (1359), der die große Fensterrose entwarf, und Antonio Federighi (1451–1456) Erwähnung verdienen. Unter Maitanis Nachfolgern wurden die beiden Seitenkapellen errichtet, ab 1350 die Cappella del Corporale, die das berühmte Meßtuch enthält, und 1408 die Cappella Nuova oder auch Cappella di San Brizio, die durch die Ausmalung von Luca Signorelli ihren besonderen Charakter erhielt. Erst im beginnenden 17. Jh. waren die Dombauarbeiten vollständig abgeschlossen. Anläßlich der 600-Jahr-Feier 1890 wurde bei einer umfassenden Restaurierung die barocke Ausstattung des Doms entfernt, um den gotischen Eindruck wiederherzustellen. 1990 feierte Orvieto das 700jährige Bestehen seines glanzvollen Kirchenbaus.

Öffnungszeiten

Dom: Nov.–März tgl. 7.30–12.45, 14.30–17.15, April–Okt. 7.30–12.45, 14.30–19.15 Uhr. Cappella Nuova: Nov.–März werktags 10.00–12.45, 14.30–17.15, So. und Fei. nur 14.30–17.15, April–Okt. werktags 10.00–12.45, 14.30–19.15, So. und Fei. 14.30–17.45 Uhr.

Orvieto — Dom Santa Maria — Fassadenschema

- A–D Pfeilerreliefs
- A Schöpfungsgeschichte
- B Alttestamentarische Szenen
- C Szenen a. d. Leben Christi
- D Jüngstes Gericht

- 1-4 Evangelistensymbole als Bronzestatuen
- 1 Engel / Matthäus
- 2 Löwe / Markus
- 3 Adler / Johannes
- 4 Stier / Lukas
- 5 Bronzetür von Emilio Greco (1964 - 1970)
- 6 Madonnenskulptur (1347), Andrea Pisano (?)
- 7 Fensterrose, von Kirchenvätern gerahmt
- 8 Propheten
- 9 Apostelfiguren (1556)

- 10-21 Mosaiken
- 10 Verlobung Mariens
- 11 Marienkrönung
- 12 Mariä Tempelgang
- 13,14 Verkündigung
- 15-17 Maria mit Aposteln
- 18,19 Joachim und Anna
- 20 Taufe Christi
- 21 Geburt Mariä

**Fassade

Von welcher Seite auch immer man sich dem Dom nähert, immer tritt man aus dem Straßengewirr der Altstadt heraus auf den weiten Domplatz, der dem imposanten Bauwerk genügend Raum zur Entfaltung gibt. Während die Seiten des rund 90 m langen Gotteshauses nur durch die halbrunden Kapellen und die horizontalen Streifen aus dunklem, fast schwarzen Tuffstein und hellem Travertin akzentuiert werden, entwickelt die 52 m hohe und 40 m breite Domhauptfassade mit ihren kostbaren Materialien, den farbenprächtigen, goldunterlegten Mosaiken und der Fülle an architektonischen und bauplastischen Details eine überwältigende Wirkung. Obgleich nicht nach einem einzigen einheitlichen Plan entstanden, zeichnet sich die

Fassade (Fortsetzung)

Fassade, deren Aufbau gerne mit dem eines gotischen Flügelaltars verglichen wird, durch ein harmonisches Erscheinungsbild aus. Neben den französischen Kathedralen fungierte vor allem der 1229 begonnene Dom von Siena als Vorbild für ihre Gestaltung. Der plastischen, tiefenräumlichen Wirkung der französischen wie sienesischen Fassaden setzt Orvieto allerdings eine flächige, durch Flachreliefs und Mosaikbilder geprägte Wirkung entgegen. Die Gliederung der Fassade übernehmen vier kräftige Strebepfeiler, die in filigranen Türmen enden. Der Höhenzug wird durch die Galerie über der Portalzone und die quadratische Rahmung der großen Fensterrose von Andrea del Orcagna (1354) unterbrochen. In den unteren Teil schneiden drei wimpergbekrönte Stufenportale in die Wandflächen ein. Nur das mittlere, größere, zeigt den umbrischen Rundbogen, die beiden seitlichen sind gotisch gespitzt. Auf den reliefverkleideten Pfeilersockeln (s. u.) stehen als Bronzestatuen die Symbole der vier Evangelisten, die vermutlich nach Entwürfen von Lorenzo Maitani im 14. Jh. in Orvieto oder Perugia gegossen wurden. Die Bronzetüren des Hauptportals, ein Werk des zeitgenössischen Bildhauers Emilio Greco, kamen nach heftigen Kontroversen 1970 an ihre heutige Stelle; über diesem Portal eine marmorne Madonnenskulptur von Andrea Pisano (1347).

Mosaiken

Von den farbigen Mosaiken, die ab 1325 nach Maitanis Vorgaben entstanden – er hatte 1321 eine Mosaikwerkstatt nahe bei der Fassade eingerichtet – wurden die meisten später erneuert.

**Sockelreliefs

Um Meisterwerke der hochmittelalterlichen Plastik handelt es sich bei den Marmorreliefs an der Sockelzone der Fassade, die zwischen 1310 und 1330 unter Beteiligung mehrerer Künstler entstanden. Eine sichere Zuschreibung an Lorenzo Maitani, den Leiter der Dombauhütte, läßt sich nur für die unteren vier bzw. unteren drei der äußeren Reliefs (am ersten und vierten Pfeiler) festmachen; die oberen Darstellungen an diesen Pfeilern sind weniger detailliert gearbeitet und möglicherweise schon auf Fernsicht konzipiert. Während bei den äußeren Pfeilerreliefs Efeuranken rechteckige Bildfelder schaffen, bilden an den inneren Pfeilern Akanthusranken eine Raumaufteilung, die an Glasfenster erinnert. An Expressivität kaum zu steigern ist Maitanis Darstellung des Jüngsten Gerichts am Pfeiler ganz rechts, wo fratzenhaft entstellte Gesichter, eng verschlungene Leiber, gequälte, erschöpfte, verzweifelte Kreaturen dem Inferno zu entfliehen suchen.

Inneres

Der basilikale Innenraum des Doms ist im Gegensatz zur Fassade noch sehr romanisch geprägt. Die nur sparsam durchfensterten Langhauswände steigen über rundbogigen, von wuchtigen Rundpfeilern getragenen Arkaden hoch. Ein offener, weiß bemalter Dachstuhl deckt das Mittelschiff; nur der östliche Teil sowie die als Kapellen angelegten Querhäuser sind eingewölbt. Bestimmend für den Raumeindruck ist der von den Seitenansichten des Außenbaus bekannte Wechsel von grauen und hellen Steinlagen, der im oberen Teil aufgemalt wurde, und das warme Licht, das durch die Alabasterfenster der Seitenkapellen den Raum beleuchtet. Diese farbliche Reduktion steigert die Wirkung des farbigen Glasfensters im Chor und des Buntglases der großen Fensterrose.
Die barocke Ausstattung der Kirche wurde bei der Restaurierung 1890/1891 entfernt, so daß sich das Langhaus heute beinahe schmucklos präsentiert. Gleich beim Eingang stehen zwei Weihwasserbecken; das linke (1390) wurde aus einem einzigen Block roten Marmors gehauen. Der als Turmspitze ausgebildete Aufsatz ist späteren Datums (1407). Bevor man das Langhaus in Richtung Chor durchschreitet, sollte man einen Blick auf das Fresko an der linken Seitenschiffwand werfen, das Gentile da Fabriano 1452 vollendete. In der Vierung verdienen vor allem zwei Plastiken des orvietanischen Bildhauers Ippolito Scalza Beachtung: die aus einem Block entstandene "Pietà" aus dem Jahre 1579 und der "Ecce Homo", sein letztes Werk (1608). Den Marienzyklus im Chor malte der Orvietaner Ugolino di Prete Ilario wenige Jahre nach seiner Arbeit in der Cappella del Corporale (1370–1384), das Glasfenster ist ein Werk des Giovanni di Bonino aus

1 Weihwasserbecken (1485)
2 Taufbecken von Luca di Giovanni (1390), Aufsatz von Sano di Mateo (1407)
3 "Ecce Homo", Statue von Ippolito Scalza (1608)
4 Christusstatue von Gabriele Mercanti (1627)
5 Marienstatue von Raffaello da Montelupo (1563)
6 Christusstatue von Raffaello da Montelupo (1563)
7 "Pietà" aus Marmor von Ippolito Scalza (1579)
8 Fresko "Madonna mit Kind" von Gentile da Fabriano (1425)

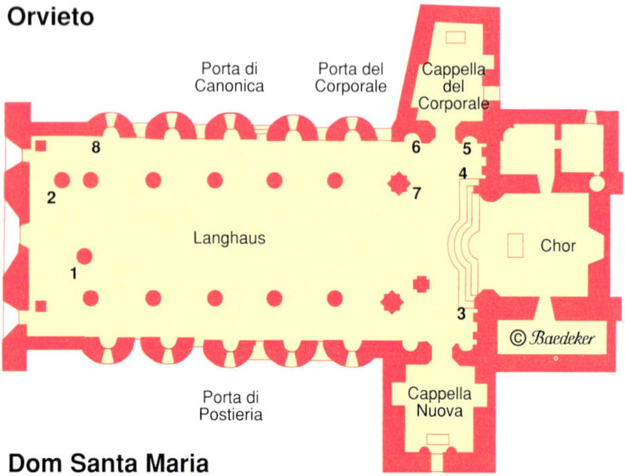

Dom, Inneres (Fortsetzung)

Assisi (1325). Aus der gleichen Zeit stammt auch das intarsiengeschmückte Chorgestühl des Sienesen Giovanni Ammannati (1331–1340).

** Cappella del Corporale

Links der Vierung öffnet sich die 1350–1361 auf trapezförmigem Grundriß erbaute Cappella del Corporale, benannt nach dem berühmten Meßtuch mit den Blutstropfen Christi, das hier aufbewahrt wird. Über dem Eingang der Kapelle, die durch ein gotisches Gitter abgetrennt ist, schuf Ippolito Scalza einen herrlichen Orgelprospekt. Den Hergang des Wunders (s. u.) und die Geschichte des Corporale schildern die Wandfresken, die Ugolino di Prete Ilario in siebenjähriger Arbeit fertigstellte (1357–1364; im 19. Jh. restauriert). Links des Eingangs in einer Glasvitrine sieht man das meisterhaft gearbeitete Reliquiar des Corporale, ein Behältnis in Form eines Flügelaltars, das zwischen 1337 und 1339 in der Werkstatt des sienesischen Goldschmieds Ugolino di Vieri zur Aufnahme des Meßtuchs angefertigt wurde. Es erinnert mit seinen architektonischen Elementen, den Türmchen und Wimpergen, an die Architektur des Doms. Das große Marmortabernakel auf dem Hauptaltar, 1358 von Andrea Orcagna vollendet, diente ursprünglich als Behältnis für das kostbare Reliquiar. Beachtenswert ist auch das Leinwandgemälde der Schutzmantelmadonna (1320) des sienesischen Malers Lippo Memmi.

Meßwunder von Bolsena

Da das Meßwunder von Bolsena für das Kirchenjahr in Orvieto von überragender Bedeutung ist, sei es an dieser Stelle kurz erzählt: Ein böhmischer Priester befand sich auf einer Pilgerreise nach Rom. Er zweifelte an der Wandlung von Brot und Wein und bat Gott um ein Zeichen. Als er daraufhin in Bolsena eine Messe las, tropfte Blut von der Hostie auf das Meßtuch. Nachdem Bischof und Papst die Blutspuren in Augenschein genommen und das Wunder anerkannt hatten, zeigten sie es dem wartenden Volk. Seit der Einführung des Fronleichnamsfestes 1264 wird das Meßtuch an diesem Tag in einem Umzug durch die Stadt getragen.

Cappella Nuova (Cappella di San Brizio) **Fresken von Luca Signorelli

Ein überragendes Gesamtkunstwerk ist die Cappella Nuova, bekannt auch als Cappella di San Brizio (Eintritt; Öffnungszeiten s. S. 186). Die Ausmalung dieser Kapelle durch Luca Signorelli aus Cortona (1440/1450–1523) markiert einen Höhepunkt der italienischen Renaissancemalerei. Die 1408/1409 erbaute Kapelle sollte zunächst Fra Angelico dekorieren, der zusammen mit Benozzo Gozzoli, dem Meister der Fresken in → Montefalco, 1447 zwei Gewölbefelder zur Ausführung brachte. 1499 gewannen

Dom, Cappella Nuova, Fresken von Luca Signorelli (Fortsetzung)

die Verantwortlichen Luca Signorelli für das Projekt, der bis 1502 mit diesem Auftrag beschäftigt war. Die Fresken von Signorelli zeigen ein ausgeprägtes Interesse für die menschliche Anatomie, gegenüber der das Umfeld der Dargestellten, der Raum, in dem sie sich bewegen, völlig zurücktritt.
Das Programm der Ausmalung beginnt an der linken Wand mit den "Taten des Antichrist", einem selten in der Malerei vorkommenden Thema. Signorelli stellt den Antichristen auf einem Podest stehend und predigend dar, während ihm der Teufel Worte ins Ohr flüstert. Unter die Figuren des ihm lauschenden Volkes hatte er nach den Angaben des Künstlerbiographen Vasari Porträts berühmter Zeitgenossen gemischt – sein eigenes eingeschlossen. An der Eingangswand hat Signorelli das "Weltende" thematisiert, auf das an der rechten Wand die "Auferstehung des Fleisches" folgt. Hier zeigt Signorelli vor dem Hintergrund einer nackten grauen Fläche, wie die Toten als Gerippe auferstehen und allmählich wieder zu Menschen aus Fleisch und Blut werden. Im zweiten Bild an der rechten Wand kulminiert der Freskenzyklus mit der furiosen Darstellung der "Verdammten". Die auf Dantes 'Inferno' zurückgehende Szene ist für gewöhnlich Teil des Jüngsten Gerichts. Bei Signorelli sitzt der richtende Christus im Gewölbe der Kapelle, die Wand gehört allein der Darstellung der zu Höllenqualen Verdammten. An der Altarwand werden die "Berufung der Auserwählten" und an der anschließenden linken Wand die "Himmelfahrt der Auserwählten" geschildert. Auch der Sockelbereich der Kapelle wurde von Signorelli mit Fresken bedeckt.

Am Domplatz

Palazzo Soliano

Auf der rechten Seite der Domfassade erhebt sich der noch sehr romanisch anmutende Palazzo Soliano, der durch den zurückversetzt liegenden Papstpalast mit dem Dom verbunden ist. Das im wesentlichen 1297–1301 für Papst Bonifaz VII. errichtete Gebäude blieb unvollendet und wurde später mehrfach verändert (der mittelalterliche Zinnenkranz ist beispielsweise eine Zutat aus dem Jahr 1896). Besonders markant ist der altanartige Vorbau mit hohen Bogenstellungen an der Schmalseite, zu dem seitlich eine Freitreppe hochgeführt wird.

Museo Emilio Greco

Im Erdgeschoß des Palazzo Soliano werden seit 1991 Arbeiten des zeitgenössischen Bildhauers Emilio Greco (geb. 1913 in Catania) gezeigt. Greco fertigte 1964–1970 die Bronzetüren für den Dom, die anfänglich sehr umstritten waren. Das Museum ist tgl. außer Mo. 10.30–13.00 und 15.00 bis 19.00 Uhr, Okt.–März 10.30–13.00 und 14.00–18.00 Uhr geöffnet.

Museo dell' Opera del Duomo

Das Museo dell' Opera del Duomo (Dommuseum) im Obergeschoß des Palazzo ist seit 1989 wegen Umbauarbeiten nicht zugänglich. Es birgt zahlreiche Dokumente und Kunstwerke zum Dombau von Orvieto, u.a. den berühmten Fassadenriß von Lorenzo Maitani (siehe Dombaugeschichte), Umgestaltungsentwürfe des Dombaumeisters Ippolito Scalza (1532 bis 1617) sowie ein Fresko auf einer Ziegelplatte von Luca Signorelli, das ihn zusammen mit dem Vorsteher der Domopera, Nicolò Franchi, zeigt. Neben verschiedenen Goldschmiedearbeiten, darunter auch dem Hauptreliquiar von San Savino und frühen Tafelbildern wie das 1320 datierte Polyptychon des sienesischen Malers Simone Martini (1284–1344), besitzt das Museum eine reiche Sammlung von qualitätvollen Skulpturen, die in zeitlicher oder stilistischer Nähe zu denen an der Domfassade entstanden (so z.B. die "Thronende Madonna mit Kind" von Andrea Pisano).

Palazzo Papale, *Museo Archeologico Nazionale

Etwas versteckt zwischen dem mächtigen Dom und dem Palazzo Soliano liegt der an letzteren angebaute ehemalige Papstpalast, ein schön proportionierter zweigeschossiger Bau mit einer ursprünglich offenen Arkadenhalle im Erdgeschoß (heute verglast) und zierlichen gotischen Doppelfenstern im Obergeschoß. Das Erdgeschoß der ehemaligen Papstresidenz

Palazzo Papale, Museo Archeologico Nazionale (Fortsetzung)

wird seit einer umfassenden Renovierung vom Achäologischen Museum genutzt, das in fünf großen Sälen die Ausgrabungsergebnisse und Funde der etruskischen Nekropolen vorstellt (geöffnet tgl. 9.00–13.30 und 14.30–19.00 Uhr; So. und Fei. nur 9.00–13.00 Uhr).

Die Fundstücke stammen aus mehreren, 1977 gesicherten Gräbern der Cannicella-Nekropole und der nordöstlich von Orvieto gelegenen Totenstadt Crocefisso del Tufo. Dort wurde 1985 das gut erhaltene Grab des Avele Metiena aus dem sechsten vorchristlichen Jahrhundert geöffnet und die Grabbeigaben ins Museum verbracht. Besonders eindrucksvoll ist eine vollständige Kriegerausrüstung aus dem 4. Jh. v. Chr., die in der Nekropole Settecamini in der sog. Tomba del Guerriero ('Kriegergrab') gefunden wurde (Saal 2). In Settecamini hatte Domenico Golini bereits 1863 zwei Gräber mit etruskischen Wandmalereien entdeckt, die 1955 von der Wand gelöst und so vor der Zerstörung gerettet wurden. Die abgenommenen, allerdings nur fragmentarisch erhaltenen Wandbilder der nach Golini benannten Gräber bilden heute die Hauptattraktion des Archäologischen Museums (Saal 5). Wegen der Lichtempfindlichkeit kann man sie nur kurze Zeit bei Beleuchtung besichtigen (Aufsichtspersonal verständigen). Das erste Grab besteht aus zwei Kammern. In der ersten Kammer wird die Vorbereitung eines Festmahls, vermutlich eines Totenmahls, gezeigt. In der zweiten Kammer kommt das Mahl selbst zur Darstellung, bei dem auch Hades und Persephone, die Götter der Unterwelt, teilnehmen. Der Verstorbene betritt auf einem Wagen die Bühne des Bildes. Auch im zweiten Grab zeigen die Wandbilder ein festliches Bankett mit Musikantenbegleitung.

In den niedrigeren Häusern an der Nordseite des Domplatzes laden Bars und Cafés zum Verweilen ein

Palazzo Faina, Musei archeologici civico e Faina

Der schlichte Palazzo gegenüber der Domfassade beherbergt zwei Sammlungen, die des städtischen archäologischen Museums und eine umfangreiche Kollektion antiker Vasen, die sich früher im Besitz der Grafenfamilie Faina befand und 1954 als Schenkung an die Stadt Orvieto ging.

Palazzo Faina, Musei archeologici civico e Faina (Fortsetzung)

Zu den Hauptwerken der archäologischen Sammlung (geöffnet April bis September tgl. außer Mo. 10.00–13.00 und 15.00–19.00, Okt.–März 10.00–13.00 und 14.30–17.00 Uhr) gehören etruskische Funde wie beispielsweise Plastiken aus Terrakotta, ein etruskischer Sarkophag aus dem 4. Jh. v. Chr., ein Kriegerkopf aus dem 6. vorchristlichen Jahrhundert, der in der Tomba del Guerriero entdeckt wurde, sowie die sog. 'Venus von Cannicella', eine in Griechenland geschaffene weibliche Marmorfigur, die ebenfalls in das 6. Jh. v. Chr. datiert wird.

Stadtrundgang

Via Maitani, San Francesco

Vom Domplatz schlägt man die Via Maitani ein und gelangt schon nach etwas mehr als 100 m zur Kirche San Francesco, die ihre Fassade der Piazza dei Febei zuwendet. Das Innere der gotischen Kirche (13. Jh.) wurde 1768–1773 barock erneuert. Sehenswert ist das Holzkruzifix auf dem Hauptaltar, das im Umkreis von Lorenzo Maitani entstanden ist.

San Lorenzo de Arari

Biegt man an der Piazza dei Febei in die Via Ippolito Scalza ein, dann kommt man zu der kleinen Kirche San Lorenzo de Arari, die noch spät, ab 1291, in romanischen Stilformen erbaut wurde. Das Portal ist eine Ergänzung aus dem Quattrocento. Einen Blick lohnen die Fresken an der linken Langhauswand mit Szenen aus der Legende des Titelheiligen Laurentius aus dem Jahre 1330. Seinen ungewöhnlichen Namen verdankt das Gotteshaus dem etruskischen Opferaltar (lat. ara), der heute den Hauptaltar schmückt.

Westliche Altstadt, Porta Maggiore

Von der Kirche San Lorenzo de Arari gelangt man über die Via degli Alberici zur Via Garibaldi, die zur Piazza della Repubblica hinaufführt. Bevor man sich auf diesem Weg bereits wieder dem Zentrum von Orvieto zuwendet, sollte man linker Hand in die Piazza dei Ranieri einbiegen und einen kleinen Spaziergang durch den äußerst malerischen Westteil der orvietanischen Altstadt unternehmen. In der Nähe der Piazza stößt man auf die Kirche San Giovanni, einen oktogonalen Zentralbau aus dem Jahre 1704. Die angrenzenden ehemaligen Klostergebäude werden heute für Wechselausstellungen genutzt. Hinter der Apsis kann man an der einstigen Stadtbefestigung bis zur Porta Maggiore entlanggehen (Aussicht!). Das mächtige, in den Fels geschnittene und mit Quaderblöcken verblendete Tor ist der älteste Zugang der Stadt. Der Panoramaweg setzt sich hinter der Porta Maggiore fort bis zur Chiesa di San Giovenale im äußersten Westen der Stadt.

Via della Cava, Pozzo della Cava

Hinter der Porta Maggiore liegt der älteste Stadtteil von Orvieto mit einem Gewirr von schmalen Gassen, Häusern aus rot- bis gelbbraunem Tuffstein und dazwischen kleinen, meist blumengeschmückten Höfen. Eine typische Gasse ist die Via della Cava, wo man in den Pozzo della Cava hinabsteigen kann (bei Haus Nr. 26; außer Di. tgl. geöffnet). Papst Clemens VII. ließ diesen Brunnen im Jahre 1527 ausheben, gleichzeitig mit dem Bau des berühmten Pozzo San Patrizio. Seit dem 17. Jh. fließt hier kein Wasser mehr, aber die seitlichen 'Grotte' waren immer in reger Benutzung.

San Giovenale

Der Bau dieser im Kern mittelalterlichen Kirche fällt einer Überlieferung zufolge in das Jahr 1004. Ihre basilikale Anlage (erhöhtes Mittelschiff mit offenem Dachstuhl) ist romanisch, der Chor stammt aus dem 13. Jh. und das Seitenportal, der heutige Kircheneingang, trägt das Datum 1497 (darüber eine Figur des Titelheiligen, Juvenal). Das Besondere an San Giovenale ist ihr reicher Freskenschmuck aus dem 13.–16. Jh. und der steinerne, mit Bandwerk und menschlichen Figuren (u. a. ein Bischof mit Mitra und Stab) dekorierte Altartisch aus dem Jahr 1170.

Palazzo Caravajal, Palazzo Petrangeli

An der Via Malabranca, die ins Stadtzentrum zurückführt, liegen zwei stolze Paläste, rechts der mächtige Palazzo Caravajal, dem Ippolito Scalza in der zweiten Hälfte des 16. Jh.s seinen Stempel aufdrückte, und etwas

Palazzo Caravajal, Palazzo Petrangeli (Fortsetzung)

weiter auf der gegenüberliegenden Seite der Palazzo Petrangeli mit einem schönen Innenhof aus dem 15. Jahrhundert. Scalza hat in Orvieto einige Paläste errichtet oder im Zeitstil umgebaut, so auch den Palazzo Clementini (1567/1569) an der Via Ippolito Scalza, den Palazzo Buzi am Domplatz (rechts vom Palazzo Soliano) und den Palazzo Comunale an der Piazza della Repubblica.

***Piazza della Repubblica, Palazzo Comunale**

Die Piazza della Repubblica ist neben dem Domplatz ein belebter Dreh- und Angelpunkt in Orvieto. Sie wird beherrscht vom wuchtigen Palazzo Comunale mit seiner offenen, als Durchfahrt genutzten Bogenhalle im Erdgeschoß. Der in Orvieto vielbeschäftigte Ippolito Scalza hat den mittelalterlichen Kommunalpalast 1573–1581 vollständig umgebaut, wobei allerdings die rechte Seite unvollendet blieb.
Gegenüber dem Palazzo Comunale, im Erdgeschoß eines kleineren Renaissancepalastes, locken die herrlichen Schaufensterauslagen der dortigen Pasticceria.

Sant' Andrea

Zur Linken des Palazzo Comunale steht der hohe, zwölfeckige Campanile, der zur Kirche Sant' Andrea gehört. Bereits in frühchristlicher Zeit stand hier ein Gotteshaus, das durch Ausgrabungen belegt ist. Die heutige, in den 1920er Jahren stark restaurierte Kirche stammt im wesentlichen aus dem 11. Jahrhundert. Ungewöhnlich sind die beiden querschiffartigen östlichen Joche, die im Gegensatz zur restlichen Kirche von einem Kreuzrippengewölbe gedeckt sind. Am zweiten Pfeiler rechts verdient das Magalotti-Grab aus dem 14. Jh. Beachtung. Die trecenteske Kanzel weist schöne Kosmatenarbeiten auf.

***Corso Cavour, Torre del Moro**

Von der Piazza della Repubblica folgt man ein Stück dem Corso Cavour (Fußgängerzone), der Haupteinkaufsstraße von Orvieto.
Linker Hand taucht der 42 m hohe Torre del Moro auf, ein mittelalterlicher Geschlechterturm, der seinen Namen vom Maulbeerbaum (ital.: moro) erhielt. Aus dem Palazzo del Popolo wurde ihm die 1316 für die 24 Zünfte gegossene Glocke übertragen.

Palazzo Gualterio

Schräg gegenüber vom Torre del Moro, auf der linken Seite der hier beginnenden Via del Duomo, steht der langgestreckte Palazzo Gualterio mit seinem überladenen Portal im Stil der späten Renaissance (1550; Architekt Simone Mosca). Er ist einer von zahlreichen Adelspalästen, die im 16. Jh. im Zuge des politischen und kulturellen Aufschwungs der Stadt modernisiert oder neu gebaut wurden.

Piazza del Popolo, **Palazzo del Popolo

Enge Gassen verbinden den Corso Cavour mit der Piazza del Popolo, die vom wuchtigen Tuffsteinblock des gleichnamigen Palazzo beherrscht wird. Als 'Regierungssitz' des Volkskapitäns (capitano del popolo) errichteten die Orvientaner um die Mitte des 13. Jh.s den wehrhaften Stadtpalast, der für den Palazzo Soliano am Domplatz den Prototyp lieferte: offene Halle im Erdgeschoß, Piano Nobile mit Drillingsfenstern und Freitreppe zum terrassenartigen Vorbau. Ein in der orvietanischen Bautradition verwurzeltes Dekor ist das Reliefband mit Schachbrettmuster, das in einem Rundbogen die Drillingsfenster überfängt. Der Zinnenkranz kam erst in unserem Jahrhundert aufs Dach. Wenn die derzeitigen Umbauarbeiten abgeschlossen sind, wird der Palazzo del Popolo seine Pforten als modernes Kongresszentrum öffnen.

San Domenico

Zur Kirche San Domenico führt der Weg durch die Via Corsica und die Via della Pace, die in die Piazza XXIV Marzo einmündet. An der gegenüberliegenden Platzseite steht der Torso einer großen, vermutlich in den 80er Jahren des 13. Jh.s vollendeten Bettelordenskirche. Das Langhaus fiel 1934 dem Bau der 'Scuola Nazionale di Educazione Fisica', dem Nationalen Sportinstitut, zum Opfer. Übrig blieben das Querhaus der Kirche und die rechteckigen Chorkapellen. Der heutige Eingang, aus einer anderen Kirche hier eingesetzt, liegt an der Südseite.

Der wuchtige Palazzo del Popolo, einst Sitz des Capitano del Popolo, soll künftig Kongreßzentrum sein

*Grabmal für Kardinal De Braye

Im Innern befindet sich links neben dem Eingang das Grabmonument des 1282 verstorbenen Kardinals De Braye von Arnolfo di Cambio, das für die italienische Grabmalskunst des 14. Jh.s vorbildhaft wirkte. Der Verstorbene ist als Liegefigur in ein kastenartiges Gehäuse gebettet, dessen seitliche Vorhänge von zwei Diakonen zurückgehalten werden. Unter der Hauptchorapsis der Kirche kann man noch die sehenswerte Renaissancekapelle der Familie Petrucci besichtigen, die 1516 der berühmte Festungsbaumeister Michele Sanmicheli entworfen hat.
Der kürzeste Weg hinunter zur Piazza Cahen, wo der Stadtrundgang mit einer Besichtigung des beeindruckenden Pozzo di San Patrizio endet, führt entlang der Via Roma.

*Pozzo di San Patrizio (Abb. S. 194)

Knapp 200 m links unterhalb der Zahnradstation an der Piazza Cahen kommt man zu einem kleinen, runden Backsteingebäude, das den Eingang bildet zu Orvietos imposantestem Brunnensystem (geöffnet April bis Sept. 10.00–18.45, Okt.–März 10.00–18.00 Uhr; Eintritt; festes Schuhwerk wird empfohlen).
Den Bau dieses Brunnens veranlaßte 1527 Papst Klemens VII., der während der Plünderung Roms durch die Landsknechte Karls V. Zuflucht in Orvieto suchte, nachdem er sich durch ein Lösegeld von 112 000 Dukaten aus der besetzten Stadt freigekauft hatte. Aus Furcht, auch Orvieto könnte belagert und durch die Verknappung des Trinkwassers zu einer Kapitulation gezwungen werden, ließ Klemens insgesamt drei Brunnen anlegen, von denen allerdings nur der Pozzo di San Patrizio erhalten blieb. Mit der Konstruktion dieses gewaltigen Bauvorhabens beauftragte er den vielbeschäftigten Baumeister Antonio da Sangallo den Jüngeren. Sangallo ließ in zehnjähriger Arbeit einen 62 m tiefen Schacht bohren, der im unteren Teil wegen der weichen Lehmschicht mit Ziegelmauerwerk verstärkt wurde. Die Anlage besteht aus einem inneren Schacht mit einem Durchmesser von knapp 5 m, in den 72 spiralförmig angeordnete Fenster eingeschnitten

Pozzo di San Patrizio (Fortsetzung)

sind. Durch sie dringt (allerdings nur bis zu einer gewissen Tiefe) Luft und Licht in die beiden Wendeltreppen, die sich innerhalb eines zweiten Mauerrings um den Schacht legen. Jede der beiden Treppen besteht aus 248 flachen Stufen, so daß man sogar Tragetiere für den Transport des Wassers bis zur Quelle hinunterführen konnte.

Trinkwasser für Orvieto: Papst Klemens VII. ließ von Antonio da Sangallo den 62 m tiefen Pozzo di San Patrizio anlegen

Warum der Brunnen, der anfänglich einfach nur Pozzo della Rocca hieß, dem hl. Patrizius geweiht wurde, erklären die Orvietaner gerne damit, daß der Blick hinab in den Pozzo dem Blick in den Höllenschlund gleicht, den der Legende nach der 'Apostel Irlands' durch sein Gebet öffnen konnte.

Tempio del Belvedere

In Orvieto gab es eine ganze Reihe von etruskischen Heiligtümern, von denen allein der Tempio del Belvedere zumindest fragmentarisch erhalten blieb. Er steht wenige Meter nördlich oberhalb des Pozzo di San Patrizio auf einem Felsvorsprung und zeigt die typische Gestalt eines etruskischen Tempels mit einem Podium, zu dem eine Freitreppe hinaufführt, zwei Reihen mit je vier Säulen und einer dreigeteilten Cella. Einzelne, mit Reliefs aus Terrakotta geschmückte Bauteile des Tempio kann man im Museo civico e Faina bewundern. Das von den Römern zerstörte Heiligtum war vermutlich Tinia, einem der wichtigsten Gottheiten der Etrusker, geweiht.

Rocca

Nur wenige Schritte südlich des Pozzo di San Patrizio lassen sich noch die Reste der Rocca des 14. Jh.s erkennen, die heute Teil eines Stadtparks sind. Als Baubeginn wird das Jahr 1364 genannt, als der Papst den Kardinal Albornoz (→ Berühmte Persönlichkeiten) aus Avignon hierher entsandte, um die zerrüttete Autorität der Kirche wiederherzustellen. Der auf einer Travertinbank (der vermutlich einzigen auf der ganzen Tuffterrasse) gründende Bau wurde im Lauf der Jahrhunderte immer wieder verändert. Heute vermitteln die Reste der Außenmauern, drei Tore und ein runder Wachturm nur noch eine blasse Vorstellung von der einstigen Zwingburg.

Außerhalb der Altstadt

Nekropole Crocifisso del Tufo

Das Ausgrabungsgelände der etruskischen Nekropole befindet sich nordwestlich unterhalb der Stadt an der Via F. Crispi, die sich von der Piazza Cahen den Hang hinabwindet (schlecht ausgeschildert, Parkplatz ca. 50 m oberhalb der Nekropole; geöffnet von 9.00 Uhr bis 1 Stunde vor Einbruch der Dunkelheit).
Die Nekropole Crocifisso del Tuffo, so benannt nach einem aus dem Tuffstein gehauenen Kreuz in einer dortigen Kapelle, ist einer von mehreren etruskischen Friedhöfen rund um den Stadtfelsen von Orvieto. Ein Teil der Totenstadt wurde bereits im 19. Jh. entdeckt und freigelegt; erneute Grabungskampagnen in den 60er Jahren unseres Jahrhunderts brachten weitere, vermutlich auch ältere Gräber zum Vorschein. Bei einem Gang durch das Ausgrabungsgelände fühlt man sich tatsächlich an eine Stadt (Nekropole = Totenstadt) erinnert: Man spaziert durch schmale, rechtwinklig angeordnete Straßen, an denen die kleinen, etwa mannshohen Grabkammern aus behauenen Tuffsteinen stehen. Sie besitzen meist nur eine Kammer mit zwei Bänken; nur einige wenige weisen zwei hintereinanderliegende Kammern auf. Über das gewölbte Dach einer Grabkammer wurde Erde aufgeschüttet und ein Gedenkstein (Cippus) darüber errichtet. Bei Männern war der Cippus zapfenförmig, Frauen erhielten einen zylinderförmigen Stein. Am Abschlußbalken über dem Eingang wurde der Name des zuerst Bestatteten angebracht, z.B. mit der Formulierung "Mi Aveles Flusenas" (Ich bin das Grab von Aule Flusena).

Abbazia dei Santi Severo e Martirio

Ebenfalls in nächster Umgebung von Orvieto, etwa 3 km südlich der Stadt an der Umgehungsstraße SS 71, liegt die Abtei dei Santi Severo e Martirio. Weithin sichtbarer Orientierungspunkt ist der schlanke, achteckige Campanile. Umgekehrt bietet sich vom Kloster ein schöner Blick auf das Panorama von Orvieto. Das als Benediktinerabtei zu Beginn des 12. Jh.s gegründete Kloster wurde ab 1220 von Prämonstratensern bewohnt, heute beherbergt es ein Hotel. Von der alten Anlage lohnen vor allem das Abtshaus mit dem typisch orvietanischen Schachbrettmuster an den Fensterrahmungen und die Kirche, die mit einem Kosmatenfußboden ausgelegt ist, eine Besichtigung.

Südliche Umgebung von Orvieto

Porano

Knapp 6 km südlich von Orvieto hockt auf einem Tuffsporn mit Panoramablick aufs Tibertal die kleine Ortschaft Porano. Der Borgo aus dem 16. Jh. bewahrt noch eine Befestigungsmauer aus Tuffstein. Sehenswert sind die Pfarrkirche San Biagio (14./15. Jh.) mit Fresken der orvietanischen Schule aus dem 14. Jh. und einem kostbaren Weihwasserbecken aus Marmor. Die Hauptsehenswürdigkeit Poranos ist die gleich vor dem Ort gelegene Villa Paolina aus dem 18. Jh. mit einem weitläufigen Park.

Castel Rubello

Zu besichtigen ist auch das im 13. Jh. errichtete Castel Rubello; man erreicht es, indem man hinter der Ortsausfahrt die Straße nach Corgnolo einschlägt. Es erhebt sich auf einer Anhöhe, eingebettet in eine abwechslungsreiche Hügellandschaft mit üppigem Baumbewuchs, Weinbergen und unterschiedlich großen Feldern.

*Cività (Latium)

Lohnend ist eine Fahrt zum etwa 10 km südlich in Latium gelegenen Cività. Das aus Tuffstein erbaute, noch ganz mittelalterlich anmutende Städtchen ist ein besonders schönes Beispiel für die Verwendung dieses regionaltypischen Baumaterials.

Rundfahrt durch die westliche Umgebung von Orvieto

Allerona

Das Dorf Allerona (472 m ü.d.M.; 1810 Einw.) erhebt sich 19 km nordwestlich von Orvieto auf einem Hügelzug, der von zwei Zuflüssen des Pag-

Rundfahrt durch den Süden und Westen, Allerona (Fortsetzung)

lia, dem Ripaglia und dem Rivarcale, umflossen wird. Berühmt ist Allerona wegen seiner Spitzen, Stickereien und Klöppelarbeiten, die man fast in allen Läden im Dorf kaufen kann. Einen guten Ruf haben auch der hier produzierte Käse und verschiedene Weine (u. a. stammt der D.O.C.-Wein 'Orvieto' aus dieser Gegend). Jedes Jahr Mitte Mai feiern die Bewohner von Allerona zu Ehren ihres Ortsheiligen San Isidoro, der auch der Schutzpatron der Landwirtschaft ist, das Fest der 'Pugnaloni'. Der Ortsname geht zurück auf die Familie Lerona, die im Mittelalter als Lehnsherrn über das Dorf bestimmten. Ihr einstiger Wohnsitz, eine Burg aus dem 12. Jh., ist heute zerfallen.

Sehenswertes

Da Allerona zu den Besitztümern der mächtigen orvietanischen Familie Monaldeschi gehörte, war seine Geschichte eng mit der Orvietos verbunden, bis es im Jahre 1505 unabhängig wurde. Von der alten Befestigungsanlage haben sich hier und da noch ein paar Mauerreste und zwei Stadttore erhalten, die Porta del Sole im Osten und die Porta della Luna im Westen, die man sich ansehen sollte. Interessant ist der Besuch der im 15. Jh. errichteten Kirche Santa Maria della Stella am Rand des historischen Stadtkerns. Das 1926 restaurierte Gotteshaus weist beachtenswerte Arbeiten in Terrakotta auf.

Naturpark Villalba

Ganz in der Nähe von Allerona erstreckt sich der 200 ha große Naturpark Villalba mit seinen schattigen Wäldern. Der Park ist mit Rast- und Picknickplätzen ausgerüstet.

Monterubiaglio

Etwa auf halber Strecke zwischen Orvieto und Allerona, nach ca. 10 km, zweigt auf der linken Seite die Landstraße ab, die zu dem Weinbauort Monterubiaglio (Ortsteil von Castel Viscardo) hinaufführt. Die dortige Burg aus dem 13. Jh. errichtete die Familie Monaldeschi aus Orvieto.
Etwas unterhalb der Ortschaft sprudelt jodhaltiges Mineralwasser aus dem Boden (Terme di Tiberio); die dortige Thermalbadeanlage ist allerdings nicht mehr in Betrieb.

Castel Viscardo

Von Monterubiaglio schlängelt sich die Straße ca. 3 km bergauf (gute Aussicht auf das Paglia-Tal auf der einen und Orvieto auf der anderen Seite) zu dem Städtchen Castel Viscardo (507 m ü. d. M.; 2830 Einw.), das im späten Mittelalter am Rande eines riesigen Hochplateaus, einem Ausläufer der Monti Volsini, angelegt wurde. In der Römerzeit führten an Castel Viscardo zwei wichtige Handelsstraßen vorbei, die Via Cassia und die Via Traiana Nuova. Im Zweiten Weltkrieg war auf der Hochebene ein Flugplatz in Betrieb, den der italienische Stararchitekt Luigi Nervi konstruiert hatte.

Sehenswertes

Gleich am Ortseingang passiert man das Castello Madonna Antonia, das heute noch bewohnt wird. Die Eingangsseite des im 15. Jh. auf trapezförmigem Grundriß errichteten Bauwerks wird von zwei wuchtigen Rundtürmen flankiert und auf der Höhe des Piano Nobile von einer Loggia durchbrochen. Von dem quadratischen Turm im Innenhof, sieht man vor allem den oberen, im 16. Jh. erbauten Teil, da er den gesamten Gebäudekomplex überragt. In der Pfarrkirche kann man ein kostbares Kruzifix aus dem 17. Jh. bewundern.

Castel Giorgio

Knapp 7 km hinter Castel Viscardo liegt Castel Giorgio (559 m ü. d. M.; 2220 Einw.), das in Italien als Sitz des nationalen Trainingszentrums für Football-Spieler bekannt ist. Der Ort verdankt seine 1477 verbürgte Gründung dem Wunsch des Bischof von Orvieto, Giorgio della Rovere, die heißen Sommermonate auf dem Land zu verbringen. Zu diesem Zweck ließ er sich ein Jahr nach seiner Nominierung durch Papst Sixtus IV. in Castel Giorgio, das am Rande eines dichten Waldgebiets lag, eine Burg errichten, die verschiedene Male geplündert und zerstört wurde. Über Jahrhunderte hinweg lag der Reichtum Castel Giorgios in den ausgedehnten Eichen- und Kastanienwäldern, aus denen man wertvolle Nutzhölzer bezog. Der unkontrollierte Raubbau führte allerdings dazu, daß das einstige Waldge-

Castel Giorgio (Fortsetzung)

biet bereits im 19. Jh. fast völlig gerodet war. Heute leben die Bewohner von Castel Giorgio vorwiegend von der Landwirtschaft. Ausgangspunkt des erst im Verlauf des vergangenen Jahrhunderts herangewachsenen Ortes war der 1876 erbaute Palazzo Municipale (Rathaus), neben dem bald auch manch anderes öffentliches Gebäude entstand.
Am 12. Mai feiert die Bevölkerung von Castel Giorgio die 'Arrancata del Maggio', ein Volksfest zu Ehren des Stadtheiligen San Pancrazio.

*Lago di Bolsena

Bei Castel Giorgio fährt man auf die SS 74, die nach 6,5 km in die SS 71 einmündet. Von dieser Straße zweigt nach knapp 2 km die Landstraße nach Bolsena ab, den Hauptort am gleichnamigen See. Der Lago di Bolsena liegt in einer vulkanisch geprägten, überaus anmutigen Landschaft, die politisch noch zur Nachbarregion Latium gehört. Neben dem Trasimeno ist der Lago di Bolsena der beliebteste Badesee in Mittelitalien.

Bolsena

Der Fremdenverkehr am Lago di Bolsena konzentriert sich auf das Städtchen Bolsena, das mit einem breiten Angebot an Unterkunftsmöglichkeiten und Restaurants aller Preiskategorien (Fischspezialitäten) aufwartet.

Convento della Trinità

Für den Rückweg nach Orvieto nimmt man am besten die SS 71. Etwa 6 km bevor die Stadt erreicht ist, kann man dem alten Convento della Trinità einen Besuch abstatten.

Südöstliche Umgebung von Orvieto

Baschi

Baschi (165 m ü. d. M.; 2730 Einw.) liegt etwa 9 km südöstlich von Orvieto auf einer Anhöhe oberhalb des Tibertals und der Autostrada del Sole. Das mit seinem Hügel zu einer Einheit verschmolzene historische Städtchen wird vom schlanken Campanile der Pfarrkirche San Nicolò überragt.

Der Stausee von Corbara – ein ruhiges Anglerparadies zwischen Todi und Orvieto

Geschichte

Obgleich Baschi bereits in römischer Zeit entstand, hält sich hartnäckig die Legende, es sei von einem Gefolgsmann Karls des Großen namens Galino von Biskaya gegründet worden. Als der deutsche König im Jahre 800 nach Rom zog, um sich zum Kaiser krönen zu lassen, habe er Galino ein altes, heruntergekommenes Castello vermacht, um das sich dann der Ort entwickelte. Im 13. Jh. gehörte die Burgsiedlung der Familie Baschi, deren Name auf das Städtchen überging.

Sehenswertes

Auch heute noch bestimmt der wehrhafte, auf den ersten Blick etwas abweisende Charakter das Ortsbild. Die Befestigungsanlage der Stadt wurde allerdings bei der Vertreibung der Familie Baschi zerstört. Die Pfarrkirche San Nicolò verdankt ihre Renaissancefassade mit dem hohen Glokkenturm dem Entwurf des orvietanischen Baumeisters Ippolito Scalza. Im Inneren bewahrt sie ein kostbares Triptychon von Paolo da Siena (15. Jh.) und eine schöne Orgel aus dem 18. Jahrhundert.
Zusammen mit den Burgen der benachbarten Ortschaften Civitella del Lago, Collelungo und Acqualoreto (Ortsteile von Baschi), von denen heute nur noch ein paar kümmerliche Ruinenreste Zeugnis ablegen, bildete Baschi im Mittelalter einen Festungsring.

Castello di Corbara

Verhältnismäßig gut erhalten ist die Burg von Corbara, die sich am Hang eines Hügels erhebt. Um sie zu erreichen, nehme man von Baschi aus die Strada Provinciale in Richtung Todi, die über den Staudamm des Corbara-Sees (s. u.) hinwegführt. Die Burg wurde im späten 11. Jh. über einem u-förmigen Grundriß erbaut; ihre ursprüngliche Form ist allerdings durch spätere Anbauten kaum mehr erkennbar. An der Nordseite wird sie durch einen mächtigen Bergfried geschützt. Der heutige Eingang befindet sich an der Ostseite, ursprünglich betrat man die Burg von der gegenüberliegenden Seite aus. Im Erdgeschoß umrahmen Säulengänge, im Obergeschoß Loggien den Burghof.

*Lago di Corbara

Von der Burg aus genießt man einen herrlichen Blick auf den schön gelegenen Lago di Corbara, ein 1962 durch die Stauung des Tibers zur Stromerzeugung geschaffener See. Wegen seines Fischreichtums ist er vor allem bei Anglern beliebt (Baden verboten).

Höhlen

In der näheren Umgebung von Baschi wurden einige interessante Höhlen wie die 125 m tiefe Grotta del Vergozzino, der Pozzo Caralarano (108 m) und die Grotta del Vergozzo (65 m) entdeckt; allerdings sind sie nur für erfahrene Höhlenforscher zugänglich.

Panicale B 7

Provinz: Perugia
Höhe: 431 m ü. d. M.
Einwohnerzahl: 5200

Lage und *Ortsbild

Dicht zusammengedrängt hinter den hohen Mauern sitzen die rostbraunen Backsteinhäuser von Panicale, einem der schönsten Provinzstädtchen in Umbrien. Seine Lage auf einem Ausläufer des Monte Petrarvella garantiert für prächtige Ausblicke auf die flache Landschaft um den → Lago Trasimeno, von dessen Südufer es etwa 6 km entfernt ist. Das mittelalterliche Ortsbild, so intakt wie nur in wenigen Städten Umbriens, rechtfertigt schon allein einen Besuch, aber auch die Beschaulichkeit und Ruhe, der man hier noch begegnet, sind ausgesprochen wohltuend.

Geschichte

Panicale ist etruskischen Ursprungs und wurde von Chiusi aus besiedelt. Seine Entwicklung war wie die aller Orte im Süden und Westen des Trasimenischen Sees durch die Grenzlage zur Toskana geprägt. Die im Jahre 917 erstmals erwähnte Gemeinde wurde mehrfach zerstört und wiederauf-

Geschichte (Fortsetzung)

gebaut. Im Mittelalter gelang es Perugia, sich die Kontrolle über das Gebiet des Trasimeno zu sichern und auch Panicale, das durch seine erhöhte Lage strategisch nicht uninteressant war, seiner Herrschaft zu unterstellen. Als Perugia seine Autonomie verlor und seine Gebiete dem Kirchenstaat zufielen, mußte Panicale dieses Schicksal teilen. Einst zur Diözese Perugia gehörig, wurde Panicale zu Beginn des 17. Jh.s dem Bischof von Cittá della Pieve unterstellt.

Wirtschaft

Landwirtschaft, aber auch Kunsthandwerk (Kunstschmiede, Stick- und Spitzenware) sind die traditionellen Erwerbszweige in Panicale. In der Ebene unterhalb von Panicale gibt es mittlerweile einige Industriebetriebe (Holzverarbeitung, Möbel).

Masolino und Boldrino

Der in Panicale geborene und vor allem in toskanischen Städten, aber auch außerhalb Italiens beschäftigte Maler Tommaso di Cristoforo Fini, besser bekannt als Masolino (1383–1447), hinterließ in seiner Heimatstadt eine "Verkündigung" in der Kirche San Michele Arcangelo.
Ebenfalls aus Panicale stammt einer der hartgesottensten Söldnerführer des 14. Jh.s namens Giacomo Paneri, Boldrino da Panicale genannt. Der tüchtige und trotz seiner Härte hochangesehene Kämpfer wurde 1389 in Macerata hinterrücks ermordet. Seine Männer trugen die Gebeine ihres Kondottiere drei Jahre lang mit sich, bevor sie sie bestatteten.

Ein Städtchen wie aus dem Bilderbuch: Panicale hat noch vollständig sein mittelalterliches Ortsbild bewahrt

Sehenswertes

Stadtspaziergang

Panicale gehört zu den Orten, die man zu Fuß erkunden muß (Parkplatz vor dem Eingang zur Altstadt an der Piazza del Municipio). Das Städtchen ist so angelegt, daß die Häuser aus unverputztem Ziegelstein sich in konzentrischen Ringen um den Hügel legen und einen völlig geschlossenen

Stadtspaziergang (Fortsetzung)

Borgo bilden. Eine steile Straße vermittelt zwischen den horizontal verlaufenden Gassen und führt in gerader Linie hinauf zum Palazzo del Podestà; die Schnittpunkte markieren drei hübsche Plätze, die beinahe nahtlos ineinander übergehen.

Piazza Umberto I

Gleich hinter dem Stadttor liegt die Piazza Umberto I, die von den mächtigen Stützmauern der Kirche San Michele Archangelo überragt wird. Ein Brunnen und der schlichte Palazzo Pretorio sind die Zierde des Platzes. Unter dem Schwibbogen, der einen Verbindungsgang trägt, steigt man zur höher gelegenen Piazza San Michele mit der gleichnamigen Kollegiatskirche hinauf.

San Michele Arcangelo

Der barock gestaltete Innenraum der Kirche – ohne künstliche Beleuchtung fast stockdunkel – lohnt wegen des dortigen Altarbildes von Giambattista Caporali unbedingt eine Besichtigung. Die farbkräftige "Anbetung der Hirten" befindet sich in der dritten Kapelle links.

Palazzo del Podesta

Die letzte Station des steilen Aufstiegs ist der Palazzo del Podestá aus dem 14. Jh., der vom höchsten Punkt des Städtchens auf das Häusergewirr herabblickt. Beeindruckender als der Palazzo ist die herrliche Aussicht, die sich von hier oben bietet.

*San Sebastiano

Zur Kapelle San Sebastiano muß man wieder hinunter bis zum Stadteingang. An der Straßengabelung führt eine Allee geradewegs hinauf auf den zweiten Hügelkamm, wo ganz oben San Sebastiano steht (geöffnet April – Okt. Sa. und So. 9.30 – 12.30 und 16.00 – 19.00, sonst 10.00 – 12.00 und 15.00 – 17.00 Uhr). Im Innern der Kirche erwartet den Besucher ein besonders schönes Fresko von Perugino (→ Berühmte Persönlichkeiten). Der berühmteste umbrische Maler hat hier 1505 das Martyrium des hl. Sebastian in eine kunstvolle, das grausame Geschehen ästhetisierende Komposition gebracht. Die Szenerie spielt vor dem Hintergrund einer fein gezeichneten Renaissancearchitektur aus monumentalen, an antike Triumphbogen erinnernde Bogenstellungen, die den Blick auf einen weiten Landschaftsprospekt freigeben.
Um die Entstehung des Freskos rankt sich die Geschichte, daß der örtliche Pfarrer dem seinerzeit schon bekannten Maler nicht das angemessene Honorar zahlte, woraufhin dieser erbost nach Perugia abreiste. Warum der etablierte Künstler überhaupt noch einen so kleinen Auftrag angenommen hatte, bleibt im Dunkeln. Auch die "Marienkrönung", die in San Sebastiano aufbewahrt wird, soll eine Arbeit von Perugino sein.

Umgebung von Panicale

Tavernelle

Tavernelle, ein Ortsteil von Panicale, liegt etwa 7 km südöstlich von Panicale an der SS 220. Früher hieß es Carbognana, nach den reichen Braunkohlevorkommen (carbone = Kohle) in dieser Gegend. 'Cittá di Roma' wird Tavernelle deshalb spaßhaft genannt, weil mit seiner Braunkohle ein Wärmekraftwerk mit einer Leistung von 40 Megawatt betrieben wird, das die italienische Hauptstadt Rom mit Energie versorgt.
Tavernelle lag im Mittelalter am Kreuzpunkt wichtiger Handelswege. Von seiner früheren Bedeutung zeugen noch der von Palazzi gesäumte Hauptplatz und die Kirche Santissima Annunziata aus dem 16. Jahrhundert.

*Wallfahrtskirche Madonna di Mongiovino

Wenige Kilometer nördlich von Tavernelle (auf der SS 20 Richtung Perugia Abzweigung links) kann man die mächtige Wallfahrtskirche Madonna di Mongiovino besichtigen, die in der ersten Hälfte des 16. Jh.s an der Stelle erbaut wurde, wo einem Mädchen die Muttergottes erschienen sein soll. Der Entwurf des in Sandstein ausgeführten Zentralbaus stammt von Rocco da Vicenza. Das Innere der Renaissancekirche ist reich dekoriert mit Fresken von Nicolò Circignani Pomarancio (1517 – 1596) und Arrigo Fiammingo, der eigentlich Heinrich von der Broeck hieß, sowie Gemäl-

Wallfahrtskirche Madonna di Mongiovino (Fortsetzung)

den aus dem späten 16. und frühen 17. Jahrhundert. Den Hochaltar mit Marmor- und Bronzestatuen schuf Francesco di Alessandro da Fiesole. Fährt man die Straße zur Wallfahrtskirche weiter, dann kommt man in das auf einem Hügel gelegene Mongiovino Vecchio. Um die Burg, vermutlich im 11. Jh. entstanden, aber im 14. Jh. erweitert, sind ein paar mittelalterliche Gebäude gruppiert.

Madonna delle Grondici

In den Wäldern südlich von Tavernelle steht das kleine Santuario Madonna delle Grondici, das zu einem Ausflug einlädt. Die "Madonna mit Kind und den heiligen Sebastian und Rochus" schuf 1495 ein Meister Gregorius Teutonicus, der offensichtlich Stilelemente der umbrischen und der deutschen Malerei verarbeitete.

Piegaro

→ Città della Pieve, Umgebung

Paciano

Allgemeines

Eingebettet in ausgedehnte Olivenhaine schmiegt sich Paciano malerisch an den flach abfallenden Westhang des Monte Petrarvella, rund 4 km westlich von Panicale.

*Aussicht

Bei der Auffahrt zu dem Städtchen (391 m ü. d. M.; 900 Einw.) eröffnen sich mit zunehmender Höhe herrliche Blicke auf den Lago Trasimeno, den Lago di Chiusi und den See von Montepulciano. Hinter Paciano ziehen sich Eichen-, Kiefern- und Kastanienwälder bis zum 645 m hohen Gipfel des Monte Petrarvella. Paciano ist von einem mittelalterlichen Befestigungsring aus dem 14. Jh. umgeben. Drei Tore führen in die Stadt, die Porta Fiorentina, die Porta Perugina und die Porta Rastrella. Autos müssen vor der Mauer geparkt werden. Innerhalb der Mauern gibt es drei große Parallelstraßen, die untereinander durch Gäßchen verbunden sind und ein beinahe schachbrettartiges Straßennetz entstehen lassen.

Sehenswertes

Paciano besitzt mehrere Kirchen: San Carlo Borromeo gehörte der Bruderschaft des Hl. Kreuzes und weist ein schönes Barockportal auf (17. Jh.), die Chiesa di San Giuseppe, die auch 'Chiesa Dentro' genannt wird, weil sie als erste Kirche innerhalb der Stadtmauern entstand, enthält ein Banner mit der 'Madonna delle Grazie' aus dem 15. Jh., und die Kirche Madonna della Stella aus dem späten 16. Jh. schmücken Fresken von Silla Piccinino. Umfassend renoviert präsentiert sich der mächtige Palazzo Municipale (Rathaus). Aus dem 17. Jh. stammen die beiden Palazzi der Markgrafen Marchettoni und Cennini. In ihrer rustikalen Schlichtheit ist auch die alte Mühle der Stadt hübsch anzusehen.

Museum

Paciano verfügt auch über eine kleine Gemäldegalerie, die in einem Saal der Bruderschaft des Allerheiligsten Sakraments untergebracht ist, aber leider nur auf Wunsch zugänglich ist (Anmeldung beim Stadtpfarrer). Zu den Exponaten gehört ein großes Fresko mit einer figurenreichen "Kreuzigung", das der Meister Francesco aus Cittá della Pieve 1452 anfertigte.

San Salvatore

Oberhalb von Paciano, in der Ortschaft Ceraseto, steht das Kirchlein San Salvatore mit einem Gemälde von Giambattista Caporali, der auch für San Michele Arcangelo in Panicale ein Altarbild geschaffen hatte, am Hauptaltar (Privatbesitz; keine Besichtigung). Der benachbarte, zinnenbekrönte Torre d' Orlando markiert den früheren Standort von Paciano, bevor es verlassen und an der heutigen Stelle neu gegründet wurde.

Passignano sul Trasimeno

→ Lago Trasimeno, Rundfahrt

Penna in Teverina D 11

Lage und Allgemeines

Die flächenmäßig kleinste Gemeinde Umbriens erstreckt sich knapp 12 km südwestlich von → Amelia auf einem Hügelgrat oberhalb des Tibertals, an der Einmündung des Rio Grande in den Tiber. Die Bewohner von Penna in Teverina leben hauptsächlich von der Landwirtschaft. In der Umgebung von Penna in Teverina werden die Trauben für die Weine der Colli Amerini angebaut.

Geschichte

Die ersten Urkunden, in denen Penna in Teverina genannt wird, stammen aus dem 14. Jahrhundert, allerdings legt die bei Penna Vecchia freigelegte römische Villa nahe, daß die Gegend auch in römischer Zeit schon besiedelt war. Vermutlich bestand unten am Fluß ein Hafen und eine Handelsstation. In der Ebene wurden an den Ufern des Rio Grande sogar Reste einer Patriziervilla entdeckt, mit zwei großen Zisternen, mit denen die Wasserversorgung für Hunderte von Menschen sichergestellt werden konnte, Gräbern und einem Mosaikfußboden aus dem 1./2. Jahrhundert. An der einstigen Via Amerina sind auf einer Länge von ca. 1 km die Reste von drei Grabanlagen auf quadratischem Grundriß zu erkennen.
Vom 14. Jh. bis ins 18. Jh. war Penna in Teverina mit einer kurzen Unterbrechung Lehen der Familie Orsini.

Sehenswertes

Der charakteristische mittelalterliche Borgo, den man durch die Porta Civica betritt, ist noch gut erhalten. An der zentralen Piazza steht der turmüberragte Palazzo del Governatore oder del Podestá. An der linken Seite der Hauptstraße erhebt sich der Palazzo Orsini mit einem schönen italienischen Garten, der im 19. Jh. angelegt wurde. Den Palasteingang 'bewachen' die mächtigen Büsten der vier Jahreszeiten (18. Jh.).

Veranstaltungen

In dem Bestreben, die beiden Hauptertragsquellen des Ortes – Landwirtschaft und sommerlicher Fremdenverkehr – miteinander zu verbinden, werden in Penna in Teverina zwei wichtige Feste gefeiert: die 'Sagra del Tortiglione' (Tortiglione ist eine ortstypische Süßspeise) in den ersten Augusttagen und das Weinfest am ersten Oktobersonntag. Bei letzterem wird auf dem Dorfplatz ein Brunnen aufgestellt, aus dessen Öffnungen statt Wasser Wein fließt.

Perugia D 7

Hauptstadt der Region Umbrien
Höhe: 493 m ü. d. M.
Einwohnerzahl: 153300

Lage und **Bedeutung

Perugia erstreckt sich in dominierender Position auf dem Höhenzug zwischen der Ebene des Lago Trasimeno und dem Tal des Tibers. Umgeben von einem breiten Gürtel moderner Vorstädte und Industrieansiedlungen thront die historische Altstadt auf fünf Anhöhen, deren Form den italienischen Architekturtheoretiker Leone Battista Alberti an die fünf Finger einer ausgestreckten Hand erinnerten. Die Stadthügel von Perugia sind durch ein künstlich geschaffenes Plateau miteinander verbunden, auf dem sich das Zentrum um die Piazza IV Novembre und den Corso Vannucci ausbreitet.
Als Verwaltungssitz der Provinz und vor allem als Hauptstadt der Region ist Perugia das politische und kulturelle Herz Umbriens. Zahlreiche Institutionen, Bibliotheken, Museen und Bildungseinrichtungen sind in der umbrischen Metropole beheimatet. Insbesondere die im 13. Jh. gegründete Universität von Perugia – eine der ältesten Italiens – und die Università per Stranieri (Ausländeruniversität), an der jährlich rund 6000 Studenten eingeschrieben sind, prägen die Stadt und ihre Ausstrahlung. Ihrer Einwoh-

Lage und Bedeutung (Fortsetzung)

nerzahl nach ist Perugia noch nicht einmal eine Großstadt, doch gemessen an ihrer weltoffenen Atmosphäre und dem internationalen Publikum in der Stadt ist sie alles andere als nur eine 'Provinzdame'. Unter den vielbereisten Kunstmetropolen Mittelitaliens nimmt Perugia neben Florenz und Bologna einen der ersten Plätze ein. Die ehemalige Etruskerstadt ist reich an Zeugnissen einer facettenreichen Geschichte. Von der etruskischen

Bei Tag ein belebter Stadtmittelpunkt, bei Nacht ein stimmungsvolles Platzensemble – die Piazza IV Novembre in Perugia mit dem Palazzo dei Priori und der Fontana Maggiore

Vergangenheit zeugen so eindrucksvolle Denkmäler wie der Arco di Augusto oder das Grab der Volumnier. Ein weiteres Etruskergrab kam erst jüngst durch Zufall im Stadtteil Monteluce zum Vorschein, als langanhaltende Regenfälle ein Stück Garten wegschwemmten. Daneben besitzt Perugia einige bedeutende Kirchen wie beispielsweise San Pietro mit einer überaus reichen Ausstattung und die große Bettelordenskirche San Domenico. An der Piazza IV Novembre bilden der Dom, der mächtige Palazzo dei Priori und die Fontana Maggiore, einer der berühmtesten Brunnen Italiens, ein beeindruckendes Platzensemble. Dank einer umsichtigen Baupolitik blieb die Altstadt vor Bausünden größeren Stils bewahrt; der Autoverkehr wurde, soweit dies in Italien eben möglich ist, aus der Innenstadt verbannt. Lange Rolltreppen bringen die Besucher von den beiden großen Parkplätzen (Piazza dei Partignani und Viale Pompeo Pellini) hinauf in die Oberstadt, wo sich die Gassen wie Schluchten ihren Weg zwischen hohen Häusern bahnen. Der mittelalterlichen Enge kann Perugia aber auch großstädtische Weite und Eleganz entgegensetzen – auf den Plätzen, den Aussichtsterrassen und auf dem Corso Vannucci, der von stattlichen Palästen gesäumt wird und mit Modeboutiquen, Delikatessengeschäften und Buchläden zum Einkaufen und Verweilen einlädt.

'Baci'

Jeder in Umbrien kennt sie – die 'baci' (Küsse) genannten, in Silberfolie verpackten Schokopralinen, die man in Bars und Cafés zum Kaffee nascht.

Perugia
1 Dom San Lorenzo
2 Fontana Maggiore
3 Palazzo dei Priori
4 Via Maestà delle Volte
5 Palazzo della Provincia
6 Palazzo Donnini
7 Hotel Brufani
8 Giardini Carducci
9 Alte Universität
10 Palazzo del Capitano del Popolo
11 Pozzo Etrusco
12 Piazza Michelotti
13 Palazzo Penna
ELCE
FONTIVEGGE
San Michele Arcangelo
Porta Sant' Angelo
Porta dello Sperandio
Parco di Sant' Angelo
San Agostino
Università
Porta Elce
Porta Conca
Palazzo Gallenga-Stuart
Piazza Fortebraccio
Arco Etrusco di Augusto
Akademie der Schönen Künste
Oratorio di San Bernardino
San Francesco al Prato
Madonna della Luce
Torre degli Sciri
Porta Santa Susanna
San Filippo Neri
Santa Agata
Porta Pesa
Santa Maria Nuova
San Severo
Piazza Morlechi
Piazza Piccinino
Piazza Danti
Piazza IV Novembre
Piazza Matteotti
Piazza della Repubblica
Porta Santa Margherita
Parco di Santa Margherita
San Ercolano
Piazza Italia
Porta Marzia
Porta Eburnea
Tre Archi
Stazione Santa Anna
Museo Archeologico Naz. dell'Umbria
San Domenico
Largo Cacciatori delle Alpi
Piazza dei Partigiani
Piazzale Europa
Porta San Pietro
Porta San Girolamo
Santa Giuliana
Parco della Verbanella
Piazza Vittorio Veneto
Stazione
Parco di Sant' Anna
San Pietro
Porta San Constanzo
San Constanzo
Città di Castello
Grab der Volumnier
Assisi
Via Monteripido
Strada Sperandio
Via Zefferino Faina
Corso Giuseppe Garibaldi
Strada comunale del Bulagaio
Via degli Olivi
Via C. Monti
Via Annibale Vecchi
Viale Orazio Antinori
Via Francesco Innamorati
Via Elce di Sotto
Via A. Fabretti
Via Alessandro Pascoli
Via San Galigano
Viale Sant' Antonio
Via Pinturicchio
Via Bartolo
Via Serafino Siepi
Via Ruggero D'Andreotto
Via F. Marcantonio
Via della Sposa
Via dei Priori
Via Stella
Via Bontempi
Via Alessi
Via Imbriani
Viale XIV Settembre
Viale Pompeo Pellini
Piaggia Colombata
Via Arturo Checchi
Via della Cupa
Corso Vanucci
Via Baglioni
Via delle Forze
Viale Indipendenza
Via San Prospero
Via del Bucaccio
Via Mario Angeloni
Via Cortonese
Via XX Settembre
Via Della Corgna
Via Fiorenzo Di Lorenzo
Viale Marconi
Viale Roma
Corso Cavour
Viale Ripa di Meana
Via Cacciatori delle Alpi
Via Fratelli Pellas
Via dei Filosofi
Via Luigi Canali
Via Settevalli
Via Pellicciari
Via Pescara
Via Dalmazio Birago
Via del Lavoro
Via delle Fonti Coperte
Via Campo di Marte
Via Mentana
Borgo XX Giugno
Via Romana
200 m
© Baedeker

'Baci' (Fortsetzung)

Hergestellt wird das berühmteste Konfekt Perugias von einem traditionsreichen Familienunternehmen, das 1988 von dem schweizerischen Konzern Nestle aufgekauft wurde.

Geschichte

Anfänge und Römerzeit

Aufgrund seiner strategisch günstigen Lage war das Gebiet von Perugia bereits zur Zeit der Villanova-Kultur (10.–7. Jh. v. Chr.) besiedelt. Im 6. Jh. v. Chr. ließen sich die Etrusker auf den Hügeln Perugias nieder. Noch zu Zeiten, als die Römer bereits ihre Fühler nach Etrurien ausstreckten, war diese Stadt eine der mächtigsten des etruskischen Zwölfstädtebundes. Den Römern bot Perugia anscheinend keinen Widerstand; im Verlauf des Zweiten Punischen Krieges, nach der Schlacht am Trasimenischen See (217 v. Chr.), öffnete es den Römern seine Tore und erwarb so den Status eines römischen Munizipium. Im Bürgerkrieg zwischen Octavian, dem späteren Kaiser Augustus, und Marc Anton spielte Perugia eine unglückliche Rolle. Die Stadt nahm Lucius, den Bruder des Marc Anton, und sein Heer auf, woraufhin Octavian Perugia sieben Monate belagerte und nach ihrer Kapitulation in Schutt und Asche legte. Die auf Wunsch Octavians wiederaufgebaute Stadt durfte sich von da an Augusta Perusia nennen.

Mittelalter und Neuzeit

Vom Gotenkönig Totila und seinem Heer im Jahre 547 überfallen und zerstört, wurde Perugia später von Byzanz zurückerobert und Teil des byzantinischen Korridors zwischen den langobardischen Reichsgebieten. Im 11. Jh. erklärte sich Perugia zur freien Kommune. Die aufstrebende Stadtrepublik vergrößerte systematisch und schnell ihren Contado, das Verwaltungsgebiet außerhalb der Stadtmauern. Zu Beginn des 13. Jh.s standen bereits der Trasimenische See (ab 1139), Città della Pieve (1188), Nocera Umbra (1202) und Gualdo Tadino (1208) unter der Herrschaft Perugias. 1198 begab sich die Stadt in den Schutz des Papsttums und wurde fortan ein beliebter Aufenthaltsort der höchsten Kirchendiener. Nicht weniger als fünf Konklaven fanden im Dom zu Perugia statt. Im 13. Jh. stand die Stadt politisch und wirtschaftlich auf ihrem Zenit; sie unterhielt weitreichende Handelsbeziehungen und beherrschte ein großes Umland. Wohlstand und Macht der Stadtrepublik kommen in den zahlreichen öffentlichen Bauaufgaben, die in dieser Zeit in Angriff genommen wurden, zum Ausdruck; u. a. entstanden im 13. Jh. die Fontana Maggiore und der Palazzo dei Priori, denen mit einiger Verzögerung der Dombau nachfolgte. Zu Beginn des 14. Jh.s war das Stadtgebiet so angewachsen, daß eine neue, 6 km lange Stadtmauer errichtet werden mußte. In der zweiten Hälfte des 14. Jh.s fiel auch Perugia der Restitution des Kirchenstaats zum Opfer. Nach der Niederlage des städtischen Heeres gegen die Truppen Urbans V. 1369 wurde ihr ein päpstlicher Legat vorgesetzt, gegen den die Bevölkerung sechs Jahre später (1375) rebellierte. Man jagte ihn aus der Stadt und machte die Festung Porta Sole dem Erdboden gleich.
Familienfehden zwischen den großen Adelsgeschlechtern bestimmten die Geschichte Perugias bis weit ins 16. Jh. hinein, Auseinandersetzungen gab es zwischen der Adelspartei der 'Beccherini' und der Volkspartei der 'Raspanti'. Nach langen blutigen Kämpfen zog 1392 Biordo Michelotti als Signore in Perugia ein und nahm von der Festung Porta Sole Besitz, die wiederaufgebaut wurde. Nach seinem gewaltsamen Tod 1398 herrschten zunächst Gian Galeazzo Visconti und später Ladislaus, König von Neapel, über Perugia. Ladislaus trat 1416 das Zepter an Braccio Fortebraccio (⟶ Berühmte Persönlichkeiten) ab, der die Stadt erfolgreich regierte. Doch auch er fiel einem hinterhältigen Mordanschlag zum Opfer. Die zweite Hälfte des 15. Jh.s war von dem unerbittlichen Konkurrenzkampf zwischen den beiden Adelsfamilien der Oddi und der Baglioni überschattet. Bei einer Hochzeit im Jahre 1500 löschten sich die siegreichen Baglioni selbst aus. Die innerstädtischen Fehden erleichterten dem Papsttum den Zugriff auf die ehemals freie Kommune Perugia. Als sich die Peruginer 1539 weigerten, dem Papst eine Salzsteuer zu entrichten, zwang

Geschichte (Fortsetzung)

Paul III. die Stadt im sog. Salzkrieg in die Knie. Zur Demonstration seiner Macht ließ er innerhalb von nur 3 Jahren (1540–1543) die Rocca Paolina erbauen, um die Stadt endgültig unter Kontrolle zu halten. Über zweieinhalb Jahrhunderte blieb Perugia der päpstlichen Herrschaft unterstellt; 1798 wurde es von den französischen Truppen besetzt und dem Département Trasimeno eingegliedert. Nach dem Fall Napoleons fiel es wieder an den Kirchenstaat zurück.
Im Jahre 1859 vertrieben die Peruginer den päpstlichen Legaten und bildeten eine provisorische Regierung. Pius IX. entsandte daraufhin zweitausend Mitglieder der Schweizer Garde gegen Perugia, die nach blutigen Kämpfen die päpstliche Macht vorübergehend wiederherstellten. Ein Jahr später, am 14. September 1860, marschierte Viktor Emanuel II. in Perugia ein und zwang die päpstliche Garnison zur Aufgabe. Den zweiten Weltkrieg überstand Perugia einigermaßen unbeschadet. Nach dem Krieg entstanden zahlreiche Vororte an den Abhängen und in der Ebene, wo auch der Bahnhof und die Industrie angesiedelt sind.

**Piazza IV Novembre

Städtischer Mittelpunkt (Abb. S. 203)

Das Herz von Perugia schlägt auf der Piazza IV Novembre, dem weitläufigen Platz zwischen Dom und Palazzo dei Priori. Die der Piazza zugewandte Freitreppe am Dom ist Treffpunkt, Zuschauertribüne und sonniges Ausruheplätzchen in einem.

***Dom San Lorenzo**

Mit seiner Längsseite stößt der gotische Dom San Lorenzo an die Piazza IV Novembre. Obgleich schon 1345 der Grundstein für diesen Bau gelegt wurde, zogen sich die Bauarbeiten bis zum Ende des 15. Jh.s. Der Außenbau ist bis heute unvollendet, die rot-weiße Marmorverkleidung kam nur an

Geschichte im Stadtbild: Hinter der etruskischen Porta Marzia liegt das Stadtviertel unter der Rocca Paolina. Für den Bau der päpstlichen Festung wurde die Porta Marzia um vier Meter versetzt.

Dom San Lorenzo (Fortsetzung)

der Fassade zur Fontana Maggiore bis auf Portalhöhe zur Ausführung. Das Portal an dieser Seite entwarf der perusinische Architekt Galeazzo Alessi 1568, die kleine Außenkanzel rechts daneben weist Kosmatenmosaiken auf. Papst Julius III., der nach dem Salzkrieg Perugia wieder die städtische Selbstverwaltung zugestand, ist mit einem Bronzedenkmal links des Portals verewigt. Die anschließende Bogenhalle ist das Überbleibsel des 1423 erbauten Palastes von Braccio Fortebraccio (⟶ Berühmte Persönlichkeiten), als dieser Signore von Perugia war. Man betritt die Kirche durch das barocke Hauptportal an der Schmalseite (1729).

Perugia **Dom San Lorenzo**

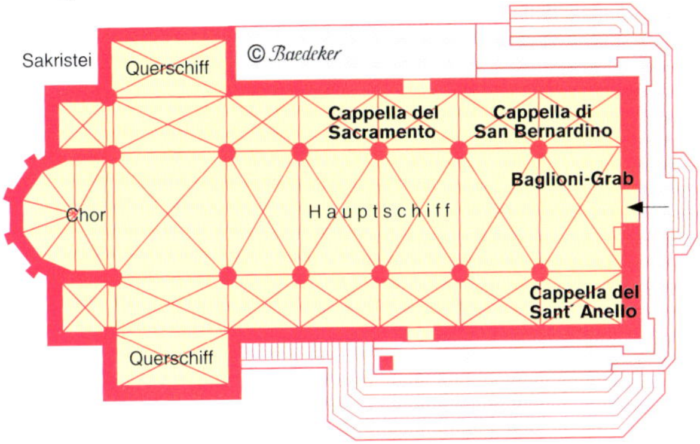

Inneres

Das schwach beleuchtete Innere des Doms präsentiert sich als eine Mischung aus gotischer Architektur und barocker Ausstattung (Stuckmarmor, Fresken und Ölgemälde). Das Gotteshaus ist neben San Fortunato in ⟶ Todi eine der wenigen Hallenkirchen in Umbrien. Die drei gleichhohen Schiffe, die diesen Bautyp kennzeichnen, überspannt ein Kreuzrippengewölbe auf hohen, achteckigen Pfeilern. An der Eingangswand befindet sich das Liegegrab des 1451 verstorbenen Bischofs Antonio Baglioni. Auf der Vorderseite seiner Tumba sind die Personifikationen der vier Kardinaltugenden Mäßigung, Gerechtigkeit, Klugheit und Stärke dargestellt. Im nördlichen Seitenschiff ist durch ein schmiedeeisernes Gitter die Bernhardins-Kapelle abgegrenzt. Das dortige Altarblatt von Federico Barocci ("Kreuzabnahme", 1569) gilt als wegweisendes Werk am Übergang vom Manierismus zum Barock. Im südlichen Seitenschiff markiert das Gitter die Cappella del Sant' Anello, die Kapelle des Heiligen Rings. Dort wird der angebliche Verlobungsring Marias aufbewahrt, den ein Mönch 1473 in Chiusi entwendet hatte. Im dritten Joch des rechten Seitenschiffs umfängt eine Marmorrahmung (1477) das dortige Taufbecken. Das Altarblatt im rechten Querschiff mit dem "Martyrium des hl. Stefan" schuf in der ersten Hälfte des 17. Jh.s Giovanni Baglioni aus Rom. Das intarsienverzierte Chorgestühl (1486–1491) verbrannte zum Teil bei einer Restaurierung 1985, der Bischofsthron entstand 1520–1524 nach Entwürfen von Rocco di Tommaso. Sehenswert ist des weiteren im linken Seitenschiff das Fragment eines Altares von Agostino di Duccio (1473). Leider für längere Zeit geschlossen ist das kleine, aber gut bestückte Dommuseum, das neben Kirchengerät auch Tafelbilder umbrischer Renaissancemaler besitzt.

Erzbischöfliches Palais

An der Westseite der Piazza nimmt das Erzbischöfliche Palais den Platz des Palazzo del Podestà ein, der 1534 durch einen Brand zerstört wurde. Rechts neben dem Palais beginnt die äußerst malerische Via Maestà delle Volte, die sich wie ein Hohlweg zwischen Häusern und unter Stützbögen hindurchzwängt.

** Fontana Maggiore

(Abb. S. 203)

Die Fontana Maggiore, der große Brunnen auf der Piazza IV Novembre, ist mit ihrem bedeutenden Skulpturenschmuck ein Meilenstein der europäischen Plastik des Mittelalters. Eng mit dem Bau des Brunnens verbunden bzw. diesem sogar vorangehend, ist die Konstruktion eines Wasserleitungssystems für die Stadt, das zu den großen technischen Leistungen seiner Zeit gerechnet werden muß. Kunst und Technik dieses Brunnens bringen wie kein anderes Monument in Perugia das stolze Selbstverständnis der mittelalterlichen Stadtrepublik zum Ausdruck.

Wasser für die Stadt

Am Anfang des Bauprojekts stand der 1254 getroffene Beschluß der Stadt, die seit Jahrhunderten über Bohrbrunnen funktionierende Wasserversorgung neu zu regeln, was durch die Lage auf mehreren Hügeln mit Schwierigkeiten verbunden war. Mit der Konstruktion eines Wasserleitungssystems beauftragte die Stadtregierung den Benediktiner Fra Bevignate und den aus Venedig stammenden Boninsegna. In rund 20jähriger Bauzeit ließ man Aquädukte und unterirdische Bleirohre anlegen, durch die das Wasser vom etwa 5 km entfernten Monte Paciano in die Stadt floß. Die zentrale Piazza IV Novembre wurde als Standort für einen großen Brunnen ausgewählt, an dem das so in die Stadt geleitete Wasser öffentlich verfügbar war. Die künstlerische Gestaltung dieses Brunnens, der nach zweijähriger Arbeit 1278 fertiggestellt war, lag bei dem seinerzeit schon berühmten Bildhauer Nicola Pisano und seinem Sohn Giovanni.

Beschreibung

Nicola und Giovanni Pisano konstruierten einen monumentalen, dreigeschossigen Brunnen mit reicher plastischer Dekoration. Die Fontana Maggiore besteht aus zwei marmornen Becken; in das untere große Becken sind 36 Säulen eingestellt, auf denen das zweite, ebenfalls polygonale

Auch in Perugia bröckelt an manchen Fassaden der Putz, doch dem Charme der Stadt tut dies keinen Abbruch. Die hellen, warmen Farben der Häuser verleihen dem Stadtbild einen freundlichen Charakter.

Perugia

Fontana Maggiore Programmschema

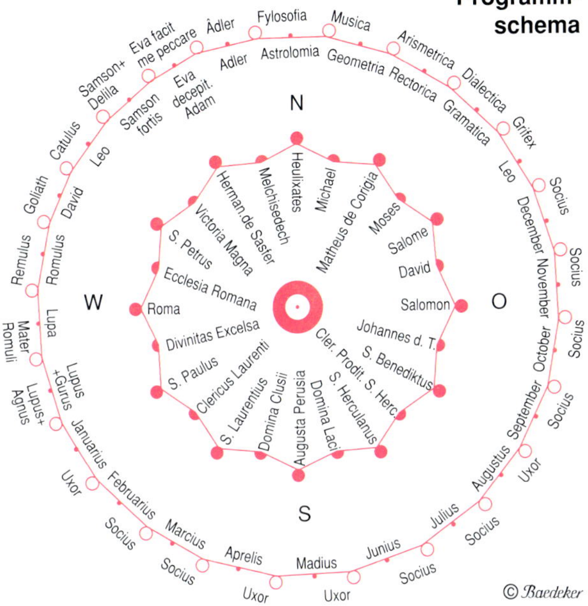

nach: K. Hoffmann-Curtius

Fontana Maggiore (Fortsetzung)

Becken aufliegt. Die Brunnenschale an der Spitze trägt den Namen des Bronzegießers Rosso Padellaio (Robeus) aus Perugia. Die ebenfalls bronzenen Frauengestalten halten eine Amphore hoch, aus der Wasser fließt. Es wird vermutet, daß der prächtige Brunnen ursprünglich noch von vier Greifen aus Bronze bekrönt wurde, die heute in der Galleria Nazionale ausgestellt sind.

** Skulpturenschmuck

Reliefs und Einzelfiguren liegt ein kompliziertes Bildprogramm zugrunde, das mit zahlreichen Anspielungen auf die konkrete politische Situation der freien Kommune Perugia Bezug nimmt.

Im ersten Reliefzyklus am unteren Becken werden exemplarische Stationen der Menschheitsgeschichte erzählt, aus denen moralische Handlungsaussagen gezogen werden. Die Szenenfolge beginnt mit “Adam und Eva”. Bei “Adam und Eva” und “Samson und Delila” wird der Mann beide Male das Opfer der Frau – Eva verführte Adam zur Gebotsübertretung, Samson wurde im Schlaf seiner Kräfte beraubt durch das Abschneiden der Haare. Am Sieg des kleinen David über den weitaus stärkeren Goliath wird vorgeführt, daß das Gemeinwesen innere oder äußere Feinde besiegen kann. Vier Reliefs gelten der Entstehung von Rom, dem Perugia nacheiferte. Die nachfolgenden Reliefs thematisieren die menschliche Arbeit im Wechsel der Jahreszeiten, wobei auf die Monatsbilder mit den ‘artes mechanicae’ die freien Künste (artes liberales) folgen, die durch sitzende Frauenfiguren versinnbildlicht werden. Greif (Grifex) und Löwe (Leo) dazwischen sind die Wappentiere Perugias bzw. der Guelfenpartei. Auf dem abschließenden Adlerrelief hat Giovanni Pisano seine Signatur hinterlassen.

Fontana Maggiore (Fortsetzung)

Das obere Becken schmücken vollplastische Figuren, die biblische, stadtgeschichtlich bedeutende oder allegorische Personen verkörpern, u. a. die 'Augusta Perusia', die Personifikation Perugias, der ihre Herrschaftsgebiete (der Lago Trasimeno als Domina Laci und Chiusi als Domina Clusii) zur Seite gestellt sind.

**Palazzo dei Priori

Baugeschichte und Außenbau (Abb. S. 41)

Der langgestreckte Baukomplex, der sich mit seiner Schmalseite der Piazza IV Novembre zuwendet und sich in einer Freitreppe zu dieser öffnet, nimmt den ersten Platz ein unter Umbriens Kommunalpalästen. Der Palast diente dem obersten Verwaltungsgremium, den zehn Prioren, als Amtssitz. Heute sind einige seiner Räume, die Sala dei Notari sowie die Zunftstuben der Kaufleute und Geldwechsler, museal zugänglich; ebenso die hier untergebrachte Galleria Nazionale dell' Umbria.
Mehrere Erweiterungen, An- und Umbauten verhalfen ihm zu seinem heutigen Erscheinungsbild. Im Kern handelt es sich um ein 10 Achsen langes und drei Achsen tiefes, blockhaft geschlossenes Gebäude, das 1297 vollendet war. Dem Anbau von zwei weiteren Achsen in der Breite – auch heute noch zu erkennen am Abstand zwischen dem dritten und vierten Fenster – sowie sechs Längsachsen in den 30er und 50er Jahren des 14. Jhs. mußten mehrere Häuser und die Kirche San Severo weichen und die Via dei Priori überbaut werden. Das große Gewändeportal am Corso Vannucci (heute Aufgang zur Galleria Nazionale dell' Umbria, s. u.) und der Turm entstanden ebenfalls im Zuge dieser Baumaßnahmen. Schließlich wurde der Stadtpalast 1443 noch um einen weiteren Trakt nach Süden verlängert, der im Erdgeschoß das Collegio del Cambio, die Zunfträume der Geldwechsler, aufnahm.
An der Fassade des Palazzo wird die Horizontale durch die umlaufenden Gesimse und die beiden Fensterbänder betont. Ungewöhnlich elegant und filigran sind die großen, wimpergbekrönten Drillingsfenster im dritten Obergeschoß, die an gotische Kirchenfenster erinnern. Über dem Portal zur Fontana Maggiore, an der eigentlichen Hauptfassade, ragen die beiden Wappentiere Greif und Löwe aus der Wand. Die Originale, heute in der Galleria Nazionale, wurden vermutlich 1274 gegossen und sind somit die ältesten Bronzeplastiken dieser Größe im nachantiken Europa.

*Sala dei Notari

Die Sala dei Notari liegt im ersten Geschoß des Palazzo dei Priori und ist über die große Freitreppe an der Schmalseite zugänglich (geöffnet Juni–Sept. täglich, sonst Di.–So. 9.00–13.00 und 15.00–19.00 Uhr). Ursprünglich fanden in diesem Saal die Volksversammlungen statt, bevor er 1582 an die Zunft der Notare überging. Den Raumeindruck bestimmen die acht großen Schwibbögen, auf denen die Holzdecke aufliegt. Die Malereien an Wänden, Fensterlaibungen und Bögen entstanden ab etwa 1300 und zeigen biblische Szenen, Fabeln und Monatsbilder, die einen Bezug zum Programm der Fontana Maggiore erkennen lassen. Die Wappen der Volkskapitäne und der Podestà wurden 1499 ergänzt. An der Stirnwand prangt das Wappen von Braccio Fortebraccio.

*Collegio della Mercanzia

Hinter dem kleinen Eingang rechts vom Hauptportal am Corso Vannucci verbirgt sich das Collegio della Mercanzia, der ehemalige Versammlungsraum der Kaufmannszunft (geöffnet März–Oktober Mo.–Sa. 9.00–13.00 und 14.30–17.30, Sa. bis 18.30, So./Fei. 9.00–13.00 Uhr; Nov.–Feb. Di., Do., Fr. 8.00–14.00, Mi. und Sa. 8.00–17.00, So./Fei. 9.00 bis 13.00 Uhr). Hier wurden die Zölle festgesetzt, Recht gesprochen und die Abgeordneten für die städtischen Regierungsgremien gewählt. Der Einfluß dieser Zunft war größer als der anderer Gilden, denn aus ihren Reihen kamen zwei Vertreter des Fünferrats, später dann zwei von den 10 Prioren, die die Stadt regierten.
Die Wände des längsrechteckigen, kreuzgratgewölbten Raums sind mit einer Holzvertäfelung aus der ersten Hälfte des 15. Jh.s verkleidet. Da dies

Collegio della Mercanzia (Fortsetzung)

für Italien eher ungewöhnlich ist, vermutet man, daß die Vertäfelung von Holzschnitzern nördlich der Alpen geschaffen wurde. Auf dem Gestühl nahmen die Zunftvorsteher Platz; an der gegenüberliegenden Wand befindet sich ein schönes, 1462 von Costanzo di Mattiolo geschnitztes Pult mit Intarsienschmuck und gedrehten Säulchen. In der Lünette prangt das Wappen der Zunft, ein Greif mit einem Warenbündel.

**Collegio del Cambio

Auch die Zunft der Geldwechsler war in Perugia eine einflußreiche Gilde, die seit 1385 einen direkten Vertreter im Gremium der zehn Prioren besaß. Als der Palazzo dei Priori im 15. Jh. erneut erweitert wurde, erhielten die Geldwechsler zwei Räume im Erdgeschoß dieses Anbaus. Sie sind ebenfalls vom Corso Vannucci aus zugänglich, der Eingang liegt links vom Hauptportal (geöffnet März – Oktober Mo. – Sa. 9.00 bis 12.30 und 14.30 – 17.30 Uhr, So./Fei. 9.00 – 12.30 Uhr; November – Februar Mo. – Sa. 8.00 – 14.00 Uhr, So./Fei. 9.00 – 12.30 Uhr).
Zuerst kommt man in die Sala dei Legisti, die 1615 – 1621 von Giampietro Zuccari mit einer barocken Nußbaum-Wandvertäfelung ausgekleidet wurde. An der Stirnseite des schmalrechteckigen Raumes, über den drei Richterstühlen, ist der perusinische Greif zu erkennen. Die Hauptattraktion des Collegio del Cambio ist aber die dahinterliegende Sala dell' Udienzia, ein vollständig ausgemalter bzw. mit Holzvertäfelung ausgekleideter Saal, der mit zum Schönsten gehört, was die Frührenaissance im Bereich der Profanarchitektur in Umbrien hinterlassen hat.

Das zweite große Wandbild in der Sala dell' Udienzia zeigt sechs herausragende Persönlichkeiten der Antike und zwei Frauengestalten, die Tugenden symbolisieren. Links unten im Bild das Selbstporträt des Künstlers

**Perugino-Fresken

Die Wandverkleidung und das reich verzierte Gestühl entstanden zwischen 1490 und 1493 in der Werkstatt der Kunstschnitzer Antonio da Mercatello und Domenico del Tasso; den Auftrag für die Ausmalung erhielt Perugino (→ Berühmte Persönlichkeiten), der an diesem Projekt neben anderen Schülern und Werkstattangehörigen vermutlich auch den jungen

Collegio del Cambio (Fortsetzung)

Raffael, der bei ihm in die Lehre ging, mitwirken ließ. Das Programm, das diesen zwischen 1496 und 1500 entstandenen Fresken zugrunde liegt, stammt aus der Feder des perusinischen Humanisten Francesco Maturanzio. Dem Weltbild der Renaissance entsprechend vereint es antike Tugenden mit dem Heilsgedanken des Christentums. Der Freskenzyklus beginnt mit einem alleinstehenden Porträt Catos rechts neben dem Fenster. An der langen Wand folgen die Personifikationen der vier Kardinaltugenden, denen herausragende Gestalten der Antike zugeordnet werden, die sich dieser Tugenden rühmen konnten. In der ersten Lünette sind dies die Weisheit und die Gerechtigkeit; darunter (v. l. n. r.) Fabius Maximus, Sokrates, Numa Pompilius, Camillus, Pictacus und Trajan. Am Pfeiler zwischen den Feldern hat sich Perugino mit einem Selbstbildnis verewigt, aus dem das stolze Selbstbewußtsein eines vielbeschäftigten Künstlers spricht, nennt er sich doch “egregius pictor” (herausragender Künstler). In der zweiten Lünette sind die Stärke und die Besonnenheit dargestellt, darunter Lucius Licinius, Leonidas, Horatius Cocles, Publius Scipio, Perikles und Cincinnatus. Die Stirnwand zeigt die “Verklärung Christi” und die “Geburt Christi”. An der rechten Wand folgt eine Darstellung von Gottvater in der Glorie mit den Propheten Jesaias, Moses, Daniel, Jeremias und Salomo sowie einer Gruppe von Sibyllen (v. l. n. r.: die erythräische, die persische, die cumäische, die lybische, die tiburtinische und die delphische). Im Gewölbe sind die wichtigsten antiken Götter versammelt, über der Stirnwand Saturn, Jupiter und Mars, im Zentrum Apoll auf dem Sonnenwagen, über den Fenstern Merkur, Diana und Venus.
Die weibliche Sitzplastik über dem Gestühl des Tribunals, ein Werk des 15. Jh.s, verkörpert die Gerechtigkeit.

*Cappella di San Giovanni

Ein kleines Schmuckstück der Dekorationskunst ist auch der in leuchtenden Farben und kostbarem Goldglanz schwelgende dritte Raum der Collegio del Cambio, die Cappella di San Giovanni (Kapelle Johannes des Täufers). Der Perugino-Schüler Giannicola di Paolo hat diesen kleinen Raum 1513 ausgemalt. An den Wänden werden Episoden aus dem Leben Johannes des Täufers erzählt, wobei die “Taufe Christi” im Altarbild an der Eingangswand besonders hervorgehoben wird.

**Galleria Nazionale dell’ Umbria

Öffnungszeiten
Mo. – Sa. 9.00 – 19.00, So. 9.00 – 13.00, 1. Montag im Monat geschlossen

Im Palazzo dei Priori ist die größte und bedeutendste Gemäldesammlung in Umbrien beheimatet, die nach langandauernder Restaurierung im Mai 1994 wieder ihre Tore geöffnet hat. In den vorbildlich renovierten Räumen zeigt sie jetzt wieder ihre Schätze. Der Schwerpunkt der Sammlung liegt bei der umbrischen Malerei und Plastik des Mittelalters und der Renaissance. Erfreulich sind die gute Ausleuchtung der Kunstwerke und die zweisprachigen Erläuterungstexte (italienisch/englisch). Walkmen-Guides und computerunterstützte Informationen ergänzen das Angebot.

Rundgang
Sala Maggiore, Raum 1

Der Rundgang durch das Museum beginnt im ehemaligen Großen Ratssaal (Sala Maggiore; 1333 – 1352), der zwei Ausstellungsabteilungen aufnimmt (Raum 1 und 9). Raum 1 beherbergt abgelöste Fresken des 14. Jh.s aus Kirchen der Stadt sowie einige plastische Werke wie z.B. die Holzskulptur des toten Christus aus dem Jahre 1236. Sie stammt aus der Kirche Santa Maria di Roncione bei Deruta und war Teil einer “Kreuzabnahme”. Von Arnolfo di Cambio, einem Schüler Nicola Pisanos und einem der bedeutendsten mittelitalienischen Bildhauer des 13. Jh.s, sind zwei Statuetten und drei Figuren ausgestellt. Letztere gehörten zu einem zweiten großen, allerdings nicht mehr erhaltenen Brunnen Perugias, für den Arnolfo di Cambio 1278 – 1281 den Skulpturenschmuck fertigte.

Raum 2

Der Saal gehört zur Brückengalerie über die Via dei Priori aus dem 15. Jahrhundert. Unter den hier aufgestellten Holzkruzifixen und Altären des späten 13. Jh.s verdient das monumentale bemalte Kruzifix (1272) aus der Franziskanerkirche San Francesco al Prato in Perugia besondere Beach-

Galleria Nazionale dell' Umbria

Perugia

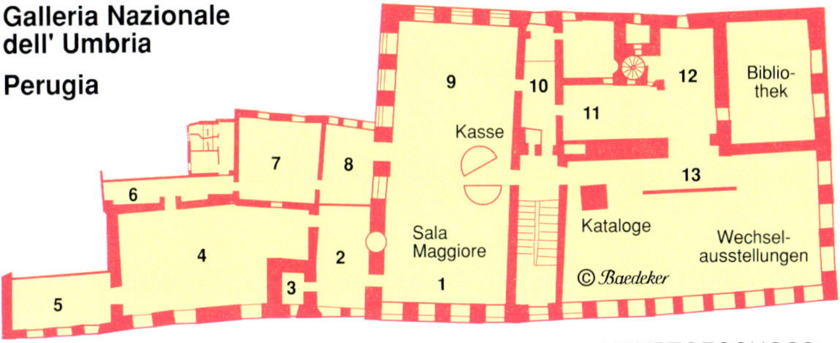

HAUPTGESCHOSS

MEZZANINGESCHOSS

1 Umbrische Malerei 14. Jh.
2 Umbrische Malerei 13. Jh.
3 Umbrische Malerei 13. Jh.
4 Umb. Malerei 14. u. 15. Jh.
5 Piero della Francesca
6 Majolika
7 Cappella dei Priori
8 Malerei des 15. Jh.s
9 Perugino und sein Umkreis
10 Malerei des frühen 16. Jh.s
11 Malerei des frühen 16. Jh.s
12 Manierismus
13 Manierismus
14 Pietro-da-Corlona-Saal
15 Malerei des 17. u. 18. Jh.s
16 Malerei des 17. u. 18. Jh.s
17 Sammlung Carattoli

Galleria Nazionale, Raum 2 (Forts.)

tung. Es gilt als Werk des sog. Franziskusmeisters, der den Notnamen seiner Tätigkeit in der Unterkirche von San Francesco in Assisi verdankt.

Raum 3

In diesem winzigen Raum sind mehrere kleinere Tafeln des sog. Franziskusmeisters zu sehen, die um 1262 für San Francesco al Prato in Perugia entstanden.

Raum 4

Der große Saal, durch die Zusammenlegung dreier kleinerer Räume geschaffen, ist der Malerei des 14. und 15. Jh.s gewidmet. In der ersten Hälfte des 14. Jh.s waren einige auswärtige, vor allem sienesische Künstler in Perugia tätig und hinterließen bedeutende Werke, die auch auf die einheimischen Maler wirkten. Den Anfang macht Duccio di Buoninsegna aus Siena, der 1304 ein Polyptychon für die Kirche San Domenico schuf, von dem die Tafel "Madonna mit Kind" im Besitz des Museums ist. 1319 bis zu seinem Tod 1334 ist Meo da Siena Bürger von Perugia, von dem u. a. das große sog. Montelabate Polyptychon (1315–1320) gezeigt wird. Weitere Künstler, die im 14. Jh. in Perugia arbeiteten, sind u. a. der Meister der Peruginer Madonna, benannt nach der kleinen Tafel ("Madonna mit Kind") um 1320/1330 sowie Puccio Capanna, der ebenfalls mit einer kleinformatigen Madonnendarstellung vertreten ist. Von dem Perusiner Marino d'Elemosina besitzt die Sammlung eine schöne "Maestà mit den heiligen Paulus und Benedikt" aus der ersten Hälfte des 14. Jh.s. An der Wende zum 15. Jh. zeigen sich auch bei den umbrischen Künstlern Einflüsse der Internationalen Gotik, wie man am Beispiel der "Madonna auf dem Thron" (1405), einem Jugendwerk von Gentile da Fabriano, sehr schön erkennen kann. Von den früheren Madonnendarstellungen unterscheidet sie sich durch ein Mehr an Plastizität und größerer Lebendigkeit im Ausdruck der Gesichter.
Die drei Statuen der Stadtpatrone San Lorenzo, San Ercolano und San Costanzo (1. Hälfte 14. Jh.) standen bis 1993 in der Lünette des Haupteingangs zum Palazzo dei Priori.

Raum 5

Glanzvoll wird der Übergang zur Renaissance eingeleitet mit dem frisch restaurierten Polyptychon von Piero della Francesca, das einen Raum für

Galleria Nazionale, Raum 5 (Fortsetzung)

sich allein beansprucht. Obgleich nicht in allen Teilen vom Meister eigenhändig ausgeführt, ist dieser 1459–1468 für die Kirche von Sant Antonio in Perugia entstandene Altar ein bedeutendes Werk der italienischen Frührenaissance.

Raum 6 (Korridor)

Die Majolikaproduktion nimmt unter den Kunsthandwerken der Region den vordersten Platz ein, weshalb sie hier auch mit ein paar besonders schönen Arbeiten vertreten ist. Die Werke stammen aus Manufakturen in Castelli d'Abruzzo und Deruta.

Raum 7

Die ehemalige Cappella dei Priori wurde 1442–1450 im Zuge der Erweiterungen des Palazzo dei Priori für die private Andacht der Prioren errichtet. Die Ausmalung der Kapelle mit einem Fries, der die oberen Wandhälften bedeckt und heute nur noch fragmentarisch erhalten ist, besorgte Benedetto Bonfigli zwischen 1455 und 1480. Sie gilt als wichtigste Auftragsarbeit in der zweiten Hälfte des Quattrocento in Perugia. Die Fresken zeigen neben einer zeitgenössischen Stadtansicht von Perugia Szenen aus dem Leben des hl. Ludwig von Toulouse, des Fürbitters des Palazzo, und des perusinischen Stadtpatrons Herculanus.
Der Majolikafußboden in der Cappella dei Priori wurde nach den verbliebenen Resten des Originalbodens (16. Jh.) wiederhergestellt.

Raum 8

Beachtenswert in Raum 8 sind die Skulpturen von Agostino di Duccio aus den 70er Jahren des 15. Jh.s; die Terrakotta-Madonna schmückte ursprünglich die Fassade von San Francesco al Prato in Perugia.

Raum 9, 10

Mit Raum 9 erreicht man wieder die Sala Maggiore mit Werken umbrischer Renaissancemaler im Umkreis des berühmten Perugino, von dem die "Anbetung der Könige" (1475/1476) und die 1517 entstandene "Transfiguration" (Teil eines großen Altares aus Sant' Agostino) im Besitz der Sammlung sind. Weiterhin vertreten sind Bartolomeo Caporali ("Mystische Vermählung der hl. Katharina", 1477/1479), Eusebio da San Giorgio und Benedetto Bonfigli. Auch die Bilder von Pinturicchio, der ebenfalls zu den Schülern Peruginos zählt, sind in diesem Saal zu bestaunen, so z. B. die "Madonna dei Fossi" (1495).

Raum 11

Die Malerei in Perugia im 16. Jh. stand unter dem Eindruck Peruginos und seines berühmten Schülers Raffael. Einer der wichtigsten Vertreter dieser Epoche war Giannicola di Paolo, der zu den engsten Mitarbeitern Peruginos gehörte, sich aber später an Raffael orientierte. Von ihm sind zwei Werke ausgestellt; seine bedeutendste Arbeit in Perugia hat er mit der Ausmalung der Cappella di San Giovanni im Collegio del Cambio hinterlassen. Drei Bildwerke in diesem Raum, u.a. die "Pietà" von 1522, stammen von Domenico Alfani, einem Freund und engen Mitarbeiter Raffaels.

Raum 12, 13

Die beiden letzten Räume in diesem Geschoß sind Wechselausstellungen vorbehalten. Zur ständigen Ausstellung gehört das Polyptychon von Fra Angelico aus San Domenico von 1437, das z.Zt. restauriert wird.

Räume 14–16

Über die Wendeltreppe in Raum 12 gelangt man in das Mezzaningeschoß. In Raum 14 sind italienische Gemälde des 17. Jh.s versammelt, die die verschiedenen, von Rom ausgehenden Stilvarianten des Barock vorführen, u.a. die "Hl. Caecilia am Spinett" (ca. 1615) von Orazio Gentileschi und die "Geburt Mariens" von Pietro da Cortona (1643). Das 18. Jahrhundert ist in Raum 15 und 16 u.a. durch Werke von Giovanni Odazzi, Pierre Subleyras, Sebastiano Conca, Francesco Mancini und Giuseppe Maria Crespi vertreten.

Raum 17

Die meisten Gemälde in Raum 17 – kleinformatige Porträts, biblische Szenen, Landschaften – entstammen der Privatsammlung von Luigi Carattoli aus Perugia. Beachtung verdient die "Versuchung des hl. Antonius" von Paul Bril (um 1600).

Rundgang durch die südliche Altstadt

***Corso Vannucci**

Der Corso Vannucci, benannt nach Umbriens bedeutendstem Maler Pietro Vannucci, bekannter als Il Perugino, ist die elegante, beinahe großstädtisch anmutende Einkaufs- und Flaniermeile Perugias auf dem schmalen Hügelgrat im Zentrum der Oberstadt. In den rötlich bis ocker verputzten Stadtpalästen, die seit der Renaissance hier entstanden, haben vor allem vornehme Hotels, Banken und kulturelle Einrichtungen ihren Sitz.

*Café Sandri

Eine Klasse für sich ist das traditionsreiche Kaffeehaus Sandri schräg gegenüber vom Palazzo dei Priori (Corso Vannucci 32). Schweizer Gebäckraffinesse und italienische Lebensart vermischen sich hier aufs feinste. Die Einrichtung mit Holzvertäfelung und Deckenlüster stammt noch aus der Zeit der Jahrhundertwende. Wer es ganz eilig hat, trinkt seinen Espresso stehend an der Theke, für einen Plausch gibt es ein paar kleine, allerdings auch schnell besetzte Tische.

Piazza della Repubblica, Via delle Streghe

An der Piazza della Repubblica mit der hübschen Fassade der Kirche Sant' Isidoro und dem ehemaligen Theater Pavone, heute Kino, weitet sich der Corso Vannucci. An der linken Seite verläßt die schmale, zwischen zwei Häusern versteckte Via delle Streghe den Platz. Die winzige Treppengasse ist wie viele Sträßchen in Perugia von Gewölben überspannt. Am Ende der Treppen liegt linker Hand das Restaurant La Taverna, das seine Gäste in gepflegtem Ambiente mit einer einfallsreichen umbrischen Küche verwöhnt.

*Piazza Italia

Die Piazza Italia ist umgeben von repräsentativen Stadtpalästen, die nach der Zerstörung der Rocca Paolina hier aus dem Boden schossen. Die gesamte Südflanke beansprucht der Palazzo della Provincia, der 1870 durch Alessandro Arienti errichtete Sitz der Provinzverwaltung. Der Palazzo Donini an der Nordseite, den heute die offizielle Vertretung der Region Umbrien nutzt, ist älter als der Platz und die anderen Gebäude; er entstand 1716–1724 nach den Vorstellungen von Pietro Carattoli. Bei geöffneten Fenstern kann man einen Blick auf die herrlichen Deckenausmalungen in den Erdgeschoßräumen erheischen (Innenbesichtigung nicht möglich).

Denkmal für Viktor Emanuel

Das Denkmal für Viktor Emanuel II. (1890), den Begründer des modernen italienischen Staates, fand in der Grünanlage seinen Platz.
Etwas von der Piazza abgerückt, am Largo della Libertà, fällt das altehrwürdige Hotel Brufani auf, das seit 1884 zu den vornehmsten Quartieren in Perugia zählt.

Giardini Carducci

Hinter dem Palazzo della Provincia erstreckt sich der Carducci-Garten, eine parkähnlich angelegte Terrasse mit herrlichem Panorama, das den italienischen Dichter Giosuè Carducci 1877 zu seinem "Canto dell'amore" inspirierte. In einer Ecke des Terrassengartens öffnet sich auf einem Sporn der Rocca Paolina, zum Viale Indipendenza hin, ein kleiner Aussichtsbalkon, an dessen Geländer die interessantesten Panoramapunkte aufgezeichnet sind.

**Rocca Paolina

Unter den Arkaden des Palazzo della Provincia kommen die Rolltreppen ans Tageslicht, die die Piazza Italia mit der Piazza dei Partigiani und dem dortigen großen Parkplatz verbinden. Sie führen hinab in ein Labyrinth von unterirdischen Gassen und Häusern, ein ehemaliges Stadtviertel von etwa 100 Wohnhäusern und rund zwei Dutzend Geschlechtertürmen. Als Perugia 1540 im Salzkrieg gegenüber Papst Paul III. klein beigeben mußte, erbaute dieser über der südlichen Oberstadt eine gewaltige Festung, die keinen Zweifel mehr daran ließ, wer der Herr über Perugia war. Mit der Planung beauftragte er Antonio da Sangallo d. J., der zu den gefragtesten Festungsarchitekten des 16. Jh.s gehörte und mehrfach in päpstlichen Diensten stand. Als Standort für die Rocca entschied sich Paul III. für das südliche Stadtviertel mit den Palästen der Guidalotti und der Baglioni. Er

Rocca Paolina (Fortsetzung)

ließ zahlreiche Türme niederreißen, Straßen auffüllen und überwölben, Wohnhäuser und Kirchen abtragen. Lange, unterirdische Gänge verbanden die Rocca mit einer kleineren Festung in der Ebene. Nach nur drei Jahren, 1543, war der Bau abgeschlossen. Als Machtdemonstration des Papstes entstanden, stieß das Bauwerk nie auf die Sympathie der Perusiner. Mit dem Ende der päpstlichen Herrschaft kam auch das Ende der Rocca, die von den Bewohnern Perugias 1848, während der Zeit der Repubblica Romana, und dann ab 1860 geschleift wurde. Erst im 20. Jh. hat man den Schutt beiseite geräumt und die unterirdischen Gänge und Häuser wieder freigelegt.
Vom Rolltreppenabgang an der Piazza Italia kann man durch die Via Baglioni bis zur Porta Marzia spazieren. Nicht nur die Touristen, auch die Kulturschaffenden von Perugia haben diesen Stadtraum, der durch seine magische bis unheimliche Stimmung begeistert, wiederentdeckt und veranstalten in den Gewölben und Gängen seit einiger Zeit Ausstellungen.

*Porta Marzia (Abb. S. 206)

Durch die Porta Marzia, neben dem Arco di Augusto der zweite etruskische Stadteingang, kommt man wieder ins Freie. Antonio da Sangallo hat das monumentale Tor an der Ausfallstraße nach Rom in die Rocca Paolina integriert, es aber dabei um vier Meter versetzt. Über dem Torbogen sitzt eine Art Blendgalerie aus kannelierten Pilastern. Von der Steinbrüstung, die hinter den Pilastern durchläuft, blicken fünf Figuren herab. Die mittlere Figur wird mit Jupiter identifiziert, dem die Dioscuren Kastor und Pollux mit ihren Rössern beigestellt sind. Wie beim Arco di Augusto trägt das Tor die Inschrift "Augusta Perusia", daneben auch noch den Titel "Colonia Vibia" (Stadt des Vibius).

Piazza Matteotti

Oratorio di San Bernardino

*Piazza Matteotti, Alte Universität

Über die Via Marzia, wo man die Kirche Sant' Ercolano streift (s. u.) und die Via Oberdan gelangt man wieder hinauf in die Oberstadt zur stimmungsvollen Piazza Matteotti. Sie hieß ursprünglich 'Piazza del Sopramuro', weil sie sich auf die mittelalterlichen Substruktionen stützt, die an die etruski-

Piazza Matteotti, Alte Universität (Fortsetzung)

schen Stadtmauern angelehnt sind. Auf der rechten Seite wird der Platz von einem mittelalterlichen Gebäudekomplex gerahmt, der 1453 von den lombardischen Baumeistern Gasparino di Antonio und Bartolomeo Mattioli errichtet wurde. Von 1483 bis 1811 hatte hier die im 13. Jh. gegründete Universität von Perugia, eine der ältesten auf dem europäischen Kontinent, ihren Sitz.

Palazzo del Capitano del Popolo

An das ehemalige Universitätsgebäude schließt sich der Palast des Volkskapitäns an (1472–1481), für den ebenfalls Gasparino di Antonio in Zusammenarbeit mit seinem lombardischen Landsmann Leone di Matteo, die Pläne lieferte. Am Ghirlandenschmuck der Zwillingsfenster im Obergeschoß kündigt sich bereits die Renaissance an. Die Statue in der Lünette des Portals verkörpert die Gerechtigkeit.

Mercato

Hinter den Arkaden links des Palazzo wurde 1932 ein überdachter Marktplatz mit festinstallierten Verkaufshäuschen eingerichtet, auf dem man neben Lebensmitteln und Kunsthandwerk auch Kleider kaufen kann; der Markt ist nur vormittags geöffnet. Von der Terrasse sieht man auf die Substruktionen der Piazza Matteotti. Wenige Schritte weiter tritt man vor die Jesuitenkirche Chiesa del Gesú (1571). Ihre holzgeschnitzte Renaissancedecke wurde bei einem Brand 1989 zerstört. Unter der Kirche, am Hang, fanden drei Oratorien Platz.

Via Volte della Pace

An der schmalen Nordseite der Piazza Matteotti mündet die Via Volte della Pace in den Platz. Unter ihren Gewölben wurden früher Friedensschlüsse ausgehandelt. Am Ende dieser alten Gasse steht man auf der Piazza Piccinini (s. Rundgang durch die nordöstliche Altstadt).

Rundgang durch die westliche und nördliche Altstadt

*Via Maesta delle Volte, Via dei Priori

Der Spaziergang durch die nördliche und westliche Altstadt beginnt an der Piazza IV Novembre, von der bei der Fontana Maggiore die schmale Via Maestà delle Volte abzweigt. Hohe Gewölbe und Stützbogen überspannen diese Gasse, die für ihren pittoresken Charme gerühmt wird. Von der Weite der Piazza taucht man ein in die kühlen, meist im Schatten liegenden Gassen und Sträßchen der Altstadt. Ihren Namen erhielt sie von dem Madonnenfresko eines unbekannten Künstlers in dem kleinen Oratorium, das heute ein Geschäft für Kirchengerät beherbergt (Fassade von 1580/1590). Der aus rotem und weißem Stein aufgemauerte Rundbogen vor dem Oratorium gehörte vermutlich zu einem gotischen Portikus aus dem 14. Jahrhundert. Malerisch und noch etwas enger ist die Via Ritorta, die die Verbindung zur Via dei Priori herstellt. An der Kreuzung der Via dei Priori und der Via Sant' Agata steht die kleine gotische Kirche Sant' Agata (um 1300), die mit Fresken aus der ersten Hälfte des 14. Jh.s ausgemalt ist.

San Filippo Neri

Dort, wo sich die Via dei Priori zu einem kleinen Platz öffnet, überragt die Fassade von San Filippo Neri die umliegenden Häuser. Unverkennbar standen römische Barockkirchen Pate für dieses Mitte des 17. Jh.s erbaute Gotteshaus. Das Innere – einschiffig, mit seitlichen Kapellen und Vierungskuppel – entspricht ebenfalls den Stil der Gegenreformationszeit. Der einst reiche Gemäldeschmuck der Kirche ist stark dezimiert; noch in situ ist die "Immakulata" (1662) am Hochaltar, ein Werk des römischen Malerarchitekten Pietro da Cortona. Das Kuppelfresko mit der "Marienkrönung" schuf Francesco Mancini im Jahre 1728.

Etruskische Stadtmauer

Ein Abstecher in die Via della Cupa führt zu einem langen, recht gut erhaltenen Teilstück der etruskischen Stadtmauer, der man bis zur Porta Eburnea folgen kann.
Zurück zur Via dei Priori passiert man bei der Einmündung der Via Francolina die kleine, im Innern freskengeschmückte Kirche SS. Stefano e Valentino. Wenige Meter weiter kommen die Rolltreppen vom Parkplatz an der

Etruskische Stadtmauer (Fortsetzung)

Viale Pompeio Pellini an. Die quadratische Torre dei Sciri (12. Jh.), die hinter der Kirche S. Teresa degli Scalzi aufragt, ist der einzige von Perugias Geschlechtertürmen, der noch steht.

Porta di San Luca, Madonna della Luce

Da hinter diesem spitzbogigen, etruskischen Stadttor die Straße zum Lago Trasimeno begann, wird es auch Porta Trasimena genannt. Vor dem Tor steht die kleine Renaissancekirche Madonna della Luce, 1513 am Ort eines Madonnenwunders erbaut. Im Innern birgt sie Fresken der umbrischen Renaissancemaler Giovanni Battista Caporali (Decke) und Tiberio d' Assisi (Altar).
Die Via dei Priori biegt an dem Gotteshaus nach rechts und mündet in den weiten, rasenbedeckten Platz vor dem Oratorio di San Bernardino, das mit der Akademie der Bildenden Künste und der großen Franziskanerkirche San Francesco al Prato zu einem Komplex zusammenwuchs. Der Platz ist bei schönem Wetter ein beliebter studentischer Treffpunkt.

*Oratorio di San Bernardino

Außenbau (Abb. S. 216)

Der 1450 heiliggesprochene Bernhardin von Siena (1380–1444) gehört zu den herausragenden Persönlichkeiten der franziskanischen Bewegung. Seine Predigten blieben auch in Perugia, wo er sich mehrere Male aufgehalten hatte, nicht ohne Wirkung. Im Gedenken um seine Verdienste wurde bereits ein Jahr nach seiner Heiligsprechung mit dem Bau eines Oratoriums zu seinen Ehren begonnen. Der Florentiner Agostino di Duccio versah die einschiffige Kirche 1457 mit einer polychromen Frührenaissance-Fassade, die wegen der hohen Qualität ihres plastischen Schmucks, aber auch wegen ihrer ungewöhnlichen Komposition ein Hauptwerk der Renaissancearchitektur in Perugia ist. In die horizontal dreigeteilte Fassade schneidet ein monumentaler, an römische Architektur erinnernder Bogen ein, der die beiden Eingänge überfängt. Auf dem darüberliegenden Gebälk sitzt ein Dreiecksgiebel, der antike Tempelfronten zitiert. An zentraler Stelle, im Bogenfeld, erblickt man den zum Himmel fahrenden Heiligen, von musizierenden Engeln und Cherubim begleitet. In den Tabernakelnischen stehen Maria und der Verkündigungsengel (oben) und die beiden Stadtpatrone Costanzo und Ercolano (unten). Das Tympanon zeigt Jesus Christus zwischen zwei Engeln und Seraphim; drei Wunder des Heiligen sind in den Reliefs über den Portalen zu sehen. Besondere Aufmerksamkeit verdienen die Reliefs an den Pilastern mit sechs weiblichen Figuren, Personifikationen von Tugenden einerseits und musizierenden Engeln auf der anderen Seite. Sie sind so deutlich sichtbar in die Fassade eingefügt, daß der Eindruck entsteht, es handele sich um wiederverwendete antike Reliefs. Vor allem ihre anmutig fließenden, bewegten Gewänder verweisen auf die Herkunft des Künstlers aus der florentinischen Schule.

Inneres

Wider den Erwartungen, die die Renaissancefassade weckt, ist der einschiffige, kreuzrippengewölbte Innenraum noch der Gotik verpflichtet. Als Altarmensa wird ein frühchristlicher Marmorsarkophag aus dem 4. Jh. benutzt, in dem im 13. Jh. der hl. Aegidius beigesetzt wurde. Der beachtenswerte plastische Schmuck an der Vorderseite zeigt in der Mitte den thronenden Christus, dem eine Frau (Symbol für Ecclesia) und Apostel zugeordnet sind. Die Reliefs darüber erzählen aus der Legende des Jonas, der vom Wal verschluckt und wieder ausgespuckt wurde.
Hinter der Stirnwand des Oratoriums liegt das Oratorio di Sant' Andrea mit einer vergoldeten Kassettendecke (1582) und goldgerahmten barocken Tafelbildern.

Akademie der Schönen Künste

An der rechten Seite des Oratoriums liegt der Eingang zu dem früheren Franziskanerkonvent, heute Sitz der Accademia di Belle Arti Pietro Vannucci, der 1573 gegründeten Kunstakademie Perugias. Ihre Kunstsammlung bewahrt Gipsabgüsse, Gemälde und Grafiken aus dem 16. bis 20. Jh. Sie ist allerdings wegen Erdbebenschäden bis auf weiteres geschlossen.

San Francesco al Prato

Die mächtige Franziskanerkirche wurde im 14. Jh. auf einem großen freien Platz, al prato (= auf der Wiese) errichtet, der bei Predigten genügend Raum bot für die zahlreichen Zuhörer. Bereits im 15. Jh. mußte Braccio Fortebraccio (→ Berühmte Persönlichkeiten), damals Signore von Perugia, Stützkonstruktionen in die Kirche einbauen lassen, da das Gelände, auf dem sie steht, nachgab. Bis heute führten die zahlreichen Rettungsversuche nicht zum gewünschten Erfolg; das vom Einsturz bedrohte Gotteshaus ist deshalb meistens geschlossen. Ihre Fassade erhielt die Bettelordenskirche 1926 anläßlich der 700-Jahr-Feiern für Franziskus.

Röm. Mosaik

Ein angenehmer Spaziergang, begleitet von schönen Blicken auf die Stadt, ist der Weg auf der Via Alessandro Pascoli hinunter zum Arco di Augusto. Im Keller eines Universitätsgebäudes (bei der Einmündung der Via Alessandro Pascoli in die Via S. Elisabetta) wurde ein römisches Mosaik aus dem 2. Jh. n.Chr. freigelegt, das ursprünglich den Boden der römischen Thermen bedeckte. Es zeigt den Orpheus als Sänger unter den Tieren (geöffnet werktags 8.00–19.30 Uhr, Sa. 8.00–13.00 Uhr).

Palazzo Gallenga-Stuart

An der belebten Piazza Fortebraccio konkurrieren zwei imposante Bauwerke, der Arco di Augusto und der Palazzo Gallenga-Stuart mit seiner rythmisierten Barockfassade. Francesco Bianchi baute den prächtigen Stadtpalast 1748–1758 für die Familie Antinori; seit 1926 ist hier die Ausländeruniversität (Università per Stranieri) untergebracht.

*Arco di Augusto (Abb. S. 25)

Das imposanteste Zeugnis der alten Etruskermetropole (auch als Arco Etrusco bekannt) entstand im Kern im zweiten vorchristlichen Jahrhundert und markierte im antiken Perugia die nördliche Stadtgrenze. Der eigentliche Torbogen wird von zwei schweren, aus großen Quadersteinen ohne Bindungsmaterial aufgeschichteten Pylonen gefaßt, die sich nach oben verjüngen. Zum ursprünglichen Tor gehört auch der Metopenfries, wohingegen der zweite Bogen von römischen Baumeistern aufgesetzt wurde. Über dem Doppelbogen wurde nach dem Perusinischen Krieg auf Anordnung Octavians die Inschrift "Augusta Perusia" angebracht.

Via Bartolo

Wer hier den Rundgang beenden will, kann durch die steile Via Ulissi Rocchi zur Piazza Danti hinter dem Dom hochsteigen. Paralell dazu verläuft die Via Bartolo, wo man noch einen herrlich altmodischen Pasta-Laden (eigene Herstellung) findet, sowie die Via Cesare Battisti, die im unteren Teil entlang der etruskischen Stadtmauer verläuft und an der Piazza Morlacchi wieder das Zentrum in der Oberstadt erreicht.

Sant' Agostino

Folgt man von der Piazza Fortebraccio dem Corso Garibaldi, dann steht man nach etwa 200 m vor der 1260 erbauten Kirche Sant' Agostino. Die untere Hälfte ihrer Fassade ist mit dem typisch perusinischen Würfelmuster in weißem und rotem Stein verkleidet. Der kühle Innenraum, mit kolossalen Säulen und einem stark profilierten Gebälk ist das Ergebnis eines Umbaus im 18. Jahrhundert. In der Chorapsis ein schönes geschnitztes Gestühl mit Einlegearbeiten von Baccio d'Agnolo aus Florenz und ein Lesepult desselben Künstlers. Von den Seitenaltären beachte man vor allem den ersten links mit einem Kreuzigungsfresko von Pellino di Vannuccio (1377). Rechts neben der Kirche sollte man unbedingt einen Blick in das Oratorium der Confraternitá di Sant'Agostino werfen: Die mit barocken Ölgemälden ausgekleidete Kapelle besitzt eine sehenswerte Holzdecke von Charles d'Amuelle (1695), deren reiches Schnitzwerk in strahlendem Gold glänzt.

Corso Garibaldi

Die Häuser am Corso Garibaldi, bis zur Erweiterung der Stadtmauer im 14. Jh. außerhalb des Mauerrings gelegen, wurden früher hauptsächlich von Handwerkern bewohnt. Mittelalterliche Fassaden haben sich u.a. noch an den Häusern Nr. 126 und 133 erhalten. Die beiden Ordensgründer Franziskus und Dominikus begegneten sich im Kloster der Beata Colomba (Nr. 191).

*San Michele Arcangelo

Kurz bevor der Corso Garibaldi die Porta Sant' Angelo erreicht, zweigt rechter Hand die Via del Tempio ab, die geradewegs auf die frühchristliche

San Michele Arcangelo (Fortsetzung)

Rundkirche San Michele Arcangelo zuführt. Um den zentralen Rundbau, der nach außen als eine Art Tambour in Erscheinung tritt, legt sich ein Umgang, an den sich ursprünglich noch vier rechteckige Kapellen anschlossen, die dem Gebäude im ganzen die Grundrißform eines griechischen Kreuzes verliehen. Im Innern sieht man, daß der Tambour über Rundbogenarkaden aufsteigt, die von 16 Säulen aus Marmor bzw. Granit getragen werden. Bei den schön gearbeiteten Kapitellen und Basen handelt es sich um antike Spolien. Der heutige Raumeindruck ist durch die im 14. Jh. eingezogenen Schwibbögen und die Verkürzung des Tambours, der ursprünglich einiges höher war, verfälscht. Der Altar in der Mitte des Gotteshauses besteht aus einer antiken Marmorplatte, die auf einer abgebrochenen Säule ruht (geöffnet Di.–So. 9.30–12.00, 15.30–18.30 Uhr).

Via Zefferino Faina

Will man den für den Rückweg ins Zentrum nicht wieder den Corso Garibaldi nehmen, dann kann man alternativ dazu die Via Zefferino Faina entlangspazieren, die das erste Stück der alten Stadtmauer folgt.

Abstecher zur Kirche Santa Maria Nuova

Wem noch nach Kirchenbesichtigung ist, der sollte von der Piazza Fortebraccio zur Kirche Santa Maria Nuova an der Ecke Via Pinturicchio/Via Roscetto schlendern. Das gotische Gotteshaus wurde barock umgestaltet. Sehenswert im Innern ist neben dem Renaissance-Chorgestühl von 1456 die Kirchenfahne am zweiten Altar rechts, die Benedetto Bonfigli 1472 malte. Durch die Via Bontempi erreicht man wieder die Oberstadt.

Rundgang durch die nordöstliche Altstadt

Colle del Sole

Der Colle del Sole ist der Stadthügel nordöstlich der Piazza IV Novembre, der schon in etruskischer Zeit besiedelt war. Das Viertel auf dem Colle del Sole gehört zum ältesten Teil der Oberstadt von Perugia mit einigen noch sehr mittelalterlich anmutenden, überwölbten Gassen, stillen Winkeln und Hinterhofatmosphäre. Der Spaziergang beginnt hinter dem Dom an der Piazza Danti, einem angenehmen Platz, wo Töpfer samstagvormittags ihre Waren anbieten. An seiner Ostseite öffnet er sich zu der kleinen Piazza Piccinio, wo man den etruskischen Brunnen (Pozzo Etrusco) besichtigen sollte.

*Pozzo Etrusco

Der von Wasseradern gespeiste etruskische Brunnen wurde im 4./3. Jh. v. Chr. angelegt und bediente bis zum Bau der Fontana Maggiore die Oberstadt mit Trinkwasser. Da das ursprüngliche Platzniveau 4,5 m unter dem heutigen lag, muß man zu dem Brunnenrand hinabsteigen. Der aus schweren Travertinblöcken bestehende Schacht ist 37 m tief; an den zwei Balken erkennt man noch die Gleitspuren der Seile, an denen die Eimer in den Brunnen hinabgelassen wurden.
Der Pozzo Etrusco ist zur Besichtigung geöffnet Oktober–März Mo.–Fr. 10.30–13.30 und 14.30–16.30, Sa.,So. und Fei. bis 17.30 Uhr, April bis Sept. tgl. 10.00–13.30 und 14.30–18.30 Uhr. Eine Sammeleintrittskarte berechtigt auch zum Besuch von San Severo.

*San Severo

Immer enger werden die Gassen hinauf zur kleinen, abgeschiedenen Piazza Raffaello an einer Böschungsmauer der Oberstadt (Aussicht). Die Kapelle San Severo wird wegen eines Freskos gern besichtigt, an dem sowohl Perugino als auch sein berühmtester Schüler Raffael gearbeitet haben (geöffnet wie Pozzo Etrusco, s. o.). Den oberen, in einen Spitzbogen eingeschriebenen Teil mit der Darstellung der "Trinità" (Christus umgeben von Heiligen; die Figur von Gottvater ist nicht erhalten) hat der junge Raffael ausgeführt, bevor er 1508 in die Kunstmetropole Rom abreiste. Rund 15 Jahre später, 1521, ergänzte Perugino die sechs Heiligen in der unteren Bildhälfte.

*Piazza Michelotti

Von San Severo kann man noch auf den höchsten Punkt der Altstadt, die Piazza Michelotti (493 m) hochsteigen, von der sich eine schöne Aussicht

Piazza Michelotti (Fortsetzung)

über den nördlichen Teil Perugias bietet. Einst stand hier wohl ein etruskischer Tempel, an dessen Stelle 1372 die päpstliche Rocca del Sole errichtet wurde. Die Pläne stammten von Gattapone aus Gubbio, seinerzeit einer der gefragtesten Festungsbaumeister in Mittelitalien. Über den Substruktionen dieser Burg breitet sich heute die Piazza Rossi Scotti aus. Zur Piazza Danti zurück geht es durch die Via del Sole.

Blick über die Dächer von Perugias Südstadt auf die große Dominikanerkirche San Domenico

Spaziergang nach San Domenico und San Pietro

Porta Cornea

Die Besichtigung der großen Dominikanerkirche San Domenico, die in ihren Konventsgebäuden das Archäologische Museum aufgenommen hat, und San Pietro läßt sich gut zu einem Spaziergang durch den südöstlichen Teil Perugias verbinden. Ausgangspunkt ist die Porta Cornea, die Luftlinie östlich unterhalb der Piazza Italia liegt.

Sant' Ercolano

Wenige Schritte von der Porta Cornea entfernt stößt man auf die eigenwillige Kirche Sant' Ercolano (1297–1326), die sich an die etruskische Stadtmauer anlehnt. Der kleine polygonale Bau erhebt sich an der Stelle, wo der hl. Herculanus im Kampf gegen die Goten starb und bestattet wurde. Eine barocke Freitreppe führt vor das gotische Eingangsportal. Das barockisierte Innere mit den Reliquien des Heiligen ist nur selten zugänglich. Für den Bau der Rocca wurde das obere Geschoß der Kirche abgetragen, da es den Ausblick ins Tal versperrt hätte. Dienstags und samstags findet auf den Scalette di Sant' Ercolano ein kleiner Kleidermarkt statt.

Palazzo Penna

Schräg gegenüber von Sant' Ercolano werden in einer Dauerausstellung im Palazzo Penna acht Werke des perusinischen Künstlers Gerardo Dottori (1884–1977) und sechs Werke von Joseph Beuys (1921–1986) gezeigt (geöffnet Mo.–Fr. 8.00–18.00 Uhr, Sa. vormittag).

Corso Cavour, Tre Archi

Am belebten Corso Cavour beginnt das modernere Perugia. An seiner Kreuzung mit der breiten Via Marconi fällt die monumentale Bogenarchitektur der neoklassizistischen Tre Archi auf (1842).

*San Domenico · Museo Archeologico Nazionale dell' Umbria

Baugeschichte

An der Piazza Giordano Bruni tritt man vor die hochaufragende, schmucklose Fassade von San Domenico, die als eine der größten Bettelordenskirchen Italiens in die Kunstgeschichte einging und Vorbildfunktion für spätere Sakralbauten dieses Typs, u.a. den Dom San Lorenzo, ausübte. Das gewaltige Gotteshaus wurde 1305 als dreischiffige Hallenkirche für die Dominikaner begonnen; die Weihe 1459 markiert einen vorläufigen Abschluß der Bauarbeiten, die von den beiden Ordensbrüdern Fra Nicolas und Fra Corrado geleitet wurden. Der Turm, ursprünglich höher veranschlagt, war erst Ende des 15. Jh.s vollendet. Eine frühbarocke Zutat ist das Portal von 1597. Nach dem Einsturz des Langhauses 1614/1615 beauftragte man den Barockarchitekten Carlo Maderna mit dem Wiederaufbau, der bis 1632 andauerte.

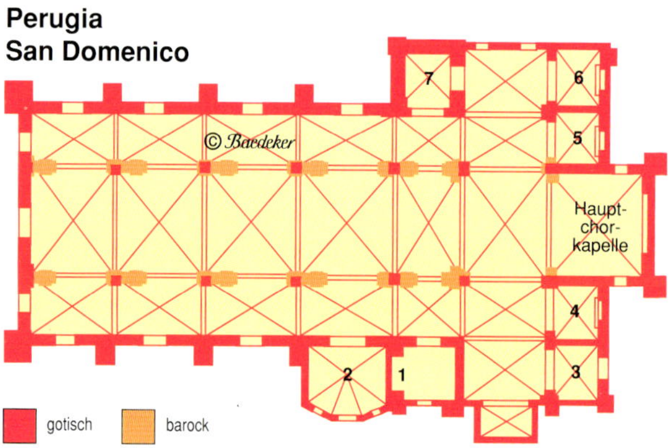

1 Grabmal des Guglielmo Pontano (1555)
2 Rosenkranzkapelle
3 Cappella San Pietro Martire
4 Grabmal Papst Benedikts XI.
5 Cappella Guidalotti
6 Kapelle des hl. Thomas v. Aquin
7 Kapelle mit Fresken des frühen 15. Jh.s (Fragmente)

Inneres

Madernos Eingreifen verwandelte das Innere von San Domenico von einer Hallenkirche mit gleichhohen Schiffen in einen hochbarocken, basilikalen Innenraum mit untergeordneten Seitenschiffen. Die ursprüngliche Struktur ist durch diese Umgestaltung fast nicht mehr erkennbar; nur noch die rechteckigen Chorkapellen, in denen die barocken Veränderungen wieder rückgängig gemacht wurden, erinnern an das Schema einer gotischen Kirche. Die Stützen des Langhauses hat Maderna zu Wandflächen verbreitert, zwischen denen sich rundbogige Arkaden öffnen. Die Wandgliederung übernehmen kolossale Pilaster, die an der tonnengewölbten Decke als Gurte weitergeführt werden. Ein schlichtes Gebälk trennt die Arkadenzone vom Gewölbe.

Ausstattung

Die erste Kapelle an der rechten Langhausseite ist die im 14. Jh. angebaute Rosenkranzkapelle. Sie birgt einen steinernen Altar von Agostino di Duccio, der die Form eines römischen Triumphbogens aufgreift. Die zentrale Rundbogennische wird von zwei Eckpilastern mit Statuen und einem reich gegliederten Gebälk gerahmt, auf dem ein Lünettenbogen aufsitzt.

Ausstattung (Fortsetzung)

Die Statuen in den Eckpilastern schuf Duccio, die weitere Ausgestaltung entstand erst 1532 durch einen florentinischen Künstler, die Malerei in der Nische im 19. Jahrhundert. Im nächsten Joch (seitl. Eingang) sieht man die Tumba des Guglielmo Pontano mit der Liegefigur des Verstorbenen (1555). Die Chorkapellen haben ihre gotischen Gewölbe und ihre Ausmalung aus dem 14. und 15. Jh. behalten. In der Capella San Pietro Martire erinnert das Altarbild von 1705 an das Martyrium des Dominikaners Petrus, dem die Kapelle geweiht ist. In der folgenden Kapelle steht man einem Spitzenwerk der mittelalterlichen Grabmalsplastik gegenüber, dem Wandgrab für den 1304 verstorbenen Papst Benedikt XI. Es kam erst im Jahre 1700 in die Kirche, wo man es 1959 zusammenbaute. Der Verstorbene ruht auf seinem Sarkophag unter einem filigranen, tabernakelartigen Aufbau. Engel ziehen den Vorhang zurück, der den Verstorbenen zu verbergen vermag. Man beachte die fein gearbeiteten, gedrehten Säulen, in deren Spiralen Figuren hochsteigen. Im Stil zeigt das Werk Ähnlichkeiten mit den Reliefs von Lorenzo Maitani an der Domfassade von Orvieto, mit Sicherheit aber kannte der Künstler, dessen Namen man nicht weiß, aber das von Arnolfo di Cambio geschaffene Grabmal des Kardinals de Braye in der Dominikanerkirche in Orvieto, das den Prototyp für diese Form eines Grabmals lieferte. Das Apsisfenster der Hauptchorkapelle ist mit einer Fläche von 178 m² (21 x 8,5 m) eines der größten in Italiens Kirchen. Die Heiligen in der unteren Hälfte vollendeten Fra Bartoloemo di Piero und Mariotto di Nardo im Jahre 1411, der obere Teil des Glasgemäldes wurde erst in der zweiten Jahrhunderthälfte fertiggestellt. Ein beachtliches Werk der Holzschnitzkunst ist das Chorgestühl von Crispolto da Bettona (1476 begonnen), dem Antonio da Mercatello 1498 Intarsien einfügte. Am rechten Chorpfeiler entdeckt man in der Porträtbüste von Elisabetta Cantucci (1648; Alessandro Algardi) ein schönes barockes Ausstattungsstück. Links der Hauptchorkapelle schließt die Cappella Guidalotti mit dem Sarkophag des Benedetto Guidalotti (1429) an. Auch in ihrem schlechten Erhaltungszustand erweisen sich die Quattrocento-Fresken in der Kapelle, die dem Seiteneingang gegenüberliegen, noch als künstlerisch hochstehend.

***Archäologisches Museum**

Links neben der Kirche liegt der Eingang zum Nationalen Archäologischen Museum, das zu den größten und bedeutendsten Sammlungen Umbriens gerechnet werden muß. Die Ausstellung umfaßt Exponate aus etruskisch-römischer Zeit und prähistorische Funde. Die beiden Abteilungen sind auf den Kreuzgang und Räumlichkeiten des ehemaligen Klosters San Domenico verteilt (geöffnet Mo.–Sa. 9.00–13.00 und 14.30 bis 19.00 Uhr; So./Fei. 9.00–13.00 Uhr).

Im Kreuzgang werden vor allem römische Inschriftentafeln und Grenzsteine gezeigt. Unter den Sarkophagen und etruskischen Urnen sei besonders auf den Marmorsarkophag hingewiesen, dessen Reliefs den Mythos des Meleager erzählen. Er stammt aus dem 2. vorchristlichen Jahrhundert und wurde in Farfa bei Rieti gefunden.

Im Obergeschoß des Kreuzgangs sind etruskische Urnen aus Gräbern in der Umgebung Perugias aufgestellt, die die charakteristische Form mit Tempelgiebel und Satteldach aufweisen. Auf einen Korridor mit römischen Porträtbüsten folgen fünf kleine, durch einen Gang verbundene Kammern, ehemalige Klosterzellen. Zu den berühmtesten Exponaten zählt der ins 4. Jh. v. Chr. datierte Grenzstein (Cippus) von Perugia mit einer langen etruskischen Inschrift. Er steht am Ende des Korridors. In den einzelnen Kammern sind etruskische Grabbeigaben aus Keramik, Gold oder Bronze ausgestellt. Hinter einem Verbindungsgang schließen sich weitere sieben Zellen an. Vor Zelle 1 steht eine in Chiusi gefundene Sphinx aus dem 6. vorchristlichen Jahrhundert. In Zelle 2 beeindruckt der Sarkophag aus Stinkstein, der aus der Sperandio-Nekropole bei der Porta Sant' Angelo in Perugia stammt und im 5. Jh. v. Chr. hergestellt wurde. Seine Reliefs zeigen an den Schmalseiten ein Gastmahl und an der Vorderseite einen Beute- oder Triumphzug, bei dem auch Gefangene und Lasttiere mitgeführt wurden. Große Kunstfertigkeit zeichnet die bronzenenen Treibarbeiten in Zelle 3 aus, die im 6. Jh. als Beschläge von Möbeln angefertigt

Archäologisches Museum (Fortsetzung)

wurden und in der Nähe von Corciano, in Castel San Mariano, gefunden wurden. Aus dieser Fundstätte stammen auch die Bronzearbeiten in Zelle 4 (Votivstatuetten u.a.). Waffen, Schmuck, geschnitzte und gegossene Statuetten sowie Helme aus Nekropolen um Perugia, u.a. aus Monteluce und Frontone, werden in den Zellen 5 bis 7 gezeigt.

Prähistorische Sammlung

Die Prähistorische Abteilung umfaßt Funde aus dem Paläolithikum, Werkzeuge aus Stein, Schaber und Knochen, die aus der Gosto-Grotte im sienesischen Cetona stammen. Darüber hinaus sind Äxte aus Stein, Dolche und Pfeilspitzen zu sehen. Ebenfalls von Interesse sind die eisenzeitlichen Funde, auch aus Nachbarregionen wie den Marken und den Abruzzen.

Porta San Pietro

Etwa auf halber Strecke zwischen San Domenico und San Pietro passiert man die Porta San Pietro, die trotz ihrer Entstehung im 14. Jh. wenig gemein hat mit den anderen mittelalterlichen Stadttoren Perugias. Ihre glanzvolle, dreibogige Renaissancefassade begann 1447 Bartolomeo Mattioli, Agostino Duccio hat sein Werk 1475–1480 zu Ende gebracht.

**San Pietro

Baugeschichte und Bedeutung

Auf einer leichten Anhöhe steht die ehemalige Klosterkirche San Pietro, eine der ältesten Kirchen in Perugia. Die außergewöhnlich reiche Ausstattung dieses Gotteshauses mit zahlreichen Gemälden aus Renaissance und Barock machen den Besuch von San Pietro zu einem Kunstgenuß. Das erste, frühchristliche Gotteshaus an dieser Stelle war vermutlich Bischofssitz, bis dieser 936 nach Santo Stefano del Castellare verlegt wurde. Um die Mitte des 9. Jh.s richtete der perusinische Adelige Pietro Vincioli hier ein Kloster ein und trat diesem selbst bei. Die Bedeutung dieses Klosters wird an den häufigen päpstlichen Besuchen und kirchlichen Zusammenkünften in seinen Räumen ablesbar. Die kurz vor dem Jahre 1000 geweihte, romanische Kirche erfuhr in den folgenden Jahrhunderten mehrfach Erneuerungen und Umgestaltungen. Aus gotischer Zeit stammen der polygonale Chor und der im 13. Jh. über einem etruskischen Grab entstandene, zwölfeckige Turmunterbau, den man 1463–1468 zu einem schlanken Turm mit Spitzhelm ergänzte. Im 16. Jh. konzentrierten sich die Arbeiten auf den Innenraum, der unter der Leitung des perusinischen Architekten Valentino Martelli vollständig ausgeschmückt wurde. Die einen Hof umschließende Vorhalle entstand 1614 ebenfalls nach seinen Entwürfen in bewußter Anlehnung an die Bogenarchitektur der in Sichtweite befindlichen Porta San Pietro. Tritt man vor die Kirche selbst, dann erkennt man links des skulptierten Renaissanceportals Relikte der romanischen Kirche in Form zweier Blendbögen, deren Rückwand Fresken aus dem 14./15. Jh. bedecken. Das Lünettenfresko ("Madonna mit Kind und Engeln") stammt vermutlich von Giannicola di Paolo.

**Inneres

In stärkstem Kontrast zum schlichten Äußeren steht die prachtvolle Ausstattung, die dem Betrachter im Innern der Kirche entgegentritt und aufgrund ihrer Fülle nur in einer Auswahl vorgestellt werden kann. Beeindruckend ist, wie sich hier unterschiedlichste Stile und Epochen zusammenfinden. Das architektonische Gerüst bildet ein basilikales, im Mittelschiff flachgedecktes Langhaus, das dem Schema der frühchristlichen römischen Basiliken folgt und den Schluß nahelegt, daß die erste Kirche diese Disposition vorgab. Die antiken Säulen aus Marmor und Granit tragen rundbogige Arkaden, über denen die Obergadenwand aufsteigt. Blickfang sind hier die zehn großformatigen Gemälde in Goldrahmung, die ebenso wie das monumentale Bild über der Eingangswand ("Apotheose des Benediktinerordens") in den 90er Jahren des 16. Jh.s Antonio Vassilacchi, genannt Aliense, anfertigte. In effektvoller Hell-Dunkel-Malerei, die seine venezianische Herkunft verrät, werden vor dem Hintergrund je einer alttestamentarischen Episode Szenen aus dem Leben Christi geschildert. Die Wandflächen und Gewölbe der Kirche überzieht ein manieristisches

San Pietro, Inneres (Forts.)

Freskenprogramm, das etwa gleichzeitig mit den Obergadengemälden unter Beteiligung mehrerer Künstler entstand. Die geschnitzte und vergoldete Kassettendecke hat Benedetto di Giovanni da Montepulciano 1556 eingezogen.
Der lichtdurchflutete Chor ist eine außergewöhnliche Mischung aus gotischer Architektur und manieristischer Ausstattung. Einzigartig in Umbrien ist das zweireihige Chorgestühl, das Bernardino Antonibi aus Perugia in Zusammenarbeit mit Niccolò di Stefano aus Bologna 1526 begonnen und Stefano Zambelli und seine Werkstatt 1591 vollendet haben. Der Hauptaltar unter dem Baldachin stammt von Valentino Martelli (1592), das Ziborium ist ein Werk von Sante Ghetti (1627). Im Chor führt eine Tür hinaus auf einen Balkon mit herrlicher Sicht auf die Valle Umbra. Unbedingt empfehlenswert ist auch die Besichtigung der Sakristei, die ebenfalls in der zweiten Hälfte des 16. Jh.s vollständig ausfreskiert wurde. An der Eingangswand befinden sich fünf Tafeln von Perugino mit Heiligenfiguren aus dem Jahr 1496, die zum Altar der Himmelfahrt Mariens (im Museum von Lille) gehörten. Die zahlreichen Gemälde des 16. und 17. Jh.s in den Seitenschiffen und in die Kapellen werden im beiliegenden Grundrißplan einzeln aufgeführt.
Die Klostergebäude von San Pietro sind nicht zugänglich.

Perugia
San Pietro

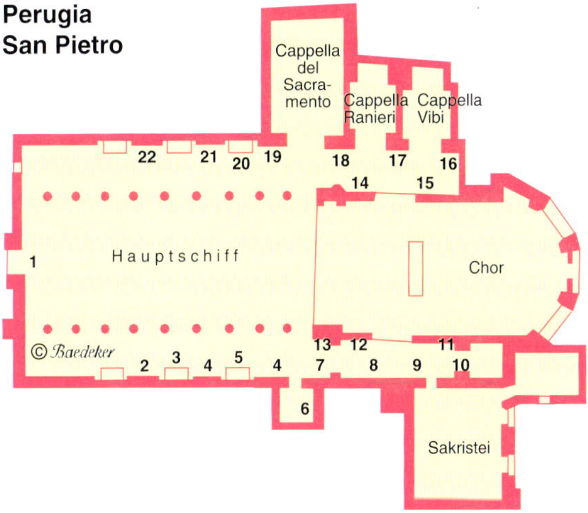

GEMÄLDE

1 Apotheose des Benediktinerordens von Aliense
2 Das Wunder der Säule, von Giacinto Geminiani (1679)
3 Hl. Maurus erweckt e. Toten, von Cesare Sermei (1648)
4 Altarbilder von Ventura Salimbeni (um 1600)
5 Altar mit Tafeln von Eusebio da San Giorgio
6 Josephskapelle
7 Altarbild von François Perrier, 1. H. 17. Jh.
8 Hl. Sippe von Bonifacio Veronese (?); seitliche Tafeln Perugino-Kopien von Sassoferrato (17. Jh.)
9 Auferstehung von Orazio Alfani (1553)
10 Hl. Flavia, hl. Apollonia und hl. Katharina von Sassoferrato (17. Jh.)
11,12 Muttergottes und Johannes der Täufer von Giovan Domenico Cerrini (17. Jh.)
13 Pietà, Nachfolge Sebastiano del Piombo
14,15 Hl. Petrus und hl. Paulus von Guercino, 1. H. 17. Jh.
16 Pietà mit Heiligen von Bartolomeo Caporali (1469)
17 Grablegung, Kopie von Sassoferrato
18 Judith von Sassoferrato
19 Anbetung der Könige von Eusebio da San Giorgio (1508)
20 Mariä Himmelfahrt von Domenico Alfani
21 Verkündigung von Sassoferrato
22 Pietà von Perugino (1523)

Außerhalb der Altstadt

* Grab der Volumnier (Ipogeo dei Volumni)

Lage und Bedeutung

Das Grab der Volumnier, einer etruskischen Adelsfamilie, ist ein weiteres, eindrucksvolles Zeugnis der etruskischen Vergangenheit Perugias. Es liegt etwa 7 km südlich des Zentrums, im Stadtteil Ponte San Giovanni, an der

Grab der Volumnier (Fortsetzung)

alten Landstraße nach Assisi (Via Assisiana; etwas versteckt in der Kurve vor der Bahnschranke; geöffnet Mo.–Sa. 9.30–12.30 und 15.00–17.00 Uhr, Juli/Aug. 16.30–18.30 Uhr, So./Fei. 9.30–12.30 Uhr).

Besichtigung

Das in den 40er Jahren des 19. Jh.s entdeckte, unterirdische Grab stammt vermutlich aus der Mitte des 2. vorchristlichen Jahrhunderts und gehörte zu der großen Palazzone-Nekropole, die aus rund 40 Gräbern bestand. Urnen aus dieser Nekropole sind in dem Kassenhäuschen aufgestellt, das über dem Grab errichtet wurde. Die meisten sind aus Travertin, haben einen giebelartigen Deckel und sind an der Vorderseite mit Reliefs verziert. 29 Stufen führen hinab in das eigentliche, in den Tuff gehauene Grab (Hypogäum), das wie ein römisches Haus angelegt ist: Man betritt zunächst eine zentrale Vorhalle (im römischen Haus das Atrium), von der auf beiden Seiten kleine Grabkammern abgehen, die im römischen Wohnhaus den Schlafräumen entsprechen. Gegenüber dem Treppenabgang öffnet sich der Hauptraum, der dem Tablium (dem repräsentativen Aufenthaltsraum) im römischen Wohnhaus entspricht und von einer Kassettendecke überwölbt wird. Hier stehen die sieben großen Urnen von Mitgliedern der Volumnier-Familie, die aus sarkophagähnlichen Steinblöcken (Travertin oder Marmor) bestehen, auf denen die Verstorbenen liegend auf einer antiken Kline wiedergegeben sind. Wie bei den Wandmalereien der etruskischen Gräber in Orvieto werden die Toten auch hier bei einem Festmahl gezeigt. Bei den Frauenköpfen an der Vorderseite der Urnen handelt es sich vermutlich um Medusenhäupter. Der Erbauer der Grabanlage, Arnth Velimna, ist in der Urne an der Stirnwand beigesetzt. Besondere Beachtung verdienen die beiden geflügelten, fackeltragenden Sitzfiguren unter ihm, die die etruskische Plastik auf ihrem höchsten Niveau repräsentieren. Es handelt sich um weibliche Dämonen, die den Toten bewachen (man beachte den gespannten Gesichtsausdruck) und begleiten und als solche den Prototyp für die Todesengel in der christlichen Kunst abgaben.
Die tempelförmige Marmorurne an der linken Wand gehört Publius Volumnius, dem Enkel von Arnth Velimna, der zwischen 50 und 40 v. Chr. als letz-

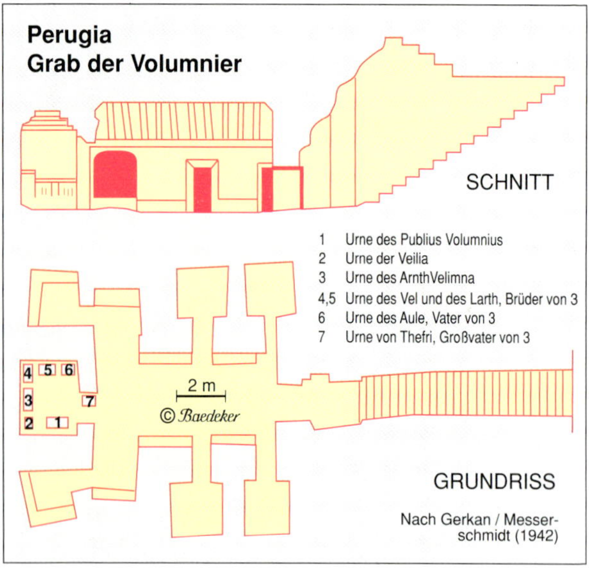

In der Nekropole, zu der das Grab der Volumnier gehört, wurden die Toten in steinernen, reich verzierten Urnen beigesetzt

Grab der Volumnier (Fortsetzung)

ter hier bestattet wurde. In den anderen Kammern befanden sich keine Urnen. Nach dem Perusinischen Krieg (40 v. Chr.) gab man die Nekropole auf, weil sie außerhalb der Dreimeilenzone lag, die Octavian der Stadt zugestanden hatte.

Vergnügungspark Cittá della Domenica (geöffnet Ostern – Oktober)

Der Vergnügungspark liegt im Nordwesten der Stadt auf einem Hügel. Man erreicht ihn über die 'SS 75 bis' in Richtung ⟶ Lago Trasimeno, Ausfahrt Ferro di Cavallo Olmo. Das 200 ha große Gelände bietet vor allem Unterhaltung und Aktivitäten für Kinder, u. a. wurden Märchenkulissen wie z. B. Schneewittchens Haus, das Dornröschenschloß oder Pinocchios Dorf nachgebaut, aber auch eine Wildwest-Szenerie mit Bahnhof und Überfall auf einen Zug begeistern die Kleinen und die Großen.

San Gemini — E 10

Provinz: Terni
Höhe: 337 m ü. d. M.
Einwohnerzahl: 4400

Lage und *Allgemeines

San Gemini liegt sowohl von Narni wie auch von Terni etwa 10 km entfernt, oberhalb der alten Römerstraße Via Flaminia. Einen Aufschwung verzeichnete der beschauliche Ort durch die Mineralquellen, die hier zutage traten und San Gemini als Kurort auch über Umbriens Grenzen hinaus bekannt machten.

Feste und Veranstaltungen

An die kriegerischen Auseinandersetzungen im späten Mittelalter erinnert heute noch die Ende September bis Mitte Oktober stattfindende 'Giostra dell'Arme', bei der die beiden alten Stadtviertel Rocca und Piazza im Wett-

Feste und Veranstaltungen (Fortsetzung)

kampf gegeneinander antreten. Während dieser Tage finden auf den Plätzen des Städtchens Aufführungen in mittelalterlichen Kostümen statt, Konzerte werden veranstaltet und ortstypische Tavernen verwöhnen mit umbrischen Spezialitäten.

Geschichte

Man vermutet, daß die Geschichte der Siedlung im ausgehenden 8. Jh. begann, als ein Mönch namens Gemine hier ein Kloster gründete. Im 12. Jh. lag San Gemini auf der Grenzlinie zwischen dem langobardischen Herzogtum Spoleto und den byzantinischen Besitzungen. Die papsttreue Stadt wurde 1241 von Friedrich II. verwüstet und anschließend mühsam wiederaufgebaut. Im Jahre 1590 erhob Sixtus V. San Gemini, das von wechselnden Feudalherren regiert wurde, in den Rang einer Stadt. 1813 erwarb der Bildhauer Antonio Canova in San Gemini ein Landgut und einen Palast an der Piazza San Francesco und ließ sich hier nieder.

Sehenswertes

Am gleichnamigen Platz erhebt sich die im ortstypischen Gestein erbaute Kirche San Francesco mit einem gotischen Portal. Gegenüber der Kirche steht der moderne Palazzo Comunale, links daneben ragt der Palast auf, in dem einst Canova residierte. Auf der rechten Seite des Palazzo Comunale blieb die Porta di Borgo aus dem 12. Jh. erhalten, durch die man den mittelalterlichen Stadtkern betritt. Auf der Casventino gelangt man zur zentralen Piazza mit dem Palazzo del Capitano del Popolo, einem der wenigen Kommunalpaläste aus dem 12. Jahrhundert. Rechts daneben die geschleifte und mit einem Glockenstuhl des 18. Jh.s versehene Torre Esperia. Einen reichen Freskenschmuck weist die ebenfalls am Platz befindliche Kirche San Carlo auf (auch als Santa Maria de Incertis bekannt). Am Ende der Via Casventino stößt man auf die Kirche San Giovanni Battista mit ihrer romanischen Fassade. Südlich außerhalb steht die ehemalige Abteikirche San Nicolò, die sich heute in Privatbesitz befindet. Ihre außergewöhnlich reich skulptierte Portalrahmung ist eine Kopie; das Original wanderte 1934 ins Metropolitan Museum nach New York.

Kuranlagen

Die Kuranlagen San Gemini Fonte (Parco delle Fonti) liegen 1 km nördlich außerhalb des Städtchens an der 'SS 3 bis'.

*Ruinen der Römerstadt Carsulae

Geschichte

2 km nördlich außerhalb von San Gemini sollte man der römischen Ruinenstadt Carsulae einen Besuch abstatten. Die um 200 v.Chr. an der alten Via Flaminia gegründete Siedlung war während der frühen Kaiserzeit ein blühendes Städtchen, verlor aber an Bedeutung, als man die neue Route der Via Flaminia (Via Flaminia Nova) weiter nach Osten verlegte (s. Karte S. 26). Während der Völkerwanderung verließen die letzten Bewohner die im Verfall begriffene, schutzlose Stadt und ließen sich in höher gelegenen Ortschaften in der Umgebung, u. a. in Cesi, nieder. Ein Erdbeben zerstörte die Stadt; ihre Ruinen wurden lange Zeit als Steinbruch genutzt. Im Mittelalter ließen sich zeitweise Mönche in den verfallenen Gemäuern nieder.

Rundgang

Von San Gemini Fonte kommend, erblickt man rechts der Straße das Amphitheater und einige andere Gebäude und links der Straße das Gelände des antiken Forums, das von der gepflasterten Via Flaminia durchmessen wird. Noch vor dem eigentlichen Forum steht die Kirche San Damiano, die im 11. Jh. über einem römischen Gebäude errichtet wurde, von dem an der rechten Außenwand noch Ziegelmauerwerk zu erkennen ist. Hinter der Kirche und einem weiteren Gebäude lassen sich die Mauerreste der dreischiffigen Forumsbasilika ausmachen. Ihr gegenüber, auf der anderen Seite der Via Flaminia, führen 13 Stufen zum südlichen Tetrapylos, einem kleinen Bogen auf vier Pfeilern, hinauf, dem ein Pendant an der Nordseite des Forums entspricht. Die beiden Zwillingstempel, ursprünglich marmorverkleidet, standen auf hohen Sockeln. An der Nordseite wurde das Forum von weiteren öffentlichen Gebäuden gefaßt, die durch einen gepflasterten 'Gehsteig' verbunden waren.

Ruinen der Römerstadt Carsulae (Fortsetzung)

Das ovale Amphitheater hat die stolzen Ausmaße von 86x62 m. In seiner Längsachse liegt ein weiteres halbrundes Theater mit Nebenräumen. Für den Bau ihrer Zuschauerränge nutzten die Römer die natürliche Senkung des Terrains. Nördlich des Amphitheaters lag die 46 m lange und 11 m breite Zisterne von Carsulae.
Folgt man der Via Flaminia, dann erreicht man das nördliche Stadttor, den Arco di San Damiano oder auch Arco di Traiano. Von den ursprünglich drei Bogen ist nur der mittlere ganz geblieben. Seine großen Hausteine wurden ohne Mörtel übereinandergesetzt.
Jenseits der Stadtgrenze lag die Nekropole, von der zwei Gräber ein Bild vermitteln. Der kleinere Grabbau mit Kegeldach wurde anhand der gefundenen Bauteile rekonstruiert, den größeren schmückt ein beachtenswerter Metopen- und Triglyphenfries.

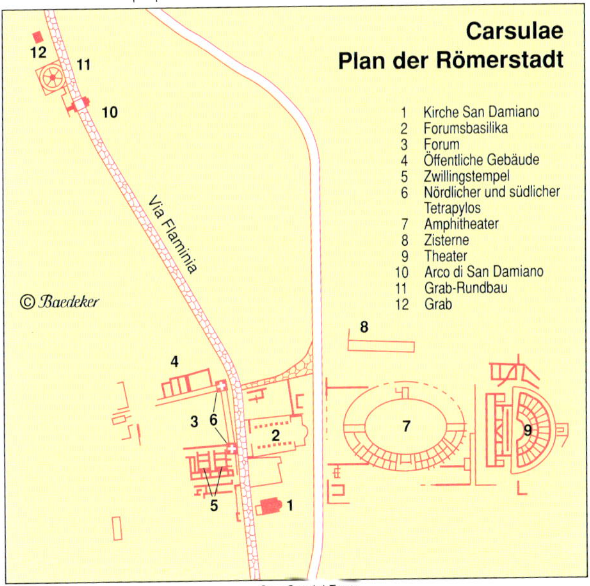

Cesi

Etwa 5 km südöstlich von Carsulae schmiegt sich das kleine Dorf Cesi an einen Ausläufer des Monte Torre Maggiore. Schon im 6. Jh. v. Chr. haben Siedler, vermutlich Umbrer, den Ort mit einer Mauer befestigt, von der Reste erhalten blieben. Die an der Mauer errichtete Kirche Sant' Angelo ist vom Verfall bedroht. Einen Blick lohnt die Pfarrkirche Santa Maria wegen der "Madonna mit Kind und Heiligen" eines Meisters aus Cesi (1380).

Sant' Erasmo

Oberhalb des Ortes erblickt man das Kirchlein Sant' Erasmo, ein schlichtes, im 12. Jh. als Klosterkirche eines Benediktinerkonvents entstandenes Gotteshaus.

Santa Maria degli Angeli

→ Assisi, Umgebung

Spello **F 8**

Provinz: Perugia
Höhe: 280 m ü. d. M.
Einwohnerzahl: 8000

**Lage und Allgemeines

An Spello nicht vorbeizukommen, ist schon beinahe ein Kunststück, denn die Stadt liegt unmittelbar an der größten Verkehrsachse Umbriens, der Autostrada SS 75 zwischen Perugia und Foligno. Die Nähe zu dieser stark befahrenen Straße ist vielleicht ein kleiner Minuspunkt, ansonsten hat Spello aber alles zu bieten, was man von einer umbrischen Stadt erwartet. Ebenso wie Assisi ist auch Spello aus dem hellen, freundlichen Stein des Monte Subasio erbaut, an dessen südlichem Ausläufer die Stadt emporklettert. Das alte Zentrum wird geschützt von einem römischen Mauerring und wuchtigen Eingangstoren. Dahinter liegt ein intaktes und ausgesprochen hübsches Mittelalterstädtchen mit einem steil ansteigenden Corso und verträumten Seitengassen, die immer wieder den Blick auf das Tal zu seinen Füßen freigeben.
Zu den Kunstschätzen von Spello zählen neben zahlreichen kleinen Kirchen und Kapellen die Chiesa Santa Maria Maggiore, in der Pinturicchio, ein Schüler des berühmten Perugino (beide → Berühmte Persönlichkeiten), das bedeutendste Werk in seiner Heimatstadt geschaffen hat.

Spello blickt von einem Hügelgrat des Monte Subasio auf die Ebene der Valle Umbra

Feste und Veranstaltungen

Das klassische italienische Frühlingsfest, die 'Infiorata del Corpus Domini' (Blumenfest), verwandelt auch die Gassen in Spello in ein duftendes, farbenprächtiges Blütenmeer.

Geschichte

Die Römer machten die umbrische Siedlung zu einem Munizipium und nannten es Hispellum. Die Römerstadt war mit einer hohen Mauer und mehreren mächtigen Toren befestigt. Als römische Kolonie verlieh der Kaiser Spello den Titel “Splendidissima Colonia Julia” (Inschrift am Haupttor) und stattete es großzügig mit Territorium aus. Auf diese Weise kam das Quellgebiet des Clitumnus zu Spello. Die sagenumwobene Quelle war schon in der Antike ein geheiligter Ort, der von Plinius und Vergil gepriesen wurde. Kaiser Konstantin benannte die Stadt nach dem Geschlecht der Flavier (Gens Flavia) Flavia Constans und machte Spello zur Austragungsstätte der Opferdarbringungen und religiösen Feierlichkeiten, die bis dahin beim Fanum Voltumnae bei Orvieto abgehalten wurden. Im frühen Mittelalter wurde Spello, ebenso wie die anderen Städte in dieser Gegend, von dem Langobardenherzog Faroald für den Dukat von Spoleto eingenommen, dessen Gebiete später an den Kirchenstaat übergingen. Kaiser Friedrich II. ließ die rebellische Stadt im Jahr 1240 verwüsten. Bereits seit 1130, als der Bischofssitz nach Spoleto verlegt worden war, gab es keinen kirchlichen oder weltlichen Stadtherrn mehr – Spello hatte den Status einer freien Kommune. Von den blutigen Auseinandersetzungen mit den Städten Assisi und Foligno aufgerieben, suchte es im 14. Jh. Schutz bei Perugia, das fortan die Geschicke der Stadt bestimmte. Im Jahre 1583 fiel Spello auf Betreiben Gregors XIII. an den Kirchenstaat.

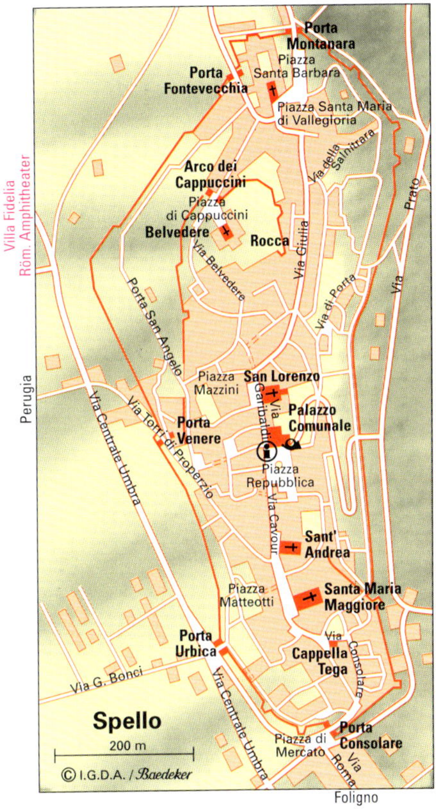

Sehenswertes

Porta Urbica, Stadtmauer

Die römische Vergangenheit von Spello ist an einigen Stellen in der Stadt gegenwärtig, u. a. auch an der Porta Urbica an der Via Centrale, wo nicht nur das Stadttor, sondern auch die Stadtmauern aus römischer Zeit bestens erhalten sind.

*Porta Consolare

Der Haupteingang in die Stadt war und ist die römische Porta Consolare, die einige Meter unter dem heutigen Bodenniveau liegt. Zwischen der Stadt- und der Feldseite des mächtigen Tors liegt ein kleiner Hof, cavaedium genannt. Die drei antiken Statuen wurden im 16. Jh. beim Amphitheater gefunden und hier angebracht. In den Sommermonaten ist der Platz bei der Porta (Piazza del Mercato) ein beliebter Treffpunkt – nicht zuletzt wegen der dortigen Eiscafés.
Hinter der Porta Consolare beginnt die malerische Altstadt von Spello, die auf dem schmalen Bergrücken nur wenig Platz hat.

Cappella Tega

Die Cappella Tega liegt am oberen Ende einer schmalen Gasse, die gleich hinter dem römischen Stadttor links abgeht. Auch wenn die kleine Kapelle nicht geöffnet ist, erkennt man durch die Glasscheiben die frisch restau-

Cappella Tega (Fortsetzung)

rierten Fresken aus dem Jahre 1461, die zu den frühen Werken des aus Foligno gebürtigen Renaissancemalers Nicolò Alunno zählen.

*Santa Maria Maggiore

Allgemeines

Wenige Meter weiter oben weitet sich der Corso zur Piazza Matteotti, wo rechter Hand die Chiesa Santa Maria Maggiore zu einem Besuch einlädt. Die 1285 fertiggestellte Kirche besaß ursprünglich einen Portikus, der jedoch entfiel, als man im Jahre 1644 die Fassade um etwa 9 m nach vorne verlegte. Die reliefgeschmückten romanischen Türpfosten, angeblich Arbeiten der in Bevagna nachgewiesenen Baumeister Binello und Rudolfo, wurden in das neue Barockportal integriert. Vor dem romanischen Campanile (Eckzinnen und Spitzhelm aus dem 16. Jh.) links neben der Kirche stehen zwei Marmorsäulen eines nicht mehr existenten römischen Bauwerks. Das Innere der einschiffigen Kirche erhielt sein heutiges Gesicht durch die barocken Umbaumaßnahmen in der zweiten Hälfte des 17. Jh.s.

"Anbetung des Jesuskindes", das Hauptbild der Cappella Baglioni in der Kirche Santa Maria Maggiore. Zahlreiche kleine Nebenszenen mit naturalistischen Details führen den Blick in die Tiefe des Bildraums.

**Cappella Baglioni

Der bedeutendste Kunstschatz der Kirche ist die sogenannte Cappella Baglioni, auch 'Capella Bella' (Schöne Kapelle) genannt, die sich an der linken Langhauswand öffnet. Troilo Baglioni, Prior von Santa Maria Maggiore, beauftragte im Jahre 1500 den aus Perugia gebürtigen Maler Bernardo di Betto, genannt Pinturicchio (→ Berühmte Persönlichkeiten) mit der Ausmalung dieser Kapelle. Der ehemalige Schüler des berühmten Perugino war ein paar Jahre zuvor wieder in seine Heimatstadt zurückgekehrt, nachdem ihn lange Zeit Aufträge am päpstlichen Hof in Rom festgehalten hatten. Bei der Ausführung der Cappella Baglioni standen ihm Giovanni Battista Caporali und möglicherweise auch Eusebio da San Giorgio zur Seite. Die annähernd quadratische Kapelle ist vollständig ausgemalt.

Santa Maria Maggiore, Cappella Baglioni (Fortsetzung)

Ausgehend von der realen Raumsituation wird dem Betrachter der Ausblick durch drei rundbogige Öffnungen suggeriert, in die drei Wandgemälde eingepaßt sind. Auf der linken Seite erkennt man die "Verkündigung an Maria", die Pinturicchio in eine prächtige, weit in die Bildtiefe hineinreichende Renaissancearchitektur stellt. An der Wand rechts von Maria hängt selbstbewußt das Selbstbildnis des Malers, darunter steht zu lesen: "Bernardinus Pictoricius Perusinus" (Bernardinus, Maler aus Perugia). Daneben die "Anbetung des Jesuskindes", die den Betrachter mit ihrer ausdrucksstarken Farbigkeit und der detailbesessenen Erzählfreude fesselt, im zusammenhangslosen Nebeneinander räumlich und zeitlich auseinanderliegender Episoden aber altertümlich wirkt. Ungewöhnlich für Pinturicchio sind die realistischen Gesichtszüge bei den Hirten, die man auf niederländische Einflüsse zurückführt. Das Vorbild Perugino ist dagegen sehr deutlich in der zentralperspektivischen Komposition an der rechten Wand spürbar ("Christus unter den Schriftgelehrten"). Am linken Bildrand ist der schwarz gekleidete Stifter, Troilo Baglioni, verewigt.
Den Boden der Kapelle bedeckt ein herrlicher Majolikafußboden, dessen Fließen 1566 in Deruta hergestellt wurden – nicht für die Baglioni-Kapelle – dorthin kam er erst im 19. Jh. – , sondern vermutlich für die 1478 erbaute Sakramentskapelle links der Chorapsis.
In dieser Kapelle und im anschließenden 'Coretto dei Canonici', dem Kanonikerchörlein, hat Pinturicchio noch zwei Wandgemälde gemalt ("Engel" und "Madonna mit Kind", letzteres stark überarbeitet). Die Pfeiler links und rechts des Chores bedecken zwei Fresken seines Lehrers Perugino ("Pietà" und "Mutter Gottes mit Heiligen"), die dieser 1521 ausführte. Die Sandstein-Kanzel an der linken Langhauswand ist eine Arbeit von Simone da Campione (1545).

Palazzo dei Canonici, Pinacoteca

Das links an die Kirche anschließende Gebäude ist der ehemalige Kanonikerpalast, heute Sitz der Städtischen Pinakothek (geöffnet Di.–So. März bis Juni und Okt. 10.00–13.00 und 15.30–18.30, Juli–Sept. 10.00 bis 13.00 und 16.00–19.00, Nov.–Feb. 10.00–13.00 und 15.00–18.00 Uhr). Altarbilder, Skulpturen und Fresken aus den Kirchen in und um Spello wurden hier zu einer Sammlung zusammengetragen.

Sant' Andrea

Daß der Dekorationskünstler Pinturicchio auch die Tafelmalerei beherrschte, erfährt man in der Kirche Sant' Andrea am oberen Ende der Piazza Matteotti. Im rechten Querarm des mehrfach umgebauten Gotteshauses aus dem 13. Jh. tritt man vor das großformatige Gemälde "Madonna mit Kind und Heiligen", das 1508 in Pinturicchios Werkstatt entstand. Besondere Aufmerksamkeit verdient der Schemel vor der Figur des Johannes, auf dem zwei an den Künstler gerichtete Briefe des Bischofs von Orvieto liegen. Über dem Altar hängt ein qualitätvolles Kruzifix mit dem hl. Franziskus (um 1290).

Porta Venere

Durch die von der Piazza Matteotti wegführende Via Torri di Properzio kommt man zu einem weiteren römischen Stadttor, der Porta Venere. Sie besteht aus zwei Toren mit jeweils drei Bögen, die von zwei hohen Türmen flankiert werden. Mit der südlicher liegenden Porta Urbica war diese Toranlage durch einen unterirdischen Gang verbunden.

Piazza della Repubblica, Palazzo Comunale

Über schmale Seitengassen geht es wieder zurück auf die Hauptachse der Stadt, die oberhalb der Piazza Matteotti Via Cavour heißt. An der Piazza della Repubblica, die über dem römischen Forum angelegt wurde, kann man eine kleine Verschnaufpause einlegen. Ausgerechnet hier ließ man es zu, daß ein wenig schöner Neubau das ansonsten sehr intakte Ortsbild stört. Beim 1270 vollendeten Palazzo Comunale ist der Typus des mittelitalienischen Stadtpalastes mit der gewölbten Erdgeschoßhalle und einer seitlichen Freitreppe auf die schlichteste Form reduziert.

San Lorenzo

An der Piazza della Repubblica geht die Via Cavour in die Via Garibaldi über. Bei schönem Wetter empfiehlt sich der Besuch der Gelateria (rechte

San Lorenzo (Fortsetzung)

Straßenseite), von deren Gartenterrasse man einen wunderbaren Blick auf die 'Rückseite' von Spello – von Olivenhainen bedeckte Hügel – genießt. Am Largo Mazzini steht die Kirche San Lorenzo, die 1120 über den Resten der Vorgängerkirche (Sant' Ercolano) aus dem Jahre 560 errichtet wurde. Interessant ist ihre Fassade aus dem Jahre 1540, an der antike Spolien und Teile der romanischen Kirche verwendet wurden. Das Innere der Kirche präsentiert sich barock (17. Jh.). In der ersten Kapelle rechts ist ein Geschenk des hl. Bernhardin von Siena, der 1438 in der Kirche eine Fastenpredigt hielt und bei dieser Gelegenheit die versammelten Männer und Frauen durch einen Vorhang trennte.

*Belvedere

Die Via Torre del Belvedere ist der direkteste Weg hinauf zur Aussichtsterrasse 'Belvedere' – sie gewährt einen herrlichen Blick auf die Valle Umbra mit den Hügelstädten auf den gegenüberliegenden Höhenzügen.

Rocca

Oberhalb des Belvedere blieben von der ehemaligen Rocca, die Kardinal Albornoz erbauen ließ, noch Mauerreste und ein zinnenbekrönter Turm übrig. Den hier niedergelassenen Kapuzinermönchen verdankt der aus Hausteinen errichtete Arco dei Cappuccini (Kapuzinerbogen) seinen Namen, obwohl es sich um die Reste eines weiteren Stadttores aus römischer Zeit handelt.

Santa Maria di Vallegloria

Auf der Via dei Cappuccini erreicht man die Piazza di Vallegloria mit der gleichnamigen Kirche. Noch sehr spät, im beginnenden 14. Jh., griffen die Baumeister auf die Formen der romanischen Tafelfassade umbrischer Prägung zurück. Das in der Kirche aufbewahrte spoletinische Holzkruzifix (um 1225) kann man nur zu Gottesdienstzeiten bewundern.

Umgebung von Spello

San Claudio, Amphitheater

Verläßt man Spello in nordwestliche Richtung auf der Via Centrale (Landstraße nach Assisi), dann kommt man nach ca. 1 km an dem romanischen Kirchlein San Claudio vorbei (im Innern, das nur auf Anfrage beim Pfarrer von San Lorenzo besichtigt werden kann, Fresken des 14. und 15. Jh.s). Gegenüber von San Claudio, von der Straße aus leicht zu übersehen, die Mauerreste des römischen Amphitheaters.

Villa Fidelia

Etwa ein Kilometer hinter San Claudio liegt inmitten einer terrassenartigen Gartenanlage am Hang, umgeben von hohen alten Bäumen die Villa Fidelia (geöffnet April – Sept. Do. – So. 10.30 – 13.00, 15.00 – 18.00 bzw. Juli/Aug. 16.00 – 19.00, Okt. – März Sa. und So. 10.30 – 13.00 und 14.30 – 17.30 Uhr). Hausherr war eine zeitlang der aus Foligno gebürtige Giuseppe Piermarini, berühmt geworden als Architekt der Mailänder Scala. Heute ist in der Villa eine kleine Kunstsammlung zu besichtigen.

Chiesa Tonda

Die kleine, überkuppelte Zentralkirche, die man kurz hinter der Villa Fidelia zwischen der Landstraße nach Assisi und der Autostrada erblickt, ist leider in einem trostlosen Zustand und darf wegen Einsturzgefahr nicht betreten werden.

Cannara

Knapp 10 km westlich von Spello, in der Talebene des Valle Umbra liegt am linken Ufer des Topino der kleine Ort Cannara (191 m ü. d. M.; 3691 Einw.). Seine Gründung verdankt er den Bewohnern der benachbarten antiken Siedlung Urvinum Hortense (s. u.), die sich auf der Suche nach fruchtbaren Böden am Flußufer niedergelassen hatten. Den heutigen Namen erhielt Cannara etwa im 12. Jh. wegen dem dort sehr dichten Schilfrohr (ital.: canna). Im Mittelalter wechselte es häufig seinen Besitzer und wurde von Perugia, Assisi und der Kirche umkämpft.

Sehenswertes

Die Kirche San Francesco bewahrt ein Gemälde von Nicolò Alunno ("Madonna mit Johannes dem Täufer und hl. Sebastian") und die Pfarrkir-

Sehenswertes (Fortsetzung)

che San Matteo besitzt neben einem kleinen Tabernakel aus dem 15. Jh. ein Triptychon desselben Malers, auf dessen Mitteltafel eine stillende Madonna dargestellt ist. Vor noch nicht allzu langer Zeit knieten hier noch die Wöchnerinnen nieder, um für ausreichend Milch für ihre Säuglinge zu bitten. In der Kirche Buona Morte soll der hl. Franziskus der Legende nach den Dritten Orden gegründet haben, indem er dem Seligen Lucio Modestini die Franziskanerkutte überreichte.
Im Palazzo Comunale (Rathaus) kann man die (abgelösten) Fresken aus der Kirche Santa Maria della Fontanella und Funde aus dem antiken Urvinum Hortense bewundern.

Urvinum Hortense

Die baulichen Überreste der oberhalb der Talebene gelegenen Römersiedlung entdeckt man etwa 6 km westlich von Cannara bei dem Dorf Collemancio (etwa 300 m nördlich von Collemancio bei der romanischen Kirche S. Maria della Fontanella). Zu sehen sind noch Teile einer Thermenanlage (das dort gefundene Mosaik wurde nach Rom ins Museo Nazionale Romano verbracht) und die Substruktionen eines Tempels aus republikanischer Zeit.

Dicht zusammengedrängte Steinhäuser hinter einer dicken Wehrmauer: Collepino ist ein typisches Bergdorf am Hang des Monte Subasio

***Collepino**

Unbedingt zu empfehlen ist der Ausflug hinauf in das kleine, 600 m hoch gelegene Collepino, 6 km nordöstlich von Spello. Man verläßt Spello oberhalb der Piazza Vallegloria durch die Porta Montanara, hinter der Olivenhaine die schmale Straße säumen. Bis heute hat sich der befestigte kleine Borgo mit den niederen Häusern aus Haustein, kopfsteingepflasterten Gassen und schönen Ausblicken auf die umliegenden Hügel den Charakter eines rauhen, aber freundlichen Bergdorfes bewahrt. Hinter Collepino beginnt die landschaftlich außerordentlich reizvolle Panoramastraße zum Monte Subasio und von dort wieder hinunter nach Assisi.

Monte Subasio

→ Assisi, Umgebung

Spoleto

F 9

Provinz: Perugia
Höhe: 396 m ü. d. M.
Einwohnerzahl: 37700

Allgemeines und **Bedeutung

Spoleto war in der Vergangenheit eine der mächtigsten Städte in Umbrien, unter anderem lange Zeit Hauptstadt und Mittelpunkt des langobardischen Herzogtums. Vor den Langobarden war es die durch das enge Tessino-Tal verlaufende römische Via Flaminia, die Spoleto eine wichtige Kontrollfunktion zumaß; nach den Langobarden und ihren Nachfolgern, den Franken, fungierte Spoletos mächtige Rocca als Sitz der päpstlichen Gouverneure. Die politische Bedeutung von damals hat Spoleto heute nicht mehr und trotz seiner Fülle an Kunstschätzen und der herrlichen, waldreichen Umgebung gehört es nicht zur allerersten Garde der Kulturreiseziele in Umbrien – sehr zur Freude derer, die sich vom eigenwilligen Charme der Stadt angezogen fühlen. Nur im Juni und Juli, wenn das alljährlich stattfindende Festival dei Due Mondi (s.u.) Gäste aus aller Welt nach Spoleto zieht, verwandelt es sich in einen internationalen Szene-Treff. Wenn die Festivalbesucher abreisen, wird Spoleto wieder zu einer Provinzstadt, der man fast nur an der Vielzahl feinster Geschäfte – von Delikatessen über Mode bis zu Kunsthandwerk – anmerkt, daß hier die große weite Welt zu Gast war. Das Spoleto jenseits des Festivals gilt es zu entdecken, denn es offenbart seine Schönheiten nicht so schnell wie viele andere umbrische Städte. Johann Gottfried Seume, ein Reiseschriftsteller des frühen 19. Jh.s, blieben sie offenkundig verborgen, als er 1802 nach einem Besuch Spoletos schrieb, die Stadt sei ein “dunkles, häßliches, jämmerliches Loch”. Dem gegenüber steht die Begeisterung vieler anderer wie beispielsweise der Gelehrte Ferdinand Gregorovius (1821–1891), der beim Anblick Spoletos in romantische Begeisterung ausbrach.

Wirtschaft

Tourismus und Kultur sind die beiden jüngsten, aber auch die zukunftsweisenden Branchen der städtischen Wirtschaft. Die Verarbeitung der landwirtschaftlichen Produkte aus der Umgebung (Olivenöl) spielt traditionell eine wichtige Rolle. Dazu kommt eine bescheidene Textil- sowie verschiedene Betriebe der Metall- und Maschinenindustrie.

Festival dei Due Mondi

Musik und Theater haben eine lange Tradition in Spoleto – vielleicht ist das der Grund, warum der italienische Komponist Giancarlo Menotti 1958 ausgerechnet hier das ‘Festival dei Due Mondi’ (Festival der zwei Welten) ins Leben rief. Mittlerweile ist das Festival, das jedes Jahr zwischen der letzten Juni- und der zweiten Juliwoche stattfindet, zum renommiertesten Musik- und Theatertreffen Mittelitaliens avanciert. Die Spoletiner standen dem Projekt anfangs wohl eher skeptisch gegenüber, doch heute hat das Festival seinen Platz in der Kultur der Stadt, die von dem internationalen Rummel ja doch auch profitiert. Der in Amerika lebende Menotti wollte mit dem Festival ein Forum für den kulturellen Austausch zwischen der alten Welt, die seine kulturelle Heimat ist, und der Neuen Welt schaffen – die internationale Beteiligung des alljährlichen Spektakels gibt ihm offenkundig recht. Vorgestellt werden die neuesten Produktionen aus allen Kunstgattungen, die mit der Bühne zu tun haben – von der Oper über Ballett, Konzerte, Prosa- und Tanztheater bis hin zum Film. Die ganze Stadt wird dann zur Bühne, denn die Veranstaltungen finden in den restaurierten Theatern von Spoleto oder auch unter freiem Himmel statt. Programmanfragen und Kartenvorbestellungen nehmen das Festivalbüro in Rom (Tel. 0039 63 21 02 88) und die Touristinformation in Spoleto entgegen.

Geschichte

Als die Römer im Jahre 241 Spoleto eroberten und die Kolonie Spoletium einrichteten, hatte diese Siedlung schon eine lange Geschichte hinter sich:

◀ *Ein Platz wie eine Theaterbühne: die Piazza vor dem Dom in Spoleto*

Geschichte (Fortsetzung)

Die Funde im Museo Civico belegen, daß bereits zur Bronzezeit hier Menschen lebten und die aus großen Steinen zusammengefügten Stadtmauern wurden höchstwahrscheinlich von Umbrern angelegt. Zu den ersten Taten der Römer gehörte offenbar die Erneuerung dieses Mauerrings, den sie später noch einmal ausbauten. Das Forum als das Zentrum der römischen Stadt befand sich dort, wo heute die Piazza del Mercato liegt, also in der Oberstadt von Spoleto. Wegen des unebenen Geländes konnten die Römer entgegen ihrer Gewohnheit kein regelmäßiges Straßennetz anlegen. Spoletium blieb auch dann eine treue Kolonie, als Rom an verschiedenen Fronten zu kämpfen hatte; Hannibal gelang es 217 nicht, die Stadt zu erobern. Im Jahre 90 v. Chr. wurden seine Bewohner dafür mit dem römischen Bürgerrecht belohnt. In der Spätantike entstanden außerhalb der Stadt, in der Nähe der Stadttore, fünf frühchristliche Kirchen, die heute die ältesten Gotteshäuser in Spoleto sind. Nach dem Untergang des römischen Reiches fielen 545 die Goten unter Totila in Spoleto ein. Eine Glanzzeit begann für die Stadt mit den Langobarden, die es zur Hauptstadt ihres Reiches machten, das Faroald I. 569 gegründet und seine Nachfolger so vergrößert hatten, daß es bei der Eroberung durch die Franken unter Karl dem Großen eines der größten politischen Gebilde Mittelitaliens darstellte.
Im 12. Jh. bestimmen die Auseinandersetzungen zwischen Kaiser und Papst die spoletinische Geschichte. Barbarossa erobert 1155 die Stadt, die ihm den Tribut verweigert hatte. Ab 1198 ist Spoleto in päpstlichem Besitz, doch die kommunalen Freiheitsbestrebungen und die weiterhin gärenden Parteienkämpfe zwischen Ghibellinen und Guelfen sorgen auch im 13. Jh. noch für Unruhe. Kardinal Albornoz (→ Berühmte Persönlichkeiten) gelang es schließlich, Spoleto zu befrieden und es zu einem bedeutenden Zentrum des Kirchenstaates zu machen. Der berühmte Festungsbaumeister Gattapone aus Gubbio (→ Berühmte Persönlichkeiten) baute im Auftrag von Albornoz 1359–1370 die Rocca von Spoleto, auf der die päpstlichen Statthalter, darunter auch 1499 Lucrezia Borgia (→ Berühmte Persönlichkeiten), residierten. Im 17. und 18. Jh. gedieh die Stadt weiterhin, wie man an der regen Bautätigkeit ablesen kann. Danach wurde es um Spoleto etwas ruhiger. Zu Beginn des 19. Jh.s machten die Franzosen die einstige Hauptstadt des Dukats zum Sitz des Département Trasimène. In der Zeit der Restauration kehrte Spoleto zum Kirchenstaat zurück, bis am 17. September 1860 die Truppen des Generals Brignone die Stadt mit dem neuen italienischen Staat vereinigten.

Sehenswertes in Spoleto

Tips für die Stadtbesichtigung

Die bedeutendsten Sehenswürdigkeiten von Spoleto liegen in der mittelalterlichen Oberstadt: Piazza del Mercato, Via del Palazzo dei Duchi, Dom und Rocca sowie die Ponte delle Torri. Empfehlenswert ist aber auch ein Besuch der Kirchen San Salvatore und San Pietro fuori le mura, beide außerhalb der Altstadt, aber kunsthistorisch von höchstem Interesse. Für die Besichtigung der Sehenswürdigkeiten in der Stadt benötigt man keinen Wagen; gebührenfreie Parkmöglichkeiten gibt es am Rande der mittelalterlichen Stadtmauer an der Viale Martiri della Resistenza; die Parkplätze direkt am Eingang zur Oberstadt sind fast alle gebührenpflichtig.
Von der Piazza Garibaldi, dem nördlichen Eingang in die Stadt, verkehren Busse in die Oberstadt.

Piazza della Libertà, Palazzo Ancaiani

Als Ausgangspunkt für einen Rundgang durch die oberen Stadtviertel von Spoleto bietet sich die Piazza della Libertà an, die an der Südseite vom renovierungsbedürftigen Palazzo Ancaiani aus dem 17. Jh. gefaßt wird.

Römisches Theater

Rechts neben dem Palazzo geht es hinab in das römische Theater aus dem 1. Jh. n. Chr., dessen offizieller Eingang an der Via delle Terme (unterhalb) liegt. Die für etwa 3000 Zuschauer Platz bietende Anlage wurde erst im 19. Jh. unter Gebäuden des im 11. Jh. hier erbauten Klosters Santa Agata entdeckt und in den 50er Jahren unseres Jahrhunderts freigelegt.

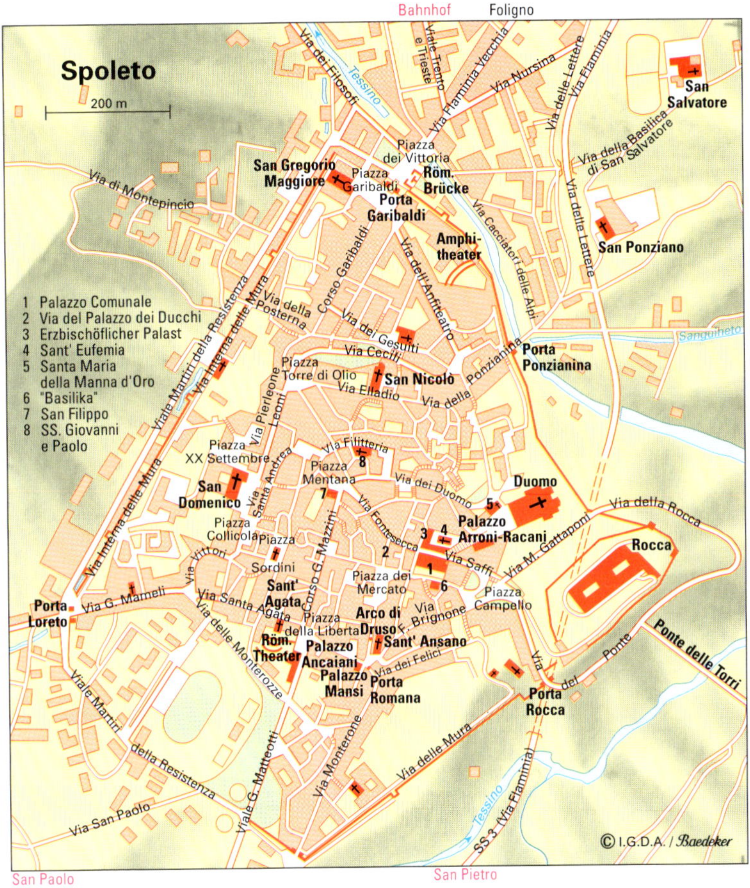

Römisches Theater (Fortsetzung)

Ein Teil der ansteigenden Sitzreihen mußte rekonstruiert werden, wohingegen der originale Mamorfußboden der Orchestra noch gut erkennbar ist. Unter den Rängen verläuft der gewölbte Zugang.

Archäologisches Museum

Durch das Römische Theater ist das Archäologische Museum zu erreichen (geöffnet 9.00–13.30 und 14.30–19.00 Uhr, So./Fei. 9.00–13.00 Uhr). Die Sammlung dokumentiert Frühgeschichte und Antike in Spoleto. Bedeutendstes Exponat sind die beiden Gesetzestafeln (nach 241 v. Chr.), die das Holzschlagen in den heiligen Wäldern des Monteluco unter Androhung von Strafe verbieten.

Palazzo Mauri

Links neben dem IAT-Büro verläßt ein steiles Gäßchen den Platz, das sich zur Piazza Fontana weitet. An der linken Seite des Platzes zieht der Palazzo Mauri die Blicke auf sich. Er ist ein weiteres Zeugnis für den Wohlstand der Stadt im 17. Jahrhundert.

Sant' Ansano

Etwas weiter oberhalb steht man vor dem Eingang der Kirche Sant' Ansano aus dem 18. Jahrhundert. Bei Ausgrabungen und Restaurierungs-

Sant' Ansano (Fortsetzung)

arbeiten im Umfeld des Arco di Druso entdeckte man, daß Sant' Ansano die Stelle eines römischen Podiumstempels einnimmt, von dem ein Säulenstumpf an der Via Arco di Druso noch zu erkennen ist. Bereits in frühchristlicher Zeit entstand hier eine Kirche, die von einem romanischen Bau aus dem 11./12. Jh. abgelöst wurde. Von diesem Bau ist unter Sant' Ansano noch die Krypta erhalten, in die man hinabsteigen kann. Säulen und Kapitelle sind wiederverwendete Teile aus den Vorgängerkirchen bzw. aus dem römischen Tempel.

*Arco di Druso (Drususbogen)

Die Via Arco di Druso erhielt ihren Namen von dem mächtigen römischen Bogen, den im Jahre 23 n. Chr. der Senat von Spoleto für Drusus, den einzigen leiblichen Sohn von Kaiser Tiberius, und Germanicus, den Adoptivsohn des Kaisers, errichten ließ. Der aus großen Steinblöcken aufgemauerte Bogen bildete den Eingang zum römischen Forum, der heutigen Piazza del Mercato.

Vom Domplatz aus sieht man die Ostfassade der romanischen Kirche Sant' Eufemia. Den Schmuck der drei halbrunden Apsiden bilden schmale Wandvorlagen und Blendbögen unter dem Dachansatz

Piazza del Mercato

Auch am Marktplatz von Spoleto, der Piazza del Mercato, zeigt sich die Stadt nicht sehr umbrisch. An der Stirnseite fällt der barocke Wandbrunnen auf, den Costantino Fiaschetti 1746/1748 im Auftrag der Stadt schuf. An der Travertinfassade erkennt man auch die Wappen Papst Urbans VIII., der von 1608 bis 1617 Erzbischof von Spoleto war.

*Via del Palazzo dei Duchi

Links neben dem Barockbrunnen verläßt die schmale Via del Palazzo dei Duchi den Platz. Das Bild dieser malerischen Gasse bestimmen die mittelalterlichen Läden, deren rundbogige Eingänge mit einem Holzladen geschlossen werden konnten. Heute sitzen hier die besten Geschäfte für

Via del Palazzo dei Duchi (Fortsetzung)

umbrische Delikatessen, Designermode und ausgefallenes Kunsthandwerk aus der Region. Die mittelalterliche Ladenstraße mündet in die Via Aurelio Saffi im höchsten Teil der Oberstadt mit den wichtigsten profanen und kirchlichen Gebäuden. Rechter Hand liegt die rückwärtige Fassade des schlichten Palazzo Comunale (s. u.)

Bischöflicher Palast, *Sant' Eufemia

Auf der linken Seite betritt man den Innenhof des Bischöflichen Palastes aus dem 16./17. Jahrhundert, an dessen Stelle man den Palast der Langobardenherzöge vermutet. Der Ostflügel des neuzeitlichen Palastes wurde in den 50er Jahren abgerissen, um die Apsis der im Innenhof versteckt liegenden Kirche Sant' Eufemia sichtbar zu machen, deren umfassende Renovierung 1954 abgeschlossen war. Das Gotteshaus nimmt möglicherweise den Platz der einstigen Palastkapelle ein.
Die im 12. Jh. entstandene Kirche ist ein Kleinod der romanischen Architektur in Spoleto. Das schlichte Äußere zeigt nicht den sonst so häufig anzutreffenden Typus der Tafelfassade, sondern eine deutliche Staffelung der drei Schiffe. Der Glockenturm gehört nicht zur ursprünglichen Bausubstanz. Auf normannische Architektur verweisen verschiedene Details im Innern der Kirche, insbesondere die Emporengeschosse über den Seitenschiffen, die in Umbrien nicht üblich sind und vermutlich über San Lorenzo in Verona nach Spoleto gelangten. Beachten sollte man den zweiten Pfeiler rechts, dessen Schaft Ornamentreliefs aus dem 8. oder 9 Jh. schmücken. Der Marmoraltar aus dem 13. Jh. stammt aus dem nahen Dom.

*Am Domplatz

Über eine sich verbreiternde Treppenrampe schreitet man hinab auf den längsrechteckigen Domplatz, der sich vor der ausladenden, von einem schlanken Glockenturm überragten Fassade des Doms von Spoleto wie eine tiefe Theaterbühne ausbreitet – zweifelsohne eines der schönsten Platzensembles, dem man in Umbrien begegnet. Das auffälligste Gebäude an der rechten Seite der Piazza ist der Palazzo Arroni-Racani, ein Renaissance-Palast mit Resten von Graffiti-Malerei an der Fassade, die angeblich von Giulio Romano stammen. Auf der linken Seite erblickt man unterhalb der Apsis von Sant' Eufemia (s. o.) den mittelalterlichen Palazzo della Signoria, der seit dem 17. Jh. Sitz des Teatro Caio Melisso ist. Das hübsche Barocktheater, 1880 nach einem Brand von Giovanni Montiroli wiederaufgebaut, ist seit seiner Restaurierung 1958 wieder Theaterspielstätte. Beim alljährlichen Festival dei Due Mondi finden hier vor allem solche Aufführungen statt, die einen intimen Rahmen verlangen.

****Dom Santa Maria Assunta**

An der Stelle einer Vorgängerkirche, die Kaiser Friedrich Barbarossa 1155 zerstören ließ, wurde um 1175 mit einer neuen Bischofskirche begonnen, deren Bau sich bis in die 20er Jahre des 13. Jh.s hinzog.

**Fassade (Abb. S. 236)

Obgleich in mehreren Bauphasen entstanden, zeichnet sich die prächtige Fassade durch eine harmonische Gesamterscheinung aus. Dominierend erhebt sich an der linken Flanke der auf quadratischem Grundriß stehende Campanile, der bis auf die im 16. Jh. durch Cola di Caprarola aufgesetzten Klangarkaden noch im 12. Jh. entstand. Die eigentliche Fassade ist horizontal dreigeteilt. Bei der offenen Loggia, die dem unteren Fassadenteil vorgelegt ist, handelt es sich um eine spätere Ergänzung durch den Mailänder Renaissance-Architekten Ambrogio d'Antonio Barocci aus dem Jahre 1491. Dahinter liegt versteckt das Hauptportal mit einer sehenswerten romanischen Portalrahmung. Die mittlere Zone der Fassade wird durch Lisenen in drei Felder geteilt, wobei in die seitlichen je eine kleine Rose und in das mittlere Feld eine besonders fein gestaltete Fensterrose eingeschrieben sind. Wie am Dom von Assisi sitzt sie über einer Blendgalerie und wird von zwei Trägerfiguren gestützt. Der oberste Teil der Fassade, ein alle drei Schiffe umspannender, mit drei Fensterrosen und einem Mosaik geschmückter Dreiecksgiebel war ursprünglich so nicht vorgesehen und

Dom, Fassade (Fortsetzung)

1200 in dieser Form realisiert. Das 1207 datierte, zentrale Mosaik zeigt den thronenden Christus zwischen Maria und Johannes. Ungewöhnlich ist die Signatur des Künstlers mit 'doctor'.

*Inneres

Der dreischiffige Innenraum erhielt durch den Umbau 1638 sein heutiges barockes Erscheinungsbild. Von der Barockisierung verschont blieben nur der Fußboden und die Chorapsis.
In der ersten Kapelle links befindet sich eines der frühesten umbrischen Holzkreuze aus dem Jahre 1187, gemalt von einem Meister Albertus Sotius. Es repräsentiert den früheren Typus der romanischen Kruzifixe, bei denen der aufrecht stehende Gekreuzigte als triumphierender Christus dargestellt wird. Später weicht diese Interpretation der des leidenden Christus. Gegenüber liegt der Eingang zur Capella des Bischofs Costantino Eroli, die Pinturicchio 1497 ausmalte; an der Stirnseite (Apsis) erkennt man die "Thronende Maria mit Heiligen". Ebenfalls für Bischof Eroli und seinen Nachfolger im Amt entstand die anschließende Kapelle, genannt Cappella dell' Assunta. Die Fresken im Gewölbe stammen von einem unbekannten Künstler des frühen 16. Jh.s und zeigen Adam, Noah, Moses und Melchisedech. Die "Himmelfahrt Marias" mit dem Stifter Francesco Eroli gilt als Arbeit von Jacopo Siciliano (um 1550). Bevor man sich der Hauptchorapsis zuwendet, sollte man noch einen Blick in den rechten Querarm werfen. Hier stehen sich das Renaissancegrab des Francesco Orsini von Ambrogio Barocci (um 1500), dem Erbauer der Vorhalle, und das Grabmal von Filippo Lippi, dem Schöpfer der Chorausmalung, gegenüber. Der Entwurf für dieses Monument stammt von Filippos Sohn Filippino.

Dom Santa Maria Assunta

Spoleto

1 Porträtbüste Papst Urbans VIII
2 Cappella Eroli
3 Cappella dell' Assunta
4 Chorapsis mit Fresken von Filippo Lippi
5 Orsini - Grab
6 Grabmal für Filippo Lippi
7 Cappella della SS. Icone
8 Cappella delle Reliquie
9 Kruzifix

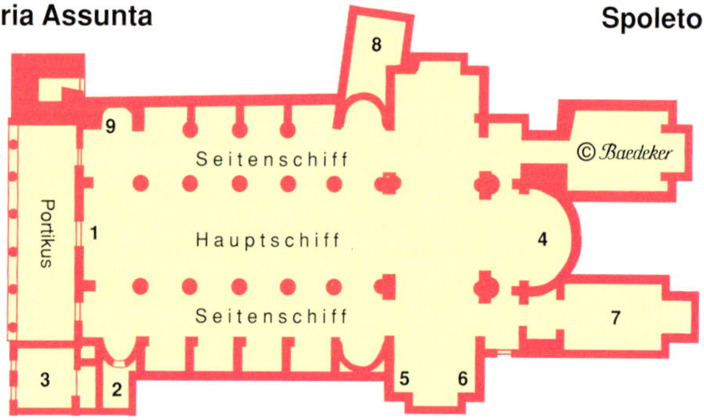

**Apsisfresken von Filippo Lippi

Die Ausmalung der halbrunden Chorapsis, die seit ihrer jüngsten Restaurierung 1990 wieder in leuchtenden Farben erstrahlt, war das letzte Werk (1467–1469) von Filippo Lippi, der 1469 in Spoleto verstarb. Dem Meister standen dabei mehrere Gehilfen zur Seite, vor allem Fra Diamante und Pier Matteo d'Amelia. In einem ebenfalls gemalten architektonischen Rahmen werden Episoden aus dem Leben der hl. Maria vorgeführt (v.l.n.r.): Verkündigung, Tod und Himmelfahrt Marias im unteren Teil sowie die in Gold und Blau leuchtende Marienkrönung in der Apsiskalotte.

***Rocca**

Vom Domplatz steigt man wieder hinauf zur Via Aurelio Saffi, die etwas weiter oben an den Grünanlagen der hübschen Piazza Campello endet. Hier beginnt der Weg hinauf zur Rocca, die vom höchsten Punkt der Stadt auf Spoleto und – auf der anderen Seite – das Tal des Tessino herabblickt. Gattapone aus Gubbio gilt als Baumeister dieser imposanten, von sechs Türmen überragten Anlage, die der päpstliche Legat Albornoz in Auftrag gab. Die majestätische Festung diente zunächst als Sitz der päpstlichen Gouverneure, im 19. Jh., nach der Auflösung des Kirchenstaats, als Ge-

Meisterleistung der Ingenieurkunst: der Ponte delle Torri

Rocca (Fortsetzung)

fängnis. Seit Beginn der 90er Jahre wurde sie umgebaut und dient nun als Kulturzentrum (Besichtigung auf Anfrage). Der um die Rocca angelegte Fußweg führt hinter die Festung, wo man einen phantastischen Blick auf das Tal und den Aquädukt Ponte delle Torri genießt.

**Ponte delle Torri

Der 80 m hohe und 230 m lange Aquädukt, der über die Schlucht zwischen dem Festungshügel und dem Monteluco hinwegführt, wird ebenfalls als Werk des Festungsarchitekten Gattapone betrachtet, der sich offenkundig an römischen Wasserleitungssystemen orientierte. Die aus zehn schlanken Bögen bestehende Brücke ist nicht nur eines der Wahrzeichen von Spoleto, sondern auch ein Bravourstück mittelalterlicher Ingenieurskunst, das die Beförderung des Quellwassers vom Monte Cortaccione in die Stadt ermöglichte.

Palazzo Comunale, Pinacoteca

An der Via del Munizipio taucht man nach dem Spaziergang um die Rocca wieder ein in die Enge der Altstadt. Das Viertel links dieser Straße gehört zu den ältesten der Stadt; hier kann man noch sehr mittelalterliche Gassen und ein völlig ungeschminktes, bisweilen recht malerisches Spoleto entdecken. Dort, wo sich die Via del Munizipio zu einem Platz weitet, erhebt sich rechter Hand die Eingangsseite des Palazzo Comunale, der auf einen Bau des 13. Jh.s zurückgeht. Nach dem Erdbeben im Jahre 1703 erhielt er zwei vollständig erneuerte Fassaden. Er beherbergt neben der Stadtverwaltung auch die Pinacoteca Comunale (geöffnet Di.–So. 10.00–13.00 und 15.00–18.00 Uhr). Die auf drei Räume verteilte Sammlung mutet in ihrer Zusammenstellung und Präsentation schon beinahe kurios an. Sie umfaßt einige kunsthandwerkliche Arbeiten und Ikonen aus langobardischer Zeit, mehrere gemalte Kruzifixe aus dem 12. bis 14. Jh., ein paar Renaissance- und Barockgemälde sowie Mobiliar aus dem 19. Jahrhundert.

Römisches Haus

Im Keller des Palazzo Comunale kamen bei Ausgrabungsarbeiten die Grundmauern eines römischen Gebäudes aus dem ersten nachchristli-

Römisches Haus (Fortsetzung)

chen Jahrhundert zum Vorschein (an der Piazza del Municipio zu sehen). Sein Grundriß entspricht demjenigen pompejanischer Wohnhäuser: um ein zentrales Atrium mit dem Sammelbecken für Regenwasser sind die verschiedenen Räumlichkeiten, Tablium (Hauptraum), Triclinium (Speiseraum) und Cubiculae (Schlafräume) angeordnet. Sehenswert sind vor allem die schwarz-weißen Mosaiken (Öffnungszeiten wie Pinocoteca).

"Basilika"

Bei den römischen Gebäuderesten gegenüber dem Rathaus (an der Piazza del Municipio) blieben die Reste eines kleinen Tempels bestehen, der heute als Basilika bezeichnet wird. Über einem Podium aus großen Steinblöcken erkennt man noch die lisenengeschmückten Mauern der Cella. Die Via del Municipio mündet etwas unterhalb wieder in die Piazza del Mercato, dem Ausgangspunkt für den Spaziergang in die Unterstadt.

Piazza Pianciani, Corso Mazzini

Von der Piazza del Mercato steigt eine sehr enge Treppengasse hinab zur Piazza Pianciani. Eine barocke, doppelläufige Freitreppe vermittelt zwischen dem Tordurchgang der Gasse und dem Niveau des Platzes, der von barocken Putzbauten, u.a. dem repräsentativen Gebäude der Banca Popolare, gefaßt wird. Das Denkmal auf dem Platz erinnert an den Namensgeber, den Spoletiner Luigi Pianciani. An der gegenüberliegenden Längsseite öffnet sich die Piazza auf den Corso Mazzini, die Haupteinkaufsstraße im alten Spoleto.

San Filippo

An der Piazza Mentana entdeckt man die barocke Kirche San Filippo, die zwischen 1640 und 1671 erbaut wurde. Für den Spoletiner Architekten Loreto Scelli war offenkundig der römische Kirchentypus der Gegenreformation das Vorbild. Dies zeigt sich sowohl an der zweigeschossigen, travertinverkleideten Fasade, als auch im tonnengewölbten Innern, das von Kapellen begleitet wird.

*SS. Giovanni e Paolo

Die kleine einschiffige Kirche, 1174 erbaut, wird vor allem wegen ihrer kostbaren Fresken aus dem 12.–14. Jh. besucht. Das älteste Fresko in der Kirche, vermutlich kurz nach der Fertigstellung der Kirche gemalt, sieht man an der linken Langhausseite. Es zeigt das "Martyrium des hl. Thomas Becket in der Kathedrale von Canterbury". Das Fresko gehört damit zu den frühesten Darstellungen des 1170 ermordeten und zwei Jahre später kanonisierten Erzbischofs.

San Domenico

Die aus der 2. Hälfte des 13. Jh.s stammende, ehemalige Dominikanerkirche liegt, wie für Bettelordenskirchen üblich, in der Nähe der mittelalterlichen Stadtmauer im unteren Teil der Stadt. Auffallend ist ihre Fassade aus weiß-rötlichen Steinlagen. Im Innern birgt die Kirche einige interessante Fresken, u.a. eine Darstellung des "Triumphs des Thomas von Aquin" aus dem beginnenden 15. Jh. (im Langhaus gleich rechts) sowie eine in der Hauptchorkapelle aufgestellte Tafel vom Maestro di Fossa (14. Jh.), den hl. Petrus Martyr und den Auftraggeber zeigend. Die Freskenausmalung dieser Kapelle entstand zwischen dem 13. und 15. Jahrhundert.

Abstecher zur Galleria d'Arte Moderna

Für Freunde der modernen Kunst empfiehlt sich der kleine Umweg zur Galleria d'Arte Moderna im Palazzo Rosario Spada, zwei Querstraßen oberhalb von San Domenico (Mo. geschlossen). Neben anderen kann man hier auch Werke des umbrischen Künstlers Alberto Burri (siehe dazu das Baedeker Special S. 106) bestaunen (Öffnungszeiten wie Pinacoteca).

Torre dell' Olio, San Nicolò

Vom Torre dell' Olio, einem mittelalterlichen Stadtturm aus dem 13. Jh., gossen die Bewohner Spoletos heißes Öl auf ihre Feinde herab. An der gleichnamigen Piazza biegt man in die Via G. Elladio ein, wo nach wenigen Metern links die kleine Kirche San Nicoló auftaucht. Das ehemalige Augustiner-Gotteshaus aus dem 14. Jh. wird heute als Konzertsaal genutzt.

Via Cecili

Die Stadtmauern von Spoleto, die in ihren ältesten Teilen an die Polygonalmauern von Amelia erinnern und noch vor dem Auftauchen der Römer von den Umbrern errichtet wurden, kann man unter anderem an der Via Cecili noch recht gut besichtigen.

Via Cecili (Fortsetzung)

Mit der Piazza Garibaldi, die in die Piazza della Vittoria übergeht, hat man den Tessino und die nördliche mittelalterliche Stadtgrenze erreicht. An der Westseite des Platzes hat sich mit San Gregorio Maggiore eine weitere romanische Kirche erhalten. Bereits im 4. Jh. n. Chr. entstand an dieser Stelle ein Gotteshaus, das 1079–1146 grundlegend im romanischen Stil umgestaltet wurde. Für den Bau des Campanile verwendete man antike Steinblöcke. Der romanische Charakter kommt im Innenraum noch deutlicher zum Ausdruck, wo auf schlichten gemauerten Säulen rundbogige Arkaden sitzen. Unter dem erhöhten Chor liegt die ebenfalls dreischiffige Krypta.

Piazza Garibaldi, *San Gregorio Maggiore

Unter der Piazza delle Vittoria wurde die römische Brücke ausgegraben. Das Bauwerk aus dem 1. Jh. v. Chr., das auch unter dem Namen Blutsbrücke bekannt ist, wurde unter Kaiser Augustus renoviert. Die Reste eines weiteren römischen Bauwerks, des nahegelegenen Amphitheaters, liegen auf dem Gelände einer früheren Kaserne.

Römische Brücke

Außerhalb der Altstadt

Hinter der Piazza della Vittoria und der Ponte Garibaldi, die den Tessino überspannt, verzweigt sich die Verkehrsachse in drei breite Straßenzüge. Ganz links geht die Viale Trento e Trieste ab, über die man zum Bahnhof gelangt. Auf dem Bahnhofsplatz steht heute die Theodelapio genannte, 18 m hohe Eisenplastik, die Alexander Calder 1962 für Spoleto geschaffen hat.

Theodelapio

An der Via Flaminia Vecchia, die hinter dem Ponte Garibaldi nach Nordosten verläuft, kann man durch den hübschen Park der im 17. Jh. erbauten Villa Rendita spazieren.

Villa Rendita

Ein außergewöhnliches Bauwerk, das in Umbrien seinesgleichen sucht, ist die Kirche San Salvatore nordöstlich der Altstadt, auf einer Anhöhe oberhalb der SS 3 (beim Friedhof). Ihre Bauzeit ist ein umstrittenes Thema; vermutlich wurde sie im 4./5. Jh. errichtet und im 8. oder 9. Jh. umgebaut. Ihre Fassade muß man sich ursprünglich mit einem Dreiecksgiebel in der Mittelachse und einer Vorhalle mit Pultdach vorstellen. Vorbildcharakter für den romanischen Portalschmuck und später für die Ornamentik der Renaissance hatten die fein gearbeiteten Rankenfriese, die den Türsturz der Portale schmücken. Die einstige Pracht des mehrfach umgestalteten Inneren, eine dreischiffige Basilika mit ursprünglich wohl offenem Dachstuhl, läßt sich heute durch die Freilegung der ältesten Teile erahnen. Am meisten blieb von der Bausubstanz des Gründungsbaus im erhöhten Presbyterium erhalten, wo mächtige kannellierte Säulen – antike Versatzstücke, die in den Bau integriert wurden – das Gebälk tragen. Die Säulen mit dorischen Kapitellen sind eine spätere Ergänzung; die barocke Kuppel wurde im 17. oder 18. Jh. eingezogen.

*San Salvatore

Am südöstlichen Stadtrand, ebenfalls oberhalb der SS 3, die an der Stelle der einstigen Römerstraße Via Flaminia verläuft, befindet sich die im 12. Jh. errichtete Kirche San Pietro. Wie ihr Namenszusatz ‘fuori le mura’ schon besagt, entstand sie außerhalb der Stadtmauern an der großen Ausfallstraße und war vermutlich Spoletos älteste Bischofskirche. Ihre Gründung vermutet man im 5. Jh., als Reliquien von der Kette des hl. Petrus (Pietro) an Spoleto übergeben wurden.

San Pietro fuori le mura

Das Besondere an San Pietro fuori le mura ist ihre unlängst renovierte Fassade, die ein kleines Juwel der umbrischen Romanik darstellt. Von anderen romanischen Kirchen in Umbrien bekannt ist die Unterteilung der Fassade in rechteckige Felder, die Anordnung von drei Portalen und darübersitzen-

**Fassade

Fassade (Fortsetzung)

den Fensterrosen (nicht erhalten). Die im Stil lombardisch beeinflußten Reliefplatten zu beiden Seiten des Hauptportals zeigen ein außergewöhnlich hohes künstlerisches Niveau. Die dargestellten Szenen nehmen entweder Bezug auf das Leben des Titelheiligen Petrus oder bringen in symbolischen Bildern mittelalterliche Wertekategorien zum Ausdruck. So wird beispielsweise die Überlegenheit des Menschen gegenüber den Tieren mit der Szene, wo der Mensch den Löwen im Kampf besiegt, vor Augen geführt.

San Pietro fuori le mura – einer der frühesten Kirchenbauten in Spoleto, an der Ausfallstraße nach Rom, der Via Flaminia, errichtet und im 12. Jh. im Stil der Romanik neu erbaut

San Paolo inter vineas

Im Südwesten der Altstadt gibt es eine weitere romanische Kirche zu besichtigen (den Schlüssel erhält man im ehemaligen Kloster, heute Altersheim). Interessant ist vor allem das Innere des im 13. Jh. erbauten Gotteshauses mit offenem Dachstuhl, Arkaden über Rundstützen und Fresken aus der Erbauungszeit.

*Monteluco

Eine kurvenreiche Straße führt an San Pietro vorbei auf den Gipfel des 804 m hohen Hausberges von Spoleto, den heiligen Monteluco. Er scheint schon seit jeher ein besonderer Ort gewesen zu sein, denn an seinen Hängen, deren Abholzung man unter strenge Strafe stellte, ließen sich seit der Spätantike Eremiten nieder, die hier mehrere Einsiedeleien gründeten und Kapellen bauten, unter denen die Eremo delle Grazie am häufigsten besucht wird. Wer etwas Zeit mitbringt, dem sei empfohlen, den Wagen hinter der Ponte delle Torri stehen zu lassen und den Fußweg durch den Wald zu nehmen – nach etwa 1 1/2 Stunden ist man auch auf dem Gipfel, wo man herrliche Ausblicke auf diesen südlichsten Teil der Valle Umbra genießt. Hotels und Restaurants sorgen für das leibliche Wohl.

San Giuliano

Auf halber Höhe liegt die kleine Kirche San Giuliano aus dem 12. Jahrhundert, bei deren Errichtung Elemente des frühmittelalterlichen Vorgängerbaus verwendet wurden. Die Fresken in der Apsis stammen vom Meister von Eggi, dem man in den Kirchen der nahegelegenen → Valnerina häufig als Freskant begegnet.

Eremo delle Grazie

Im Jahre 1218 gründete der hl. Franziskus auf dem Monteluco die Eremo (Einsiedelei) delle Grazie, die heute ein Hotel beherbergt. Von der Terrasse der Einsiedelei aus bietet sich ein unvergleichliches Panorama. Dieselbe Straße weiterfahrend, kommt man zur Kirche San Francesco, das Gotteshaus eines weiteren Eremitenklosters auf dem Gipfel des Monteluco.

Valnerina

→ dort

Terni E/F 10

Provinzhauptstadt
Höhe: 130 m ü. d. M.
Einwohnerzahl: 108 400

Lage und Bedeutung

Terni ist die Industriemetropole im äußersten Süden Umbriens, zweitgrößte Stadt der Region und Hauptstadt der gleichnamigen Provinz. Mit einigen Fakultäten der Universität von Perugia und einem renommierten Forschungsinstitut nimmt sie auch bildungspolitische Funktionen wahr, vor allem anderen aber wird ihr Gesicht und das Leben in der Stadt durch die riesigen Industrieansiedlungen bestimmt. Durch die Bombardierungen während des Zweiten Weltkriegs (s. u.) hat Terni sein historisches Stadtbild bis auf einige wenige Bauten eingebüßt und zeigt heute – für Umbrien eher ungewöhnlich – ein sehr modernes Gesicht. Eindrucksvoll ist ihre Lage in einer fruchtbaren Schwemmlandebene, eingebettet in eine herrliche grüne Bergkulisse, die sich wie ein Amphitheater um die Stadt legt.

Industriemetropole

Wald- und Wasserreichtum sowie ihre Lage in der Ebene bestimmten Terni schon früh zu einem Industriestandort; schon an der Wende vom 18. zum 19. Jh. gab es hier die Eisenhütte Ferriera. Der planmäßige Ausbau zu einem der wichtigsten Industriezentren Mittelitaliens begann allerdings erst 1875, als mit staatlicher Unterstützung Stahlwerke, später dann auch Betriebe der Chemie- und Textilindustrie sowie eine große Zahl mittlerer und kleinerer Zuliefererbetriebe, angesiedelt wurden. Im Jahre 1922 nahm mit der "Terni-Gesellschaft für Industrie und Elektrizität" das modernste und seinerzeit größte Elektrizitätswerk Europas den Betrieb auf.
Die Stahlwerke von Terni lieferten vor allem Waffen für den italienischen Staat, die Stadt wurde dadurch während des Zweiten Weltkriegs zu einem bevorzugten Angriffsziel der Alliierten (s. Geschichte). Die zum Teil zerstörten, zum Teil von den abziehenden deutschen Truppen demontierten Industrieanlagen wurden nach dem Krieg wiederaufgebaut. Zahlreiche Zuwanderer aus den verarmten ländlichen Gebieten Umbriens fanden hier Arbeit. Seit ein paar Jahren ist jedoch auch die Stahlproduktion in der Krise; viele der staatlichen Betriebe sind nur mit Subventionen aufrecht zu erhalten und den Arbeitern drohen Entlassungen. Terni, früher die beneidete Industriemetropole, ist somit heute eher das Sorgenkind der Region.

Feste und Veranstaltungen

Der Stadtpatron von Terni ist der hl. Valentin, der Schutzpatron der Liebenden, dem zur Ehre die Bewohner von Terni am 14. Februar ein Fest feiern. Der 'Cantamaggio Ternano' findet seinen Ausdruck in einem nächtlichen Umzug durch das Stadtzentrum am 30. April. Theatervorstellungen und ein Wettbewerb der Dicht- und Liedkunst in umbrischer Mundart, Konzerte und andere kulturelle Veranstaltungen erwarten den Besucher in der ersten Maihälfte; Ende Mai/Anfang Juni wird in Terni der internationale Pianistenwettbewerb 'Casagrande' ausgetragen.

Geschichte

Das Gebiet von Terni war bereits in der Eisenzeit besiedelt. Beim Bau der Stahlhütten Ende des 19. Jh.s entdeckte man eine etwa 2000 Gräber umfassende Nekropole aus dieser Zeit (10. – 7. Jh.), die allerdings im Zuge der Arbeiten wieder zerstört wurde; ein Teil der Gräberfunde ist in der Pinacoteca Comunale zu sehen. Die Stadt soll im Jahre 672 v. Chr. gegründet worden sein; dem Volksstamm der Naharsker verdankte sie ihren ersten Namen Nahars, aus dem später das römische Munizipium Interamna Nahars wurde. Die blühende Römerstadt besaß Tempelbauten, Thermen, ein Theater und ein Amphitheater. Während der Völkerwanderungen wurde es von den Ostgoten unter Totila (546), von dem byzantinischen Feldherrn Narses (554) und später von den Langobarden (755) geplündert.

Das mit Spoleto rivalisierende Terni empfing den Kaiser Friedrich Barbarossa nach seiner Krönung in Rom mit offenen Armen. Barbarossa war es auch, der die Stadt 1159 zum Lehen des Kardinals Ottaviano di Monticelli erklärte. Im Zeitalter der freien Stadtrepubliken stieß dies bei den Bewohnern von Terni allerdings auf Widerstand – man wollte keinen fremden

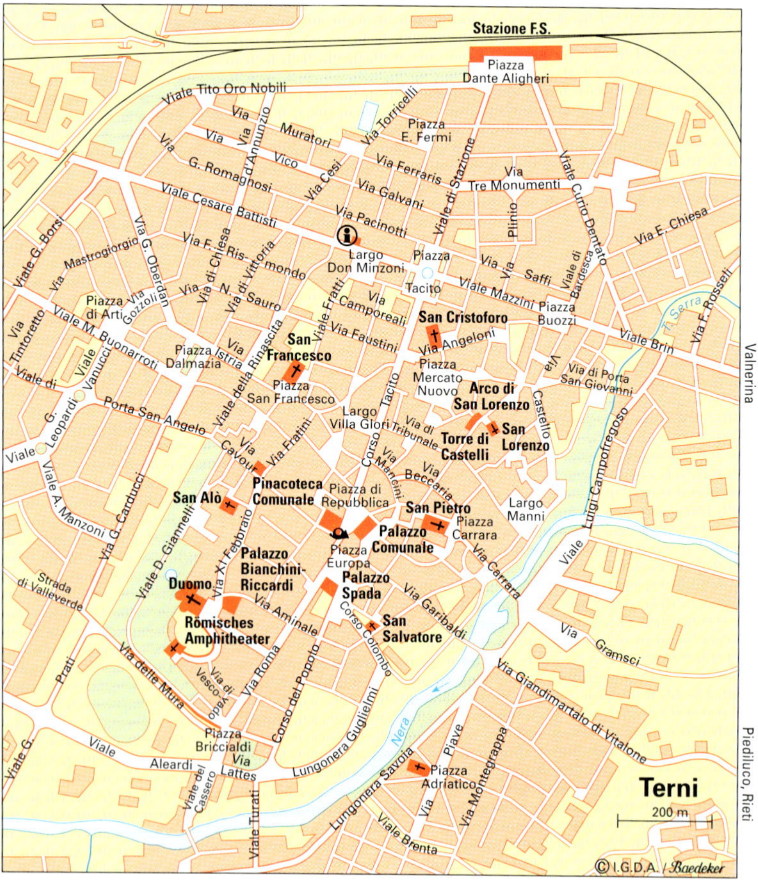

Geschichte (Fortsetzung)

Stadtherrn mehr dulden. Als Strafe dafür schickte Friedrich den Erzbischof Christian von Mainz mit seinen Truppen in die Stadt, der sie 1174 zerstörte. Bis ins 15. Jh. diktierten die Parteikämpfe zwischen Guelfen und Ghibellinen und die Auseinandersetzungen mit den Nachbarstädten um die Herrschaft über das Umland die Stadtgeschichte. Zu Beginn des 15. Jh.s konstituierte sich eine aus 24 Adeligen und 24 Volksvertretern gebildete Regierung, die allerdings dem Ansturm der Condottiere nicht standhalten konnte. In der Folgezeit fiel die Stadt zunächst an Ladislaus von Neapel, dann an Andrea Braccio (→ Berühmte Persönlichkeiten) und schließlich 1420 endgültig an die Kirche. Die Konflikte zwischen Adel und Bürgertum gipfelten am 25. August 1564 in der blutigen 'Rivolta dei Banderari'.
Im Risorgimento war Terni Sammelplatz der freiwilligen Garibaldiner, die danach trachteten, die päpstliche Macht zu stürzen. Nach der italienischen Einigung 1860 erhielt die Stadt als Standort einer Schwermetall- und Waffenindustrie überregionale Bedeutung; bis heute ist Terni das Industriezentrum von Umbrien. Im Zweiten Weltkrieg ließen die Alliierten auf die von deutschen Truppen besetzte Industriestadt 101 Bomben nieder – Terni bot ein Bild der Verwüstung. Der Wiederaufbau nach dem Krieg ließ eine fast völlig neue Großstadt entstehen.

Sehenswertes in Terni

Stadtbild

Das überwiegend moderne, an norditalienische Städte erinnernde Erscheinungsbild von Terni wirkt auf den ersten Blick wenig attraktiv verglichen mit den malerischen Ortsbildern der vielen kleinen umbrischen Städte oder der Kapitale Perugia. Die Industrie hat dem Ort ihren unverwechselbaren Stempel aufgedrückt, bescherte ihm schnelles Wachstum und einen Bauboom in den 20er und 30er Jahren und eine fast vollständige Zerstörung im Zweiten Weltkrieg. Der Mangel an historischem Ambiente läßt sich nicht wegleugnen, dafür bietet Terni gute Einkaufsmöglichkeiten und eine lebendige Atmosphäre – im Gegensatz zu vielen anderen umbrischen Orten sieht man hier verhältnismäßig viele jüngere Leute.
Die Hauptachse des modernen Terni ist der Corso Cornelio Tacito, eine belebte Einkaufsmeile, die zwischen dem Bahnhof im Norden und dem alten Stadtkern um die Piazza Europa vermittelt. Im Dreieck zwischen diesem Platz, dem Dom und der Pinacoteca im Palazzo Fabrizi kann man noch durch alte Gassen schlendern; von den einst zahlreichen Palästen sind ein paar wenige erhalten, andere rekonstruiert. Erholsam ist ein Spaziergang in den Parkanlagen am Nera-Ufer.

Piazza della Repubblica, Piazza Europa

Die beiden nah beieinanderliegenden Plätze bilden heute das Herz von Terni. An der Westseite der Piazza della Repubblica dominiert der 1921 von Cesare Bazzini entworfene Bau des Post- und Telegrafenamtes (Posta e Telegrafo). Ihm gegenüber steht der 1878 im Stil der Neorenaissance entstandene, im Zweiten Weltkrieg schwer beschädigte und jüngst wiederhergestellte Palazzo Comunale. Südlich der Piazza della Repubblica öffnet sich die Piazza Europa, wo der Palazzo Spada die Blicke auf sich zieht.

*Palazzo Spada

Von den vielen Adelspalästen, die es einst in Terni gab, war der Palazzo Spada aus dem 16. Jh. der bedeutendste und größte. Als Baumeister wird Antonio da Sangallo der Jüngere genannt, der zu den gefragtesten Architekten seiner Zeit gehörte. Sangallo verstarb 1546 in Terni, der Palazzo Spada war sein letztes Werk. An seiner Platzfassade präsentiert sich der Renaissancepalast als wehrhafter, nur spärlich dekorierter und von wenigen Fenstern durchbrochener Bau mit seitlichen Ecktürmen, die den kastellartigen Charakter noch verstärken. Der Eingang in das Gebäude, das heute von der Stadtverwaltung von Terni genutzt wird, liegt an der Via Roma. Man sollte unbedingt einen Blick in den schönen, quadratischen Innenhof werfen, der im Gegensatz zu dem abweisenden Äußeren eine elegante, dreigeschossige Loggienarchitektur nach klassischem Schema aufweist. In den dahinterliegenden Räumen sind noch manieristische

Palazzo Spada (Fortsetzung)

Fresken zu besichtigen, die der Flame Carel van Mander (1548–1606) ausgeführt haben soll. Van Mander hielt sich in der zweiten Hälfte des 16. Jh.s in Italien auf und arbeitete in Florenz, Rom und Terni.

San Salvatore

Von der Piazza Europa sind es nur ein paar Schritte in Richtung Nera zu der schlichten, aber dennoch anmutigen Kirche San Salvatore, die über einem antiken Gebäude und den Mauerresten einer Thermenanlage errichtet wurde. Zwischen dem Langhaus aus dem 12. Jh. und der rechteckigen Apsis ragt eine Rotunde empor, die wohl schon in frühmittelalterlicher Zeit (6.–11. Jh.) bestanden hatte und später durch das Schiff erweitert wurde. Ihre ursprüngliche Funktion ist bislang nicht geklärt. Im Innern des Gotteshauses erkennt man über dem Hauptaltar ein Kreuzigungsfresko aus dem 16. Jahrhundert. Die im Trecento an der linken Langhausseite angefügte Cappella Manassei schmücken Fresken aus dem 14. Jahrhundert im Stil der sienesischen Malerei.

*Via Roma

Zur Piazza Europa zurückgekehrt, schlägt man die Via Roma ein, eine der hübschesten alten Straßen in Terni. Wenn man nach der Torre di Barbarossa nach rechts abbiegt, gelangt man durch das älteste Viertel der Stadt zur Piazza del Duomo.

Dom Santa Maria Assunta

Romanischen Ursprungs ist der Dom, der allerdings durch den grundlegenden Umbau 1653 ein überwiegend barockes Aussehen erhielt. Vom alten Dom stammt noch das Hauptportal unter dem Portikus (12. Jh.); es zeigt das für umbrische Portalrahmungen typische Rankenwerk aus Akanthusblättern. Im Innern sind noch die freigelegten Reste der romanischen Fassade zu betrachten. Von der barocken Ausstattung sei vor allem auf den prächtigen Orgelprospekt verwiesen, den Luca Neri 1647 schnitzte. Auch in die romanische Krypta kann man hinabsteigen, wo der hl. Anastasius in einem steinernen Sarkophag beigesetzt ist.

Domplatz

Auf dem Platz vor der Domkirche thematisiert der Travertinbrunnen des Bildhauers Corrado Vigni den Zusammenfluß von Nera und Velino unweit von Terni.
Schräg gegenüber des Doms sieht man die Renaissancefassade des Palazzo Bianchini-Riccardi aus der zweiten Hälfte 16. Jh.s.

Römisches Amphitheater

Wendet man sich vom Domplatz nach links, dann sieht man schon die Mauerreste des römischen Amphitheaters. Das Mauerwerk dieser 97 x 73 m großen Anlage aus dem ersten nachchristlichen Jahrhundert war mit travertinhaltigen Kalksteinblöcken verkleidet. Nach dem Verfall der Stadt diente das Amphitheater als Steinbruch und wurde großenteils abgetragen. Der Bischöfliche Palast (Palazzo Vescovile) und der Glockenturm des Doms wurden auch auf den Resten des Amphitheaters erbaut. Das heutige Dom-Viertel war das Zentrum der römischen Stadt, wie das Mauerwerk in Opus-reticulatum-Technik (regelmäßige, diagonal verlegte Ziegelsteine) an vielen Innenhofmauern der alten Paläste bezeugt.

Sant' Alò

In einer Seitenstraße der malerischen Via XI Febbraio, die nördlich vom Domplatz wegführt, steht die kleine romanische Kirche Sant' Alò aus dem 11. Jahrhundert. Am Außenbau beachte man die Apsis mit Lisenen und Bogenfriesen. Der dreischiffige Innenraum ist in Chor, Apsis und in den Seitenschiffen eingewölbt (für die Besichtigung beim Klarissinnenkonvent klingeln). Das südliche Seitenschiff zieren Fresken aus dem 15. Jh. und eine "Kreuzigung" aus dem 12. Jahrhundert (rechts neben dem Eingang). Aus einem römischen Opferstein entstand das Weihwasserbecken.

*Pinacoteca Comunale

Der Palazzo Fabrizi aus dem 17. Jh., an der Ecke Via Frattini/Via Cavour, ist zur Zeit Sitz der sehenswerten Städtischen Gemäldesammlung von Terni (geöffnet tgl. außer So. 9.00–13.00 und 16.00–19.30 Uhr).
Mit der "Kreuzigung" von Nicolò di Liberatore (genannt Alunno) aus dem Jahre 1497, auf dem auch die beiden Heiligen Franziskus und Bernhardin

Trutziger Stadtpalast im Zentrum von Terni: der Palazzo Spada von Italiens berühmtem Baumeister Antonio da Sangallo

Pinacoteca Comunale (Fortsetzung)

von Siena abgebildet sind, besitzt die Galerie ein Spitzenstück der umbrischen Renaissancemalerei. Aus der Kirche San Francesco stammt das mehrteilige Altarbild "Thronende Madonna mit Heiligen" (1485), das ein umbrischer Maler, vermutlich Pier Matteo d'Amelia, geschaffen hat. Von Benozzo Gozzoli, dem Meister des Franziskus-Zyklus in San Francesco in Montefalco, kann man in der Pinacoteca das "Verlöbnis der hl. Katharina" (1466) sehen. Unter den weniger interessanten Arbeiten lokaler Künstler nimmt das beinahe vollständige Werk von Orneore Metelli (1872–1938) eine Sonderstellung ein. Der aus Terni gebürtige Metelli, von Beruf Schuster, gilt als einer der wichtigsten italienischen Vertreter der naiven Malerei.

Museo Archeologico

Die bescheidene archäologische Sammlung von Terni befindet sich an der Piazza dei Carrara (geöffnet Mo.–Fr. 8.30–13.00, 16.00–19.00, Sa. nur vormittags)

San Francesco

Die Franziskanerkirche von Terni liegt etwas nordwestlich des Altstadtzentrums an der Viale A. Fratti. Ab 1265 entstand ein einschiffiger Bau, dem im Jahre 1345 der schöne, in den beiden obersten Geschossen durchfensterte Campanile und im 15. Jh. Seitenschiffe und die polygonale Apsis angefügt wurden. Die beiden Portale sind ebenfalls das Ergebnis späterer Baumaßnahmen (rechtes Portal von 1532, linkes von 1668). Ende der vierziger Jahre wurde die durch Erdbeben, vor allem aber durch die Bombardements im Zweiten Weltkrieg schwer beschädigte Kirche grundlegend restauriert. Die ursprünglich gewölbten Seitenschiffe erhielten einen offenen Dachstuhl, nur im Mittelschiff blieb das Gewölbe erhalten. Es lohnt sich, einen Blick in die 1330–1340 ans rechte Seitenschiff angebaute Cappella Paradisi zu werfen, die der folignatische Maler Bartolomeo di Tommaso um die Mitte des 15. Jh.s mit Fresken ausschmückte. Der mittleren Wand mit der Darstellung des Jüngsten Gerichts sind rechts die Hölle und links das Fegefeuer beigeordnet.

Piazza Tacito

Von der Kirche San Francesco ist es nicht weit zum Corso Tacito, der Nord-Südachse von Terni und größten Einkaufsstraße. Dort, wo er die West-Ost-Tangente, den Viale Cesare Battisti bzw. Viale Mazzini kreuzt, gestalteten in den 30er Jahren unseres Jahrhunderts Architekten um Mario Ridolfi einen modernen, weitläufigen Platz, der von monumentalen Verwaltungsbauten gefaßt wird.

Ehemalige Stahlgießerei

Ternis große Vergangenheit als Metropole der Stahlindustrie wird wieder lebendig in der stillgelegten Stahlgießerei (Acciaierie), die im ausgehenden 19. Jh. an der Viale Brin entstanden war. Sie ist nach Anmeldung zu besichtigen, Tel. (0744) 4901.

San Valentino

Nur wenige Autominuten südlich des Stadtzentrums erhebt sich die Kirche San Valentino, dem Stadtheiligen Valentin, Schutzpatron der Verliebten, geweiht. Die im 5. Jh. niedergeschriebene Vita des Heiligen berichtet, daß Valentin als Bischof von Terni im Jahre 197 von dem Rhetor Kraton nach Rom gerufen wurde, damit er dessen schwerkranken Sohn Cheremones heile; aber Valentin ließ es nicht bei der Heilung bewenden, sondern bekehrte ihn und seine ganze Familie sowie einige Gelehrte zum Christentum. Die Römer ließen ihn dafür enthaupten. Sein Leichnam wurde nach Terni zurückgebracht und auf dem Hügel, der damals noch außerhalb der Stadt lag, bestattet. Über dem Grab des Heiligen errichtete man im 17. Jh. die Basilika, die jetzt seine Reliquien aufnimmt.

Umgebung von Terni

Stroncone

Das 8,5 km südlich von Terni gelegene Stroncone (451 m ü. d. M.; 4340 Einw.) an der Grenze zu Latium bietet herrliche Ausblicke über die Talmulde von Terni. Die Bewohner leben noch vorwiegend von Landwirtschaft und Viehzucht. Jedes Jahr veranstaltet Stroncone den ‘Agosto Stronconese’ mit Konzerten, Ausstellungen und anderen kulturellen Veranstaltungen.

Das Dorf geht auf eine römische Siedlung zurück. Im Mittelalter bestand eine Burg, von der nur noch Teile eines Mauerrings Zeugnis ablegen. An der kleinen Piazza hinter dem Stadttor steht die Kirche San Giovanni mit Fresken aus der Schule der Zuccari. Außerdem kann man die Kirche San Nicolò besichtigen, die ein hübsches romanisches Portal aus dem 12. Jh. und im Innern einige Fresken besitzt. In der Kirche San Michele Archangelo werden zwei Holzskulpturen, ein Kruzifix und eine San Vincenzo di Paola darstellende Statue bewahrt. Der Palazzo Municipale ist Sitz eines kleinen Archivs mit einigen interessanten Stücken, u. a. neun mittelalterlichen illuminierten Chorbüchern aus der benachbarten Abtei San Benedetto in Fundis (Ruine).

Visciano

→ Narni, Umgebung

*Cascata delle Marmore

Johann Gottfried Seume

“Nun stieg ich, obgleich ich diesen Tag schon durch vier Meilen Apenninen von Spoleto heruntergekommen war, noch eine deutsche Meile lang den hohen Steinweg zu dem Falle des Velino hinauf. Das war Belohnung. Der Tag war herrlich, kein Wölkchen, und es wehte ein lauer Wind, der nur in der Gegend des Sturzes etwas kühl ward. Die Sonne stand schon etwas tief und bildete aus der furchtbaren Schlucht der Nera hoch in der Atmosphäre einen ganz hellen, herrlich glühenden und größeren dunklen Bogen im Staube des Falles. Ich saß gegenüber auf dem Felsen und vergaß einige Minuten alles, was die Welt sonst Großes und Schönes haben mag. Etwas Schöneres von Menschenhänden hat sie schwerlich aufzuweisen.”

Naturschauspiel auf Knopfdruck: die Wasserfälle bei Marmore ▶

Cascata delle Marmore, Klassisches Reiseziel

Der Schriftsteller Johann Gottfried Seume war keineswegs der einzige, der im 19 Jh. die Wasserfälle bei Marmore aufsuchte und in schwärmerische Begeisterung geriet ob des von Menschenhand geschaffenen Naturwunders. Auch Lord Byron, Charles Dickens, Stendhal und viele andere Zeitgenossen Seumes pilgerten auf ihrer Wanderung durch Italien zu den Cascata. Im Zeitalter der Romantik erfreuten sich die großartigen Kaskaden bei Malern und Dichtern ähnlich großer Beliebtheit wie die Clitumnusquellen bei ⟶ Trevi. Seine Anziehungskraft hat der künstlich angelegte Wasserfall bis heute nicht eingebüßt, im Gegenteil: seit das Wasser des Velino werktags von den Elektrizätswerken Centrale di Galletto umgeleitet und nur noch an bestimmten Tagen (s. u.) unter lautem Getöse zu Tal stürzt, ist der Wasserfall das Wochenend-Ausflugsziel schlechthin für Terni und sein Umland. Trotz des großen Andrangs an diesen Tagen sollte man den Cascata delle Marmore in jedem Fall einen Ausflug widmen, denn das Naturspektakel ist wahrhaft beeindruckend.

Lage und Anfahrt

Die Wasserfälle von Marmore liegen 7 km südöstlich von Terni in herrlicher Berglandschaft. Von Terni aus erreicht man sie entweder über die SS 209 Richtung Arrone (⟶ Valnerina), die am Fuß der Wasserfälle vorbeiführt, oder über die SS 79 nach Piediluco (⟶ Lago di Piediluco), wo man hinter dem Ort Marmore parken kann und sich den Kaskaden von oben nähert (Aussichtspunkte s. u.). Die SS 209 verläuft im Tal der Nera, vorbei an ehemaligen Industrieanlagen der Eisenverhüttung und an der oberhalb gelegenen Ortschaft Papigno, ebenfalls ein früherer Industriestandort.

Aussichtspunkte

In drei Kaskaden stürzen die gewaltigen Wassermassen des Velino den 165 m hohen, dicht bewaldeten Felsabhang hinab. Dichte Laubwälder bilden einen höchst malerischen Rahmen für die Cascata, deren Gischt bei Sonnenschein für die schillerndsten Regenbogen sorgt.

In seiner ganzen Länge bietet sich der Wasserfall von unten, von der Staatsstraße 209 dar. Da auf den dortigen Parkplätzen auch die Busse gerne halten, ist dieser Standpunkt zumindest an Wochenenden sehr stark frequentiert und nur zu empfehlen, wenn man wenig Zeit oder wenig Lust zu gehen hat. Folgt man der SS 209 noch ein Stück weiter in Richtung Piediluco, dann kann man hinter dem Tunnel linker Hand eine im Wald liegende Treppe hochsteigen, die zu dem Belvedere Pennarossa, einer Naturterrasse direkt gegenüber den Wasserfällen führt. Auch ein Feldweg, der rechts vor dem Tunnel abgeht, und sich am Wasserfall nach oben schlängelt, endet an einem schönen Aussichtspunkt.

Den oberen Teil der Kaskaden sieht man hervorragend, wenn man vom Bergrücken her, über den Ort Marmore anreist (über die SS 79; von dort ausgeschildert). Vom schattigen Parkplatz führt ein kurzer, leicht begehbarer Fußweg, nur mit gelegentlichen Steigungen und deshalb auch sehr familienfreundlich, zu einem weiteren Aussichtspunkt.

Geschichte

Die Cascata delle Marmore sind keine natürlichen Wasserfälle, sondern das Werk römischer Ingenieurskunst. Mit dem Ziel, die sumpfige Ebene von Rieti zu entwässern, wurde unter Konsul Manlius Curius Dentatus im Jahre 271 v. Chr. ein Kanal gegraben, in dem der träge fließende Velino den Grat des Kalkgebirges überwinden und über die steilen Felsen bei Marmore in die Nera fließen konnte. Die plötzliche Wasserzufuhr in der Ebene von Terni und im Gebiet von Narni führte allerdings in der Folgezeit wiederholt zu Überschwemmungen in der Ebene von Terni und im Gebiet von Narni. Verschiedene Abflußkanäle und Seitenarme mußten angelegt werden, um diese Gefahr in den Griff zu bekommen. Die Situation änderte sich im 19. Jh. mit der beginnenden Industrialisierung, als man die Wasserkraft für die Industriebetriebe benötigte. Im Jahre 1924 wurde das Elektrizitätswerk Centrale di Galletto in Betrieb genommen, das Cesare Bazzini in eine klassizistische Architektur verpackt hatte. Der Velino mußte dafür ein weiteres Mal umgeleitet werden. Um Terni nicht seines Naturspektakels zu berauben, werden die Wasser des Velino zu bestimmten Zeiten wieder durch ihr altes Kanalbett geschleust und die Wasserfälle ‘angeschaltet’.

Betriebszeiten

Die Kaskaden von Marmore rauschen nur dann so richtig, wenn die Elektrizitätsgesellschaft die Wassermassen umleitet. Die 'Betriebszeiten' sind vorwiegend auf die Wochenenden und die Sommermonate konzentriert. Auskunft darüber erteilt die Touristinformation in Terni, Tel. (0744) 423047, Fax 427259.

So. und Fei.

1. Okt.–15. März: 15.00–16.00 Uhr. 16. März–30. April und 1. Sept.–31. Okt.: 10.30–12.30 und 15.00–20.00 Uhr, Sa. 11.00–12.30, 16.00–21.00 Uhr. 1. Mai–31. Aug. sowie 22. Mai und 16. Aug.: 10.00–13.00 und 15.00–21.30, Sa. 11.00–12.30 und 17.00–22.00 Uhr.

Mo.–Fr.

16. März–31. Mai: 12.00–12.30, 15.30–16.00 Uhr. Juni und Sept.: 15.00–16.30 Uhr. Juli und Aug.: 11.00–12.30 und 17.00–18.30 Uhr.

Valnerina

→ dort

Todi **D 9**

Provinz: Perugia
Höhe: 400 m ü. d. M.
Einwohnerzahl: 16900

** Lage und Allgemeines

Auf einem Hügel am Zusammenfluß von Naia und Tiber angesiedelt, wirkt Todi wie ein uneinnehmbarer mittelalterlicher Borgo. Eine steil den Hang hochkletternde Altstadt, zwei bedeutende Kirchen, drei stolze mittelalterliche Kommunalpaläste und einer der angenehmsten und schönsten Plätze Umbriens machen Todi zu einem sehenswerten Reiseziel. Die Geburtsstadt von Jacopone da Todi (→ Berühmte Persönlichkeiten) war früher ein wichtiger Umschlagplatz für die landwirtschaftlichen Erzeugnisse des Hinterlandes, aber auch das Kunsthandwerk, insbesondere die Keramikherstellung, haben ihren Platz in der städtischen Wirtschaft. Mittlerweile spielt

Die Stadt mit der besten Lebensqualität der Welt – Todi

Lage und Allgemeines (Fortsetzung)

der Fremdenverkehr in Todi ebenfalls eine wichtige Rolle, und das nicht erst seit eine amerikanische Studie 1991 Todi zu der Stadt mit der weltweit besten Lebensqualität erklärte.

Feste und Veranstaltungen

Am Karfreitag wird in Todi der 'Pianto della Madonna', die sog. Wehklage der Madonna, aufgeführt. Es handelt sich dabei um eine Inszenierung der berühmten "Laude" von Jacopone da Todi. Eine vielbeachtete Verkaufsmesse für Kunsthandwerk aus ganz Italien findet alljährlich in den Monaten September und Oktober statt, wobei jedes Jahr die Erzeugnisse einer anderen Region im Mittelpunkt stehen. Im August feiert man in Todi das Musikfest "Todi Festival".

Geschichte

Todi lag im Grenzgebiet zwischen Etruskern und Umbrern, wie schon der etruskische Name Tular (= Grenze, lat. Tuder) andeutet. Einer Legende zufolge soll ein Adler die Stelle angezeigt haben, über der später die Stadt entstand – so erklärt sich der Adler auf dem Stadtwappen von Todi. Der Einfluß der benachbarten etruskischen Kultur spiegelt sich besonders deutlich im sog. "Mars von Todi", einer Bronzestatue, die in Todi gefunden wurde und heute in den Vatikanischen Museen aufbewahrt wird. Um 340 v. Chr. eroberten die Römer die Stadt, die 217 v. Chr. beim Lago Trasimeno als treue Verbündete Roms gegen die Truppen Hannibals kämpfte. Im Jahre 89 v. Chr. erhielt Todi den Status eines Munizipiums; zu Triumviratszeiten erklärte man sie zur Colonia Julia Fida Tuder und gewährte ihr das Recht, eigene Münzen zu prägen. Ihre ständig erweiterten Stadtmauern und die Lage hoch oben auf dem Hügelkamm bewahrte die Bewohner von Todi vor den Überfällen, denen zahlreiche umbrische Städte während der Völkerwanderungszeit ausgesetzt waren. Obgleich seit dem Niedergang des Langobardenreichs formal der päpstlichen Herrschaft unterstellt, trat auch Todi seit dem 12. Jh. als freie Kommune auf, die ihre Grenzen im Süden bis nach Amelia und Terni ausdehnte. Im 13. und 14. Jh., der Blütezeit Todis, entstanden die beiden großen Kirchen (Dom und San Fortunato), ein weiterer, dritter Mauerring um das gewachsene Stadtgebiet, die drei Kommunalpaläste sowie ein modernes Kanalisationssystem. Ihre guelfische Gesinnung bescherte der Stadt 1240 den Einzug von Friedrich II. Im Jahre 1373 bekräftigte Kardinal Albornoz durch den Bau einer Rocca den päpstlichen Anspruch auf Todi, das vom 14. bis zum 16. Jh. von verschiedenen Signorien regiert wurde (u. a. von den Atti). 1523 raffte die Pest mehr als die Hälfte der tudertinischen Bevölkerung dahin. Cesare Borgia eroberte die Stadt zu Beginn des 16. Jh.s endgültig für den Kirchenstaat zurück.

Sehenswertes

*Stadtbild

Das mittelalterliche Zentrum von Todi liegt auf zwei Anhöhen, die von den beiden großen Kirchenbauten, dem Dom und der Chiesa San Fortunato eingenommen werden. Insgesamt drei Mauerringe, die das stetige Wachstum der Stadt im Mittelalter belegen, lassen sich heute noch im Stadtbild ausmachen. Malerische Winkel gibt es vor allem in den ältesten Vierteln zwischen diesen beiden Point-de-vues, aber auch östlich unterhalb der Piazza Garibaldi. Wer die steil zum Zentrum hochführende Via Matteotti, später Corso Cavour, mit den hohen, zum Teil etwas düsteren Putzfassaden hochgestiegen ist, wird von der heiteren, offenen Stimmung auf der Piazza del Popolo und in den umliegenden Gassen und Plätzen angenehm überrascht sein.

**Piazza del Popolo

Allgemeines

Das einzige größere Plateau auf der Hügelstadt Todi nimmt die über dem römischen Forum angelegte Piazza del Popolo ein, die vor allem von mittelalterlichen Bauwerken gerahmt wird. Dominierend erhebt sich an der

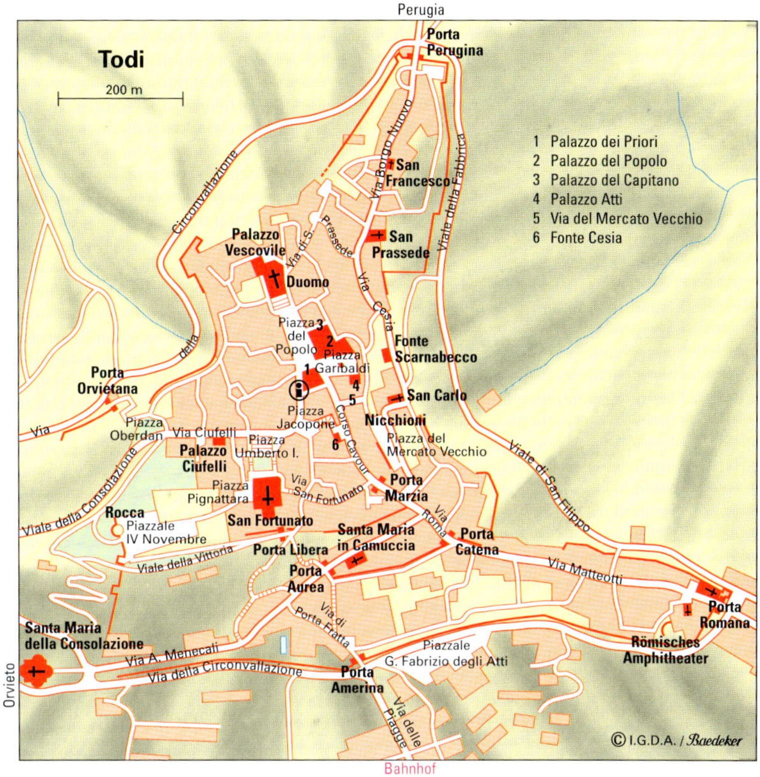

Piazza del Popolo (Fortsetzung)

Stirnseite der Dom, zu dessen imposanter Tafelfassade eine Treppe in der fast vollen Breite des Kirchenbaus hinaufführt. Dem Dom gegenüber beansprucht der mittelalterliche, ebenfalls turmüberragte Palazzo dei Priori die gesamte südliche Platzseite, während an der Ostseite der Palazzo del Capitano und der Palazzo del Popolo zu einem Gebäudekomplex verschmelzen. Der für die Familie Atti errichtete, unvollendete Renaissancepalast links vom Dom, ein Putzbau mit schwerer Eckrustika, fügt sich bestens in das mittelalterliche Bauensemble. Vom dortigen Café aus kann man den angenehmen Platz in Ruhe auf sich wirken lassen.

Palazzo dei Priori

Als Amtssitz der städtischen Prioren diente der Ende des 13. Jh.s erbaute Palazzo an der Südseite der Piazza. Sein breitgelagerter Eindruck entstand durch die nachträgliche Erweiterung um zwei Fensterachsen in den 30er Jahren des 14. Jh.s. Über der linken Gebäudeecke wurde 1369 bis 1385 der Turm aufgeführt. Die Renaissancefenster (1513) stammen aus der Zeit, als der Palazzo von den päpstlichen Statthaltern als Residenz genutzt wurde.

*Palazzo del Popolo

Mit der Schmalseite stößt der Palazzo del Popolo an die Piazza, der ab 1213 errichtet wurde. Der zinnenbekrönte Palast weist nur im Piano nobile und im obersten, Ende des 13. Jh.s aufgesetzten Geschoß gebündelte Rundbogenfenster auf, die den strengen, wuchtigen Charakter des Ge-

Palazzo del Popolo (Fortsetzung)

bäudes etwas auflockern. Im Erdgeschoß die obligate Halle mit offenen, aber ebenfalls schwer anmutenden Arkaden. Über die breite Freitreppe gelangt man sowohl in den Ratssaal des Palazzo del Popolo als auch in den anschließenden Palast des Volkskapitäns.
Im Palazzo del Popolo hat auch das städtische Museum seinen Sitz (geöffnet Di. – So. 10.30 – 13.00 und 14.00 – 17.00 Uhr). Es umfaßt eine numismatische und eine archäologische Sammlung sowie kostbare Gewänder, Gemälde und Keramiken.

*Palazzo del Capitano

Etwa zur gleichen Zeit wie der Palazzo dei Priori entstand neben dem Palazzo del Popolo der Amtssitz des capitano del popolo. Über einer offenen Erdgeschoßhalle sitzen zwei Geschosse mit eleganten Drillingsfenstern. Die Fenster des Piano nobile werden von Maßwerkrosen und Wimpergen überfangen; im oberen Geschoß übernimmt dies ein schlichter umbrischer Rundbogen.

Eindrucksvolle Relikte aus der Zeit der freien Stadtrepubliken: der Palazzo del Capitano und der zinnenbekrönte Palazzo del Popolo an der gleichnamigen Piazza

*Dom Santa Maria

Im 12. Jh. wurde mit dem Bau der Bischofskirche begonnen, die im wesentlichen in der ersten Hälfte des 13. Jh.s entstanden sein dürfte. Die in gelbem und rötlichem Stein leuchtende, von einem gedrungenen Campanile überragte Eingangsseite entspricht mit ihren drei Portalen und (diesen zugeordnet) zwei kleinen und einer großen, allerdings erst später eingesetzten Fensterrose dem Typus der romanischen Tafelfassade umbrischer Kirchen. Die seitlichen Rosen sitzen nicht in der Achse der Portale, so daß man annimmt, daß ihre Öffnungen schon im 12. Jh. freigehalten, aber erst im 13. Jh. mit Maßwerk gefüllt wurden. Auf den Konsolen der vier Pilaster standen einst die Symbole der vier Evangelisten, die heute im

Todi

1 Fresko "Jüngstes Gericht" (1596)
2 Skulpturen aus dem Umkreis von Giovanni Pisano
3 Taufbecken (15. Jahrhundert)
4 Chorapsis mit Gestühl (1521 - 1530)
5 Abgang zur Krypta

Dom Santa Maria

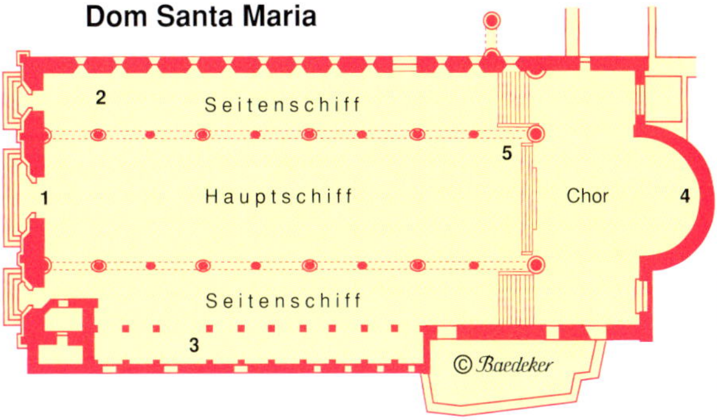

Dom (Forts.)

Dominneren zu sehen sind. Das Mittelportal wird von abgetreppten Bögen gerahmt, von denen der mittlere reiche Ornamentik aufweist. Beachtung schenken sollte man auch dem schön gearbeiteten Bogenfries an der rechten Langhausseite.
Das von einem offenen Dachstuhl bedeckte Innere ist dreischiffig angelegt, mit gewölbtem Querschiff und halbrunder Chorapsis in der Breite des Mittelschiffs. Das vierte, kreuzrippengewölbte Seitenschiff, auch navatina (ital. Schiffchen) genannt, stellt eine Ergänzung des 14. Jh.s dar. Hier wie auch im Langhaus gilt es, die fein ausgearbeiteten, florale und figürliche Motive aufweisenden Kapitelle genauer zu betrachten. An der Wand über dem Eingangsportal prangt das 1596 von Ferraù da Faenza gemalte, monumentale Fresko, das Michelangelos "Jüngstem Gericht" nachempfunden ist.
Im zweiten Joch der navatina hat sich als Fragment ein Fresko von Lo Spagna ("Heilige Dreifaltigkeit", 1515) erhalten; das Taufbecken im dritten Joch stammt aus dem 15. Jh. (mit modernem Aufsatz). Von Lo Spagna stammen die beiden Tafeln "Petrus" und "Paulus" an den Vierungspfeilern (1515/1516).

Palazzo Vescovile, Via Paolo Rolli

An der linken Seite des Doms ließ Bischof Angelo Cesi 1593 den Bischofspalast im Stil der Renaissance errichten. Das rustizierte Portal schuf Vignola, der auch beim Bau von Santa Maria della Consolazione zugezogen wurde. Westlich hinter dem Bischofspalast, bei der Via Paolo Rolli, beginnt eines der ältesten 'quartiere' Todis. Durch verwinkelte Gassen gelangt man zur westlichen Stadtmauer, die hier noch etruskische und römische Mauerabschnitte aufweist.

Von der Piazza del Popolo in die östliche Altstadt

Piazza Garibaldi

An der Südostseite der Piazza del Popolo, zwischen Palazzo dei Priori und Palazzo del Popolo, öffnet sich der nach dem italienischen Freiheitskämpfer und Volkshelden Giuseppe Garibaldi benannte, mit seinem Denkmal geschmückte Platz. Die unbebaute Ostseite gibt den Blick frei auf die am Hang darunterliegenden Häuser und Gärten, die der nachfolgende Rundgang streift.

Palast der Atti

An der Südseite des Platzes steht der zweieinhalbgeschossige Renaissancepalast mit rustiziertem Eingangsportal, den sich die Patrizierfamilie der Atti 1552 bauen ließ.

Corso Cavour, * Via del Mercato Vecchio

Von der Piazza Garibaldi biegt man in den Corso Cavour ein, von dem nach wenigen Metern links die malerische Treppengasse Via del Mercato Vecchio abzweigt. Sie verbindet den Corso mit einem schmalen, von halb-

Corso Cavour, Via del Mercato Vecchio (Fortsetzung)

hohen Böschungsmäuerchen gesäumten Panoramaweg am Osthang von Todi, von dem man schöne Ausblicke auf die Umgebung genießt. Die beinahe düstere Atmosphäre im Corso Cavour weicht hier einer heiteren, beinahe ländlichen Stimmung. Zwischen den schlichten Häusern mit den typischen Hausteinfassaden breiten sich auf schmalen Terrassen hübsche kleine Gärten aus, in denen Oliven, Wein und Gemüse angebaut wird.

Abstecher zur Porta Perugina

Der Weg durch die Häuser und Gärten mündet schließlich in die Via Cesia, die nach Norden durch den Borgo Nuovo bis zur mittelalterlichen Stadtmauer mit der stattlichen Porta Perugina führt. Auf dem Weg dorthin liegt rechts die Chiesa San Francesco, die ein sehenswertes Fresko aus dem Jahre 1346 birgt. Es zeigt den Eintritt der Menschen vom Fegefeuer ins Paradies, ein Motiv, das auf die Legende des hl. Patrick zurückgeht, der angeblich den Eingang zum Fegefeuer entdeckte. In einer Zelle des dazugehörigen Konvents starb 1285 der hl. Filippo Benizi, der zu den Gründern des Servitenordens gehört.

Fonte Scarnabecco, San Carlo

Wendet man sich bei der Einmündung des Panoramawegs in die Via Cesia nach rechts, dann kommt man nach wenigen Metern zur Fonte Scarnabecco, einem alten Waschbrunnen, der mit seinen Rundbogenarkaden an eine kleine Loggia erinnert. Der Podestà Scarnabecco veranlaßte 1241 den Bau dieses Brunnens. Folgt man weiter der Via Cesia, dann kommt man zu der romanischen Kirche San Carlo, die schon im Jahre 1118 erwähnt und 1249 umgestaltet wurde. Auf dem Dach des schlichten Kirchleins sitzt ein zweigeschossiger, segelförmiger Glockenturm.

Nicchioni

Von San Carlo geht es wieder bergauf zur Piazza del Mercato Vecchio mit den vier monumentalen, aus Travertinblöcken geschlagenen Nischen aus dem ersten Jahrhundert. Vermutlich waren sie Teil einer Substruktion für das darüberliegende, nicht erhaltene Gebäude. Im Mittelalter wurde auf dem Platz der städtische Markt abgehalten (heute Parkplatz). Über die Via del Mercato Vecchio erreicht man wieder den Corso Cavour, den man einige Meter hinuntergeht bis zu dem kleinen Platz vor der Fonte Cesia.

Fonte Cesia, Piazza Jacopone

Der tudertinische Bischof Angelo Cesi ließ den barocken Wandbrunnen im Jahre 1606 an dieser Stelle errichten. Über die Treppen rechts neben der Fonte Cesia erreicht man mit der Piazza Jacopone wieder die ‘Oberstadt’ von Todi. Linker Hand zweigt die Via Mazzini mit schönen Geschäften (u. a. Kunsthandwerk und umbrische Spezialitäten) zur Piazza del Popolo ab. Hält man sich rechts, dann kommt man zur Piazza Umberto, von der eine abgetreppte Rampe vor die Fassade der hochgelegenen Franziskanerkirche San Fortunato führt. Zuseiten des Aufgangs einige schöne alte Stadtpaläste.

*San Fortunato

Allgemeines

Nicht einem franziskanischen Heiligen, sondern dem Märtyrer und Stadtpatron Fortunatus wurde die große, weit über die Grenzen Todis hinaus berühmte Hallenkirche auf dem zweiten Stadthügel von Todi geweiht. Ihr Standort innerhalb des mittelalterlichen Mauerrings ist ebenso ungewöhnlich wie die Tatsache, daß sie entgegen den franziskanischen Baugewohnheiten als Hallenkirche mit eingewölbten Schiffen zur Ausführung kam. Die Wahl des Bauplatzes bestimmte wohl der Vorgängerbau, eine Klosterkirche des Vallombrosanerordens, und die Entscheidung für eine Hallenkirche wird wesentlich dem damaligen Bischof von Todi, dem Franziskaner Matteo d’ Acquasparta zugeschrieben, der durch seinen Aufenthalt in Paris die französische Gotik und ihre Neuerungen in der Wölbetechnik kannte.

Die Bauarbeiten an der großen Kirche dauerten ungewöhnlich lang – von der Grundsteinlegung 1292 bis zur 1463 abgeschlossenen Einwölbung vergingen beinahe zwei Jahrhunderte. 1328 waren der Chor und die bei-

San Fortunato (Fortsetzung)

den östlichen Langhausjoche vollendet. Nach langer Bauunterbrechung wurden ab 1408 die westlichen Joche fertiggestellt, die Kirche eingewölbt und der Campanile errichtet.

Fassade

Die breitgelagerte Fassade blieb unvollendet; nur die untere Hälfte stammt aus der Erbauungszeit. In die glatten, nur durch flache Pilaster gegliederte Wandfläche sind drei Gewändeportale eingelassen, von denen die beiden seitlichen den umbrischen Rundbogen zeigen, während der mittlere angespitzt ist. Besondere Aufmerksamkeit verdienen die reichen Steinmetzarbeiten am Hauptportal (Verkündigungsgruppe, Heilige u. a.), stilistisch stehen sie, wie man an den von Rankenwerk umschlungenen Halbmenschen erkennt, bereits an der Schwelle zur Renaissance.

Todi • San Fortunato

1 Gotisches Weihwasserbecken
2 Fresko "Madonna mit Kind" von Masolino da Panicale
3 Fresken mit Szenen aus dem Leben des hl. Franziskus
4 Kanzel
5 Abgang zur Krypta
6 Freskenfragmente des 14. Jahrhunderts
7 Weihwasserbecken

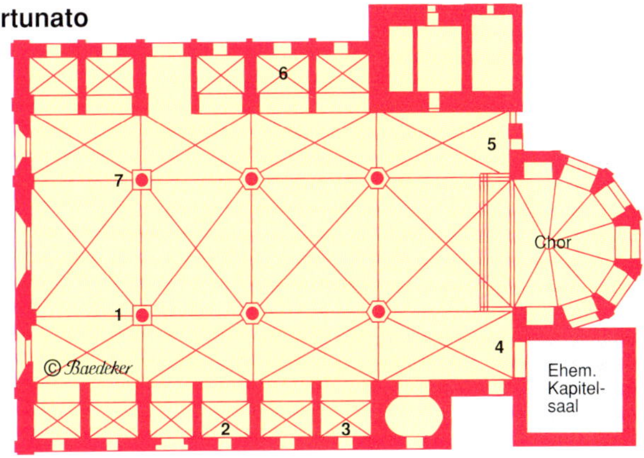

Inneres

Im Innern erst eröffnet sich dem Betrachter die Anlage des Gotteshauses als Hallenkirche: Alle drei Schiffe sind gleich hoch und werden von einem Gewölbe überspannt. Durch weite Stellung der schlanken, über hohen Sockeln aufsteigenden Pfeiler verschleifen die drei Schiffe zu einem einheitlichen, lichtdurchfluteten Raum. Das Gewölbesystem macht nicht bei den Kapitellen der Pfeiler halt, sondern wird konsequent in den Pfeilervorlagen bis zum Sockel der Stützen heruntergeführt. Von französischen oder deutschen Hallenkirchen unterscheidet sich San Fortunato durch das enorm breite Mittelschiff, das fast die doppelte Breite der Seitenschiffe erreicht. Der imposante Raumeindruck wird nur durch die später aus statischen Gründen eingezogenen Schwibbögen beeinträchtigt. Begleitet wird die Halle an den Längsseiten von kleinen, annähernd quadratischen Kapellen, die mit der finanziellen Unterstützung angesehener Familien erbaut wurden und deren Grabstätten aufnahmen. In der 1596 unter den Chorraum eingebauten Krypta befinden sich die Grabstätten des hl. Fortunatus und des Jacopone da Todi (→ Berühmte Persönlichkeiten). Die Fresken in den Kapellen sind größtenteils nur in Fragmenten erhalten; besonders schön die “Madonna mit Kind” von Masolino da Panicale (1432) in der vierten Kapelle rechts sowie die Episoden aus dem Leben des Ordensgründers Franziskus zwei Kapellen weiter (14. Jh.), die sich an den Fresken Giottos in der Oberkirche von San Francesco in Assisi orientieren. Das Weihwasserbecken am ersten Pfeiler links besteht aus zwei reich skulptierten, romanischen Kapitellen des Vorgängerbaus.

Kreuzgang

Nach der Besichtigung von San Fortunato empfiehlt sich ein Spaziergang hinauf zur ehemaligen Rocca. Wendet man sich vor der Kirche nach links, dann kommt man zunächst auf die kleine Piazza Pignattara, so benannt,

Kreuzgang (Fortsetzung)

weil hier früher der Töpfermarkt abgehalten wurde. Von dort gelangt man in den Kreuzgang des Franziskanerklosters aus dem 13. Jahrhundert.

Rocca, Park

Etwas weiter westlich wachte bis ins Jahr 1503 die 1373 von Kardinal Albornoz errichtete Rocca über die Stadt. Ein Rundturm und einige wenige Mauerreste sind der kümmerliche Rest dieser Zwingburg, an deren Stelle (Piazzale IV Novembre) sich heute eine Parkanlage mit Pinien, Zypressen, ja sogar Palmen ausdehnt. Von hier oben genießt man einen phantastischen Blick durch die Bäume auf die Kuppelkirche Santa Maria della Consolazione, die etwas weiter unten, am Übergang zur Ebene, die Landschaft dominiert. Um ins Zentrum von Todi zurückzukehren, nehme man den Treppenweg beim Rundturm, der etwas weiter unten auf die Strada delle Cerquette trifft. Dort gibt es noch einmal eine kleine Aussichtsterrasse mit schönem Ausblick auf die westlichen Stadtviertel (Piazza Oberdan). Über die Via Ciuffelli (rechts der Palazzo Ciufelli mit einem Portal aus rustizierten Quadern) erreicht man wieder die Piazza Umberto.

*Aussicht

Weitere Kirchen

Todi besitzt zahlreiche kleine Kirchen, u.a. San Prassede an der Via di Borgo Nuovo, wo im angrenzenden Kloster Martin Luther auf seiner Romreise 1510 Quartier nahm, San Filippo Benizi aus dem 15. Jh. mit einer Statue des Heiligen, die möglicherweise Lorenzo Bernini geschaffen hat, und die in der südlichen Altstadt gelegene Chiesa Santa Maria Camuccia aus dem 13. Jh., die als kostbarstes Ausstattungsstück eine aus Holz geschnitzte "Madonna mit Kind" besitzt. Das Kunstwerk wurde allerdings im Dezember 1988 gestohlen und ist seit seiner Wiederauffindung in Restaurierung. Bei den beiden Säulen am Kirchenportal handelt es sich um antike Spolien.

*Santa Maria della Consolazione

Geschichte

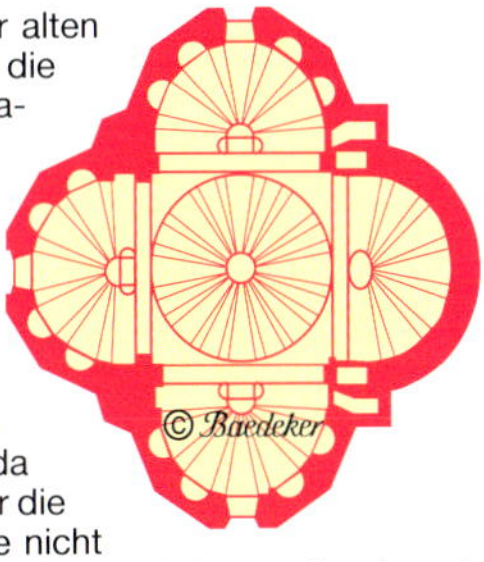

Im Südwesten von Todi, vor den Toren der alten Stadtmauern, erhebt sich majestätisch die Wallfahrtskirche Santa Maria della Consolazione, ein Zentralbau über kleeblattförmigem Grundriß, der in einer hohen Tambourkuppel kulminiert. Den Bau einer Kirche an dieser Stelle löste angeblich 1508 ein Marienwunder aus, das zahlreiche Pilger zur Stätte des Wunders zog. Noch im selben Jahr wurde der Grundstein gelegt für eine Wallfahrtskirche, deren Bauleitung bis 1512 Cola di Matteuccio da Caprarola übernahm. Von wem die Pläne für die Renaissancekirche stammten, ist bis heute nicht geklärt, wenngleich mehrere, zum Teil namhafte Architekten zeitweise mit dem Projekt betraut waren, so u.a. Baldassare Peruzzi (1518), der Festungsbaumeister Antonio di Sangallo d.J. (1532), Vignola (1565) und Galeazzo Alessi (1567). Der perusinische Baumeister Valentino Martelli entwarf nach dem Vorbild der Peterskirche in Rom die Kuppel mit Ädikulafenstern und Nischen am Tambour.

Außenbau

Der kuppelbekrönte Zentralbau war in der Renaissance ein beliebter Bautypus, ebenso wie die Konzeption der Kirche als freistehendes Gebäude mit mehreren Schauseiten den Forderungen der zeitgenössischen Architekturtheorie entsprach.

Inneres

Die Wirkung des ganz in weiß gehaltenen Innenraums bliebt hinter der grandiosen äußeren Erscheinung der Kirche zurück; insbesondere die in

◀ *Renaissance in Umbrien: Die Wallfahrtskirche Santa Maria della Consolazione am Stadtrand von Todi*

Santa Maria della Consolazione (Fortsetzung)

der Außenansicht so dominante, alle Bauteile subsummierende Kuppel entfaltet im Innern keine Kraft. Der zweigeschossige Wandaufriß des Außenbaus wiederholt sich innen durch die doppelte Pilasterordnung. Auf dem Altar der Hauptapsis steht das Madonnenbild aus dem 15. Jh., dessen Wundertätigkeit den Anlaß für den Bau der Kirche gab. Die überlebensgroßen Apostelfiguren in den Nischen gelten als Arbeiten aus der Schule von Ipollito Scalza und werden ins späte 16. oder frühe 17. Jh. datiert.

Santissimo Crocefisso

Ein weiterer, allerdings weitaus weniger spektakulärer Renaissance-Zentralbau (um 1600) liegt wenige hundert Meter vor der Porta Romana im Osten Todis. Die Entwürfe stammen vermutlich von Valentino Martelli, der ebenfalls am Bau von Santa Maria della Consolazione beteiligt war. Ippolito Scalza führte den Bau zu Ende. Im Innern ein Altar von Andrea Polinori ("Papst Innozenz III. bestätigt die franziskanischen Regeln") und ein Ölbild ("San Carlo Borromeo im Kreis von Engeln") von Giovanni Baglioni.

Torgiano D 7

Provinz: Perugia
Höhe: 219 m ü. d. M.
Einwohnerzahl: 5100

Lage und Bedeutung

Was Deruta in Umbrien für die Keramik bedeutet, ist der kleine, 15 km südlich von Perugia gelegene Ort Torgiano für den Weinbau, wo Umbriens bekannteste DOC- und DOCG-Weine angebaut werden. Kein Wunder, daß die Hauptattraktion des ruhigen Provinzstädtchens (neben den Probierstuben) ebenfalls mit dem Wein in Verbindung steht: die Winzerfamilie Lungarotti, der auch das erstklassige Hotel Le Tre Vaselle gehört, hat in einem alten Palazzo ein Weinbaumuseum eingerichtet, das wegen seiner beispielhaften Präsentation überregionale Bekanntheit genießt.

*Weinbaumuseum

Das Weinbaumuseum hat seinen Sitz im altehrwürdigen Palazzo Graziani-Baglioni (17. Jh.) am zentralen Corso Vittorio Emanuele (geöffnet im Sommer 9.00–13.00 Uhr und 15.00–19.00 Uhr, im Winter 9.00–13.00 und 15.00–18.00 Uhr). Präsentiert wird die materialreiche Sammlung zur Weinkultur im Erdgeschoß sowie in den gewölbten Weinkellern des Gebäudes, die für den Besucher zu einem thematisch und chronologisch geordneten Rundgang verbunden sind. Die ersten Räume veranschaulichen die Bedeutung des Weins als Nahrungsmittel von den Anfängen des Anbaus in Umbrien.

In die Darstellung der Weinbaugeschichte mit den jeweiligen Methoden und Geräten werden auch die damit verbundenen Gewerbe miteinbezogen, so die Korbflechterei oder die Küferei. Unter dem Motto "Der Wein in der Heilkunde" werden in den folgenden Räumen Apothekergefäße, Weinkrüge, alte Handschriften und Rezepturen gezeigt. Der "Wein in der Mythologie" ist das dritte große Thema der Ausstellung. Insbesondere Dionysos, der griechische Gott der Fruchtbarkeit und der Ekstase, spielt hier eine wichtige Rolle. Spitzenstück dieser Abteilung ist der 1528 datierte und signierte Teller des berühmten Töpfermeisters Giorgio Andreoli aus Gubbio, auf dem die "Kindheit des Weingottes Bacchus" dargestellt ist. Die reiche Kollektion von Majoliken, die vom Mittelalter bis zum Barock reicht, macht deutlich, wie eng verknüpft in Umbrien die Entwicklung vonWeinanbau und Töpferkunst sind.

Trevi

F 8

Provinz: Perugia
Höhe: 425 m ü. d. M.
Einwohnerzahl: 7600

**Lage und Allgemeines

Trevi ist eines jener typischen Städtchen am Ostrand der Valle Umbra, die den Vorbeifahrenden mit ihrem reizvollen Stadtpanorama in den Bann ziehen. Oben auf der Spitze des Hügelkamms, der sich als Ausläufer des 1428 m hohen Monte Serano entpuppt, grüßen die grün schimmernde Kuppel des Doms und der spitze Campanile. Die kompakte Altstadt mit ihren Häusern aus hellem, freundlichem Naturstein breitet sich stufenförmig am Hang aus, eingebettet in endlos scheinende Olivenhaine, die bis an die dicht bewaldeten Hänge des Monte Serano heranreichen. Die silbern leuchtenden Ölbäume steigern nicht nur die malerische Wirkung des Ortsbildes, sondern leisten auch einen beachtlichen Beitrag zur Wirtschaft des Städtchens, das für sein gutes Olivenöl bekannt ist.

Feste und Veranstaltungen

Nicht nur in Gubbio gibt es eine 'Corsa', auch in Trevi: am ersten Sonntag im Oktober treten die Trevianer zur 'Corsa dei Carri' an, bei dem, wie der Name schon sagt, handgezogene Wagen durch die Straßen geschoben werden. Weitaus gemächlicher geht es bei der feierlichen Prozession am 27. Januar jedes Jahres zu Ehren des Stadtpatrons St. Emilianus zu.

Geschichte

Die römische Siedlung namens Trebiae lag vermutlich sowohl an der Via Flaminia, die unten im Tal vorbeiführte, als auch oben auf dem Hügel, wo sich in den unsicheren Zeiten des frühen Mittelalters das Städtchen herausbildete. Während der Herrschaft der Langobarden in Mittelitalien gehörte Trevi zum Herzogtum Spoleto. Die mächtigen Trinci aus Foligno regierten Trevi im 14. Jh., bevor das Städtchen im Kirchenstaat aufging.

Sehenswertes in Trevi

Casa Petrucci, Palazzo Comunale

Die meisten Besucher folgen (von der SS 3 kommend) der ausgeschilderten Straße, die in einem Bogen um Trevi herumgeführt wird und bei der weiten Piazza Garibaldi in die Oberstadt einmündet (Parkplatz, Busbahnhof). Von der Piazza Garibaldi sind es nur wenige Meter durch die Via Roma bis zur zentralen Piazza Mazzini. Bevor man den Platz erreicht, beachte man rechts an der Einmündung der Via Zappelli die Casa Petrucci mit ihren schönen Sgraffito-Malereien an der Fassade (1508). Dargestellt ist die griechische Jagdgöttin Diana mit Aktaion, der sie beim Bade überraschte und zur Strafe von ihr in einen Hirsch verwandelt wurde. An der Piazza Mazzini gefällt der Palazzo Comunale aus dem 14. Jahrhundert. Der Kommunalpalast wurde im 15. und 16. Jh. mehrfach Umbauten unterzogen. Hinter den Arkaden im Erdgeschoß liegt eine offene Halle, rechts neben dem Bauwerk ragt die Torre civica aus dem 13. Jh. hoch.

San Francesco, *Museo Civico

In der 1288 errichteten, heute eng umbauten Franziskanerkirche, zu der von der Piazza Mazzini die gleichnamige Straße hinführt, und im angrenzenden Franziskanerkonvent wurde 1997 das sehenswerte Städtische Museum wiedereröffnet. Es dokumentiert auf drei Etagen die Stadtgeschichte von Trevi; außerdem besitzt das Museum eine interessante Kunstsammlung (geöffnet Okt.–März Fr.–So. 10.30–13.00, 14.30 bis 17.00, April/Mai und Sept. Di.–So. 10.30–13.00, 14.30–18.00, Juni und Juli Di.–So. bis 19.00, Aug. tgl. 10.30–13.00 und 15.00–19.30 Uhr). Spitzenstück der Gemälde-Kollektion ist die großformatige "Marienkrönung", die der Renaissancemaler Lo Spagna 1522 fertigstellte.
Im Rahmen des Museumsrundgangs kann auch die schlichte, einschiffige Kirche besichtigt werden, in der u. a. Grabmäler aus dem 14. Jahrhundert erhalten sind.

Dom Sant' Emiliano

Dem hl. Emilianus, der im Jahre 302 unter Diokletian den Märtyrertod starb, ist der Dom von Trevi geweiht, der sich über einem der Diana Trivia gewidmeten Tempel erhebt. Romanische Bauteile des ursprünglichen Baus aus dem 12. Jh. finden sich noch an der rechten äußeren Langhauswand. Es handelt sich um drei Apsiden, die Lisenen und Bogenfriese aufweisen. Die dreischiffige Kirche wurde 1475 erweitert, 1775 erneut umgebaut und schließlich 1893 von dem römischen Architekten Luca Carimini regotisiert. Aus der ersten Umgestaltungsphase stammt das Hauptportal mit einem Relief, das den hl. Aemilianus zwischen zwei Löwen zeigt. Etwas später datiert der monumentale marmorne Sakramentsaltar im Kircheninnern, den Rocco di Tommaso um 1520 geschaffen hat. In einem römischen Cippus ruhen die Gebeine des Titelheiligen, zusammen mit zwei eisernen 'Skorpionen', Foltergeräten, die man zum Zerfetzen des Fleisches verwendete. Die barocke, polychrom gefaßte Holzstatue (18. Jh.) von Emiliano ist vermutlich das Werk eines deutschen Holzschnitzers.

*Trevi Flash Art Museum

Trevi hat nicht nur alte Kunst zu bieten, sondern auch brandaktuelle – im Trevi Flash Art Museum, das 1993 in den ehrwürdigen Räumen des Palazzo Lucarini eröffnet wurde (geöffnet Mi.–So. 14.00–19.00 Uhr). Nicht nur, aber auch in Anbetracht der Tatsache, daß es in Italien kaum eine Handvoll Museen mit zeitgenössischer italienischer Kunst gibt, ist diese Sammlung für Trevi und seine Besucher ein Glücksfall.

San Martino
*Blick auf Trevi

Vom Ausgangspunkt der Stadtbesichtigung, der Piazza Garibaldi, lohnt ein kurzer Spaziergang auf der Alleenstraße Via Ciuffelli zum Franziskanerkonvent San Martino – nicht so sehr wegen des Klosters, sondern vor allem wegen der Landschaft und dem herrlichen Blick auf Trevi, den man von hier genießt.
Das Hauptportal der Kirche aus dem 14. Jh. schmückt ein sehenswertes Lünettenfresko von Tiberio d' Assisi ("Madonna mit Kind und zwei Engeln", 1511). Im Innern malte derselbe Künstler die "Mantelspende des hl. Martin" links vor dem Presbyterium, rechts des Altarraums ein Fresko ("Madonna und Heilige") des Folignaten Pier Antonio Mezzastris.

Umgebung von Trevi

*Madonna delle Lacrime

Unterhalb der Stadt, an der Verbindungsstraße zur SS 3, liegt die Renaissancekirche, die 1475 nach Plänen von Antonio Marchisi entstand (Innenbesichtigung auf Anfrage beim Konvent von San Martino). Mit der "Anbetung der Könige" (am zweiten Altar rechts) besitzt sie ein sehenswertes Spätwerk von Perugino, dem berühmtesten Maler Umbriens (→ Berühmte Persönlichkeiten). Eine Kapelle des linken Querhauses freskierte Giovanni di Pietro, bekannt als Lo Spagna (um 1450 bis 1528).

Pissignano

Oberhalb der SS 3 nach Spoleto, nach 5,5 km, liegt der Ort Pissignano, ein noch ganz mittelalterlich anmutender Borgo mit kleinen Steinhäusern. Schutz bot ihnen einst die aus hellem Stein errichtetet Burg aus dem 11./12. Jh., deren Reste vom Hügel San Benedetto, einem Ausläufer des Monte Santo, auf die Valle Umbra herabblickt. Die Burganlage ist nur von außen zu besichtigen.

*Tempietto del Clitunno (Clitumnustempel)

Lage und Allgemeines

4 km südlich von Trevi, etwas versteckt am Hang einer Böschung an der SS 3, steht der Tempietto del Clitunno (geöffnet Di.–So. April–Okt. 9.00–19.00, Nov.–März 9.00–14.00 Uhr). Der erste Eindruck, es handele sich hier um einen Tempel, täuscht, denn der Tempietto ist eine

Aus antiken Spolien zusammengesetzt: die Fassade des Tempietto del Clitunno bei der gleichnamigen Quelle ▶

Tempietto del Clitunno (Fortsetzung)

christliche Kirche. Die genaue Entstehungszeit des Gotteshauses beschäftigt die Forschung bis heute; nach neuesten, durch physikalische Untersuchungen gestützten Erkenntnissen wird der Tempietto in die Zeit der Langobarden oder Karolinger (6.–8. Jh.) datiert. Sicher ist, daß beim Bau Teile eines heidnischen Tempels verwendet wurden, insbesondere die Gebälkstücke und Säulen an der Giebelfront. Man erkennt dies beim Nähertreten besonders gut am Schaft der Säule ganz rechts, wo die einzelnen Trommeln nicht genau aufeinander passen. Auch das enge Nebeneinander von Säulen und Eckpilastern entspricht nicht antiken Baugewohnheiten, sondern verweist auf eine mittelalterliche Konstruktion. Ursprünglich schlossen auch die beiden schmalen seitlichen Flügel, zu den die verbliebenen Treppen hinaufführen, mit einem Portikus. Diese kamen allerdings durch Menschenhand oder durch Naturgewalt zum Einsturz; ein Priester verkaufte 1730 die Marmorteile.

Fassade

Der Außenbau wird von der Tempelfront mit vier Säulen und zwei Eckpilastern dominiert. Die Säulenschäfte sind geschuppt bzw. mit spiralförmigen Kanneluren überzogen. Unter dem Giebelfeld, dessen Reliefschmuck stilistisch den Portalrahmungen von San Salvatore in → Spoleto ähnelt, verweist eine Inschrift auf Christus den Erlöser (Salvator), dem die Kirche wohl geweiht war.

Inneres

Das Innere besteht aus einer kleinen, überwölbten Cella, die in eine halbrunde Apsis mündet. Die dortigen Wandmalereien werden ins 8. Jh. datiert.

*Fonti di Clitunno (Clitumnusquellen)

Allgemeines

Etwa 2 km hinter dem Tempietto an der SS 3 kündigt ein großangelegter Parkplatz die Fonti del Clitunno an. Bei den Karstquellen, die hier aus der

Im 19. Jh. von Dichtern und Malern gerühmt – die Quellen des Clitumnus

Fonti di Clitunno (Fortsetzung)

Erde sprudeln, befand sich in der Antike eine geheiligte Stätte, und in der Nähe stand wohl auch ein Tempel, der das Material für den frühmittelalterlichen Clitumnustempel hergab (s. o.).

Öffnungszeiten
1. 4.–15. 6.
9.00–13.00
14.00–19.00
16. 6.–15. 9.
9.00–20.00
16.9.–31. 10.
9.00–12.30,
14.00–17.00
1. 11.–31. 3.
9.30–16.30 Uhr

Beim Austritt der Quellen bildete sich ein kleiner, von grünen Inselchen übersäter See, der auch von unterirdischen Quellen gespeist wird und bis zu 16 m Tiefe erreicht. Das Flüßchen Clitunno, das von dem See abfließt, vereinigt sich nach etwa 30 km mit dem Topino, einem Zufluß des Tibers. Um den See stehen schlanke Zypressen, Pappeln und Platanen, die sich in dem glasklaren, grünschimmernden Wasser spiegeln. Gerührt von der zauberhaften und geheimnisvollen Ausstrahlung dieses Ortes ließen sich schon die antiken Schriftsteller Vergil, Properz und Plinius der Jüngere zu glühender Begeisterung und poetischen Beschreibungen der Quelle hinreißen. Später, im 18. und 19. Jh., gehörte die Clitumnusquelle zu den obligaten Stationen einer italienischen Bildungsreise, von zahllosen Künstlern in romantischen Farben beschrieben, gemalt oder gezeichnet. Der englische Dichter und Gentleman Lord Byron zollte ihnen ebenso seine Bewunderung wie Giosuè Carducci, Italiens bedeutendster Lyriker in der zweiten Hälfte des 19. Jh.s, der sie zum Gegenstand seiner bekanntesten Oden machte. Wer vor den Realitäten nicht völlig die Augen verschloß, mußte allerdings wohl schon damals gewisse Zugeständnisse machen, was den außergewöhnlichen Flair des Ortes ausmachte. So schrieb beispielsweise der deutsche Schriftsteller Johann Gottfried Seume etwas indigniert, daß "die Quellen jetzt von den Eseltreibern und den Waschweibern gewissenlos entweiht werden: ob sie gleich noch so schön sind wie vormals, als Plinius so enthusiastisch davon sprach". Was Herrn Seume die Eseltreiber und Waschweiber, ist heute der dicht an der Quelle vorbeirauschende Verkehr der Autostrada SS 3 und der rege Besucherandrang an schönen Wochenenden; wer es einrichten kann, sollte diesen anmutigen Quellteich unter der Woche besuchen.

Campello sul Clitunno

Cappellina di San Sebastiano

Dort, wo die Straße nach Campello sul Clitunno von der SS 3 abzweigt, steht an einem kleinen Seitensträßchen die Cappellina di San Sebastiano. Der in seiner Schlichtheit überaus anmutige Bau enthält ein Fresko Lo Spagnas, das die Madonna mit dem Kind zwischen den Hll. Sebastian und Rochus darstellt. Die Kapelle ist normalerweise geschlossen; für eine Besichtigung wende man sich an das städtische Fremdenverkehrsbüro Pro Campello an der Piazza Ranieri in Campello sul Clitunno.

Piazza Garibaldi

Auf der anderen Seite der SS 3 geht es nach wenigen hundert Metern in sanfter Steigung nach Campello sul Clitunno hinauf, einer Gemeinde, die aus einer Reihe kleiner und kleinster Dörfer besteht. Das Zentrum von Campello sul Clitunno ist die Piazza Garibaldi mit dem schlichten Rathaus aus dem 19. Jh. und der Kirche La Madonna della Bianca aus dem 16. Jahrhundert. Das elegante Eingangsportal des Gotteshauses schuf 1529 Cione di Taddeo, im Innern Freskenfragmente von Fabio Angelucci (1574). Die Sakristei schmücken Fresken aus der Schule Lo Spagnas. Am 17. Januar, dem Festtag des hl. Antonius Abbas, bringen die Bewohner von Campello sul Clitunno ihre Haus- und Nutztiere vor die Kirche, um den Schutz dieser Tiere zu erbeten. Dabei trägt man die frasca, einen mit Bändern und bunten Stoffen, Früchten und Süßigkeiten behängten Stab.

Campello Alto, Castello

Eine aussichtsreiche Straße verbindet die untere Siedlung von Campello mit dem 516 m hoch gelegenen Campello Alto. Von der Burg, die Graf Campello Rovere im 10 Jh. hier oben errichten ließ, blieben ein paar Wachtürme und ein Teil des Schutzwalls erhalten. Im Burghof steht die Kirche San Donato mit einem Barockaltar und einer Orgel aus dem 18. Jh; sie ist noch vollständig intakt und wird bei den Konzerten des Kulturvereins Rocca di Spoleto gespielt.

Pettino, Monte Serano

Die kurvenreiche, von herrlichen Ausblicken auf die Valle Umbra begleitete Strecke klettert zu den Dörfern unterhalb des Monte-Serano-Gipfels hoch. C. Pian di Fienile liegt bereits 1041 m hoch, Pettino, das sich als Ausgangspunkt für Wanderungen auf den Monte Serano eignet, auf 1122 m Höhe.

Umbertide C/D 6

Provinz: Perugia
Höhe: 247 m ü. d. M.
Einwohnerzahl: 14 500

Lage und Allgemeines

Das 20 km südlich von Città di Castello gelegene Umbertide ist eine Industriestadt am linken Tiberufer. Sie wuchs um das 10. Jh. über einem römischen Pagus heran und hieß im Mittelalter La Fratta.

Sehenswertes

Im historischen Ortskern fällt sogleich der Hauptturm der Rocca auf, die Angelo di Cecco 1385 errichtet hatte. Bis heute haben sich die runden Mauertürme und der Turm mit quadratischem Grundriß erhalten. Im Jahre 1393 wurde in der Rocca von Umbertide der junge Fortebraccio da Montone (→ Berühmte Persönlichkeiten) gefangengehalten, nachdem er versucht hatte, dem Feldherrn Tuzio aus Perugia die Herrschaft über den Ort streitig zu machen. Zwanzig Jahre später rächte sich Fortebraccio für diese Gefangenschaft, indem er Umbertide verwüstete und es der Herrschaft seiner Familie unterstellte. In der Burg befindet sich heute eine Dauerausstellung mit Werken moderner Kunst.
Das zweite Gebäude, das im Stadtbild auffällt, ist die oktagonale Kirche Santa Maria della Reggia an der Piazza Mazzini, die im 16. Jh. von Bino Sozi begonnen und von Francesco Laparelli zu Ende geführt wurde. Das heutige Erscheinungsbild des überkuppelten Zentralbaus ist durch eine barocke Umgestaltung geprägt. Die Kirche Santa Croce besitzt eine großformatige "Kreuzabnahme" von Luca Signorelli – leider ist das Werk seit Jahren wegen Restaurierungsarbeiten nicht zu sehen. Neben Santa Croce erhebt sich die Kirche San Francesco aus dem 14. Jh., die eine schöne "Madonna mit vier Heiligen" (1577) von Nicolò Pomarancio, birgt.

Umgebung von Umbertide

Montone

8 km nördlich von Umbertide kommt man in das Städtchen Montone (482 m ü. d. M.; 1560 Einw.). Von der mächtigen Festung der Adelsfamilie Braccio, deren berühmtester Sproß Andrea Braccio, genannt Fortebraccio, als Condottiere und Signore von Perugia Geschichte machte, sind nur noch die Ruinen des Hauptturms zu sehen. In der Kirche San Francesco aus dem 14. Jh. ließ Carlo Fortebraccio anläßlich der Geburt seines Sohnes den steinernen Altar errichten; an den Wänden erkennt man noch die Reste von Fresken aus dem 14. und 15. Jahrhundert. In den Konventsgebäuden hat das Museo Comunale seinen Sitz.

Civitella Ranieri

In Civitella Ranieri, knapp 4 km östlich von Umbertide auf der Straße nach Campo Reggiano, ist das Castello sehenswert (keine Besichtigung).

Campo Reggiano

6 km hinter Civitella Ranieri kommt man auf landschaftlich reizvoller Strecke (SS 219) nach Campo Reggiano, wo es eine romanische Abtei zu besichtigen gibt. Das 1067 gestiftete Kloster besitzt eine dreischiffige Kirche, deren Langhausarkaden auf quadratischen Pfeilern ruhen. Bei den Säulen in der Krypta verwendeten die Baumeister antike Spolien.

Pietralunga

Etwa 18 km nördlich von Campo Reggiano (Abzweigung nach etwa 5 km links) schmiegt sich das Städtchen Pietralunga auf einen Höhenzug. Im

Pietralunga (Fortsetzung)

Zentrum des mittelalterlichen Stadtkerns stößt man auf die Kirche Santa Maria aus dem 12. Jahrhundert. Zur Gemeinde gehört auch das Ferien- und Freizeitzentrum Candeleto (Campingplatz, Tennis, Schwimmbad).

Romeggio

Auf der gegenüberliegenden Flußseite von Umbertide liegt auf einer Anhöhe Romeggio, wo man noch die Reste einer Bastion und den zinnenbekränzten Turm eines Castello antrifft.

Monte Acuto

Die höchste Erhebung in der näheren Umgebung von Umbertide ist der 926 m hohe Monte Acuto. Der Aufstieg auf den Monte Acuto beginnt im Dorf Montacuto an seinem Nordhang (knapp 4 km südlich von Romeggio an der Straße nach Castel Rigone). Vom Gipfel bietet sich ein herrlicher Panoramablick über das obere Tibertal.

San Salvatore di Monte Corona

Etwa 5 km südlich von Umbertide, auf der anderen Tiberseite, gründete der hl. Romuald um das Jahr 1000 ein Abtei, die wegen der romanischen Klosterkirche aus dem 12. Jh. einen Besuch lohnt. Unter der Kirche befindet sich eine fünfschiffige, sechs Joche lange Krypta. In die Säulen, auf denen das Gewölbe der Krypta ruht, wurden ebenfalls antike Bauteile (z. B. Kapitelle) eingearbeitet.

Valnerina (Nera-Tal)

F/G 9/10

Lage und Allgemeines

Die Nera ist neben dem Tiber der zweite große Flußlauf in Umbrien, der im Südosten der Region, in den Sibillinischen Bergen, entspringt und südlich von Narni in den Tiber mündet. Valnerina nennt man das Tal der oberen Nera von ihrer Quelle bis zu den Cascate delle Marmore bei Terni.
Im Mittelalter lag die Valnerina lange Zeit im Einflußbereich des Herzogtums von Spoleto und war aufgrund ihrer leichten Kontrollierbarkeit strate-

Burgen auf steilen Felsspornen überwachten einst das Valnerina-Tal

Lage und Allgemeines (Fortsetzung)

gisch bedeutsam. Außerdem durchquerten wichtige Handelswege das Tal. Heute liegt die Valnerina wirtschaftlich und politisch eher im Abseits und gehört zu den strukturschwächsten Gebieten Umbriens. Die jüngeren Bewohner verlassen mehr und mehr die alten Dörfer und ziehen in benachbarte Städte, vorwiegend nach Terni, wo bis vor einigen Jahren noch die Industrie Beschäftigung bot. Noch gehört das einsame Tal mit seiner Waldeseinsamkeit und den versteckten Kunstschätzen zu den Geheimtips des Umbrien-Tourismus – wer weiß, wie lange noch.

**Landschaftsbild

Das etwa 50 km lange Tal wird von hohen, meist bewaldeten Bergrücken umschlossen. An den Berghängen wechseln dichte Steineichenwälder, in denen die besten Trüffel der Region gedeihen, mit schroffen, von Burgruinen bekrönten Felsen, während unten im gewundenen Tal der Fluß zwischen Pappeln und Weiden, saftigen Wiesen und kleinen Landwirtschaftsflächen dahinplätschert – kurzum eine Landschaft wie im Bilderbuch. Wie geschaffen scheint das fruchtbare und wasserreiche Tal für abgelegene Klöster wie beispielsweise die ehemalige Abtei San Pietro in Valle, wo man sich in eine andere Zeit versetzt fühlt. Oben auf den Hügelkuppen, die das Tal immer wieder abschnüren, hocken die alten Dörfer, die den trutzigen Charakter der Castelli beibehalten haben.
Die beste Jahreszeit für eine Fahrt durch diese idyllische Ecke Umbriens (auf der SS 209) ist das Frühjahr, wenn die Wälder sich grün färben und der blühende Mohn die Wiesen in ein rotes Blumenmeer verwandelt.

Fahrt durch die Valnerina

Arrone

Allgemeines und Geschichte

Das erste Städtchen in der Valnerina ist Arrone (239 m ü.d.M.; 2700 Einw.), wo im Mittelalter die Handelswege der Valnerina und die Straße nach Rieti zusammentrafen. Der alte Ortskern sitzt oben auf einem steil ansteigenden Hügel über dem Tal, umgeben von einem mächtigen Mauerring. Seinen Namen erhielt Arrone von seinen einstigen Feudalherren, den Arroni, die sich im Laufe des 11. und 12. Jh.s immer wieder erbitterte Kämpfe mit den Äbten von San Pietro in Valle lieferten. Im 13. Jh. verlor Arrone seine Unabhängigkeit und mußte sich unter den Schutz von Spoleto begeben. Jedes Jahr am ersten Julisonntag veranstaltet die Gemeinde eine Kanufahrt auf dem Nera, mit der man auf die ökologischen Probleme des Nera-Tals aufmerksam machen will.

Sehenswertes

Die Piazza Garibaldi ist das lebhafte Zentrum der unteren Stadt, die sich zu Füßen des alten Bergortes ansiedelte. In der dortigen Kirche Santa Maria gefällt die Apsisausmalung mit einer "Marienkrönung" aus dem Jahr 1516, die lokale Künstler den Fresken von Filippo Lippi im Dom von Spoleto nachempfunden haben. Beachtenswert ist desweiteren in der linken Apsis die Madonnenplastik aus Terrakotta (16. Jh.). Auch die Fresken in der kleinen Chiesa San Giovanni in der Oberstadt lassen den Einfluß der spoletinischen Kunst erkennen.

Umgebung, Montefranco

Die Nera trennt Arrone von Montefranco (375 m ü.d.M.; 1200 Einw.), das unterhalb der Burg auf dem steilen Felssporn heranwuchs. Die Gründung des Ortes geht auf das Jahr 1288 zurück, als sich Leibeigene von Arrone gegen ihre Herren auflehnten und schutzsuchend an das mächtige Spoleto wandten, das ihnen Land auf dem Bufone-Hügel zur Verfügung stellte. Da ihnen ihr neuer Wohnsitz die Freiheit brachte, nannten sie ihn 'Montefranco' (Freier Berg). Unten im Ort steht an der Straße, die von der Kreuzung mit der SS 209 auf die Spitze des Hügels hinaufführt, die Kirche San Bernardino aus dem 9. Jahrhundert.

San Pietro in Valle, in idyllischer Waldeseinsamkeit als Vorposten für die Erschließung der Valnerina gegründet (Text S. 274) ▶

Polino

Ein schmales, kurvenreiches Sträßchen verbindet Arrone mit dem Bergdorf Polino, das sich etwa 12 km östlich in den Monti Reatini versteckt. Der Ausflug ist weniger wegen des Ortes von Interesse als wegen der faszinierenden Bergwelt, die ihn umgibt. Zum Greifen nahe sind hier die Gipfel von Monte la Pelosa (1635 m), von Torrinara (1306 m), von Petano (1262 m) und von Colle della Croce (1239 m). Seit ein paar Jahren profitieren die Bewohner von Polino, die ansonsten von Landwirtschaft und Viehzucht leben, auch vom Skitourismus, der sich hier langsam etabliert. Der Ort war einst mit einem doppelten Mauerring und einem Castello mit zwei Türmen befestigt. Vom Hauptplatz, der Piazza Marconi mit ihrem Brunnen aus dem Jahre 1625, kann man einen wuchtigen, polygonalen Turm sehen, daneben ragt das alte Stadttor mit dem Gemeindewappen auf: eine von zwei Drachen gestützte Burg, über der eine Krone schwebt.

*Ferentillo

Lage und Allgemeines

Bei Ferentillo (260 m ü.d.M.; 2000 Einw.) verengt sich das Nera-Tal zu einer Schlucht. Zur Überwachung dieses Nadelöhrs wurde auf beiden Seiten der felsigen Talwände im 13. Jh. jeweils eine Burg errichtet, von denen heute noch pittoreske Ruinen in den Himmel ragen. Zu ihren Füßen entstanden im Mittelalter die beiden Ortsteile Matterella und Precetto. Sehenswert im unteren, jüngeren Teil von Matterella ist die gotische Pfarrkirche Santa Maria, die mit einigen qualitätvollen Altarblättern aus dem 16. Jh. aufwartet. Auf der anderen Seite der Nera ziehen sich die Häuser von Precetto den Hang hinauf.

Mumienmuseum

Eine schaurige Attraktion erwartet den Besucher in der Oberstadt von Precetto, genauer gesagt in der dortigen Kirche Santo Stefano (geöffnet Jan. Sa. und So., Feb. tgl. 10.00–12.30, 14.30–17.00, März tgl. bis 18.00, April–Okt. tgl. 9.00–12.30, 14.30–19.30, Nov./Dez. tgl. bis 18.00 Uhr). In den düsteren Gewölben der Krypta von Santo Stefano kann man Mumien besichtigen, die sich allein durch die besondere Beschaffenheit des Bodens, ohne Einbalsamierung, so gut erhalten haben, daß man selbst Kleiderreste, Barthaare, Spuren von Krankheiten und andere, zum Teil grausame Details noch erkennen kann (Führung durch die Kustodin in italienisch und englisch). Alter, sozialer Stand und Herkunft der Verstorbenen sind höchst unterschiedlich: Französische Soldaten, die es in den Napoleonischen Kriegen hierher verschlug, Kinder, Leprakranke, und sogar ein chinesisches Pärchen, das vermutlich auf der Hochzeitsreise an Cholera erkrankte und in Ferentillo starb.

*San Pietro in Valle

**Lage und Allgemeines

Vor dem Hintergrund einer eindrucksvollen Bergkulisse in einem stillen Taleinschnitt, umrahmt von Olivenhainen und Zypressen, liegt die alte Abtei San Pietro in Valle. Berühmt ist sie wegen der Ausstattung und dem Freskenzyklus in ihrer Kirche (die z. Zt. restauriert wird), doch auch die zauberhafte Umgebung des Klosters, der herrliche Ausblick auf die gegenüberliegenden Berghänge, den man am besten bei einem Picknick genießt, machen diesen kleinen Abstecher zu einem einzigartigen Erlebnis. Von der SS 209 biegt bei Sambucheto, 5 km hinter Ferentillo, links die Straße ab, die zur Abtei hinaufführt; das letzte Stück ist nicht geteert. Die Kirche ist geöffnet 10.30–13.00 und 14.30–17.00 Uhr; die Kustodin erreicht man unter Tel. (07 44) 78 03 16.

Geschichte

Die Anfänge des Klosters stehen in Zusammenhang mit der Ausweitung des spoletinischen Herzogtums auf das Gebiet der Valnerina. Der Langobardenherzog Faroald II. von Spoleto gründete im 8 . Jh. in der Nähe von zwei Einsiedlergrabstätten das Benediktinerkloster, in das er sich zurückzog, nachdem sein Sohn die Macht ergriffen hatte. Er und einige seiner Nachfolger im Herzogtum Spoleto fanden hier ihre letzte Ruhe. Nachdem

San Pietro in Valle (Fortsetzung)

die Sarazenen die Abtei verwüstet hatten, entstand zwischen 996 und 1016 die neue Klosteranlage. Die Abtei besaß ausgedehnte Ländereien, die bis ins Latium hineinreichten. Bis ins 19. Jh. lebten Mönche im Kloster von San Pietro; heute befindet sich die gesamte Anlage mit Ausnahme der Kirche in Privatbesitz.

Rundgang

Man betritt die Klosteranlage durch die um einen Hof angelegten Wirtschaftsgebäude im Osten. In die Außenmauern des fünfgeschossigen Campanile sind langobardische Reliefs der Vorgängerkirche eingemauert. Auch am Seiteneingang der Kirche, der auf den hübschen, zweigeschossigen Kreuzgang führt, sieht man zwei figürliche Reliefs, die die beiden Apostel Petrus und Paulus darstellen.

*Kirche

Die über t-förmigem Grundriß errichtete Kirche ist ein schlichter, einschiffiger Bau mit einem flachdeckten Langhaus und einer tonnen- bzw. kreuzrippengewölbten Ostpartie, die mit drei halbrunden Apsiden schließt. Die Langhauswände schmücken die Fragmente eines romanischen Freskenzyklus aus der zweiten Hälfte des 12. Jh.s, der zu den ältesten mittelalterlichen Wandmalereien Italiens gehört. Den alttestamentarischen Szenen auf

Freskenschema der Langhauswände

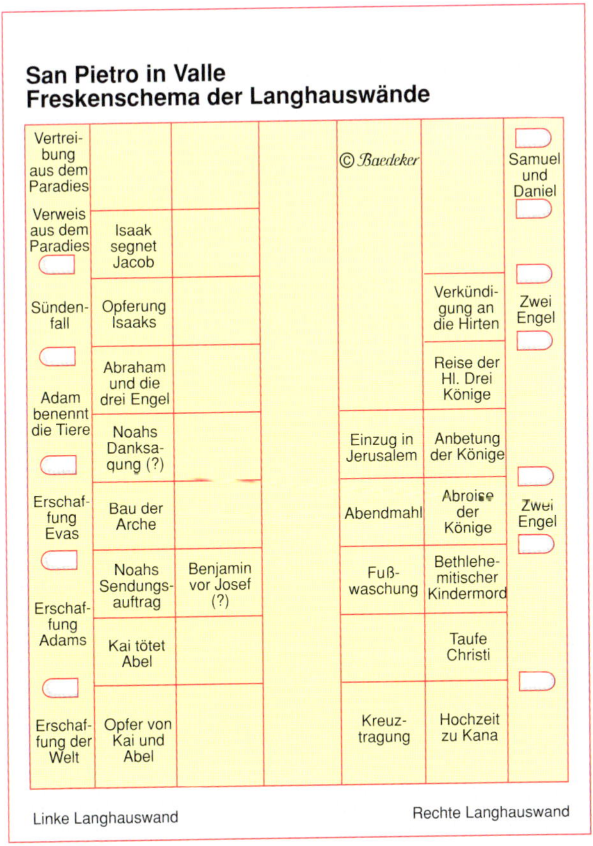

Baedeker Special

Im Reich der Trüffel

Man glaubt es kaum, wenn man die häßliche schwarze Knolle in der Hand hält: dieser Pilz soll eine Delikatesse sein, für die zwischen 1000 und 3000 DM pro Kilogramm bezahlt wird? Sie ist es, auch wenn ihre äußere Erscheinung das nicht erahnen läßt. Trüffeln – so der etwas schwer über die Lippen gehende Plural – sind eine Spezialität, die man in Europa nur in ein paar Gebieten, so in Frankreich im Périgord und in Italien im Piemont, in der Lombardei – und in Umbrien findet.

Einen idealen Nährboden für die Trüffel bieten die Eichenwälder an den Abhängen des märkisch-umbrischen Apennins, genauer gesagt im Gebiet von Gubbio, Nocera Umbra, Spoleto und Norcia sowie in der Valnerina, dem grünen, idyllischen Tal der oberen Nera im äußersten Südosten der Region.

Obgleich es in Umbrien, in der Gegend von Gubbio, auch die weiße Trüffel gibt, ist die Region bekannt für ihre schwarzen Trüffeln, die je nach Erntezeit in Wintertrüffeln oder Sommertrüffeln unterteilt werden. Wer allerdings glauben sollte, man könnte bei einem Spaziergang durch den Wald ungestraft das eine oder andere Trüffelknöllchen einsammeln anstatt es für teures Geld im Delikatessenladen zu kaufen , der ist gewaltig im Irrtum bzw. im Unrecht:

"Raccolta dei Tartufi Riservata!"

Schilder wie diese sind nicht gerade selten und erinnern den Wanderer unmißverständlich daran, daß nur Personen mit einem Berechtigungsschein die kostbare Ware einsammeln dürfen. Die Zeiten, in denen man diese Pilze, die als Schmarotzer an den Wurzeln von Steineichen und Kastanien wachsen, mit dem Schwein suchte, gehören allerdings auch schon der Vergangenheit an. Längst halten sich die Trüffelsucher für diesen Zweck speziell abgerichtete Hunde, die sie zu den Fundplätzen führen.

Für diejenigen, die Trüffeln nicht nur als Delikatesse schätzen, sondern auch gerne einmal selbst bei der Suche nach den Wurzelparasiten dabei sein möchten, gibt es mittlerweile schon spezielle Angebote im Rahmen des Agriturismo. Die frischen, aus dem Boden gebuddelten Trüffeln halten etwa eine Woche, wenn man sie zwischen Reiskörnern aufbewahrt, danach muß man sie verzehren, einfrieren oder verarbeiten.

San Pietro in Valle, Kirche (Fortsetzung)

der linken Seite, beginnend mit der Schöpfungsgeschichte, sind Episoden aus dem Neuen Testament gegenübergestellt. Das byzantinische Vorbild ist in diesen Fresken zwar noch gegenwärtig, aber gleichzeitig zeigen sich auch schon Ansätze, das starre Schema dieser Malerei zu überwinden. Die Fresken in der Hauptapsis entstanden um 1440/1450, die Madonna mit Heiligen in der linken Apsis im Jahr 1452. Einflüsse des herausragenden Malers Giotto (→ Berühmte Persönlichkeiten) spiegeln sich in den um 1300 gemalten Fresken in der rechten Apsis. Zu den Besonderheiten der Kirche gehören die Steinmetzarbeiten, die aus römischer oder langobardischer Zeit stammen. Schön gearbeitete Reliefdarstellungen entdeckt man auf den römischen Sarkophagen aus dem 3. Jh. n. Chr., die im Langhaus aufgestellt sind. In einem Sarkophag am rechten Apsispfeiler soll Herzog Faroald II. beigesetzt sein. Den Hauptaltar setzte man bei Restaurierungs-

'Al Tartufo' ist das Zauberwort der umbrischen Köche, die in der Lage sind, beinahe jede Speise mit ihrer Delikatesse zu verfeinern – egal, ob Omelette, Spaghetti, Lamm oder irgend ein anderes gebratenes Fleischstück. Köstlich schmeckt auch 'Trota farcita al Tartufo', mit Trüffeln gefüllte Forelle – frisch aus den klaren Flüssen der Region, versteht sich.

Braun-schwarz und knollenförmig – so sehen frisch geerntete Trüffeln aus

Alles, was von den Trüffeln nicht in den heimischen Kochtöpfen landet, wird verarbeitet und/oder exportiert.
Das Geschäft mit dem umbrischen 'Nationalpilz' wird hauptsächlich vom Familienunternehmen Urbani bestritten. Vom abgelegenen Firmensitz im Valnerina-Tal, wo die Trüffeln bekanntermaßen besser gedeihen als anderswo, werden die teuren Früchte in alle Welt verkauft – mit einer Lieferzeit von nur 48 Stunden, wenn es der Kunde so wünscht. Den Grundstein für das Trüffel-Imperium legte in den 30er Jahren Vater Carlo Urbani; heute sorgen seine Söhne dafür, daß der Marktanteil der Urbani-Produkte beständig wächst.

Wenn die Trüffeln in der Fabrik ankommen, werden sie zuerst einmal gewogen und gründlich gewaschen – von Hand und mit größter Sorgfalt, jede Knolle für sich. Ein Teil der Trüffeln wird in Gläschen oder Konserven mit festgesetzten Abwiegemengen abgepackt, der Rest weiterverwertet.
Für die Verarbeitung hat sich Urbani spezielle Maschinen anfertigen lassen, die ebenso wie die streng gehüteten Verfahren für die besondere Qualität der Trüffelderivate aus dem Hause Urbani garantieren.

Ein Blick in den Hochglanz-Prospekt des Unternehmens genügt, um festzustellen, daß es fast nichts gibt, was sich nicht mit Trüffeln zu einer Delikatesse hochstilisieren ließe. Die Palette reicht von Trüffelsalsa über Olivenöl, das mit dem Aroma weißer Trüffel dezent verfeinert wurde, Trüffel-Tagliatelle, Trüffel-Butter (Capricce di Tartufo) bis hin zu Weißmehl, mit weißen Trüffeln abgeschmeckt. Und für den, der es gerne süß mag, bietet Urbani die hübsch anzusehenden Cioccolatini al Tartùfo Nero, Schokoladenkonfekt mit Trüffelbeimischung.

Wer weiß, vielleicht wird es für eingefleischte Trüffelfans auch eines Tages Zahnpasta mit Trüffelbeigeschmack geben

San Pietro in Valle, Kirche (Fortsetzung)

arbeiten in den 30er Jahren aus verschiedenen langobardischen Marmorplatten des 8. Jh.s zusammen, die ursprünglich als Chorschranken dienten und mit Flachreliefs verziert sind. Sogar der Künstler hat sich mit einem Bildnis und der Inschrift "Ursus magester fecit" (Meister Ursus hat dies gemacht) auf einer der Platten verewigt – angeblich das erste nachantike Selbstbildnis eines Künstlers.

Scheggino

Allgemeines

Scheggino besitzt noch seine mittelalterlichen Befestigungsanlagen und Verteidigungsmauern, die 1522 sogar der hartnäckigen Belagerung durch Picozzo Brancaleoni standgehalten hatten. Die im 13. Jh. erbaute, im

Scheggino (Fortsetzung)

16. Jh. stark erneuerte Kirche San Nicolò bewahrt einige Bilder von Giovanni di Pietro, genannt Lo Spagna, und ein signiertes und 1595 datiertes Gemälde von Pierino Cesarei. Beschaulich ist es bei den benachbarten Quellteichen von Valcasana, wo man angeln oder unter Bäumen lustwandeln kann. Trüffel und frischer Fisch aus der Nera stehen in der Trattoria del Ponte (Via di Borgo) auf der Speisekarte.

Sant' Anatolia di Narco

Allgemeines

Sant' Anatolia di Narco ist Trüffelkennern ein Begriff, denn hier sitzt das Familienunternehmen Urbani, das weltweit zu den größten Trüffelanbietern und -verarbeitern dieser Spezialität gehört. Ausgrabungen haben belegt, daß Sant' Anatolia di Narco (328 m ü.d.M.; 500 Einw.) etruskische Ursprünge hat. 1198 wurde das Castello von Sant'Anatolia di Narco vollendet, in deren Schutz die Siedlung gedieh. Im 14. Jh. war sie schon soweit über den Mauerring hinausgewachsen, daß ein zweiter Schutzwall errichtet werden mußte, der im 14. Jh. durch Türme verstärkt wurde. In der Pfarrkirche des Ortes kann man Fresken des 15. Jh.s bewundern, die bei einer Restaurierung zum Vorschein kamen. Gleich vor der Porta Castello sind im Oratorium Santa Maria delle Grazie ein Fresko des Meisters von Eggi und Bilder von Pier Matteo Piergili zu besichtigen.

Umgebung, Poggiodomo

Von Sant'Anatolia di Narco erreicht man über eine kurvenreiche Strecke das auf über 900m gelegene Poggiodomo (22 km östlich), das mit seinen rund 240 Einwohnern die kleinste Gemeinde Umbriens ist. Es gehörte bis ins 11. Jh. zum Herzogtum von Spoleto, später wechselte es zwischen Leonessa (Latium) und Cascia hin und her. In den dichten Wäldern um Poggiodomo gibt es schwarze Trüffel. Einen Besuch lohnt die Kirche San Pietro mit Fresken aus dem 15. und 16. Jahrhundert.

Madonna della Stella

Etwa 6 km nördlich von Poggiodomo, an der Straße, die dem Tissino-Fluß folgt und bei Cerreto di Spoleto wieder in die Valnerina einmündet, befindet sich das Wallfahrtsziel Madonna della Stella. Es handelt sich hierbei um zwanzig in Felshöhlen gegrabene und mit Mauerwerk gefestigte Eremitenbehausungen, die seit dem Beginn des 14. Jh.s bewohnt waren. Früher wurden im Nera-Tal Prozessionen zu dieser heiligen Stätte veranstaltet, die heute zu verfallen drohen.

Castel San Felice

Allgemeines

In geschützter Position auf einer Anhöhe ragt das mittelalterliche Dorf Castel San Felice auf – wie der Name schon sagt, ebenfalls aus einem Castello hervorgegangen. Unbedingt besuchen sollte man die außerhalb liegende Kirche San Felice di Narco. Die Abzweigung zur Kirche liegt etwa 100 m vor der Brücke, die zum Ort hinaufführt.

*San Felice di Narco

Die hübsche Kirche ist dem aus Syrien stammenden hl. Felix geweiht, der im 6. Jh. hier starb. Über seinem Grab wurde 1190 die romanische Kirche errichtet, die mit einer typisch umbrischen Fassade begrüßt: Über einem abgetreppten Rundbogenportal sitzt eine zierliche Fensterrose, in deren Quadrat Evangelistenfiguren eingeschrieben sind. Zwischen Portal und Rose entdeckt man einen Fries mit zwei Szenen aus dem Leben des Heiligen ("Tötung eines Drachen" und "Heilung des Sohns der Witwe"). Das einschiffige Innere steigt zum Chorbereich an, um darunter Platz für die Krypta mit dem Grab des Titelheiligen zu schaffen. Das Apsisfresko malte der Meister von Eggi (15. Jh.), dem man in mehreren Kirchen in der Valnerina begegnet.

***Vallo di Nera**

In exponierter Lage auf einer Hügelkuppe thront das reizvolle Dorf Vallo di Nera. Die enge Bebauung und der Mauerring boten den früheren Bewohnern Schutz. Die beiden Pfarrkirchen sind freskengeschmückt.

Cerreto di Spoleto

Allgemeines

Cerreto di Spoleto (557 m ü. . M.; 1200 Einw.) liegt anmutig auf einem spitzen Felskegel zwischen den Flüssen Nera und Vigi; unterhalb des alten Ortes erstreckt sich im Tal das moderne Borgo Cerreto. Wegen der leicht zu verteidigenden Position, die überdies die Kontrolle über einen Teil der Valnerina bedeutete, war es im Mittelalter heiß umkämpft, vor allem Norcia und Spoleto machten sich den Ort wiederholt streitig. Als wandernde Gewürzhändler und Experten für Naturheilpflanzen verdienten sich die Bewohner von Cerreto, 'I Cerretani', jahrhundertelang ihr Brot. Da die verkauften Mittelchen vermutlich nicht immer die gewünschte Wirkung zeigten, wurden aus den Cerretani irgendwann die 'Ciarlatani', was soviel wie Scharlatane, Kurpfuscher bedeutet.

Sehenswertes

Durch die jüngsten Erdbeben hat der Ort schwere Schäden erlitten. Eine steile, aussichtsreiche Serpentinenstraße führt hinauf zur zentralen Piazza von Cerreto mit dem Palazzo Comunale, einem schlichten, wappengeschmückten Putzbau. An der Straße nach Ponte del Piano liegt die Landpfarre Santa Maria Delibera, die eine "Thronende Madonna" von Felice Damiani bewahrt. Ein paar Schritte weiter stößt man auf die Klosterkirche San Giacomo mit bemerkenswerten Freskenfragmenten aus dem 14. und 15. Jahrhundert.

Triponzo

Am Zusammenfluß von Nera und Corno drängeln sich oben auf dem Felsen die Häuser von Triponzo (= drei Brücken). Das Castello von Triponzo, Ausgangspunkt der Ortschaft, entstand vermutlich an der Stelle einer Einsiedelei. In Triponzo zweigt die Strecke nach → Cascia und → Norcia ab, die landschaftlich außerordentlich beeindruckend ist.

Preci

Allgemeines

12 km nordöstlich von Triponzo kommt man in das Städtchen Preci (596 m ü. d. M.; 1000 Einw.), das ebenfalls von den Erdbeben schwer gezeichnet ist. Zwischen dem 14. und dem 18. Jh. kannte man Preci in ganz Italien wegen der dort zahlreich vertretenen Ärzte, die ihr Handwerk so gut beherrschten, daß sie auch an ausländische Herrscherhöfe gerufen wurden. Die Behandlung von Steinleiden und Augenkrankheiten gehörten zu ihren Spezialgebieten. Zweimal mußte der im 13. Jh. gegründete Ort neu aufgebaut werden: das erste Mal 1328 nach einem schrecklichen Erdbeben, das zweite Mal 1527, nachdem das verfeindete Norcia das Dorf geplündert und in Brand gesteckt hatte. Besichtigen kann man in Preci die Kirche Santa Maria mit gotischer Fassade und romanischem Portal (im Innern eine Pietà des 15. Jh.s) und das kleine Medizinmuseum im Palazzo Comunale.

Valle Castoriana

Hinter Preci beginnt die Valle Castoriana, ein karges Hochtal, das sich zwischen der Valnerina und dem Paß Forca d'Ancarano ausbreitet. Diese dünn besiedelte, weite Landschaft ist noch nahezu unberührt und von karger Schönheit. Nur einige wenige Dörfer liegen an der Strecke, u. a. Campi, das von dem gut erhaltenen Campi Vecchio überragt wird. Ein kleines Juwel ist die Kirche der ehemaligen Abtei Sant' Eutizio.

***Abbazia di Sant' Eutizio**
(zur Zeit geschlossen)

2 km hinter Preci biegt linker Hand das Sträßchen zu der einsam gelegenen Abtei ab. Keimzelle des Klosters war die Einsiedelei des Syrers Eutizio, deren Stelle ab dem 9. Jh. ein Benediktinerkloster einnahm. Seine abgeschiedene Lage läßt heute nicht mehr erahnen, daß die reiche Abtei im 11. und 12. Jh. zu den einflußreichsten Klöstern Mittelitaliens gehörte. Zwischen 1190 und 1235 entstand die Klosterkirche, der man im 14. Jh. die polygonale Apsis mit Blendbögen anfügte. Der einschiffige Langhaus schließt mit einem erhöhten Chor, unter dem die Krypta liegt. Das Renaissancegrabmal des Eutizio stammt vermutlich von Rocca di Tommaso (1514). Der Campanile wurde auf einem Felsen neben der Kirche errichtet.

Praktische Informationen von A bis Z

Praktische Informationen von A bis Z

Agriturismo · Ferien auf dem Lande

Allgemeines

Agriturismo, nur unzureichend mit 'Ferien auf dem Lande' übersetzt, wird in Umbrien verstärkt angeboten. Die Auswahl der Unterkünfte reicht von einfachen Zimmern auf einem umbrischen Bauernhof bis zu modernen Ferienanlagen in ländlicher Umgebung. Viele Vermieter bieten eigene Erzeugnisse (Wein, Olivenöl u. ä.) zum Verkauf an. Das Freizeitangebot ist besonders auf Familien mit Kindern und Sportbegeisterte ausgerichtet.

Auskunft

Informationen über Agriturismo erteilen alle Fremdenverkehrsämter vor Ort (→ Auskunft) oder die nachfolgenden Interessenverbände.

Conagritur,
Via Savonarola 38, I-06121 Perugia,
Tel. 07532028, Fax 07536665.

Umbria in Campagna,
Strada S. Cristiforo 16, I-05022 Amelia,
Tel. 0744988249, Fax 0744988459.

Terranostra Umbria,
Via Campo di Marte 10, I-06124 Perugia,
Tel. 0755009559, Fax 0755057620.

Turismo Verde Umbria,
Via Campo di Marte 14/L, I-06124 Perugia,
Tel. 0755002953, Fax 0755002956.

Andenken

→ Einkäufe, Souvenirs

Anreise

Mit dem Auto

Hinweis

Zwischen Juni und September müssen Autofahrer mit zähflüssigem Verkehr auf den Autobahnen nach Süden rechnen. Vor allem die ersten Tage im August sollten bei der Anreise gemieden werden, da sie zu den Hauptreisetagen der Italiener zählen. Auskünfte über die aktuelle Verkehrslage erteilen der ADAC oder der italienische Automobilverband ACI.

◀ *Auf der Piazza del Comune in Assisi*

Anreise aus Deutschland

Die bekannteste Verbindungsstrecke von Deutschland nach Italien ist die Autobahn München – Rosenheim – Kufstein – Innsbruck – Brenner (A8; ab Rosenheim bis zur österreichischen Grenze: A93). Auch Reisende aus Westösterreich kommen über den Brenner am schnellsten nach Oberitalien. Für die Anreise aus dem südwestdeutschen Raum gibt es zwei Alternativen. Die erste ist die Strecke Ulm – Kempten (bis hier Autobahn, A7) und weiter über Pfronten (Grenzübergang) nach Reutte in Tirol. Dann überquert man den Fernpaß, hinter dessen Südrampe man entweder nach Innsbruck und zur Brenner-Autobahn fahren kann oder die Strecke über den Reschenpaß (Grenzübergang) nach Meran und weiter nach Bozen, Verona, Modena und Bologna.
Die zweite Möglichkeit, aus dem südwestdeutschen Raum anzureisen, führt durch die Schweiz über die E 43, die bei Memmingen von der Kemptener Autobahn abzweigt. Über Bregenz, St. Bernhard, Lugano, Como und Mailand erreicht man ebenfalls Bologna.

Hinter Bologna gibt es erneut zwei Alternativen zur Weiterfahrt. Für die Anfahrt in den Westen und Süden Umbriens die schnellere Variante ist die Strecke über die Autobahn A 1 Florenz – Rom, die sogenannte "Autostrada del Sole", die auf der Höhe des Lago Trasimeno Umbrien streift (erste Ausfahrt Umbrien: Valdichiana).
Landschaftlich nicht besonders reizvoll, aber für den Norden und Osten Umbriens günstiger ist die Fahrt von Bologna auf der A14 in Richtung Rimini bis Cesena. Von dort fährt man weiter auf der gut ausgebauten Schnellstraße E45, die bei Città di Castello umbrisches Gebiet betritt.

Straßenbenutzungsgebühren

Seit dem 1. Januar 1997 ist die Benutzung der österreichischen Autobahnen gebührenpflichtig. Für Personenwagen gibt es Jahresvignetten sowie Vignetten, die zwei Monate bzw. zehn Tage gelten. In Deutschland werden die Vignetten über Automobilclubs und grenznahe Tankstellen vertrieben. Die österreichische Brenner-Autobahn war schon vor dem 1. 1. 1997 gebührenpflichtig. Die Mautgebühr wird jedoch nur im Abschnitt zwischen Innsbruck-Süd und Brennersee erhoben, Mautkarten sind nur noch vor Ort erhältlich. Die 80-Punkte-Karte, die ebenfalls nur an Mautstellen verkauft wird (mit Ausnahme Großglockner-Hochalpenstraße und Gerlosstraße), gilt ein Jahr ab Ausstellungsdatum und ist übertragbar auf ein anderes Fahrzeug. Eine gleichzeitige Verwendung für mehrere Fahrzeuge ist nicht gestattet. Diese Karte ist auch auf der Tauern- und Pyhrnautobahn, für Arlberg-, Felbertauern-Tunnel, Gerlospaß und Großglockner-Hochalpenstraße gültig. Die Bundesstraße von Innsbruck zum Brenner ist dagegen gebührenfrei.

Anreise aus Österreich

Aus dem westlichen Österreich gelangt man am besten über den ganzjährig befahrbaren Reschenpaß nach Italien. Kommt man aus dem östlichen Österreich, so empfiehlt sich u. a. die Fahrt über Graz, Klagenfurt, Villach, Tarvisio, Udine, Venedig, Padua, Bologna, dann die Autobahn A 1 Florenz – Rom. Aus dem mittleren Österreich wählt man am besten die Fahrt über Lienz, wo man die E66 erreicht, welche bei Winnebach die österreichische Staatsgrenze überquert. Ab hier gelangt man über Bruneck, Brixen, Bozen, Verona nach Modena; weiter auf der A 1 Florenz – Rom.

Anreise aus der Schweiz

Die wichtigsten Nord-Süd-Verbindungen der Schweiz sind großzügig ausgebaut, während kleinere Paßstraßen z. T. recht schmal sind. Viele Alpenübergänge sind im Winter gesperrt. Auskunft über die Öffnungszeiten der Alpenpässe erteilen der ADAC, der Automobilclub der Schweiz (ACS) und der Touringclub der Schweiz (TCS).

Autobahnvignette

Autobahnen und autobahnähnliche Straßen (zu erkennen an der weißgrünen Beschilderung) in der Schweiz sind gebührenpflichtig. Die Autobahnvignette kostet 40 sfr und ist jeweils vom 1. Dezember bis zum 31. Januar des übernächsten Jahres gültig. Sie kann in Deutschland beim ADAC bezogen werden; in der Schweiz kann man sie auch auf Postämtern, an

Autobahnvignette (Fortsetzung)

Grenzübergängen und Tankstellen kaufen; dort kostet sie dann allerdings rund 10 DM mehr, sofern man keine Schweizer Währung besitzt.

Alpenübergänge in der Schweiz

Die wichtigsten Straßen, auf denen man von der Schweiz nach Italien gelangt, führen über den Großen St. Bernhard, den Simplonpaß, den St. Gotthard und den Maloja-Paß. Mehrere Alpenpässe werden von Straßentunnels oder Eisenbahntunnels unterquert.
Die Tunnelstraße des Großen St. Bernhard ist mautpflichtig, für den St.-Gotthard-Tunnel gilt die Vignette (s.o.). Bei den Eisenbahntunnels besteht die Möglichkeit, Kraftfahrzeuge und Gespanne mit der Eisenbahn befördern zu lassen.

Grenzübergänge Schweiz – Italien

An der schweizerisch-italienischen Grenze sind folgende Grenzübergänge ununterbrochen geöffnet:

Großer St. Bernhard (Tunnel): Straße Lausanne – Aosta
(Paßstraße in der Regel von November bis Juni gesperrt)
Simplon-Tunnel: Straße Brig – Iselle
Chiasso: Straße Lugano – Como
Castasegna/Chiavenna (Maloja-Paß): Straße St. Moritz – Mailand

Gebühren in Italien

→ Straßenverkehr

Mit der Bahn

Allgemeines

Das Bahnnetz in Umbrien ist nicht besonders dicht; insbesondere die kleinen Orte sind auf diesem Wege nicht erreichbar. Als Fortbewegungsmittel vor Ort empfiehlt sich die Bahn deshalb nicht, für die Anreise hingegen schon. Wer mit der Bahn nach Umbrien kommt, muß in jedem Fall über Florenz (Toskana) fahren, wohin von allen wichtigen Städten Deutschlands, Österreichs und der Schweiz gute Bahnverbindungen bestehen. In Florenz ist Umsteigen zur Weiterfahrt in umbrische Städte erforderlich. Man nimmt entweder den Zug über Teróntola nach Passignano sul Trasimeno, Perugia, Assisi, Spello, Foligno, Spoleto und Orte; oder benützt den Zug über Teróntola nach Chiusi, Orvieto, Attigliano und Orte. Beide Züge enden in Rom (→ Verkehrsverbindungen).
Die italienischen Staatsbahnen offerieren günstige Angebote im internationalen Reiseverkehr; Auskunft darüber erteilen DB, SBB und ÖBB.

Autoreisezüge

Von verschiedenen Städten Deutschlands (Hamburg, Hannover, Köln-Deutz und Neu Isenburg/Frankfurt am Main) fahren Autoreisezüge nach Bologna. Die Pkws werden auf Transportwagen verladen, Personen nehmen in Schlaf- bzw. Liegewagen Platz. In Bologna ist man noch 240 km von Perugia und 320 km von Terni entfernt.

Autoreisezugverbindungen von Österreich nach Italien bestehen ab Wien nach Venedig und Rimini sowie vom schweizerischen Bahnhof Zürich-Altstetten nach Neapel. Detaillierte Auskünfte sind u.a. erhältlich an allen Fahrkartenausgaben, bei den Auslandsvertretungen der Italienischen Staatsbahnen (FS) und in örtlichen Reisebüros.

Mit dem Flugzeug

In Umbrien gibt es nur den kleinen Flughafen S. Egidio bei Perugia, der von Mailand aus bis zu drei mal täglich angeflogen wird.
Die nächsten Flughäfen, zu denen es täglich Direktverbindungen aus verschiedenen deutschen Städten, aus Zürich und Genf sowie Wien gibt, sind Rom und Florenz, beide etwa 200 km von Perugia entfernt. Vom Internationalen Flughafen Leonardo da Vinci (Fiumicino/Rom) bestehen tägliche Verbindungen nach Umbrien mit Autobussen (→ Verkehrsverbindungen).

Apotheken

Öffnungszeiten

Die Apotheken haben in der Regel Mo.–Fr. 9.00–13.00 Uhr und 16.00 bis 20.00 Uhr geöffnet. Sie schließen wechselweise mittwochs oder samstags.

Apothekennotdienst

Ein Verzeichnis mit den außerhalb der üblichen Zeiten geöffneten Apotheken (farmacie di turno) ist an allen Apotheken ausgehängt.
Der Fernsprechauftragsdienst gibt an Sonn- und Feiertagen Auskunft über den Notdienst der Apotheken und Ärzte.

Sprachhilfe

Geben Sie mir bitte	Mi può dare
ein Fieberthermometer	un termometro
ein Heftpflaster	un cerotto
ein Medikament gegen …	una medicina per …
Bauchschmerzen	mal di pancia
Durchfall	diarrea
Fieber	febbre
Grippe	influenza
Halsschmerzen	mal di gola
Husten	tosse
Kopfschmerzen	mal di testa
Magenschmerzen	mal di stomaco
Sonnenbrand	scottatura solare
Verstopfung	costipazione
Zahnschmerzen	mal di denti

Ärztliche Hilfe

Erste Hilfe

Tel. 118

Medizinische Versorgung

Eine ausreichende medizinische Versorgung ist in den Fremdenverkehrsorten bzw. in den Städten und größeren Ortschaften gewährleistet. Vielerorts steht die Guardia Medica für die medizinische Versorgung zur Verfügung. Ärztlichen Bereitschaftsdienst in der Nacht (von 20.00 bis 8.00 Uhr) und am Feiertag leistet die Guardia Medica notturna e festiva. Ärztlichen Notdienst bzw. Erste Hilfe (pronto soccorso) leisten außer Krankenhäusern (ospedali) u. a. das Weiße Kreuz (Croce Bianca), das Grüne Kreuz (Croce Verde) und das Rote Kreuz (Croce Rossa Italiana). Die Adressen und Telefonnummern dieser Einrichtungen sind auf den ersten Seiten des Telefonbuchs (‘Avantielenco’) zu finden. Stationär wird außer in Krankenhäusern auch in Privatkrankenhäusern behandelt. Zahnärzte findet man im Telefonbuch unter dem Stichwort ‘medici dentisti’

Krankenversicherung

Nach der Verordnung der EU haben Versicherte deutscher Krankenkassen im Falle einer Erkrankung in Italien Anspruch auf eine Behandlung. Voraussetzung ist, daß man sich vor Reiseantritt eine Anspruchsbescheinigung (Vordruck E 111) besorgt.
Die ärztliche Behandlung bei den Vertragsärzten und -krankenhäusern der staatlichen Krankenversicherung (Unità Sanitaria Locale, U.S.L.) wird nach den in Italien gültigen Vorschriften gewährt. U.S.L.-Dienststellen befinden sich in allen größeren Ortschaften. Die Anschrift der für den Ort zuständigen U.S.L. erfährt man im Hotel, bei der Orts- bzw. Gemeindeverwaltung oder im Verkehrsamt. Gegen Vorlage des ausgefüllten und unterschriebenen Formulars E 111 erhält man von der U.S.L. ein Gutscheinheft mit Krankenscheinen, mit denen man sich von den Vertragsärzten behandeln lassen kann. In jeder U.S.L. liegt ein Anschriftenverzeichnis der Vertragsärzte des Gesundheitsdienstes aus. Im allgemeinen muß ein Teil der Kosten für ärztliche Behandlung und verordnete Arzneimittel bezahlt wer-

Ärztliche Hilfe, Krankenversicherung (Fortsetzung)

den (Quittungen zur Vorlage bei der Krankenkasse aufbewahren). Weitere Informationen sind den Merkblättern der Krankenkassen zu entnehmen. Österreichische Reisende verfahren analog (Formular SE 100–07). Schweizer müssen ihre Krankheitskosten selbst bezahlen; privat Versicherte legen zur Kostenerstattung ihrer Versicherung die Rechnung vor.

Private Reiseversicherung

Da die Kosten für ärztliche Behandlung und Medikamente in der Regel teilweise vom Patienten zu tragen sind und die Krankenkassen die Kosten eines evtl. notwendigen Rücktransports nicht übernehmen, empfiehlt sich der Abschluß einer Reise-Krankenversicherung.

Auskunft

Außerhalb Italiens

Deutschland

Staatliches Italienisches Fremdenverkehrsamt
ENIT (Ente Nazionale Italiano per il Turismo)
Karl-Liebknecht-Straße 34, D-10178 Berlin, Tel. (030) 2478397
Kaiserstraße 65, D-60329 Frankfurt am Main, Tel. (069) 237434
Goethestraße 20, D-80336 München, Tel. (089) 533163

Hinweis: Prospekte u.a. über Italien muß man seit 1997 bei einem Servicedienst anfordern, der unter Tel. 0190/799090 zu erreichen ist.

Österreich

ENIT, Kärtner Ring 4, A-1010 Wien,
Tel. (01) 5054 3740 und 5051 6390

Schweiz

ENIT, Uraniastraße 32, CH-8001 Zürich, Tel. (01) 2113633-4
Office National Italien de Tourisme ENIT
3, rue du Marché, CH-1204 Genéve (Genf), Tel. (022) 282922

Auskunft in Umbrien

Zentrale

Azienda di Promozione Turistica dell' Umbria
I-06100 Perugia, Via Mazzini 21
Tel. 075575951, Fax 0755736868

Auskunftsstellen vor Ort

In allen größeren Gemeinden Umbriens gibt es Fremdenverkehrsämter, die sog. Servicio Turistico Territoriale (IAT). Die lokalen Verkehrsvereine in den kleineren Orten heißen Pro Loco.

Alviano

Pro Loco, Piazza B. d'Alviano, Tel. 0744904421

Amelia

Azienda di Promozione Turistica dell' Amerino, I-05022 Amelia, Via Orvieto 1, Tel. 0744981453, Fax 0744981566

Assisi

IAT, I-06081 Assisi, Piazza del Comune, Tel. 075812534 oder 075812450, Fax 075813727

Attigliano

Pro Loco, Via Vittorio Emanuele 1

Avigliano Umbro

Pro Loco, Via Roma 50, Tel. 0744933505

Bettona

Pro Loco, Piazza Matteotti, Tel. 0759869482

Bevagna

Pro Loco, Piazza Filippo Silvestri, Tel. 0742361667

Cascia

IAT della Valnerina - Cascia
I-06043 Cascia, Via G. Da Chiavano 2, Tel. 0743714 01. Informationsbüro: Piazza Garibaldi 1, Tel. 074371147

Castiglione del Lago
IAT del Trasimeno, I-06061 Castiglione del Lago, Piazza Mazzini 10, Tel. 075 965 27 38 oder 075 965 27 39, Fax 075 965 27 63

Città della Pieve
Associazione Turistica Pievese, I-06062 Città della Pieve, Piazza Matteotti, Tel. 0578 29 80 31

Città di Castello
IAT dell' Alta Valle del Tevere, I-06012 Città di Castello, Via Sant' Antonio 1, Tel. 075 855 48 17 oder 075 855 49 22, Fax 075 855 21 00

Corciano
Pro Loco, Via Laudati 4, Tel. 075 697 84 24

Deruta
Pro Loco, Piazza dei Consoli, Tel. 075 971 15 59

Foligno
IAT del Folignate - Nocera Umbra, I-06034 Foligno, Piazza Garibaldi 12, Tel. 0742 35 41 65
Informationsbüro: Porta Romana 126, Tel. 0742 35 44 59 oder 0742 35 41 65

Gubbio
IAT di Gubbio, I-06024 Gubbio, Piazza Oderisi 6, Tel. 075 922 06 93, Fax 075 927 34 09

Lago Trasimeno
→ Castiglione del Lago
→ Passignano sul Trasimeno
→ Tuoro sul Trasimeno
→ Magione

Lugnano in Teverina
Pro Loco, Piazza Santa Maria 2, Tel. 0744 90 23 21

Magione
Pro Loco, I-06063 Magione, Corso Marchesi 14, Tel. 075 84 38 59

Massa Martana
Prol Loco, Piazza Umberto I, Tel. 075 88 98 21

Montecchio
Pro Loco, Via della Chiesa 22

Montefalco
Pro Loco, Piazza del Comune 17, Tel. 0742 79 111

Narni
Pro Loco, Piazza dei Priori 3, Tel. 0744 71 53 62

Nocera Umbra
Pro Loco, Via Alunno 1, Tel. 0742 81 89 55

Norcia
→ Cascia

Orvieto
IAT dell' Orvietano, I-05018 Orvieto, Piazza Duomo 24, Tel. 0763 34 19 11, Fax 0763 34 44 33

Paciano
Pro Loco, I-06060 Paciano, Piazza Umberto 1, Tel. 075 83 01 86

Panicale
Pro Loco, I-06064 Panicale, Via Pietro Vannucci, Tel. 075 83 71 38

Passignano sul Trasimeno
Pro Loco, I-06065 Passignano sul Trasimeno, Via Roma 36, Tel. 075 82 76 35

Perugia
IAT di Perugia, I-06100 Perugia, Via Mazzini 6, Tel. 075 572 89 37. Informationsbüro: Piazza IV Novembre 3, Tel. 075 573 64 58

Piediluco
Pro Loco, Via IV Novembre 7, Tel. 0744 36 90 25

Piegaro
Gemeindeverwaltung, I-06066 Piegaro, Piazza Matteotti, Tel. 075 835 80 35

San Gemini
Pro Loco, Via Garibaldi 1, Tel. 0744 63 01 30

Spello	Pro Loco, Piazza Matteotti 3, Tel. 0742301009
Spoleto	IAT di Spoleto, I-06049 Spoleto, Piazza della Libertá 7, Tel. 074349890 Informationsbüro: Tel. 0743220311
Terni	IAT del Ternano, I-05100 Terni, Viale C. Battisti 5, Tel. 0744423047, Fax 0744427259 Informationsbüro: Viale C. Battisti 7/A, Tel. 0744423047
Todi	IAT del Tuderte, I-06059 Todi, Piazza Umberto 6, Tel. 0758942686, Fax 0758942406 Informationsbüro: Piazza del Popolo 38, Tel. 0758942526
Torgiano	Pro Loco, Piazza Baglioni 1, Tel. 075982020
Tuoro sul Trasimeno	Pro Loco, I-06069 Tuoro sul Trasimeno, auf der Landungsbrücke und Gemeindeverwaltung, Piazza del Municipio, Tel. 075826142
Umbertide	Pro Loco, Via Adreani 48, Tel. 0759343180
Valnerina	Pro Loco Cereto di Spoleto, Piazza Pontano 8, Tel. 074313 17 Pro Loco Ferentillo, Via delle Vittoria 61, Tel. 0744780990 → Cascia

Behindertenhilfe

Anreise	Über Bahn- und Flugreisen (behindertengerechte Einrichtungen, Vergünstigungen) informieren die Reisebüros. Der Bundesverband Selbsthilfe Körperbehinderter (BSK) organisiert Gruppenreisen und vermittelt Reisehelfer: BSK-Reisedienst, Altkrautheimerstr. 17, D-74238 Krautheim/Jagst Tel. (06294) 6800
Unterkunft	Behindertengerechte Unterkünfte nennt der Hotel- und Reiseratgeber für Rollstuhlfahrer/Behinderte aus dem FMG-Verlag (Postfach 1547, D-53005 Bonn, Tel. 0228 / 616133).
Weitere Kontaktadressen	Bundesarbeitsgemeinschaft der Clubs Behinderter und ihrer Freunde Eupener Str. 5, D-55131 Mainz, Tel. (06131) 225514 Verband aller Körperbehinderten Österreichs Lützowgasse 24–28, A-1014 Wien, Tel. (01) 9113225 und 945562 Mobility International Schweiz Hard 4, CH-8408 Winterthur, Tel. (052) 2226825

Camping und Caravaning

In Umbrien gibt es mehr als 40 Campingplätze, auf denen auch Wohnwagen und Wohnmobile zugelassen sind. Die meisten Plätze findet man um den Lago Trasimeno wegen seiner guten Erholungs- und Sportmöglichkeiten. Das verhältnismäßig hohe Preisniveau für Unterkünfte in Italien macht auch vor den Campingplätzen nicht halt: Im Durchschnitt muß man für ein Zelt und zwei Personen mit 20 bis 25 DM pro Nacht rechnen. Die Azienda di Promozione Turistica dell' Umbria, Via Mazzini 21, I-06100 Perugia, Tel. 575951, gibt alljährlich die Liste "Ospitalità in Umbria – Hotels and Camping sites" heraus, die man anfordern kann.

Auskunft

Informationen sind erhältlich bei den örtlichen Verkehrsämtern, in ENIT-Büros (⟶ Auskunft) und beim italienischen Campingverband.

Federazione Italiana del Campeggio e del Caravanning
Via Vittorio Emanuele II
I-50041 Calenzano (Firenze)
Tel. 055882391.

Campingführer

Eine umfangreiche Auswahl mit geprüften Campingplätzen (detaillierte Angaben zur Ausstattung) bieten der jährlich neu erscheinende ADAC-Camping-Führer (Band 1, Südeuropa) und der DCC-Campingführer Europa.

Wildes Zelten, Caravaning

Wildes Zelten auf freiem Gelände ist verboten. Auf Privatgrundstücken Zelten nur mit Erlaubnis des Besitzers.

Wer mit Wohnmobil oder Wohnwagen reist, kann sich eine Nacht am Straßenrand, Park- oder Rastplätzen aufhalten, wenn dies durch örtliche oder regionale Verbote nicht untersagt ist. Aus Sicherheitsgründen sollte jedoch ein offizieller Campingplatz aufgesucht werden.

Campingplätze (Auswahl)

Assisi

Internazionale Assisi, I-06081 Assisi, Via S. Giovanni Campiglione, Tel. 0758137 10, 148 Plätze.
Fontemaggio, Strada Eremo delle Carceri 8, Tel. 0758136 36, 244 Plätze

Baschi

Orvieto, Lago di Corbara, I-05023 Baschi, Tel. 0744950240, 65 Plätze
Scacco Matto, Voc. Schiavi 89, Loc. Lago di Corbara, I-05023 Baschi, Tel. 0744950163, 12 Plätze

Castiglione del Lago

Badiaccia, I-06061 Castiglione, Loc. Badiaccia, Tel. 0759659097, 150 Plätze
Lido Trasimeno, I-06061 Castiglione, Loc. Piana, Tel. 0759659350, 65 Plätze

Città di Castello

Montesca, I-06012 Città di Castello, Loc. Montesca, Tel. 0758558566, 43 Plätze

Gualdo Tadino

Valsorda, I-06023 Gualdo Tadino, Loc. Valsorda, Tel. 075913261, 40 Plätze

Gubbio

Villa Ortoguidone, I-06024 Gubbio, Loc. Ortoguidone, Tel. 0759272037, 12 Plätze
Città di Gubbio, I-06024 Gubbio, Loc. Ortoguidone, Tel. 0759272037, 100 Plätze

Magione

Polvese, I-06063 Magione, Loc. S. Arcangelo, Tel. 075848200, 71 Plätze
Villaggio Italgest, I-06063 Magione, Loc. S. Arcangelo, Tel. 075 848238, 164 Plätze
Agilla, I-06063 Magione, Loc. S. Feliciano, Tel. 0758476270, 22 Plätze

Passignano sul Trasimeno

Kursaal, I-06065 Passignano, Via Europa 41, Tel. 075828085, 110 Plätze
Europa, I-06065 Passignano, Loc. S. Donato, Tel. 075827405, 108 Plätze

Tuoro sul Trasimeno

Punta Navaccia, I-06069 Tuoro, Loc. Punta Navaccia, Tel. 075826357, 374 Plätze

Narni

Monti del Sole, I-05036 Narni, Loc. Strada di Borgheria 22, Tel. 0744796336, 60 Plätze

Perugia	Paradise d'Etè, I-06100 Perugia, Loc. Fontana, Tel. 0755172117, 50 Plätze Il Rocolo, I-06100 Perugia, Loc. Colle della Trinità, Tel. 0755178550, 100 Plätze
Piediluco	Il Lago, I-05100 Piediluco, Loc. Ara Marina, Tel. 0744369199, 150 Plätze
Preci	Il Collaccio, I-06047 Preci, Loc. Castelvecchio, Tel. 0743939084, 120 Plätze
Spello	Umbria, I-06038 Spello, Loc. Chiona, Tel. 0742651772, 60 Plätze
Spoleto	Il Girasole, I-06049 Spoleto, Loc. Petrognano, Tel. 074351335, 70 Plätze Monte Luco, I-06049 Spoleto, Loc. S. Pietro, Tel. 0743220358, 35 Plätze
Terni	Marmore, I-05100 Terni, Loc. Marmore, Tel. 07446 7198, 77 Plätze
Valnerina	Valnerina, I-06040 Scheggino, Loc. Valcasana, Tel. 074361115, 70 Plätze

Diplomatische und konsularische Vertretungen

Vertretungen der Italienischen Republik

In Deutschland

Botschaft: Karl-Finkelnburg-Str. 49
D-53173 Bonn, Tel. (0228) 82006-0
Generalkonsulate in Berlin, Frankfurt am Main, Hamburg, Hannover, Köln, Leipzig, München und Stuttgart

In Österreich

Botschaft: Rennweg 27,
A-1030 Wien, Tel. (01) 7125121-0, 7138920, 7138930, 7153670
Generalkonsulate in Graz und Salzburg

In der Schweiz

Botschaft: Elfenstr. 14, Postfach
CH-3000 Bern 16, Tel. (031) 444151
Generalkonsulate in Basel, Genf, Lausanne, Lugano und Zürich

Vertretungen in Italien

Bundesrepublik Deutschland

Botschaft: Via Po 25c
I-00198 Roma, Tel. 068603 41/5

Republik Österreich

Botschaft: Via Pergolesi 3
I-00198 Roma, Tel. 0685582 41/44

Schweizerische Eidgenossenschaft

Botschaft: Via Barnaba Oriani 61
I-00197 Roma, Tel. 06803641/5

Einkäufe und Souvenirs

Kulinarisches

Die beliebtesten Mitbringsel aus Umbrien sind neben Keramik (s.u.) die hochwertigen Erzeugnisse der Landwirtschaft und die diversen Feinkostspezialitäten, mit denen Umbrien seine Gäste verwöhnt. An erster Stelle stehen natürlich die Trüffeln, die vor allem im Osten Umbriens gedeihen (siehe dazu den Baedeker Special S. 276/277). Sofern man die kostspielige Delikatesse frisch kauft, sollte man sie zwischen Reiskörnern transportieren. Wer es sich etwas einfacher machen will, dem seien die in kleine

Kulinarisches (Fortsetzung)

Gläser abgefüllte Salsa di Tartufi Neri (Trüffelsoße), aus der man zuhause ein köstliches Nudelgericht zaubern kann, oder die Crema di Burro con Tartufi (Trüffelbutter) empfohlen. Einen guten Ruf genießen auch das umbrische Olivenöl (am besten 'prima spremitura a freddo', d. h. Öl aus der ersten Kaltpressung), Käse sowie der luftgetrocknete Schinken, die Salami und die aus Norcia kommenden Wildschweinswürste (salsicce). Nicht zu vergessen die Weine und Liköre aus Umbrien, die man in den Weinhandlungen (enoteca) kosten und kaufen kann. Einen guten Überblick über die umbrischen Weine erhält man in der Enoteca Provinciale di Perugia, Via Ulisse Rocchi 18. Das größte Angebot an umbrischen Spezialitäten bieten die Feinkostgeschäfte mit dem Namen "Norcineria". Die Heimat der Norcineria ist die südostumbrische Stadt Norcia, wo die Herstellung delikater Wurstwaren eine besondere Tradition hat. Mittlerweile gibt es in vielen Städten Umbriens Norcinerie, die weit mehr führen als 'nur' Geräuchertes vom Schwein. Außer in Spezialgeschäften kann man frische Lebensmittel auch auf Wochenmärkten erstehen, die in Umbrien immer noch eine wichtige Institution des öffentlichen Lebens darstellen. Nicht zuletzt bietet sich auch die Möglichkeit, die landwirtschaftlichen Produkte – insbesondere Olivenöl, Honig und Wein – direkt beim Erzeuger zu kaufen.

Majolika bekommt man fast überall in Umbrien

Keramik

Die Keramikherstellung hat eine lange Tradition in Umbrien und zeichnet sich durch ein hohes künstlerisches Niveau aus. Das Angebot an Gebrauchskeramik und Dekorationsstücken aller Art ist groß, wobei vor allem die Töpferwaren mit traditionellen Mustern und Motiven besonders gefragt sind. In Städten mit einer besonders ausgeprägten Majolika-Tradition wie Deruta, Gualdo Tadino, Gubbio oder Orvieto, kann man oft auch noch einen Blick in die Werkstatt der Keramikkünstler werfen.

Weitere Souvenirs

In den Ortschaften um den Lago Trasimeno, insbesondere auf der Isola Magggiore, stellen die Frauen handgeklöppelte Spitzen her. Bekannt ist Umbrien auch für sein Kunstschmiedehandwerk sowie für handgearbeitete Möbel und Antiquitäten. Die umbrischen Schreiner gelten als gute

SALSICCIA DI DAINO AL TARTUFO
VINO-SANTO ALEATICO PASSITO
PRODOTTI TIPICI LOCALI E DELLA REGIONE UMBRIA
PORCINI SCELTI L 35.000
PORCINI SCELTI L 15.000
FORMAGGI TIPICI
SALUMI TIPICI
PORCHETTA
NINI
SALAME DI DAINO
SALAME DI CINGHIALE
SALAME DI CAPRIOLO
SALAME DI CERVO
PROSCIUTTO DI DAINO
PROSCIUTTO DI CINGHIALE
SALAME D'OCA
FILETTO DI CINGHIALE
CAPOCOLLO CASARECCIO

Möbelrestauratoren. In Orvieto sieht man in einigen Geschäften Holzskulpturen des Schnitzers Gualtierio Michelangeli.

Weitere Souvenirs (Fortsetzung)

Elektrizität

Das Stromnetz führt 220 Volt Wechselspannung; im allgemeinen ist ein Adapter nötig. Europanorm-Gerätestecker sind meist nur dann verwendbar, wenn sie dünne Kontaktstifte besitzen.

Essen und Trinken

Allgemeines

Die traditionelle umbrische Küche ist einfach, aber äußerst schmackhaft, wie man sie oft in ländlichen Gebieten antrifft. Die wichtigsten Zutaten kommen direkt aus der Umgebung und sind deshalb frisch und von hervorragender Qualität – man denke nur etwa an das umbrische Olivenöl, das zu den besten Italiens gehört, und die Trüffeln, die im südlichen Umbrien fester Bestandteil der Speisekarte sind.

Mahlzeiten

Zwar bieten heute die meisten Hotels ein Frühstück, das mit Brötchen, Butter und Konfitüre nordeuropäischen Gepflogenheiten entspricht, Italiener begnügen sich jedoch mit einem schnellen caffè oder cappuccino in der Bar, eventuell mit Gebäck (pasta) dazu. Am besten verzichtet man auf das Hotelfrühstück, das meist unbedeutend und dazu relativ teuer ist; stattdessen kann man sich in einer Bar in wesentlich interessanterer Umgebung z. B. mit einem mit Schinken oder Salami belegten Brötchen die notwendige Grundlage verschaffen – die 'normalen' italienischen Kaffeearten sind ohnehin meist besser als der Touristenkaffee im Hotel. Ein typisches Mittag- oder Abendessen besteht meistens aus einer kalten oder warmen Vorspeise (antipasto), einem ersten Gang (primo) mit Nudeln (pasta), einem zweiten Gang (secondo) mit einem Fleisch- oder Fischgericht, Käse (formaggio) und einem Dessert (dolce) zum Abschluß. Die in Deutschland weit verbreitete Gewohnheit, in italienischen Lokalen nur das Pasta-Gericht zu essen, ist in Italien mittlerweile auch kein Fauxpas mehr. Wem mehrere Gänge zu opulent sind, der kann auch eine "mezza porzione" (halbe Portion) von einzelnen Gängen bestellen.

Lokale

Neben den Restaurants (ristorante) sorgen Trattorien (trattoria), Osterien (osteria) und die als 'tavola calda' (warme Küche) bezeichneten Lokale für das leibliche Wohl.
Während früher ein Ristorante ein eher teureres Haus mit gepflegter Atmosphäre und eine Trattoria ein einfacheres, als Familienbetrieb geführtes Lokal war, ist eine Unterscheidung heute kaum mehr in dieser Weise möglich. Natürlich gibt es außerdem auch Pizzerien und Imbissstände mit umbrischen Spezialitäten.

Schon gewußt ?

Es ist in italienischen Restaurants unüblich, sich den Platz selbst auszusuchen. Man wartet am Eingang, bis der Kellner den Platz anweist. Stets zusätzlich berechnet werden die Bedienung (servizio) und das Gedeck (coperto). Das Trinkgeld legt man gesondert vom Rechnungsbetrag auf das Wechselgeldtellerchen.

Typische Gerichte

Leckere 'Schweinereien'

Das Schwein spielt in der umbrischen Küche eine zentrale Rolle, wie man an den zahllosen Schweinefleisch- und Schweinswurstdelikatessen er-

◀ *Wer kann bei diesem Angebot widerstehen ?*

Baedeker Special

Weinkultur im Aufwind

Umbrien ist eine Region mit einer uralten Weinkultur. Schon vor 2000 Jahren labten sich die Etrusker an Weinen, die sie rund um Orvieto anbauten. Auch die Künstler der Renaissance schätzten die inspirierende Wirkung des Nektars aus Umbrien. Danach hat sich jedoch das Weinbauglück in die Toskana verabschiedet. Bis heute stehen die umbrischen Weine im Schatten von Chianti, Brunello & Co.

Die Landschaft Umbriens ist der des nördlichen Nachbarn vergleichbar, auch Klima und Bodenverhältnisse ähneln sich. Die natürlichen Voraussetzungen für ebenso gute und bekannte Weine, wie sie in der Toskana produziert werden, sind eigentlich gegeben, doch zeigte man sich im 'grünen Herzen Italiens' jahrzehntelang gegenüber vinologischen Neuerungen eher zugeknöpft, während die extrovertierten Toskaner (auch mit finanzieller Unterstützung von außen) mit Spitzenweinen zu Weltruhm gelangten.

Umbrien hielt sich zu lange mit der Produktion recht einfacher Weine von lokaler Bedeutung auf. Andererseits hat es sich auf diese Weise viele örtliche Spezialitäten bewahren können, die in letzter Zeit von einer neuen Generation engagierter Winzer zu bemerkenswerten Getränken (auch was das Preis-Leistungs-Verhältnis angeht) ausgebaut wurden. Acht offizielle Zonen für kontrollierten Qualitätsweinanbau (DOC = Denominazione d'Origine Controllata) gibt es in Umbrien. Es sind dies: Colli Altotiberini, Colli Amerini, Colli del Trasimeno, Colli Martani, Colli Perugini, Montefalco, Orvieto und Torgiano (siehe Weinkarte S. 22).
Der 'Sagrantino die Montefalco' ist jetzt gar in den erlauchten Club der DOCG-Berechtigten aufgenommen worden (das 'G' steht für Garantita). Seit dem Jahrgang 1991 darf er diese begehrte Bezeichnung tragen. Das ist erstaunlich, wenn man bedenkt, daß nur rund ein Viertel der 250 ha großen Rebfläche von Montefalco mit der Sorte Sagrantino bepflanzt ist. Der trockene Sagrantino ist ein vollmundiger Wein mit südlichem Temperament, würzig-pfeffrig, ein charaktervoller Tropfen mit Ecken und Kanten, der Lagerpotential hat. Als Passito, der süßen Version aus Trauben, die zwei Monate lang getrocknet und dann gepreßt werden, ist er mit seinen 70 g Restzucker zwar ein richtig Süßer, aber keineswegs ein Lieblicher. Die Süße ist vortrefflich in die tragenden Tannine eingebunden.

Zu den bemerkenswertesten Produzenten Umbriens zählt das Antinori-Vorzeige-Gut Castello della Sala in Ficulle. Hier entstehen Weine der internationalen Spitzenklasse, die dem einflußreichen Italienweinführer Gambero Rosso höchstes Lob abverlangen. Der 'Cervaro della Sala', eine im Barrique ausgebaute Cuvée aus Chardonnay und Grechetto aus dem Jahrgang 1990 war den Testern die Höchstnote (drei Gläser) wert. Übrigens gehört der Orvieto, der in dieser modernen Kellerei ausgebaut wird, zum besten was man unter diesem Namen trinken kann. Neu und vielversprechend ist der 'Pinot nero' (Spätburgunder) Vigento Consola.

So richtig berühmt – man könnte auch sagen berüchtigt – ist eigentlich nur ein umbrischer Wein: der Orvieto. Der trockene Weiße aus der Rebsorte Trebbiano toscana, die in Orvieto Procanico genannt wird, gilt als einer dieser anspruchslosen Tropfen, die alle mögen, aber keiner richtig liebt. Er wird ohne großes Aufheben konsumiert, weil er preiswert und diskret ist. Was ihm oft fehlt, sind ein eigener Ausdruck und Charakter. Das Produktionsgebiet des Orvieto umfaßt 2500 ha, 20 Flaschenweinproduzenten teilen sich den Markt, in dem toskanische Kellereien die Nase vorn haben. Sie kaufen die Trauben in Umbrien und ziehen den Orvieto in ihren Stammhäusern auf Flaschen. Daneben gibt es im Orvieto-Gebiet selbst eine Handvoll guter Erzeuger, die sich um den Orvieto mit Erfolg bemühen.

Die Lichtgestalt des umbrischen Weinbaus ist Giorgio Lungarotti. Sein Verdienst ist es, schon vor Jahren neue Impulse gegeben zu haben. Im DOC-Gebiet um das Städtchen Torgiano besitzt seine Familie 240 ha Rebfläche.

Der Rotwein, der dort aus den Rebsorten Canaloio, Ciliegolo, Montepulciano und Trebbiano gekeltert wird (beim Marktführer Lungarotti hat er den Namen Rubesco) ist von rubinroter Farbe, rund, sanft und nach zwei bis fünf Jahren trinkreif.

Als Riserva – mit drei Jahren Faßlager – ist der Torgiano Rosso in guten Jahrgängen (1985, 1988, 1990) einer der vornehmsten Rotweine Mittelitaliens, der mindestens zehn Jahre braucht, um seinen Höhepunkt zu erreichen. Kürzlich wurde dem Torgiano Rosso Riserva die DOCG-Bezeichnung zugestanden, die nur den besten Weinen Italiens vorbehalten ist – ein persönlicher Erfolg der Bemühungen von Giorgo Lungarotti.

Weingüter in Umbrien (Auswahl)

Cantine Lungarotti, I-06089 Torgiano, Via Mario Angeloni 16,
Tel. 075 988 03 48
Azienda Agricola Antonelli, I-06036 Montefalco, Loc. San Marco Montefalco,
Tel. 0742 37 91 58
Marco Caprai, Tenuta Val di Maggio, I-06036 Montefalco, Loc. Torre,
Tel. 0742 37 88 02
Podere Marella, I-06061 Castiglione del Lago, Loc. Ferretto,
Tel. 075 954 13 9
Francesco Anichini, I-06062 Città della Pieve, Tel. 0578 29 99 50
Tenuta Le Velette, I-05018 Orvieto, Loc. Le Velette, Tel. 0763 29 09 0

Typische Gerichte (Fortsetzung)

kennen kann. Anstatt einem Hamburger ißt man in Umbrien die *porchetta*, scharf gewürztes, kaltes Spanferkel mit wildem Fenchel, Knoblauch und viel Pfeffer. Daneben gibt es eine große Vielfalt an deftigen Würsten und Schinken: *salami, lonze, culatelli, capocolli* und *salsicce* und vor allem die *mazzafegati*, eine in der Valnerina beheimatete Wurstspezialität aus Schweineleber, Rosinen und Orangenschalen. Eine Besonderheit sind die mit Schinken oder Wurst gefüllte *torta al testo*, eine Art Fladenbrot aus Wasser, Mehl, Schweinegrieben und Schafskäse, sowie die mit Salbei oder Zwiebeln belegten *schiacciate*, eine Art Fladenbrot aus Pizzateig.
Die besten Schweinemetzger kamen früher aus Norcia. In den kalten Wintermonaten verließen sie ihr abgeschiedenes Heimatstädtchen, um in anderen Städten ihr Geld zu verdienen, bis man sie landauf landab als Spezialisten für Wurstwaren kannte. Wenn man von dem 'Norcino' sprach, meinte man nicht den Bürger aus Norcia, sondern den Schweinemetzger. Auch die Norcinerie genannten Feinkostläden waren ursprünglich Spezialgeschäfte für Fleisch- und Wurstwaren vom Schwein.

Vorspeisen

Beliebt als Vorspeisen (*antipasti*) sind die kleinen gerösteten Weißbrotscheiben, *crostini* genannt, die vorzugsweise mit Trüffelcreme (*salsa tartufata*) oder mit Steinpilz- oder Walnußcreme bestrichen werden. Auch bei der *bruschetta* handelt es sich um geröstetes Weißbrot, das mit Olivenöl beträufelt bzw. mit kleinen Tomatenstücken belegt wird, die meist in Öl eingelegt und mit Basilikum und Knoblauch gewürzt sind.

Pasta

Auch bei den Teigwaren haben die Umbrer neben den *spaghetti, tagliatelle und ravioli* eigene Varianten entwickelt. Typisch umbrische Pasta sind die *ombrici* oder *ombricelli*, dicke Spaghettinudeln aus Mehl und Wasser. Um Bandnudeln handelt es sich bei den *ciriole* und den *strangozzi*, die aus Vollkornmehl und Wasser bereitet werden. Serviert werden diese Nudelarten v a. mit Pilz- oder Trüffelsoße, *salsa al tartufo*.

Gemüse

In der Umgebung von Trevi wird der gelbe Staudensellerie geerntet und als Gemüse serviert, während rund um Perugia der *cardo*, eine den Artischokken verwandte Distelpflanze, als Gemüsebeilage auf den Tisch kommt. Unter den Suppen gibt es mindestens zwei, die als typisch umbrisch gelten, die *minestra di farro* (farro ist eine in Umbrien sehr verbreitete Getreidesorte), und die Linsensuppe *minestra di lenticchie*. Eine Spezialität sind die grünen kleinen Linsen, die im Juli und August auf der Hochebene von Castelluccio geerntet werden.

Fleisch und Fisch

Fleisch und Fisch wird in Umbrien am liebsten am offenen Feuer gebraten. Verschiedenes gegrilltes Fleisch kann man als *grigliata mista* (gemischte Grillplatte) erhalten. Eine Spezialität der Region sind die knusprig gebratenen Lamminnereien, *coratella d'agnello* genannt. Auch der Fisch aus dem Lago Trasimeno – u. a. Forelle, Aal, Barsch und Karpfen – kommt vorzugsweise gegrillt auf den Tisch. Aus den klaren und fischreichen Nera stammen die meisten Flußkrebse (*gamberi di fiume*). Reichhaltig ist die Auswahl an Wildgerichten, die oftmals den Zusatz *alla cacciatora*, nach Jägerart, tragen. Mit frischen Pilzen und Trüffeln gefüllt und schmackhaft gewürzt gehören Wildschwein (*cinghiale*), Kaninchen (*coniglio*) und Wildtauben (*colombaccio*) mit zum besten, was die umbrische Küche zu bieten hat.

Nachspeisen

Ein richtiges mehrgängiges Gericht schließt auch in Umbrien mit einer herrlich süßen Nachspeise (*dolce*), vorzugsweise aus Kuchen oder Kleingebäck mit Mandeln bestehend. *cantucci* heißen die steinharten Mandelkekse, die man in vin santo (am besten natürlich den 'Sagrantino di Montefalco') eintauchen muß, damit sie ihren vollen Geschmack entfalten. Außerdem beliebt sind neben Mandelkuchen (*torta mandorlata*) die *cicerchiata*, ein Mandelgebäck aus kandierten Früchten und Honig, die *pinocchiate* genannten Kekse aus Pinienkernen, Kakao und Zucker mit Orangen- und Zitronenaroma, der *serpentone delle monache*, ein Kuchen aus Mandeln, Pinienkernen und Walnüssen, sowie das lebkuchenähnliche *panpepato* und die *ciaramicola*, ein mit Zuckerperlen bestreutes Gebäck aus Mehl, Schmalz und Likör. Der beste Konfekt stammt zweifelsfrei aus Perugia und ist vor allem in Bars und Cafés erhältlich. Gemeint sind die berühmten Schokoladenküsse *baci*, die man an ihrer silbernen Verpakkung erkennt.

Nachspeisen (Fortsetzung)

Wer zum essen keinen Wein trinken möchte, ist mit dem umbrischen Tafelwasser bestens bedient. Besonders zu empfehlen ist das 'Flaminia' von Nocera Umbra, ein köstliches, leicht sprudelndes Mineralwasser und das Mineralwasser von San Gemini. Zum Abschluß einer Mahlzeit trinkt man wie überall in Italien den *café espresso* und anschließend einen *grappa*.

Getränke

Einen Spitzenplatz unter Umbriens Spezialitäten nimmt neben Trüffeln und Wein das Olivenöl ein, das in über dreihundert 'Frantoi' (Ölmühlen) produziert wird. Ein Großteil des umbrischen Öls kommt aus der Gegend von Spoleto und Foligno, aber auch am Trasimenischen See, um Perugia und bei Gubbio gibt es Olivenanbauer mit hochqualitätvollen Produkten. Das beste Öl stammt immer aus der ersten Kaltpressung, der *prima spremitura a freddo*, für den Verbraucher zu ersehen an der Bezeichung *extra vergine*.

Olivenöl

Feiertage

1. Januar	Neujahr (Capodanno)
6. Januar	Erscheinungsfest der Hl. Drei Könige
25. April	Tag der Befreiung 1945
	Ostermontag
1. Mai	Tag der Arbeit
15. August	Ferragosta; Mariä Himmelfahrt
1. November	Allerheiligen (Ognissanti)
8. Dezember	Mariä Empfängnis
25./26. Dezember	Weihnachten

Pfingstmontag, Karfreitag, Fronleichnam, Heiligabend und Silvester sind keine Feiertage.

Hinweis

Ferienhäuser, Ferienwohnungen

Ferienwohnungen und Ferienhäuser in Umbrien werden von allen Tourismusämtern vor Ort (⟶ Auskunft), von speziellen Reiseveranstaltern, aber auch von Wohltätigkeitsvereinen und öffentlichen Körperschaften (⟶ Gästehäuser in Klöstern) vermittelt. Im folgenden die Anschriften einiger Anbieter:

Auskunft und Buchung

Cultura, Gesellschaft für Italienreisen, Kaiserdamm 95, 14057 Berlin, Tel. (030) 3019081
Interhome , Friedberger Anlage 14, 60316 Frankfurt, Tel. (069) 490658
Inter Chalet, Kaiser Joseph-Str. 263, 79098 Freiburg, Tel. (0761) 210077

Gästehäuser in Klöstern

Eine empfehlenswerte Alternative zur Übernachtung im Hotel sind die Unterkünfte, die von Ordensgemeinschaften geführt werden und insbesondere in Assisi recht zahlreich vertreten sind. Was ursprünglich nur für Wallfahrer eingerichtet worden war, erfreut sich mittlerweile auch bei 'normalen' Gruppenreisenden und Individualtouristen großer Beliebtheit, denn die Gästehäuser der Klöster bieten im allgemeinen ein gutes Preis-Lei-

Gästehäuser (Fortsetzung)

stungs-Verhältnis und liegen deutlich unter dem Niveau der Hotelpreise (Übernachtung mit Halbpension zwischen 35000 und 60000 ITL). In der Regel ist ein Mindestaufenthalt von zwei Tagen vorgeschrieben. Einziger kleiner Minuspunkt dieser günstigen Unterkünfte: Im Frühjahr und im Sommer schließen die Häuser um 22.00, im Herbst und im Winter bereits um 21.00 Uhr.

Assisi

Casa del Terziario, Piazza del Vescovado 5, Tel. 075812366.
Casa Maria Immacolata, Santa Maria degli Angeli, Tel. 0758041145.
Centro Reg. Francescano, Viale Giovanni XXIII, Tel. 075812792.
Monastero S. Andrea, Vicolo S. Andrea, Tel. 075812274.
Monastero S. Croce, Via Santa Croce 4, Tel. 075812515 (kleines Gästehaus deutscher Ordensschwestern).
Monastero S. Giuseppe, Via S. Apollinare 1, Tel. 075812332.
Suore Alcantarine, Via B. da Quintavalle, Tel. 075812337.
Suore del' Atonement, Via Alessi 10, Tel. 075812542.
Suore del Giglio, Via S. Francesco 13, Tel. 075812267.
Suore di S. Brigida, Via Moiano 1, Tel. 075812693.

Bevagna

Monastero S. Maria del Monte
Corso Matteotti 15, Tel. 0742360133.

Montefalco

Convento di S. Fortunato
Loc. Turri, Tel. 0742378102 (herrlich gelegen mit Blick auf die Valle Umbra!).

Perugia

Casa San Filippo Neri, Via della Cupa 3, Tel. 0755727032.
Istituto Santa Chiara, Via delle Clarisse 8, Tel. 0755735626.
Suore Oblate S. Filippo Neri, Via degli Scriri 1, Tel. 0755736178.

Spello

Monastero di S. Maria Maddalena
Via Cavour 1, Tel. 0742651156.

Todi

Convento di Montesanto, Viale Montesanto, Tel. 0758948886.
Monastero Santa Annunziata, Via S. Biagio 2, Tel. 0758942268.

Geld

Währung

Die Währungseinheit ist die italienische Lira (ITL bzw. Lit, Mehrzahl Lire). Es gibt Banknoten zu 1000, 2000, 5000, 10000, 50000 und 100000 Lit; gebräuchlich sind Münzen zu 20, 50, 100, 200 und 500 Lit.

Wechselkurse

1000 ITL (Lit)	=	1,07 DM	1 DM	=	935 ITL (Lit)
1000 ITL (Lit)	=	7,42 ATS (öS)	1 ATS (öS)	=	135 ITL (Lit)
1000 ITL (Lit)	=	0,87 sfr	1 sfr	=	1149 ITL (Lit)

Euro

Seit dem 1. Januar 1999 ist der Euro die gemeinsame Währung in elf europäischen Staaten. Vorerst gilt er nur an den Börsen und im bargeldlosen Zahlungsverkehr, ab 1. Januar 2002 ist er offizielles Zahlungsmittel. Für Italien wurde folgender Umrechnungskurs festgelegt: 1 Euro = 1936,27 Lit. Für Deutschland bzw. Österreich und die Schweiz gelten folgende Kurse: 1 Euro = 1,96 DM bzw. 13,76 öS oder 1,591 sfr.

Devisenbestimmungen

Bürger aus Mitgliedstaaten der Europäischen Union dürfen EU-Währungen in beliebiger Höhe nach Italien ein- und ausführen. Ab einem Gegenwert von 20 Mio. Lire ist jedoch eine Deklaration erforderlich.

Internet Reisebank

Aktuelle Informationen über Wechselkurse erhält man im Internet unter folgender Adresse:
http://www.reisebank.de/frames/reiseinfos/sortenkurse1.html

Geldwechsel

Bargeldumtausch in Italien ist etwas günstiger als in Deutschland. Für die ersten Ausgaben in Italien (z. B. Autobahngebühren) sollte man aber ausreichend Bargeld in der Landeswährung dabei haben. Auch an den Grenzen, in größeren Hotels und an Bahnhöfen kann man Geld umtauschen. Die Wechselstuben in Reisebüros sind durch ihre Bearbeitungsgebühren weniger empfehlenswert. Am einfachsten ist jedoch die Nutzung der Geldautomaten (s. u.). Jede Umtauschquittung sollte man – wie alle anderen Belege – unbedingt aufbewahren, andernfalls drohen Geldbußen.

Reiseschecks, eurocheques,

Die Mitnahme von eurocheques (ec) und Reiseschecks unterliegt keinen Beschränkungen. eurocheques können bis zu einem Betrag von 300000 ITL ausgestellt werden. Pro Scheck wird eine Auszahlungsgebühr (mindestens 2,50 DM) berechnet.

Kreditkaten

Gebräuchlicher sind internationale Kreditkarten, die von Banken, Hotels, Restaurants der gehobenen Kategorien, Autovermietern und vielen Einzelhandelsgeschäften akzeptiert werden. Bei Verlust der Kreditkarte sollte sofort die jeweilige Zentrale benachrichtigt werden.

Banken

Banken gibt es in allen größeren Orten Umbriens. Während sie Mo.–Fr. vormittags 8.30–13.15 Uhr geöffnet sind, variieren die Öffnungszeiten am Nachmittag (ca. 14.30–15.30 Uhr). An Tagen vor Feiertagen (prefestivi) schließen die Banken um 11.20 Uhr.

Geldautomaten

Durch die Geldautomaten, deren Zahl ständig zunimmt, ist man von den Öffnungszeiten der Banken unabhängig. Die Geldautomaten müssen für die Abhebung per ec-Karte bzw. Kreditkarte eingerichtet sein (auf das entsprechende Zeichen achten). Mit der ec-Karte kann man maximal 300000 ITL abheben; die internationalen Kreditkarten unterliegen höheren (individuell unterschiedlichen) Grenzen.

Hotels

Allgemeines

Ein jährlich aktualisiertes Verzeichnis der Hotels in Umbrien ist bei den unter → Auskunft erwähnten Vertretungen des Staatlichen Italienischen Fremdenverkehrsamtes ENIT erhältlich. Neben Hotels, Ferienwohnungen (→ Agriturismo) und Pensionen bieten auch → Gästehäuser in Klöstern Unterkunft. Von Wohltätigkeitsvereinen oder öffentlichen Körperschaften werden → Ferienhäuser verwaltet.
Auch Hotels ins historisch bedeutsamen Gebäuden, Burgen oder herrschaftlichen Villen (ital. 'Residenze d'epoca') sind in der folgenden Liste erwähnt; sie liegen meist in landschaftlich reizvoller Umgebung und sind oft sehr individuell eingerichtet. Die Preise (Doppelzimmerpreis derzeit zwischen 105000–450000 ITL) in diesen Häusern werden jährlich neu festgelegt.

Buchung

Perugia und Assisi sind das ganze Jahr über stark besucht und in diesen beiden Städten ist zu jeder Jahreszeit, vor allem natürlich während der Hauptsaison und an den großen kirchenlichen Feiertagen, eine Zimmerreservierung unerläßlich. In den anderen Städten Umbriens ist dies nur zur Hauptreisezeit unbedingt nötig; in der Nebensaison kann man sich die Möglichkeit offenlassen, erst vor Ort zu entscheiden, wo man übernachtet. Empfehlenswert sind Hotels in kleineren Städtchen, die nicht an den 'großen' Touristikrouten liegen.

Hotel-reservierungs-zentrale

Seit ein paar Jahren gibt es in Umbrien für Zimmer der gehobenen und mittleren Preisklasse einen Reservierungsservice, dem mittlerweile rund 70 Hotels angeschlossen sind. Man kann direkt von Deutschland aus oder auch in Umbrien selbst über eine gebührenfreie Nummer Reservierungen vornehmen.

Hotelreservierungszentrale

Promhotel Umbria – Consorzio
Regionale Imprese Alberghiere Umbre
Via Settevalli 320, I-06129 Perugia
Tel. 075 500 27 88, Fax 075 500 27 89
Gebührenfreie Nummer (numero verde) innerhalb Italiens: 1678-62033.

Hotelkategorien

Die Hotels in Italien sind amtlich in fünf Kategorien eingeteilt: lusso, prima, seconda, terza und quarta categoria, vom Luxushotel (5 Sterne) bis zur Unterkunft für bescheidene Ansprüche (1 Stern). Die Zusatzbezeichnung "Luxus" (L) wird den Fünf-Sterne-Hotels zugeteilt, die über außergewöhnliche Eigenschaften, Ausstattungen und Dienstleistungen verfügen.
Die Klassifizierung bietet jedoch nur einen groben Anhaltspunkt; die Preisbereiche überschneiden sich, und auch die gebotene Qualität schwankt – gemessen am Preis – erheblich. Es gibt auch eine Reihe nicht klassifizierter (kleiner) Betriebe, die aber durchaus akzeptabel sind. Für ein Einzelzimmer zahlt man 25 – 40% weniger als für ein Doppelzimmer.

Preiskategorien

Kategorie	Doppelzimmer
*****	über 275 000 ITL
****	130 000 – 290 000 ITL
***	80 000 – 150 000 ITL
**	55 000 – 120 000 ITL
*	45 000 – 70 000 ITL

Ausgewählte Hotels in Umbrien

Assisi

Subasio****
Via Frate Elia 2, I-06081 Assisi, Tel. 0 75 81 22 06, Fax 0 75 81 66 91, 61 Zi.
Nur wenige Schritte von der Basilika San Francesco entfernt gelegene Traditionsherberge mit zahlreichen Berühmtheiten im Gästebuch, unter anderen Gabriele d'Annunzio, Benedotto Croce oder König Balduin von Belgien. Von den Zimmern bietet sich ein einzigartiger Blick auf San Francesco und über die Valle Umbra. Im hoteleigenen Restaurant kann man wählen zwischen internationaler und regionaler Küche.

Hotel Le Silve ****
Loc. Caparrocchie, Fraz. Armenzano, I-06081 Assisi, Tel. 07 58 01 90 00, Fax 0 75 80 19 005, 13 Zi., Schwimmbad.
Herrlich renoviertes, altes Gebäude, etwa 10 km von Assisi entfernt, am Hang des Monte Subasio gelegen. Stilvoll möblierte Zimmer, gemütliche Aufenthaltsräume mit Kamin. Die Umgebung, insbesondere der Monte Subasio, ist ein bekanntes Wandergebiet.

Hotel dei Priori***
Corso Mazzini 15, I-06081 Assisi, Tel. 075 81 22 37, Fax 075 81 68 04, 34 Zi.
Geschmackvoll eingerichtetes Hotel im Herzen von Assisi, nur wenige Schritte von der Piazza del Comune entfernt, in einem Palast aus dem 17. Jahrhundert.

Castel San Gregorio***
Via San Gregorio 16, I-06081 San Gregorio di Assisi, Tel. 07 58 03 80 09, Fax 07 58 03 89 04, 12 Zi.
Ein kleines Castello, mitten im Grünen auf halber Strecke zwischen Perugia und Assisi gelegen. Die ältesten Teile des Gebäudes gehen auf das 12. Jh. zurück. Ein weitläufiger Park um das Hotel sorgt für schöne Ausblicke.

Castiglione del Lago

Miralago***
Piazza Mazzini 6, I-06064 Castiglione del Lago, Tel. 075 95 11 57, Fax 0 75 95 19 24, 19 Zi. Kleines, traditionsreiches Hotel in einem Palast im Zentrum des Städtchens, mit herrlichem Blick auf den Lago Trasimeno. Im Sommer werden im Gartenrestaurant regionale Spezialiäten serviert.

Città di Castello

Villa San Donino***
Loc. San Donino, I-06012 Città di Castello, Tel. 0758578108,
Fax 0758520765, 36 Zi.
Mitten im Grünen, 7 km außerhalb der Stadt, liegt die Villa aus dem 18. Jh. Sowohl das Haus selbst als auch der großzügige dazugehörige Park sind sehr gepflegt. Sportliche Gäste sind hier gut aufgehoben: Außer einem Schwimmbad gibt es die Möglichkeit zu Tennis, Volleyball und Basketball.

Colazzone

Relais il Canalicchio***
Via della Piazza 13, I-06050 Colazzone, Loc. Canalicchio,
Tel. 0758707325, Fax 0758707296, 26 Zi.
Teile eines alten Bergstädtchens oberhalb des Tibertals, etwa 40km südwestlich von Perugia und ca. 5 km von Deruta entfernt, wurden in ein bezauberndes Hotel umgewandelt. Jedes Zimmer ist individuell eingerichtet, manche haben eine kleine eigene Terrasse mit herrlichem Blick auf die ländliche Umgebung. Altes, rustikales Gemäuer und moderner Komfort – das Haus verfügt über ein Schwimmbad, einen Fitneßraum, eine Sauna und ein Solarium – gehen hier eine ansprechende Allianz ein. In der Küche des Restaurants werden Produkte aus eigenem Anbau verwendet.

Foligno

Italia***
Piazza Matteotti 12, Tel. 0742350412, Fax 0742352258, 35 Zi.
Modernes Hotel direkt in der Altstadt von Foligno.

Villa Roncalli***,
Viale Roma 25, Tel. 0742391091, Fax 0742391001, 10 Z.
Stilvolles Hotel in einer ehemaligen Jagdvilla aus dem 18. Jh., ca. 1,5 km südlich von Foligno in wenig attraktiver Umgebung, aber absolut ruhiger Lage inmitten eines alten Gartens. Die Zimmer sind modern und komfortabel eingerichtet, den Aufenthaltsräumen und dem Speisesaal verleihen Antik-Möbel und alte Gemälde eine elegante Atmosphäre.

Gubbio

Park Hotel ai Cappuccini****
Via Tifernate, Tel. 0759234, Fax 0759220323, 95 Z.
Gediegenes Hotel in einem restaurierten Kapuzinerkonvent, in ruhiger Lage 500 vom Ortszentrum entfernt. Restaurant, Weinkeller, Konferenzräume, Schwimmbad und Hallenbad sowie diverse Fitneßeinrichtungen im Haus.

Villa Montegrannelli***
Loc. Monteluiano, I-06024 Gubbio, Tel. 0759220185, Fax 0759273372.
Aussichtsreich gelegene Villa, 5 km südwestlich von Gubbio. Von außen wirkt das Haus streng und mit seiner Fassade aus behauenem Stein fast wie eine Festung. Umso mehr wird man erstaunt sein über die hellen, großzügigen Aufenthaltsräume mit ihrem Stuck- und Freskenschmuck aus dem 18. Jahrhundert. Die 21 Gästezimmer sind zwar bedeutend einfacher, aber mit modernem Komfort.

Montefalco

Villa Pambuffetti****
Via della Vittoria 20, I-06036 Montefalco, Tel. 0742378823, Fax 07 42 37 92 45, 15 Zi. (Preiskategorie wie *****)
In nächster Nähe zum Zentrum, und dennoch von einem Park umgeben, liegt diese vornehme Villa aus dem 18. Jahrhundert. Schon Gabriele d'Annunzio stieg hier ab. Das elegante Restaurant im Haus ist bekannt für seine hervorragende Weinkarte und seine delikate Küche.

Ringhiera Umbra**
Corso Mameli 20 , Tel. I-06036 Montefalco, Tel./Fax 0742379166, 11 Zi.
Ein kleiner, familiärer Gasthof im Zentrum von Montefalco mit einfachen, aber sauberen Zimmern ohne besonderen Komfort. Gemütlich sitzt man im Restaurant des Hauses, wo garantiert hausgemachte Spezialitäten auf den Tisch kommen.

Im Restaurant des Traditionshotels Grotta Azzurra in dem südost-umbrischen Städtchen Norcia wird man kulinarisch verwöhnt.

Montone

Locanda del Capitano***
Via Roma 5/7, I-06014 Montone, Tel. 0759306521, Fax 0759306455, 8 Zi. In diesem Hotel ist der Service garantiert persönlich, denn schließlich gibt es nur acht Gästezimmer. Das Haus – angeblich einstmals im Besitz des berühmt-berüchtigten Condottieres Braccio Fortebraccio – liegt mitten im alten Ortskern von Montone. Das alte Gemäuer wurde schön restauriert, und die Zimmer sind hübsch eingerichtet.

Norcia

Grotta Azzurra***
Via Alfieri 12, I- 06046 Norcia, Tel. 0743816513, Fax 0743817342, 40 Zi. Gepflegtes Traditionshotel mitten in Norcia, das bereits seit mehreren Generationen von der Familie Bianconi geführt wird. Die Bianconis verstehen ihr Metier als Hoteliers bestens, und der stets freundliche Service sowie die angenehme Atmosphäre sorgen dafür, daß man sich hier rundherum wohlfühlt.

Nuovo Hotel Posta***
Via Cesare Battisti 12, I-06046 Norcia, Tel. und Fax 0743817434, 29 Zi. Das zweite Hotel am Ort mit einer langen Tradition befindet sich ebenfalls in zentraler Lage von Norcia, in einem Palast aus dem 16. Jahrhundert. Die Zimmer sind nostalgisch und sehr geschmackvoll eingerichtet. Im Restaurant gibt es natürlich umbrische Trüffel-Spezialitäten.

Orvieto

La Badia****
Loc. La Badia 8, I-05018 Orvieto, Tel. 0763301959, Fax 0763305396, 26 Zi. In der alten Abtei 3km außerhalb von Orvieto, umgeben von unberührter Natur, läßt es sich hervorragend wohnen. Die Zimmer sind elegant möbliert, im Garten erwarten die Gäste ein Schwimmbad und Tennisplätze. Das Restaurant steht dem Ruf des Hauses in nichts nach; es gibt sowohl umbrische Spezialitäten als auch internationale Küche.

Orvieto (Fortsetzung)

Reale***
Piazza del Popolo 27, I-06018 Orvieto, Tel. 07 63 34 12 47,
Fax 07 63 34 12 47, 32 Zi.
Zentraler kann man fast nicht wohnen in Orvieto: Das Hotel, das aus einem alten Stadtpalast hervorging, befindet sich an der Piazza del Popolo, die vom gleichnamigen Palazzo ihren Namen erhielt. Abgerundet wird das stilvolle Ambiente des Hauses durch einige schöne alte Räume mit Fresken.

Panicale

Le Grotte di Boldrino***
Via V. Ceppari 43, I-06064 Panicale, Tel. 0 75 83 71 61, Fax 0 75 83 71 66,
9 Zi. 1990 wurde der ehemalige, direkt an die Stadtmauer des mittelalterlichen Bergstädtchens Panicale gebaute Palazzo Bellschi-Grifoni zum Hotel umfunktioniert. Ein Parkplatz für Hotelgäste befindet sich in der Nähe, Parkraum ist in den engen Gassen von Panicale kostbar. Wer Häuser mit intimem Charakter schätzt, ist hier richtig. Die Zimmer sind mit wuchtigen Holzmöbeln aus der zweiten Hälfte des 19. Jh.s eingerichtet. Das Restaurant im Haus genießt einen guten Ruf.

La Rosa Canina
Via dei Mandorli 23, Loc. Casalini, I-06064 Panicale, Tel./Fax 075835660
6 Zi. (Zimmerpreis entspricht ***)
Ruhig und idyllisch, aber dennoch nicht weit vom Lago Trasimeno (8 km) und von Panicale (8 km) entfernt, liegt diese ländliche Unterkunft. Familien mit Kindern und Naturverbundene werden sich hier besonders wohlfühlen. Die Gästehäuser sind einfach, aber gemütlich eingerichtet. Für das warme Abendessen werden hauptsächlich Produkte aus dem eigenen Garten verwendet. Im Garten gibt es ein Schwimmbad.

Passignano sul Trasimeno

Relais la Fattoria****
Loc. Castel Rigone, Via Rigone 1,
Tel. 075 845322,
Fax 075 845197, 29 Zi.
Auf einem Hügelkamm hoch über dem Nordufer des Trasimeno thront das alte Dorf Castel Rigone. Mitten im Ort, in einem Komplex aus mehreren alten Häusern, versteckt sich das angenehme Hotel, in dem sowohl Ambiente wie auch Service stimmen. Eingangshalle, Aufenthaltsräume und Restaurant in einem modernen, aber dem Stil des Hauses bestens angepaßten Anbau sind ausgesprochen gemütlich eingerichtet. Der Blick auf den See ist traumhaft, Ruhe und Abgeschiedenheit sind garantiert. Besonders schön sitzt man auf den bepflanzten Terrassen um den Swimmingpool, wo bei gutem Wetter auch das Frühstück serviert wird.

Perugia

Brufani*****L
Piazza Italia 12, I-06100 Perugia, Tel. 075 5732541, Fax 075 5720210,
27 Zi. Traditionshotel der Luxusklasse in bester Altstadtlage und mit herrlichem Panoramablick, nur einen Steinwurf vom Corso Vannucci entfernt.

Sangallo Palace****
Via Masi, I-06121 Perugia, Tel. 075 5730202, Fax 075 5730068, 90 Zi.
Das 1995 eröffnete Hotel befindet sich am Rand der mittelalterlichen Zentrums; mit den Scale mobile (Rolltreppen) ist man von hier aus in wenigen Minuten auf dem Corso Vannucci. Aufenthaltsräume und Zimmer dieses komfortablen Hauses sind zeitlos-modern eingerichtet, das Restaurant erwartet den Gast mit umbrischen Spezialitäten.

Perugia (Fortsetzung)

Fortuna***
Via Bonazzi 19, I-06123 Perugia, Tel. 07 55 72 28 45,
Fax 07 55 73 50 40, 31 Zi.
In einem Parallelgäßchen zum Corso Vannucci, zentral und dennoch ruhig gelegenes Mittelklassehotel mit einer bezaubernden Dachterrasse. Das Gebäude stammt aus dem 13. Jh., doch alle Zimmer sind renoviert und mit dem entsprechenden Komfort ausgestattet. Auch ein Fahrstuhl und eine Garage sind vorhanden.

Rosalba**
Via del Circo 7, I-06100 Perugia,
Tel. und Fax 07 55 72 06 26, 11 Z.
Preisgünstiges und zugleich sehr gepflegtes Stadthotel, ideal für einen Kurzaufenthalt in der umbrischen Metropole. Das Haus liegt nur wenige Minuten von der Altstadt entfernt, direkt bei den Rolltreppen zum Zentrum.
Die Zimmer sind modern und funktional eingerichtet und verfügen über Telefon und Fernseher. Wer ruhig schlafen möchte, sollte ein Zimmer verlangen, das nicht zur Straße blickt.

Perugia, Umgebung

Castello dell'Oscano – Residenza d'epoca
Strada Forcella 37, I-06134 Perugia, Loc. Cenerente, Tel. 0 75 69 01 25,
Fax 0 75 69 06 66, 10 Zi.
Das vornehme Hotel thront in herrlicher Lage an den bewaldeten Hängen des Monte Tezio, 10 km außerhalb von Perugia. Die romantische Burg mit Zinnenkranz, schmalen Spitzbogenfenstern und trutzigen Türmen hält auch innen, was sie von außen verspricht, denn die Einrichtung mit Originalmöbeln aus dem 19. Jh. bleibt dem Stil des Hauses treu. Für Romantiker zu empfehlen: das Turmzimmer mit Himmelbett.

Sigillo

Monte Cucco**
Loc. Val di Ranco, I-06028 Sigillo, Tel. und Fax. 07 59 17 71 94, 14 Zi.
Für Wanderausflüge in die nordöstliche Bergwelt von Umbrien ist dieses Hotel das ideale Quartier, denn es liegt bereits in 1100 m Höhe an den grünen Hängen des Monte Cucco. Selbst in den heißen Sommermonaten weht hier oben noch ein frisches Lüftchen. Die Ausstattung des Hauses ist schlicht und rustikal, wie man es von einem Bergquartier erwarten darf. Im urig-gemütlichen Restaurant wird die umbrische Küche gepflegt.

Spello

Altavilla***
Via Mancinelli 2, I-06038 Spello, Tel./Fax 07 42 30 15 15, 24 Zi.
Eine modernes Haus außerhalb von Spello, mitten in den Olivenhainen gelegen und mit schönem Blick auf das Tal. Bei gutem Wetter sitzt man hervorragend auf der großzügigen Hotel- und Restaurantterrasse.

La Bastiglia***
Via dei Molini 17, I-06038 Spello, Tel. 07 42 65 12 77, Fax 07 42 30 11 59, 18 Zi. Im 19. Jh. war dieses Gebäude im hochgelegenen Teil von Spello noch als Mühle in Gebrauch, heute kann man hier nicht nur gut nächtigen, sondern auch hervorragend essen (umbrische Küche).

Spoleto

La Macchia***
Loc. Licina, I-06049 Spoleto, Tel./Fax 0 74 34 90 59, 11 Zi.
Nicht weit vom Zentrum, aber dennoch sehr ruhig in der hügeligen Umgebung von Spoleto, liegt dieses kleine, moderne Hotel mit hauseigenem Restaurant.

Spoleto

Eremo delle Grazie – Residenza d'Epoca
Strada per Monteluco, I-06049 Spoleto, Tel. 0 74 34 96 24, Fax 0 74 34 96 50, 11 Zi. (Preiskategorie wie *****)
An diesem Ort weht noch der Geist klösterlicher Abgeschiedenheit und Meditation. In dem ehemaligen Franziskanerkonvent an den Hängen des Monteluco übernachtet der Gast in den Zellen der Fratres, von denen man sogar noch die Namen weiß. Das schönste an den einfach möblierten Zimmern ist die Aussicht auf das Spoleto-Tal.

Todi

San Lorenzo Tre – Residenza d'Epoca
Via San Lorenzo 3, I-06059 Todi, Tel. und Fax 07 58 94 45 55, 6 Zi. (Preiskategorie wie ****)
Fernseher und Telefon auf dem Zimmer sind in diesem Hotel in unmittelbarer Nähe des Doms nicht üblich, dafür gibt es jede Menge Bücher, in denen man schmökern kann. Ein zimmereigenes Bad ist das einzige Zugeständnis an die Moderne. Zum Frühstück wird nur Selbstgemachtes serviert; Mittag- und Abendessen muß man allerdings außer Haus einnehmen.

Torgiano

Le Tre Vaselle*****
Via Garibaldi 48, I-06089 Torgiano, Tel. 07 59 88 04 47,
Fax 07 59 88 02 14, 36 Zi.
Weinkennern ist Torgiano vor allem wegen der Cantina Lungarotti ein Begriff. Der Winzerfamilie verdankt das Städtchen aber auch das in einem barocken Palazzo im Ort untergebrachte Nobelhotel.

Trevi

Della Torre****
S.S. Flaminia km 147, Frazione Torre Matigge, I-06039 Trevi,
Tel. 07 42 39 12 12, Fax 07 42 39 12 00, 114 Zi.
Für umbrische Verhältnisse bereits eine große Hotelanlage, die vor allem sportlichen Bedürfnissen gerecht wird. Es gibt u. a. ein Schwimmbad, ein Kinderschwimmbecken und Tennisplätze.

Umgeben von Olivenhainen: Hotel Altavilla in Spello

Jugendherbergen

Wer in Italien in einer Jugendherberge übernachten will, benötigt einen internationalen Jugendherbergsausweis. In folgenden umbrischen Städten gibt es Jugendherbergen (ostello):

Assisi

Ostello "Della Pace", Via di Valecchia 177, Tel. 0 75 81 67 67
Albergo per giovani "Fontemaggio", Via per l'Eremeo delle Carceri, Tel. 0 75 81 36 36
Ostello "Victor", Via Sacro Tugurio 116, Tel. 0 7 58 06 56 62

Gubbio

Ostello dell' Aquilone, Loc. Ghigiano, Tel. 07 59 29 41 44

Magione

Casa del fanciullo, Via del Lavoro, Loc. Torricella, Tel. 0 75 84 35 08

Perugia

Centro Internazionale di accoglienza per la gioventù, Via Bontempi 13, Tel. und Fax 07 55 72 28 80

Karten (Straßen- und Wanderkarten)

1:500 000

ADAC, Italien (Zweier-Set)

1:400 000

Michelin, Straßenkarte 430: Italien Mitte;
TCI, Carta Turistica Stradale, Bl. 2: Mittelitalien

1:200 000

Kümmerly & Frey, 1228 Reisekarte Italien, Bl. 8: Umbrien-Marken;
Istituto Geografico de Agostini: Umbria (kostenlos erhältlich bei ENIT → Auskunft)

1:50 000

Kompass, WK 675, Europäischer Fernwanderweg E 1: Umbrien

Shell Atlas
Shell Euro Atlas

Empfehlenswert wegen ihrer reichhaltigen Karten und diversen Stadtpläne sind ferner die Atlanten "Marco Polo · Der Neue Große Shell Atlas" und "Marco Polo · Shell Euro Atlas" (1:750 000), beide erschienen bei Mairs Geographischer Verlag, Ostfildern.

Kraftstoff

Benzingutscheine sind abgeschafft. Das Mitführen von Reservekraftstoff sowie das Auffüllen von Kanistern an Tankstellen ist verboten! Es gibt flächendeckend bleifreies Benzin (benzina senza piombo oder benzina verde; 95 Oktan), Superbenzin (97 Oktan) sowie Dieselkraftstoff (gasolino). Die Benzinpreise liegen derzeit insgesamt über dem europäischen Durchschnitt. Während Tankstellen an Autobahnen rund um die Uhr geöffnet sind, bleiben sie in Ortschaften und an Landstraßen in der Regel zwischen 12.00 und 15.00 Uhr, sowie von 22.00 bis 7.00 Uhr geschlossen. Achtung: Viele Tankstellen sind auch in größeren Orten an den Wochenenden nicht geöffnet. Automatische Tanksäulen kann man nur mit Geldscheinen zu 10 000 Lire benützen.

Märkte

Wochenmärkte

In den meisten Orten Umbriens gibt es regelmäßige Wochenmärkte, die in der Regel nur vormittags abgehalten werden. In Perugia ist beispielsweise dienstags und samstags Markttag, in Orvieto donnerstags und samstags

Wochenmärkte (Fortsetzung)

(auf der Piazza del Popolo), in Assisi samstags. Neben frischem Obst und Gemüse, nicht selten auch etwas Kunsthandwerk und Kleidung, findet man auf den Wochenmärkten meist auch Stände mit umbrischen Spezialitäten wie beispielsweise Porchetta, dem gegrillten und deftig gewürzten Schweinefleisch-Imbiss.

Trödelmärkte

In vielen Städten der Region Umbrien gibt es Trödelmärkte. In Narni und Città di Castello finden an jedem dritten Wochenende des Monats Trödelmärkte statt.

Mietwagen

Allgemeines

Um in Italien ein Auto mieten zu können, muß man mindestens 21 Jahre alt sein, einen nationalen Führerschein besitzen und ein Jahr Fahrpraxis haben. Bei den internationalen Autovermietern kann man bereits von Deutschland, Österreich und der Schweiz aus buchen. In den größeren Städten Umbriens findet man die örtlichen Autovermieter im Telefonbuch unter “Noleggio”.

Avis

Reservierung in Deutschland: (0180) 55577

In Umbrien:
Foligno, Am Bahnhof, Tel. 07 42 34 09 19
Perugia, San Egidio Aeroporto, Tel. 0 7 56 92 97 96
Spoleto, Zona Industriale Loc. S. Chiodo, Tel. 0 74 34 62 72
Terni, Via XX Settembre 80, Tel. 07 44 40 61 86
In Rom: Flughafen “Leonardo da Vinci”, Tel. 06 65 01 15 31

Budget

Reservierung in Deutschland:
(0180) 5214141

In Rom: Flughafen “Leonardo da Vinci”, Tel. 06 65 01 03 47
In Florenz: Via Borgo Ognissanti 134, Tel. 0 55 29 30 21

Europcar

Reservierung in Deutschland: (0180) 5221122

In Umbrien:
Terni, Lungonera Savoia 12E, Tel. 07 44 28 26 52
In Rom: Flughafen “Leonardo da Vinci”, Tel. 06 65 01 08 79
In Florenz: Flughafen, Tel. 0 55 31 86 09

Hertz

Reservierung in Deutschland:
(0180) 5333535

In Umbrien:
Perugia, Piazzale Vittorio Veneto 4, Tel. 0 7 55 00 24 39
In Rom: Flughafen “Leonardo da Vinci”, Tel. 06 65 01 15 53

In Florenz: Flughafen, Tel. 0 55 30 73 70

Notdienste

Allgemeines

Die für den jeweiligen Ort gültigen Notrufnummern sind auch auf den ersten Seiten des Telefonbuchs (elenco telefonico) angegeben.

Polizeinotruf

Tel. 112 (Polizei und Unfallrettung landesweit)

ACI-Pannenhilfe

Tel. 116 (landesweit)

Feuerwehr	Tel. 115 (landesweit)
ADAC-Notrufstation	Der ADAC unterhält in Mailand eine deutschsprachige Notrufstation, Tel. 02 66 15 91 (tgl. 8.00–23.00 Uhr besetzt).
Notrufdienste In Deutschland	ACE-Euro-Notruf Tel. aus Italien: (0049 1802) 34 35 36
	ADAC-Notrufzentrale München Tel. aus Italien: (004989) 222222 Anschluß ist rund um die Uhr besetzt, Beratung nach Unfällen u.ä.
	ADAC-Ambulanzdienst München Tel. aus Italien: (004989) 767676 Anschluß ist 8.00–20.00 Uhr, in der Hauptreisezeit 7.00–23.00 Uhr besetzt; Krankenrücktransport und Telefonarzt
	DRK-Flugdienst Bonn Tel. aus Italien: (0049228) 230023
	Deutsche Rettungsflugwacht Stuttgart Tel. aus Italien: (0049711) 701070 (Alarmzentrale)
In Österreich	ÖAMTC-Notrufzentrale Wien Tel. aus Italien: (00431) 9821304 (ÖAMTC-Euronotruf)
In der Schweiz	Schweizerische Rettungsflugwacht Zürich Tel. aus Italien: (00411) 3831111

Öffnungszeiten

Banken	8.20–13.30 Uhr und 14.30–15.45 Uhr. Sa., So. und Fei. geschlossen.
Apotheken	9.00–13.00 Uhr und 16.00–20.00 Uhr außer Sa., So. und an Feiertagen, an denen die Notdienstapotheken turnusmäßig geöffnet sind.
Postämter	Mo.–Fr. 8.10–13.25 Uhr, Hauptpostämter in größeren Städten 8.10 bis 19.25 Uhr. Telegraphenämter sind So. und Fei. 10.00–13.45 Uhr geöffnet.
Einzelhandel	Für Einzelhandelsgeschäfte läßt sich kaum eine verbindliche Öffnungszeit angeben, da dies von Stadt zu Stadt unterschiedlich gehandhabt wird. Im allgemeinen kann man aber davon ausgehen, daß die Geschäfte außer an Sonn- und Feiertagen 9.00–13.00 und 16.00–20.00 Uhr geöffnet sind.

Parken

Die meisten Städte Umbriens sind heute im Zentrum verkehrsberuhigt oder gar völlig autofrei; fast alle Städte haben vor den Toren der Altstadt Parkplätze ausgewiesen. Von dort aus gelangt man in der Regel in wenigen Minuten zu Fuß oder – seltener – per Bus ins Zentrum. In Perugia empfiehlt sich das Parken auf den zwar nicht ganz billigen, aber bewachten Parkdecks (siehe Ortsbeschreibung), von denen Rolltreppen in das hochgelegene Zentrum hinaufführen. Das Modell Perugia hat auch bereits in Assisi und in Orvieto Schule gemacht.

Aber auch dort, wo man in den Ort hineinfahren darf, ist dies wegen der engen Gassen nur für geübte Autofahrer ein Vergnügen. Parkplätze sind in allen Ortschaften Mangelware. Parkverbotsschilder (Zona tutelata INIZIO = Beginn der Parkverbotszone) sollte man beachten, besonders wenn ein Abschleppwagen abgebildet ist. Parken an gelb gekennzeichneten (z.B. für Taxis und Busse reservierten) Parkflächen sowie entlang von schwarz-gelb markierten Randsteinen ist ebenfalls verboten. Darüber hinaus ist Parken in Landschaftsschutzgebieten untersagt.

Parken (Fortsetzung)

Post und Telekommunikation

Post
Allgemeines

Die Postämter sind nur für den reinen Post- und Postbankdienst zuständig; telefonieren (s.u.) kann man dort nicht. Geöffnet sind sie in der Regel Mo.–Sa. 8.10–13.25 Uhr, Hauptpostämter (in den größeren Städten) 8.10–19.25 Uhr. Die Briefkästen sind in Italien rot. Außer auf den Postämtern kann man Briefmarken (francobolli) auch in Tabakgeschäften (erkennbar an einem Schild mit einem 'T' über dem Eingang) kaufen.

Porto

Postkarten innerhalb Italiens, nach Deutschland, Österreich und in die Schweiz: 850 ITL. Briefe (bis 20 g) innerhalb Italiens, nach Deutschland, Österreich und in die Schweiz: 880 ITL.

Telegrafenämter

Telegrafenämter sind werktags wie Postämter, an Sonn- und Feiertagen 8.10–13.45 Uhr geöffnet. Telegrammaufnahme während der Öffnungszeiten der Postämter: Tel. 186.

Telefon
Hinweis

Seit Juni 1998 sind die Ortsnetzkennzahlen (mit der Null) fester Bestandteil der italienischen Rufnummern und müssen – auch bei Ortsgesprächen – mitgewählt werden.

Fernsprechämter

Für das Telefonieren ist in Italien die Staatliche Telefongesellschaft zuständig. Fernsprechämter der TELECOM, in denen gegen Barzahlung auch Ferngespräche geführt werden können, gibt es allerdings nur in großen Städten.

Öffentliche Fernsprecher

Direktwahl nach Deutschland, Österreich und in die Schweiz ist nur aus öffentlichen Fernsprechern mit orangerotem Telefonhörersymbol möglich. Die öffentlichen Fernsprecher funktionieren fast alle mit Telefonkarten, nur noch wenige mit Münzgeld. Die Telefonkarten (carte telefoniche) erhält man in Bars, ferner an Zeitungskiosken oder in Tabakgeschäften sowie bei der TELECOM für 5000 oder 10000 Lire. Zudem gibt es in den meisten Bars Telefonautomaten (erkenntlich an der runden gelben Scheibe über dem Eingang). Telefonzellen befinden sich u.a. an Autobahnen bei allen Tankstellen und auf einigen Parkplätzen. Die für viele Telefonapparate erforderlichen Magnetkarten sind in den Autobahnrestaurants erhältlich.

Tarife

Billigtarife gelten täglich ab 22.00 Uhr bis 8.00 Uhr sowie an den Wochenenden auch während des Tages. Ein Drei-Minuten-Gespräch nach Deutschland kostet zum Normaltarif derzeit ungefähr 6000 Lire.

Telefon-Ländernetz-Kennzahlen

Vorwahl von Deutschland und der Schweiz nach Italien:	0039	Vorwahl von Italien nach Deutschland:	0049
von Österreich nach Italien:	0039	in die Schweiz:	0041
		nach Österreich:	0043

Bargeldlos Telefonieren

Aus Italien kann man gebührenfrei rund um die Uhr unter Tel. 1720049 die Frankfurter Vermittlungszentrale (Deutschland-direkt-Dienst) anrufen, die den gewünschten Gesprächspartner in Deutschland vermittelt. Die Fernsprechgebühr wird – nach erklärtem Einverständnis – dem Gesprächspartner in Deutschland in Rechnung gestellt.

Reisedokumente

Personalpapiere

Seit dem 1. Januar 1993 entfallen Paßkontrollen für EU-Bürger (also auch für deutsche Staatsbürger). Da dennoch Stichproben gemacht werden und Ausweispflicht auf Flughäfen und in Schiffshäfen zunächst weiterhin besteht, sollten Besucher aus Deutschland, Österreich und der Schweiz zur Einreise nach Italien den Personalausweis oder Reisepaß unbedingt mitnehmen. Kinder unter 16 Jahre müssen einen Kinderausweis besitzen oder im Elternpaß eingetragen sein.

Fahrzeugpapiere

Der Führerschein und der Kfz-Schein des Heimatlandes werden anerkannt und sind mitzuführen. Die Internationale Grüne Versicherungskarte sollte ebenfalls mitgenommen werden, da sie bei Verkehrskontrollen oder Unfällen verlangt wird. Wer keine dabei hat, muß an der Grenze eine relativ teure Versicherung abschließen.
Kraftfahrzeuge müssen das ovale Nationalitätskennzeichen tragen.

Haustiere

Wer Haustiere (Hund, Katze) nach Italien mitnehmen will, benötigt ein amtstierärztliches Gesundheitszeugnis (gültig für 30 Tage ab dem Tag der Ausstellung) sowie ein mindestens 20 Tage und höchstens 11 Monate altes Tollwut-Impfzeugnis. Größere Hunde müssen einen Maulkorb tragen und an der Leine geführt werden.

Kopien

Es ist ratsam, von den Reisedokumenten Fotokopien anzufertigen, da sie bei Verlust der Originale die Beschaffung von Ersatzpapieren wesentlich erleichtern (Kopien getrennt von den Papieren aufbewahren).

Reisezeit

Frühjahr und Herbst

Die idealen Monate für Wander-, Kultur- und Schlemmerreisen sind Frühjahr (April, Mai/Juni) und Herbst (September und Oktober).
Im April kann man den Beginn des Frühlings erleben, doch gibt es in dieser Jahreszeit wie auch im Herbst noch kühlere Tage mit Regen und Wind. In vielerlei Hinsicht als Reisemonate geradezu ideal sind Mai und Juni. Die Temperaturen klettern an schönen Tagen schon so hoch, daß man in vielen Orten bereits genüßlich auf der Piazza verweilen kann. Klatschmohn, Ginster, Flieder und eine Reihe weiterer Wildblumen stehen in voller Blüte, während man am Rande der Apenninen im Osten Umbriens noch schneebedeckte Gipfel sieht. Für eine Reise im Mai/Juni sprechen auch die vielen traditionellen Feste und Veranstaltungen, die in diesem Zeitraum in umbrischen Städten gefeiert werden, u.a. der Calendimaggio in Assisi (Anfang Mai), die Corsa dei Ceri in Gubbio (15. Mai) und die Corsa dell'Agnello in Narni (⟶ Veranstaltungskalender).

Sommer

Von Juli bis September scheint meist die Sonne, es ist überwiegend trokken und warm. Obwohl in der Gegend des Lago Trasimeno das ganze Jahr über milde Temperaturen herrschen, werden Badeurlauber diese Monate für einen Aufenthalt in Umbrien bevorzugen. Im breiten Tibertal sind die Sommermonate schwülheiß, während in den Städten, die ja zumeist erhöht liegen, gern ein Lüftchen weht, das die Hitze erträglich macht. Da der Monat August Hauptreisezeit (Ferragosto) der Italiener ist, empfiehlt es sich, die Unterkünfte rechtzeitig zu buchen.

Winter

Die Winter sind relativ mild. Als Nachteil muß zu dieser Jahreszeit (wie auch teilweise im Frühjahr und Herbst) in Kauf genommen werden, daß diverse Hotels, Restaurants und Sehenswürdigkeiten geschlossen sind. Das Wetter ist insgesamt nicht so beständig; Wetterschwankungen mit Regenschauern und auch kühleren Tagen sind durchaus möglich und sollten bei der Reiseplanung einkalkuliert werden.

Reiten

Allgemeines

Reiten ist in Umbrien als Sportart bei Urlaubern sehr beliebt; in fast allen Gegenden dieser Region findet man Reitschulen und Reiterhöfe. Auskunft erteilen die unter → Agriturismo genannten Adressen sowie die Tourismus-Büros vor Ort (→ Auskunft).
Im folgenden eine kleine Auswahl der Reiterhöfe.

Reiterhöfe (Auswahl)

Amelia

Azienda Agrituristica San Cristoforo, I-05022 Amelia, Loc. Sambucetole, Strada San Cristoforo 5, Tel. 0744988249

Assisi

Centro Ippico Assisi, I–06081 Assisi, Loc. Santa Maria Maddalena, Rivotorto di Assisi, Tel. 0758042997
Circo Ippico Malvarina, I-06081 Assisi, Loc. Capodacqua, Tel. 0758064280
Lo Sperone, I-06081 Assisi, Loc. Reale, Tel. 0758043257

Avigliano Umbro

La Cristalla, I-05020 Avigliano Umbro, Loc. Tuscolano, Tel. 0744948088

Baschi

Centro Ippico Pomurlo Vecchio, I-05023 Baschi (Orvieto), Loc. Mignattaro, Tel. 0744950190

Bettona

Azienda Taticchi, I-06084 Bettona, Loc. Fratta di Bettona, Tel. 075982922

Gubbio

Alcatraz, I-06024 Gubbio, Loc. Santa Cristina, Tel. 0759229938
Centro Equestre Columbu, I-06024 Gubbio, Loc. Castiglione Aldobrando, Tel. 0759258045

Magione

Ass. Ippica Arcobalengo, I-06063 Magione, Loc. Caligiana, Case Sparse 10, Tel. 0758409317

Narni

Centro Equestre Federale Il Viburno, I-05035 Narni, Via Capitonese 341, Tel. 0744730068

Norcia

Centro Ippico Talus, I-06046 Norcia, Loc. Savelli, Tel. 0743875107

Nocera Umbra

Azienda Agrituristica Prato, I-06025 Nocera Umbra, Tel. 0742813528

Orvieto

Club Ippico Orvietano, I-05018 Orvieto-Canale, Tel. 0763301346

Panicale

Azienda Agrituristica La Fiorita, I-06064 Panicale, Tel. 0758350029

Passignano sul Trasimeno

Poggio del Belveduto, I-06065 Passignano s. T., Loc. Campori di Sopra, Tel. 075829076

Perugia

Associazione Ippica San Martino, I-06100 Perugia, Strada Montebello 2, Tel. 075694897
Club Ippico Santa Sabina, I-06100 Perugia, Tel. 0755280198

Spoleto

Azienda Agrituristica Bartoli, I-06049 Spoleto, Tel. 0743220058
Azienda Agrituristica Rivoli, I-06049 Spoleto, Loc. Uncinano, Tel. 0743268106

Todi

Circolo Ippico Pian di Monte, I-06059 Todi, Loc. Asproli, Tel. 0758853349

Tuoro sul Trasimeno

Agriturismo Prato Verde, I-06019 Tuoro sul Trasimeno, Tel. 0759410958

Restaurants (ristoranti)

Umbrien ist bekannt für eine besonders gute Küche, die man in zahlreichen Restaurants unterschiedlichster Preiskategorien nach Herzenslust genießen kann. Die meisten → Hotels verfügen auch über ein Restaurant; diese sind in der folgenden Restaurantliste nur in Ausnahmefällen enthalten. Das in vielen Restaurants angebotene "menu turistico" (Touristenmenu) ist oft besser als man annehmen möchte, und vor allem dann zu empfehlen, wenn man mit der umbrischen Küche noch nicht so vertraut ist.

In der folgenden Liste wird eine kleine Auswahl umbrischer Restaurants, Trattorien und Pizzerien in alphabetischer Reihenfolge genannt.

Restaurantauswahl

Assisi

La Stalla
Via Eremo delle Carceri, Tel. 0 75 81 23 17.
Eine rustikale und sehr beliebte Ausflugsgaststätte in einem Olivenhain auf dem Weg von Assisi zu der Eremo delle Carceri (zu Fuß und mit dem Wagen erreichbar). Die einfachen umbrischen Gerichte werden am offenen Kamin gekocht.

Buca di San Francesco
Via Brizi 1, Tel. 0 75 81 22 04.
Restaurant in einem zentral gelegenen, mittelalterlichen Palazzo, im Sommer mit Gartenlokal. Serviert werden Gerichte der traditionellen umbrischen Küche.

La Taverna dell' Arco
Via S. Gregorio 8, Tel. 0 75 81 23 83.
Eines der besten Restaurants am Ort, mitten im alten Assisi gelegen. Die Preise sind nicht niedrig, aber dem Niveau des Hauses angemessen.

Umbra
Via degli Archi 6, Tel. 0 75 81 22 40
Seit Jahrzehnten bürgt dieses im Zentrum von Assisi gelegene, von der Familie Laudenzi geführte Restaurant für Qualität. Dasselbe gilt auch für das angenehme Hotel, in dem sich das Lokal befindet. Zum Haus gehört auch ein Garten.

Baschi, Civitella del Lago

Vissani
Civitella del Lago, Tel. 07 44 95 05 21.
Hinter dem unscheinbaren Gebäude am Lago di Corbara verbirgt sich das Restaurant von Umbriens Meisterkoch Gianfranco Vissani, 1991 vom Gault Millau-Führer für Italien zum "Koch des Jahres" gekürt. Kochkunst auf höchstem Niveau, aber auch astronomische Preise charakterisieren dieses Spitzenlokal.

Bevagna

Ristorante Ottavius
(auch bekannt als Da Ottavio)
Via Gonfalone 4, Tel. 07 42 36 05 55.
Gemütliches Restaurant in einem alten, liebevoll renovierten Keller. Zu den Spezialitäten des Hauses gehören *antipasto Ottavius*, ein Vorspeisenteller mit Mortadella, Bruschetta und Würsten, sowie *gnocchi al sagrantino.* Montag Ruhetag.

Castiglione del Lago

La Cantina
Via V. Emanuele 89, Tel. 07 59 65 24 63.
Stimmungsvolles Restaurant in einem alten Weinkeller. Spezialität: Fischsuppe *tegamaccio.*

Foligno

Sparafucile di Brodoloni
Piazzetta Duomo 30
Tel. 07 42 35 11 84
Von außen wirkt dieses kleine Restaurant direkt am Domplatz unscheinbar, und auch die schlichte Inneneinrichtung läßt noch nicht ahnen, daß man hier feinste umbrische Spezialitäten serviert bekommt. Eine Speisekarte gibt es nicht, sondern nur ein Tagesmenü – aber was für eines! Zu jedem Gang werden die passenden Weine serviert. Dem Koch kann man zuschauen, denn der offene Kamin, an dem die Gerichte zubereitet werden, findet sich im hinteren Teil des Restaurants.

Enoteca Il Bacco Felice
Via Mazzini 61, Tel. (07 42) 35 98 45.
Bei dieser Adresse handelt es sich nicht um ein Restaurant, sondern um eine Weinhandlung mit angeschlossenem kleinem Lokal. Die originell und mit viel Liebe eingerichtete Enoteca lebt von der Kochkunst, dem Charme und dem profunden Weinverständnis ihres Besitzers Salvatore Denaro. Zu dem feinen Tropfen umbrischer Provenienz werden meist nur kleine, aber schmackhafte Gerichte angeboten – ein bunter Salat, eine Linsensuppe oder Schinken mit frischem Brot.

Salvatore Denaro in seiner Weinhandlung.

Gubbio

Federico da Montefeltro
Via della Repubblica 35, Tel. 07 59 27 39 49.
Angenehmes Restaurant mittlerer Preisklasse im Zentrum von Gubbio.

Taverna del Lupo
Via Ansidei 21, Tel. 07 59 27 43 68 (Abb. S. 314)
Feines, stilvolles Restaurant in einem mittelalterlichen Palazzo aus dem 14. Jahrhundert. Die Küche ist ebenso ansprechend und ausgefeilt wie das architektonische Ambiente. Auf der Weinkarte findet man alles, was an europäischen Weinen Rang und Namen hat. Gehobenes Preisniveau. Montag Ruhetag.

Magione

Spiaggia del Giramondo (Abb. S. 315)
Loc. San Feliciano, Via Gandhi 29, Tel. 0 75 84 96 40.
Etwa 1 km nördlich außerhalb von San Feliciano, an der Uferstraße des Lago Trasimeno und mit Blick auf die Isola Polvese, liegt dieses angenehme Restaurant. Direkt an die großzügige Terrasse grenzt ein gepflegtem Strand mit Rasen, Bäumen und einer Dusche.

Montefalco

La Ringhiera Umbra
Via G. Mameli, Tel. 0 74 27 91 66.
Umbrische Küche wie bei Muttern: In diesem Restaurant, zu dem auch ein kleiner Gasthof gehört, wird noch eine ländlich-herzhafte Küche gepflegt. Fleisch und Wurstwaren kommen aus der hauseigenen Schlachterei. Zum Nachtisch sollte man sich Mandelkekse mit Vin Santo gönnen.

Speisen unter mittelalterlichen Gewölben: Taverna del Lupo in Gubbio

Montefalco (Fortsetzung)

Villa Pambuffetti
Via della Vittoria 20, Tel. 07 42 37 88 23
Die Villa ist nicht nur eines der angenehmsten Hotels in der Region, sondern auch eines der besten Restaurants im weiten Umkreis. Natürlich liegt der Schwerpunkt auf umbrischen Spezialitäten, die delikat verfeinert werden, so z. B. *risotto al sagrantino* oder *gnocchi con ricotta e tartufo.*

Narni

Il Cavallino
Via Flaminia Romana 220, Tel. 07 44 72 26 83.
Die Trattoria liegt ca. 2km außerhalb von Narni in Richtung Terni. Hier ißt man umbrische Gerichte zu günstigen Preisen. Auf der Weinkarte finden sich hauptsächlich Weine aus der Region.

Il Minareto
Via dei Cappuccini Nuovi 32, Tel. 07 44 72 63 44.
Restaurant mit herrlicher Aussichtsterrasse, etwa 1,5 km außerhalb des Städtchens gelegen.

Norcia

Granaro del Monte
Via Alfieri 12, Tel. 07 43 81 65 13.
Im Restaurant des Hotels Grotta Azzurra werden in gemütlichem Rahmen umbrische und im speziellen südostumbrische Spezialitäten serviert. Die Speisekarte wird nahezu allen Ansprüchen gerecht und reicht vom preisgünstigen Touristenmenü hin zu Menüs für den größeren Geldbeutel.

Orvieto

La Volpe e l'Uva
Via Ripa Corsica 1, Tel. 0 76 34 16 12.
Das beliebte Lokal in der Altstadt von Orvieto ist leider längst kein Geheimtip mehr (abends Vorbestellung unbedingt notwenig!), doch die große Popularität hat der Qualität keinen Abbruch getan, und auch die Preise sind nach wie vor moderat. Montag Ruhetag.

Perugia

Dal Mi'Cocco
Corso Garibaldi 12, Tel. 07 55 73 25 11.
Bei Studenten der Università per Stranieri ist dieses gemütliche und sehr preiswerte Lokal in unmittelbarer Nähe der Ausländeruniversität besonders beliebt. Es gibt immer nur ein Menü, das täglich wechselt.

La Taverna
Via delle Streghe 8, Tel. 07 55 72 41 28.
Stilvolles, allerdings auch nicht ganz billiges Restaurant in einer schmalen Seitengasse des Corso Vannucci. In den schön renovierten Gewölberäumen sitzt und ißt es sich vortrefflich.

Osteria del Bartolo
Via Bartolo 30, Tel. 07 55 73 15 61.
Kleines, aber sehr feines Restaurant, angeblich das beste in Perugia.

Café Sandri (Abb. S. 316)
Corso Vannucci 32, Tel. 07 55 72 41 12.
Das Sandri ist eine Institution in Umbriens Hauptstadt und zugleich Perugias geschmackvollste und schönste Konditorei, ideal für den gepflegten Imbiß zwischendurch.

Il Gufo
Via della Viola, Tel. 07 55 73 41 26
Kleines Restaurant in der Altstadt mit preisgünstigen Gerichten.

Spello

Il Cacciatore
Via Giulia 42, Tel. 07 42 65 11 41.
Im Sommer, wenn man draußen auf der Terrasse sitzen kann und auf die Olivenhaine blickt, ist diese Trattoria im Zentrum von Spello eine besonders empfehlenswerte Adresse.

Hübsches Ausflugslokal am Lago Trasimeno: Spiagga del Giramondo

Spello (Fortsetzung)

Taverna di San Silvestro
Loc. Collepino, Via Collepino 14.
Ein typisch umbrisches Ausflugslokal, das als Familienbetrieb geführt wird, in einem hübschen alten Dorf 5km außerhalb der Stadt in den Hügeln. An den Wochenenden sollte man vorbestellen.

Spoleto

Apollinare
Via Sant'Agata 14, Tel. 07 43 22 32 56.
Elegantes Restaurant der gehobeneren Preiskategorie in einem ehemaligen Franziskanerkloster im Herzen von Spoleto. Auf der Weinkarte italienische und französische Weine. Dienstag Ruhetag.

Treffpunkt auf dem Corso Vannucci in Perugia: das alteingesessene Café Sandri, eine Mischung aus Bar und Pasticceria

Terni

Pasticceria Pazzaglia
Corso Tacito 10, Tel. 07 44 40 71 02.
Zu einem Bummel über den Corso Tacito, die belebte Einkaufsstraße im Zentrum der Stadt, gehört unbedingt auch ein Besuch bei Ternis ältester Konditorei.

Todi

Umbria
Via San Bonaventura 13, Tel. 07 58 94 23 90.
Das Restaurant hinter dem Palazzo del Popolo mitten in Todis Altstadt genießt einen hervorragenden Ruf. Nicht nur drinnen sitzt man schön, auch auf der hübschen Aussichtsterrasse schmecken die umbrischen Köstlichkeiten. Dienstag Ruhetag.

Torgiano

Le Tre Vaselle
Via Garibaldi 48, Tel. 07 59 88 04 47.
Vornehmes Restaurant im Nobelhotel der Winzerfamilie Lungarotti mitten in dem beschaulichen Weinstädtchen. Hier erwarten den Gast eine feine umbrische Küche und erlesene Weine.

Rundfunk und Fernsehen

Die staatliche italienische Rundfunk- und Fernsehanstalt RAI (Radio Televisione Italiana) strahlt auch Sendungen in deutscher Sprache aus. Straßenzustands- und Verkehrsmeldungen werden jede halbe Stunde im italienischen Rundfunk in allen drei Programmen in der Nachrichtensendung "Onda Verde Europa" auf französisch, englisch und deutsch (AM und FM 103.3) durchgegeben.

Deutsche Welle

Auf Wunsch erhält man von der Deutschen Welle kostenlos das aktuelle Programm mit genauen Sendezeiten und gültigen Frequenzangaben. Anfragen unter: Deutsche Welle, Hörerpost, Postfach 100444, D-50588 Köln.

Reiserufe im Radio

Der ADAC vermittelt in dringenden Notfällen über die ADAC-Zentrale, Tel. (089) 7676-2653, kostenlose Suchmeldungen im italienischen Rundfunk und in italienischen Tageszeitungen.

Sicherheit

Auch in Umbrien ist in den größeren Städten und in touristischen Zentren die Kleinkriminalität weit verbreitet. Auf Taschen, Koffer, Fotoapparate und andere Wertgegenstände sollte man besonders acht geben. Kraftfahrzeuge (auch Leihwagen mit italienischen Kennzeichen), vor allem Wohnwagen, Kleinbusse und teure Autos werden häufig aufgebrochen oder entwendet. Man sollte in jedem Fall keine Wertsachen, Papiere, Geld, Schecks, Scheckkarten und Schlüssel in abgestellten Fahrzeugen lassen, sondern sie stets mit sich führen und wenn möglich direkt am Körper tragen. Autoradios sollte man, sofern möglich, ausbauen. Es empfiehlt sich auch, das Handschuhfach und den Kofferraum zu leeren und nicht abzuschließen! Über Nacht parke man sein Auto nach Möglichkeit in einer verschlossenen Garage (mit Versicherungsschutz).

Die italienische Polizei ist zwar hilfsbereit, steht aber dem Bandenunwesen praktisch machtlos gegenüber. Nach einem Überfall, Raub oder Diebstahl kann sie in der Regel lediglich ein Protokoll aufsetzen (wichtig für die Schadensmeldung bei der Versicherung!).

Sport

Allgemeines

Umbrien entwickelte sich in den vergangenen Jahren mehr und mehr zu einem Gebiet für Sporturlauber. Da die Region neben ihren zahlreichen kulturellen Schätzen noch viel unberührte Landschaft bietet, stehen Sportarten in der Natur im Vordergrund, allen voran Wandern (→ dort), aber auch Drachenfliegen, Reiten sowie verschiedene Wassersportarten. Einige Hotels verfügen über eigene Tennisanlagen. Derzeit gibt es zwei Golfplätze in Umbrien (s. u.).

Angeln

Umbrien besitzt einige fischreiche Seen und Flüsse, die zum Angeln freigegeben sind. Die beliebtesten Angelreviere sind der Lago Trasimeno und der Lago di Corbara, letzterer ein Stausee des Tiber. Aber auch in verschiedenen Flüssen wie dem Chiascio, dem Assino und vor allem in der oberen Nera (Valnerina) wird gern geangelt. Die Zubringerflüsse der Nera sind reich an Forellen.

Angeln (Fortsetzung)

Für die Genehmigung zum Angeln wende man sich an die

Provincia di Perugia, Ufficio Programmazione e Gestione Faunistica
Via Fanti 2, I-06100 Perugia, Tel. 07 55 74 72 51.

Auskunft

Federazione Italiana Pesca Sportiva, Via Martiri dei Lager 65,
I-06100 Perugia, Tel. 07 55 01 08 44.

Flugsport

Allgemeines

Geeignete Ausgangspunkte für Drachenflieger, Deltaplanflieger, Segelflieger u.ä. sind der Monte Subasio bei Assisi und der Monte Cucco im Nordosten Umbriens. Ein Mekka für Drachenflieger ist das Dorf Castelluccio, das auf einer kegelförmigen Anhöhe über der Hochfläche des Piano Grande thront, umgeben von den schneebedeckten Hängen der Sibillinischen Berge.

Auskunft

Für das Gebiet um den Monte Subasio:
Delta Foligno, Via Vaone 1, I-06038 Spello
Tel. 07 42 65 15 25

Für das Gebiet um den Monte Cucco:
Deltaflying A.S. Monte Cucco, Scuola di Volo Libero,
I-06028 Sigillo, Tel. 07 59 17 71 85

Für das Piano Grande und die Monti Sibillini:
Prodelta – Scuola estiva di Volo Libero, Via delle Fate,
I-06046 Castelluccio di Norcia, Tel. 07 43 82 11 56

Fallschirmspringen

Fallschirmspringer wenden sich am besten an die Aeroclubs, beispielsweise in Sant'Egidio, unweit östlich von Perugia, Tel. 07 56 92 94 45, oder in Foligno, Tel. 07 42 67 02 01.

Golf

Golfplätze

Circolo Golf di Perugia (zwischen Sodi di Santa Sabina und Ellera),
Tel. 07 55 17 22 04
Golfanlage mit 18 Loch, Par 71; Länge: 5650 m

Golf Club Lamborghini, Ortschaft Soderi–Panicarola,
I-06064 Panicale, Tel. 0 75 83 75 82 und 83 75 32
Golfanlage mit 9 Loch, Par 36; Länge: 2860 m

Klettern (Free Climbing)

Allgemeines

Free Climber finden entsprechend ausgerüstete Wände am Monte Tezio (bei Perugia), in Pale (bei Foligno), am Monte Vettore (Norcia) und in Ferentillo (an der Staatsstraße 209 durch die Valnerina).

Auskunft

Federazione Arrampicatori Sportivi Italiana (F.A.S.I.)
I-050100 Terni, Tel. 07 44 30 09 46

Radfahren

Mountainbiking

Besonders beliebt bei Mountainbikern sind die Valnerina und die Monti Sibillini. Informationen erteilen die Fremdenverkehrsämter vor Ort (→ Auskunft). Man kann auch an geführten Mountainbiketouren teilnehmen. Sie werden u.a. angeboten von:

Mountainbiking (Fortsetzung)

Punto Bici, Via del Timone 30 – Ferro di Cavallo,
I-06100 Perugia, Tel. 07 55 00 26 85.
Centro Agrituristico "Il Collaccio", Castelvecchio – Preci,
Tel. 0 74 39 04 06.

Radwandern

Zu den besten Radwandergegenden in Umbrien gehört die Umgebung des Lago Trasimeno, da man hier immer am flachen Ufer entlangradeln kann und wenig Steigungen in Kauf nehmen muß. Etwas anstrengender, aber von herrlichen Landschaftseindrücken begleitet, ist beispielsweise eine Radtour durch das Amerino, den Südwesten von Umbrien. Die großen Täler (Tibertal und Valle Umbra) sollte man trotz der ebenen Strecken meiden, da hier die vielbefahrenen Hauptverkehrsachsen verlaufen und Industrieansiedlungen das Landschaftsbild trüben.

Auskunft

Federazione Ciclistica Italiana, Via Gigliarelli 4
I-06100 Perugia, Tel. 07 55 05 47 17

Associazione Ciclistica "G. S. Olmo", c/o Testi – Cicli e Moto
Via Trasimeno Ovest 287/89 – Olmo
I-06100 Perugia, Tel. 07 55 17 21 23.

Fahrradverleih

Ciclismo Sport
Via Settevalli 195, I-06129 Perugia
Tel. 07 55 05 25 31.

Wassersport

Baden

Da Umbrien keinen Zugang zur Küste hat, gehört es nicht unbedingt zu den Badeparadiesen Italiens. Der einzige größere See ist der Lago Trasimeno, der sich allerdings nur sehr bedingt zum Baden eignet, da die Wasserqualität doch ziemlich zu wünschen übrig läßt. Da der See nicht besonders tief ist, erwärmt er sich im Sommer sehr schnell. Rund um den See gibt es mehrere schmale Sandstrände, Schwimmbäder und viele Wassersportmöglichkeiten. Lago di Corbara und Lago di Alviano sind keine Badeseen; auch der idyllisch gelegene Lago di Piediluco hat keine Strände.

Kanu- und Wildwasserfahrten

Reviere für Kanu- und Wildwasserfahrer sind u. a. der obere Tiber sowie die Nera. Vor allem Città di Castello genießt einen überregionalen Ruf als Zentrum des Kanusports in Umbrien. Der Kanuten-Club von Città di Castello gehört zur Spitze der italienischen Kanuten. Jedes Jahr Ende April/Anfang Mai startet in Città di Castello eine internationale Wildwasserregatta auf dem Tiber, die nach mehreren Etappen in Rom endet.

Auskunft

Federazione Italiana Canoa, Via Martiri dei Lager 75
I-06100 Perugia, Tel. 07 55 05 42 25
Club Velico Castiglionese, Via Brigate Garibaldi
I-06061 Castiglione del Lago, Tel. 0 75 95 30 35
Canoa Club Città di Castello, Piazza Mercato
I-06012 Città di Castello, Tel. 07 58 55 36 56

Rudern

Am Lago Trasimeno werden in vielen Ortschaften Ruderboote vermietet; aber auch der Lago di Corbara sowie der Lago di Piediluco, auf dem jedes Jahr nationale und internationale Ruderregatten stattfinden, eignen sich zum Rudern. Am Piediluco-See befindet sich auch der Sitz der Italienischen Rudergesellschaft.

Segeln

Zu den Segelrevieren Umbriens zählen der Lago Trasimeno (Anlegemöglichkeiten – auch für Motorboote – in Castiglione del Lago, in Magione, in Passignano sul Trasimeno und Tuoro sul Trasimeno) sowie der Lago di Corbara und der Lago di Piediluco. Segelschulen gibt es am Lago Trasimeno in Castiglione del Lago und in Passignano sul Trasimeno.

Sport (Forts.)
Segelschulen

Club Velico Castiglionese, Via Brigate Garibaldi, I-06061 Castiglione del Lago, Tel. 0 75 95 30 35
Club Velico Trasimeno, (Ortsteil Darsena), I-06065 Passignano sul Trasimeno, Tel. 0 75 82 74 00.

Unterwassersport

Informationen über Unterwassersport sind erhältlich bei:

Orsa Minore, Via Sant'Antonio 23, I-06100 Perugia, Tel. 07 55 73 63 94.
Blu Sport, Via Palermo 17/19, I-06100 Perugia, Tel. 07 53 26 04 und 07 53 60 94.

Wasserskifahren

Wasserskifahren ist ebenfalls auf dem Lago Trasimeno möglich; Sportschulen in Castiglione del Lago, in Magione und Tuoro sul Trasimeno bieten Wasserski-Kurse an. Auskunft erteilen:

Scuola di Sci Nautico, c/o Azienda Agricola Pasqualoni, I-06060 Castiglione del Lago, Tel. 07 59 65 27 53.
Club Nautico Porto Cervo, I-06060 San Feliciano, Tel. 0 75 84 91 30.
Club Nautico Trasimeno, Via Roma, I-06065 Passignano sul Trasimeno, Tel. 0 75 82 71 54.

Windsurfing

Auch zum Windsurfing eignet sich der Lago Trasimeno. Unterricht erteilen die Windsurfingschulen in Castiglione del Lago, in Magione und Tuoro sul Trasimeno (Auskünfte über die Segelschulen bzw. bei den unter "Wasserski" aufgeführten Sportklubs).

Wintersport

Umbrien hat nur wenige Skigebiete vorzuweisen. Alpines Skilaufen ist nur im bergigen Osten der Region, in Forca Canapine bei Norcia möglich. Hier werden Skilifte betrieben; lange Abfahrten sind möglich. Auf dem Monte Cucco wurden Langlaufpisten angelegt.

Auskunft

Club Alpino Italiano/CAI, Via della Gabbia 9, I-06100 Perugia, Tel. 07 55 73 03 34 (weitere Sektionen in verschiedenen Städten).

Sprache

Das Italienische hat sich aus dem Lateinischen entwickelt und steht diesem von allen romanischen Sprachen am nächsten. Nicht zuletzt infolge der früheren politischen Zerrissenheit des Landes entstanden zahlreiche Mundarten, unter denen sich im Verlauf des 13. und 14. Jh.s das Toskanische durchsetzte und bis heute die gültige Schriftsprache blieb.

Aussprache

Die Betonung liegt meist auf der vorletzten Silbe. Wird der Endvokal betont, trägt dieser stets einen Akzent (perchè, città). Bei Betonung auf der drittletzten Silbe steht in der offiziellen Rechtschreibung (außer in Zweifelsfällen) kein Akzent. Vielfach wird er jedoch als Aussprachehilfe hinzugesetzt (chilòmetro, sènapa).
É bzw. ó bedeuten den geschlossenen, è bzw. ò den offenen Laut. Diphtonge werden getrennt gesprochen: causa wie 'ka-usa', sei wie 'ßä-i'. C oder cc wird vor e und i wie 'tsch', g oder gg vor e und i wie 'dsch' gesprochen; c und g vor den übrigen Vokalen sowie ch und gh wie 'k' und 'g'; gn und gl zwischen Vokalen wie 'nj' und 'lj'. H ist stumm, r ein Zungenlaut; qu wird wie 'kw' gesprochen. Das s ist am Wortanfang vor einem Vokal stimmlos, vor b, d, g, l, m, n und v sowie zwischen zwei Vokalen jedoch stimmhaft; sc vor e und i spricht man wie 'sch'; z wie 'ds'.

Grundzahlen

0	zero	19	diciannove
1	uno, una, un, un'	20	venti
2	due	21	ventuno
3	tre	22	ventidue
4	quattro	30	trenta
5	cinque	31	trentuno
6	sei	40	quaranta
7	sette	50	cinquanta
8	otto	60	sessanta
9	nove	70	settanta
10	dieci	80	ottanta
11	undici	90	novanta
12	dodici	100	cento
13	tredici	101	cento uno
14	quattordici	153	centocinquantatré
15	quindici	200	duecento
16	sedici	1000	mille
17	diciassette	5000	cinquemila
18	diciotto	1 Mio.	un milione

Ordnungszahlen

1.	primo (prima)	7.	settimo
2.	secondo	8.	ottavo
3.	terzo	9.	nono
4.	quarto	10.	decimo
5.	quinto	20.	ventesimo/vigesimo
6.	sesto	100.	centesimo

Bruchzahlen

1/2	un mezzo (mezza)
1/3	un terzo
1/4	un quarto
1/10	un decimo

Wichtige Redewendungen

Guten Morgen, guten Tag!	buon giorno!
Guten Abend!	buona sera!
Auf Wiedersehen!	arrivederci!
Ja, nein!	si, no!
Entschuldigen Sie	scusi
Bitte (um Gefälligkeit)!	per favore!
Bitte (nach Entschuldigung oder Dank)!	prego!
Danke (sehr)!	(tante, molte, mille) grazie!
Gestatten Sie, bitte!	con permesso!
Sprechen Sie deutsch?	parla tedesco?
Ein wenig, nicht viel	un poco, non molto
Ich verstehe nicht	non capisco
Wie heißt auf italienisch?	come si dice in italiano
Wie heißt diese Kirche?	come si chiama questa chiesa?
Der Dom	Il duomo
Der Platz	la piazza
Der Palast (das Gebäude)	il palazzo
Das Theater	il teatro
Wo ist die Straße X?	dov'è la via X?
die Straße (Autobahn) nach ...?	la strada (l'autostrada) per...?
Links, rechts	a sinistra, a destra
Immer geradeaus	sempre diritto
Oben, unten	sopra, sotto
Wann geöffnet?	quando è aperto?
Wie weit?	quanto è distante?
Heute	oggi
Gestern	ieri
Vorgestern	l'altro ieri
Morgen	domani

Wichtige Redewendungen (Fortsetzung)	Sind Zimmer frei?	ci sono camere libere?
	Ich möchte gern. . .	vorrei avere. . .
	Ein Zimmer mit Bad (Dusche)	una camera con bagno (doccia)
	Mit Vollpension	con pensione completa
	Was kostet es?	qual'è il prezzo? quanto costa?
	Alles inbegriffen	tutto compreso
	Das ist zu teuer!	é troppo caro
	Kellner zahlen!	cameriere, il conto!
	Wo ist die Toilette?	dove si trovano i gabinetti? (il servizi, la ritirata)
	Wecken Sie mich um sechs!	può svegliarmi alle sei!
	Wo gibt es einen Arzt? einen Zahnarzt?	dove sta un médico? un dentista?
Auf der Post	Adresse	indirizzo
	Brief	lettera
	Briefkasten	buca delle lettere
	Briefmarken	francobolli
	Briefträger	postino
	Eilboten	espresso
	Einschreibebrief	raccomandata
	Luftpost	posta aerea
	Postkarte	cartolina
	Postlagernd	fermo posta
	Telefon	telefono
	Telegramm	telegramma
Auf der Reise	Abfahrt	partenza
	Abflug	partenza, decollo
	Ankunft	arrivo
	Anschluß	coincidenza
	Aufenthalt	sosta
	Bahnhof	stazione
	Bahngleis	binario
	Fahrkarte	biglietto
	Fahrplan	orario
	Fahrpreis	prezzo del biglietto, tariffa
	Flug	volo
	Flughafen	aeroporto
	Flugzeug	aeroplano
	Gepäck	bagagli
	Gepäckträger	portabagagli, facchino
	Haltestelle	fermata
	Nichtraucher	non fumatore
	Raucher	fumatori
	Schaffner	conduttore
	Schalter	sportello
	Umsteigen	cambiare treno
	Wartesaal	sala d'aspetto
Wochentage	Montag	lunedi
	Dienstag	martedi
	Mittwoch	mercoledi
	Donnerstag	giovedi
	Freitag	venerdi
	Samstag	sabato
	Sonntag	domenica
	Tag	giorno
	Wochentag	giorno feriale
	Feiertag	giorno festivo
	Woche	settimana

Monate

Januar	gennaio
Februar	febbraio
März	marzo
April	aprile
Mai	maggio
Juni	giugno
Juli	luglio
August	agosto
September	settembre
Oktober	ottobre
November	novembre
Dezember	dicembre

Gastronomische Begriffe

→ Essen und Trinken

Wörterbücher und Sprachführer

Für detailliertere Informationen sei auf die Wörterbücher und Sprachhilfen des Verlages Langenscheidt KG, Berlin und München, hingewiesen.

Sprachkurse

Università Italiana per Stranieri

Es gibt in Umbrien wie in ganz in Italien in jeder größeren Stadt Sprachschulen, von denen die meisten allerdings nur vor Ort auszumachen sind (→ Auskunft). Die erste Adresse für Sprachstudien in Umbrien ist die 1926 gegründete 'Università Italiana per Stranieri', die Ausländeruniversität in Perugia. Sie hat ihren Sitz im vornehmen Palazzo Gallenga direkt gegenüber dem Arco di Augusto. In diesem riesigen Barockpalast ist seit 1921 das Institut für italienische Kultur und Sprache beheimatet und seit 1926 sind hier die Unterrichtsräume und die Verwaltung der 'Università Italiana per Stranieri' untergebracht. Rund 6000 Studenten aller Nationalitäten sind alljährlich zum Studium an der Ausländeruniversität eingeschrieben. Die Mindeststudiendauer beträgt normalerweise vier Wochen. Man kann die Kurse mit einer staatlich anerkannten Prüfung abschließen. Über die reinen Sprachkurse hinaus, die in allen Schwierigkeitsgraden angeboten werden, haben alle Studenten die Möglichkeit, Vorlesungen über die italienische Kunst und Kultur zu hören.

Zimmersuche, Stipendien

Die Ausländeruniversität ist bei der Zimmersuche sowie – im Bedarfsfalle – bei Stipendien behilflich.

Auskunft

Università Italiana per Stranieri
Palazzo Gallenga, Piazza Fortebracci 4
I-06100 Perugia, Tel. 07 55 74 61.

Straßenverkehr

Allgemeines

Die allgemeinen Verkehrsvorschriften in Italien unterscheiden sich nicht wesentlich von denen anderer europäischer Länder. Die Verkehrszeichen entsprechen den internationalen Normen. Nachfolgend einige wichtige Verkehrsschilder zur besonderen Beachtung:

Deviazione	Umleitung
Senso unico	Einbahnstraße
Sbarrato	gesperrt
Rallentare	langsam fahren
Tutti direzioni	alle Richtungen
Tenere la destra	rechts fahren
Zone di silenzio	Hupverbot
Zona tutelata INIZIO	Beginn der Parkverbotszone

Autostrada

Die Autobahnbenutzung in Italien ist gebührenpflichtig. Die Gebühr richtet sich nach Hubraum und Achsenabstand; für Wohnmobile und Pkw mit Wohnwagen bezahlt man fast das Doppelte des Pkw-Tarifs. Die Gebührenabschnitte müssen aufbewahrt werden, da sie beim Verlassen der Autobahn wieder eingezogen werden. Die Autobahngebühr kann entweder bar oder mit der Viacard bezahlt werden. Die Viacard gibt es im Wert von 50000, 90000 und 100000 Lit. Man erhält sie in Italien bei den Automobilklubs, an ACI-Büros an den Grenzübergängen oder bei den wichtigsten Autobahneinfahrten, in Tabakwarengeschäften sowie an Tankstellen. Die Viacard ist bis zum vollständigen Verbrauch des gespeicherten Betrages gültig.

Straßenverkehr

Das Straßennetz in Umbrien ist verhältnismäßig engmaschig und gut ausgebaut. Hauptverkehrsadern durch Umbrien sind die 'Superstrada SS 3 bis' (E 45), die durch das Tibertal im Westen verläuft und dabei die Städte Città di Castello, Umbertide, Perugia, Deruta, Todi und Terni berührt, sowie die 'SS 3 Flaminia' (E 7), die durch das Valle Umbra im Osten verläuft und die Städte Gualdo Tadino, Nocera Umbra, Foligno, Spoleto und Terni verbindet.
Die 'Superstrada 75 bis Centrale Umbra' durchquert die Mitte Umbriens; sie verbindet den Lago Trasimeno mit Perugia und Foligno bzw. Spoleto.
Weitere gut ausgebaute Staatsstraßen in Umbrien sind die 'SS 71 umbrocasentinese' (von Castiglione del Lago über Chiusi nach Orvieto), die 'SS 316 Monti Martiani' oder die 'SS 209 Valnerina' (von Terni im Süden Umbriens in nordwestlicher Richtung durch das Valnerina-Tal in den Norden des Parco Nazionale dei Monti Sibillini).

Weitere Straßen

Strada di Grande Comunicazione = Hauptverbindungsstraße (nicht mit Nummern versehen).
Strada d'importanza regionale = Regionalstraße (mit Nr.).
Strada d'interesse locali = Nebenstraße (ohne Nr.), die Nahverbindungen herstellt.

Verkehrsbestimmungen

Gurtpflicht, Kindersitz

Während der Fahrt müssen alle Autoinsassen über 14 Jahre Sicherheitsgurte anlegen. Für Kinder bis vier Jahre sind Kindersitze vorgeschrieben.

Geschwindigkeitsbegrenzungen

Innerhalb geschlossener Ortschaften: 50 km/h. Außerhalb geschlossener Ortschaften: 90 km/h (Pkw mit Anhänger, Caravangespanne 70 km/h; Wohnmobile über 3,5 t 80km/h). Auf Schnellstraßen: 110 km/h (Pkw mit Anhänger 70 km/h). Auf Autobahnen: Pkw bis 1100 ccm 110 km/h, über 1100 ccm 130 km/h (Pkw mit Anhänger und Caravangespanne 80 km/h; Wohnmobile über 3,5 t 100 km/h); Motorräder bis 149 ccm sind auf Autobahnen verboten, Motorräder bis 349 ccm 110 km/h, ab 350 ccm 130 km/h. Bei Nebel bzw. Sichtverhältnissen unter 100 m darf Tempo 50 nicht überschritten werden.
Bei Geschwindigkeitsüberschreitungen drohen hohe Bußgelder und schlimmstenfalls Fahrverbot.

Vorfahrt

Vorfahrt hat der auf den Hauptverkehrsstraßen fließende Verkehr, sofern diese durch ein auf die Spitze gestelltes weißes oder gelbes Quadrat mit roter bzw. schwarz-weißer Umrahmung beschildert sind. Sonst gilt grundsätzlich (auch im Kreisverkehr) die Regel 'rechts vor links'. Auf schmalen Bergstraßen hat das bergauf fahrende Fahrzeug Vorfahrt. Schienenfahrzeuge haben immer Vorfahrt.

Hupen

Im Zweifelsfall kann außerhalb geschlossener Ortschaften vor dem Überholen gehupt werden, desgleichen vor Kreuzungen, Abzweigungen, unübersichtlichen Kurven und anderen gefährlichen Stellen. Bei Dunkelheit ist die Lichthupe zu verwenden.

Straßenverkehr (Fortsetzung)
Pannen

Ausländische Auto- oder Motorradreisende werden im Falle einer Panne auf italienischen Straßen kostenlos vom Pannendienst des italienischen Automobilclubs zur nächsten Werkstatt abgeschleppt. Privates Abschleppen auf der Autobahn ist verboten!

Tunnels

In Tunnels und Galerien muß man in jedem Fall das Licht (Abblendlicht) einschalten.

Totalschaden

Bei Totalschaden ist die italienische Zollbehörde zu verständigen, da sonst u. U. für das Schadensfahrzeug Einfuhrzoll bezahlt werden muß.

Notrufe

Pannenhilfe des ACI: 116
Straßenpolizei: 113

Thermen

In Umbrien sprudeln zahlreiche Mineralquellen, die nicht nur als Tafelwasser abgefüllt werden (⟶ Essen und Trinken), sondern auch für heiltherapeutische Zwecke genutzt werden. Allerdings sind die meisten Thermen nur von Frühjahr bis Herbst geöffnet. Das größte Angebot an Kureinrichtungen und Badeanlagen findet man bei der Terme Fontecchio (Città di Castello), in Acquasparta und in dem Kurstädtchen San Gemini, das mit einem ausgedehnten alten Kurpark und vielen Hotels aufwartet. Das köstliche Mineralwasser von San Gemini gehört zu den Marktführern unter den italienischen Tafelwassern.

Acquasparta

'Terme di Amerino' und 'Terme di Furapane' heißen die beiden dortigen Thermalanlagen, die von der Fonte Amerino, einer bikarbonat-, erdhaltigen und alkalischen Quelle mit mittlerem Mineralgehalt gespeist werden.

Informationen: Societá Samit, Tel. 0 74 49 39 21

Assisi

Die 'Terme di Santo Raggio' bei Assisi liefern bikarbonat- und kalziumhaltige Wasser mit mittlerem Mineralgehalt.

Informationen: Societá Santo Raggio, Tel. 0 75 81 60 64

Città di Castello

Die Quellen von Fontecchio liegen in der Nähe von Città di Castello. Es handelt sich um alkalische, bikarbonat- und schwefelhaltige Wasser mit mittlerem Mineralgehalt. In den Kureinrichtungen werden auch für Tagesgäste Bäder, Schlammpackungen und Trinkkuren angeboten.

Informationen: Tel. 07 58 55 81 50

Massa Martana

Die 'Terme di San Faustino' liefert alkalisches, bikarbonat- und erdhaltiges Trinkwasser.

Informationen: Società Idrologica Umbra, Tel. 07 58 85 61 09

Nocera Umbra

'Terme del Cacciatore': Trinkwasser mit geringem Mineralgehalt.

Informationen: Societá Nocera Umbra, Tel. 07 42 81 21 26

San Gemini

Die Wasser der 'Terme di San Gemini' sind bikarbonat-, kalzium- und etwas chlorhaltig.

Informationen: Società Acqua Minerale di Sangemini, Tel. 07 44 33 30 75

Triponzo

In Triponzo, einem kleinen Dorf in der Valnerina, etwa 3 km nördlich von Cerreto di Spoleto, gibt es eine Schwefelquelle.

Veranstaltungskalender

Die wichtigsten Feste in Umbrien werden im vorderen Teil des Reiseführers im Kapitel "Natur, Kultur, Geschichte" (Feste und Folklore, S. 46 ff.) sowie bei den jeweiligen Orten genauer beschrieben.

Da sich die Veranstaltungstermine bisweilen verschieben können, sollte man sich zur Sicherheit vor Ort bei den unter → Auskunft genannten Fremdenverkehrsämtern nach den genauen Terminen erkundigen.

Ausgewählte Veranstaltungen

14. Februar Terni: St.-Valentins-Tag (Fest zu Ehren des Stadtpatrons von Terni, San Valentino).

März/April Osterwoche In vielen Orten in Umbrien: Prozessionen an Karfreitag.

März–April Todi: Italienische Antiquitätenschau.

April–Mai Assisi: Antiquitätenmesse.

30. April Terni: Cantamaggio (Volksfest mit Festwagenumzug; vor und nach dem Umzug Aufführungen und Ausstellungen).

1. Mai San Pellegrino: Maggio Fiorito (Fest zum 1. Mai mit Maibaum).

Mai Perugia, Gubbio und Terni: Umbriafiction TV (Filmfestival).
Assisi: Calendimaggio (dreitägiges Volksfest Anfang Mai mit Festumzug, Theateraufführungen, Konzerten, Wettspielen).

2. Sonntag im Mai Narni: Corsa dell'Anello (Volksfest zu Ehren von San Giovenale mit Reiterwettkampf; am Vorabend Festumzug in historischen Kostümen).

15. Mai Gubbio: Corsa dei Ceri (Volksfest mit dem sogenannten 'Kerzenlauf').

21. und 22. Mai Cascia: Fest zu Ehren der heiligen Rita (am 21. Mai bei Sonnenuntergang Fackelumzug; Prozession am nächsten Morgen von Rocaporena, dem Geburtsort der Heiligen, nach Cascia).

Letzter Sonntag im Mai Gubbio: Palio della Balestra (Volksfest und Schießwettbewerb zwischen den Armbrustschützenvereine von Gubbio und San Sepolcro in historischen Kostümen; abends Festumzug).

Mai/Juni Orvieto: Festa della Palombella (Pfingstfest mit einer Vorführung auf dem Domplatz).

In vielen Orten: Infiorata (typisch italienisches Volksfest, bei dem die Straßen und Plätze mit Blumenbildern geschmückt werden).

Orvieto: Fronleichnamsprozession in historischen Kostümen.

Juni/Juli Piediluco: Festa delle Acque (Wasserfest am Lago di Piediluco mit Feuerwerk, Musik- und Theateraufführungen).
Spoleto: Festival dei Due Mondi (internationales Kulturfestival mit Musik-, Theater- und Ballettaufführungen, Filmvorstellungen, Ausstellungen.)

Juli Perugia: Umbria Jazz (zehntägiges Jazzfestival mit den großen Musikern des modernen Jazz; Open-Air-Konzerte in der Stadt).

Città di Castello: 'Kammermusikfestival der Nationen' (internationales Musikertreffen zum Thema europäische Kammermusik; als Rahmenveranstaltungen Ballett- und Theateraufführungen, Kammermusikkurse). **Mitte – Ende Juli**

Gubbio: Theateraufführungen im Römischen Theater. **Juli/August**

Todi: Mostra Mercato Nazionale dell'Artigianato (Verkaufsausstellung des italienischen Kunsthandwerks, u.a. Stilmöbel, Keramik, Goldschmiedearbeiten, Kupfer- und Messingarbeiten, handgewebte Stoffe, Stickereien). **Ende Juli – Ende August**

Cittá della Pieve: Palio dei Terzieri (Volksfest mit Festumzug in historischen Kostümen, Wettkampf im Bogenschießen; am Tag davor werden mittelalterliches Handwerk vorgeführt und Theaterstücke gespielt). **So nach dem 15. August**

Acquasparta: Kammerlied–Kurs – Das deutsche Lied (mit Eröffnungs- und Abschlußkonzerten). **Ende August – 1. Wo. im Sept.**

Todi: Todi-Festival (Kulturfestival an verschiedenen Spielstätten in Todi, zumeist in historischen Räumen; Theateraufführungen, Konzerte, Ballett, Filmvorführungen). **Ende August – 1. Wo. im Sept.**

Viele Feste in Umbrien erinnern an die Zeiten der freien Stadtrepubliken, so auch der Festumzug in Narni bei der Corsa dell' Anello

Gualdo Tadino: Internationales Symposion und Ausstellung von Keramikkunst (seit 1959). **Ende August – Ende September**

Spoleto: Lyrisches Experimentaltheater A. Belli. **September**
Foligno: Segni Barocchi (Kulturfestival zum Thema 'Barock': Musik- und Theatervorstellungen sowie zahlreiche Rahmenveranstaltungen).

Perugia und andernorts: Sagra Musicale Umbra (Umbrisches Kirchenmusik-Festival; eine der renommiertesten Musikveranstaltungen der Region). **2. Septemberhälfte**

1. Sonntag im Oktober Trevi: Corsa dei Carri.

2. und 3. Sonntag im September Foligno: Giostra della Quintana (Volksfest mit Reitwettspielen; am Vorabend des Wettkampfes Umzug in historischen Kostümen).

Okt./Nov. Perugia: Il Gioiello e l' Ogetto Antico (Antiquitätenmesse mit Schmuck, Gemälden, Möbeln, Bronzearbeiten, Gobelins und Teppichen)

Weihnachten In vielen Orten: Krippenspiele und Kirchenkonzerte an den Weihnachtsfeiertagen; in Gubbio wird ein riesiger, mit über 1000 Lichtern geschmückter Weihnachtsbaum aufgestellt.

Ende Dez. – 1. Jan. Orvieto: Umbria Jazz Winter (Jazzfestival mit Silvester-Abschlußkonzert).

Verkehrsverbindungen

Straßenverkehr → dort

Autobusverkehr Während alle größeren Städte Umbriens durch Linienbusse gut erreichbar sind, gibt es nur wenig Verbindungen in kleinere Ortschaften. Fahrscheine sind vergleichsweise günstig. Informationen erteilen:

APM Azienda Perugina della Mobilità, Loc. Pian di Massiano,
I-06100 Perugia, Tel. 07 51 67 51 21 41.
Soc. Spoletina di Imprese e Trasporti, Via Flaminia (km 127,7),
I-06049 Spoleto, Tel. 07 43 22 19 91.
Azienda Trasporti Consortili (ATC), Piazza Europa 19,
I-05100 Terni, Tel. 074 45 95 41.

Im übrigen bestehen Busverbindungen zwischen Perugia und Florenz sowie zwischen Perugia und Rom/Fiumicino – Flughafen Leonardo da Vinci (→ Anreise). Auskünfte erteilt die

Soc. ACAP - Sulga, Loc. Pian di Massiano,
I-06100 Perugia, Tel. 07 55 00 96 41.

Während der Sommermonate Juli und August fahren auch Busse von Perugia an die Adria (und zurück). Auskünfte erteilt die APM in Perugia (Anschrift siehe oben).

Eisenbahn Das Eisenbahnnetz in Umbrien ist nicht sehr engmaschig. Am besten erreicht man die Städte in den beiden großen Tälern.
Die beiden Hauptstrecken sind sind: Perugia – Assisi – Spello – Foligno – Spoleto – Terni sowie die Linie Orvieto – Attigliano – Orte. Beide Linien enden in Rom. Weitere Informationen → Anreise.

Auskünfte erhält man an den Fahrkartenschaltern der Italienischen Staatsbahnen in Perugia und Terni:
Ferrovie dello Stato, Piazza Vittorio Veneto,
I-06100 Perugia, Tel. 0 75 14 71 47 88 80 88.
Ferrovie dello Stato, Piazza Dante Alighieri,
I-05100 Terni, 07 44 40 12 83.

Die Umbrische Zentralbahn, die auf der Strecke Terni – Todi – Perugia – Umbertide – Città di Castello (nach Sansepolcro in der Toskana und zurück) fährt, hat ebenfalls Informationsstellen in Perugia und Terni:
Ferrovia Centrale Umbra, Via Sant'Anna,
I-06100 Perugia, Tel. 07 55 72 91 21
Ferrovia Centrale Umbria, Piazza Dante Alighieri,
I-05100 Terni, Tel. 07 44 40 12 83.

Verkehrsverbindungen (Forts.)
Flugverkehr

Der umbrische Regionalflughafen Sant' Egidio (Tel. 07 56 92 94 47; Kleinflugzeuge, Zubringer aus Mailand/Linate), 12 km östlich von Perugia, ist auf unbestimmte Zeit geschlossen. Weitere Informationen → Anreise.

Schiffsverkehr

Die Schiffahrtsgesellschaft des Trasimenischen Sees sorgt für regelmäßige Schiffsverbindungen zwischen den größeren Ortschaften am See und zu den Inseln. Die Schiffe können auch für Ausflüge gemietet werden. Weitere Informationen erteilt der

Servizio Provinciale di Navigazione del Lago Trasimeno
I-06065 Passignano sul Trasimeno, Tel. 0 75 82 71 57.

Wandern

Allgemeines

Immer mehr Urlauber entdecken Umbrien und seine landschaftlichen Schönheiten zu Fuß oder planen zumindest kurze Wanderungen in das Urlaubsprogramm ein. Bis auf den Südosten der Region ist Umbrien geprägt von sanft ansteigenden Hügelketten, die dem Wanderer weder eine außergewöhnliche Kondition noch größere Vorbereitungen abverlangen. Dazu kommt, daß die meisten Gegenden in Umbrien zwar nicht dicht besiedelt, aber von einem Netz kleiner Ortschaften und Einzelgehöfe überzogen sind, so daß man auch kurze Etappen wandern kann. Die beiden großen Täler sollte man eher meiden, denn sie sind stark zersiedelt; schön ist dagegen die Valnerina und die ebenfalls waldreiche Umgebung von Spoleto. Die herrlichsten Fernblicke auf das umbrische Hügelland genießt man auf der Wanderstrecke hoch über der Valle Umbra von Assisi nach Spello. Gut ausgeschilderte Routen findet man an den Hängen des 1566 m hohen Monte Cucco im Nordosten Umbriens und um den Lago Trasimeno.

Für Bergwanderer bieten sich Touren im Südosten von Umbrien an, wo der umbrisch-märkische Apennin die Region streift. Idealer Ausgangspunkt für Touren in die Sibillinischen Berge bzw. auf die einsamen Hochebenen ist das Städtchen Norcia, das eine gute Infrastruktur besitzt und schnell erreichbar ist.

Die beste Jahreszeit für Wanderungen in Umbrien ist das Frühjahr, wenn die Ginsterbüsche und der Mohn in voller Blüte stehen.

Auskunft

Informationen über Wanderwege, besondere Naturphänomene und Naturschutzgebiete, deren Besuch lohnt, erhält man bei den örtlichen Informationsbüros (→ Auskunft) und den regionalen Auskunftsstellen des Club Alpino Italiano (CAI), des italienischen Alpenvereins.

Ein Wanderführer in italienischer Sprache wurde vom World Wilde Fund of Nature herausgegeben ("Il Cammina Umbria"). Verschiedene Gemeinden, darunter Spoleto, haben für ihre Umgebung Wanderwege erarbeitet und in Broschüren zusammengestellt.

Club Alpino Italiano (CAI)

I-06012 Città di Castello, Via Gramsci, Tel. 07 58 57 83 69
I-06023 Gualdo Tadino, Via Santo Marzio, Tel. 0 75 91 32 38
I-06024 Gubbio, Via Saffi, Tel. 07 59 22 13 49
I-06100 Perugia, Via della Gabbia 9, Tel. 07 53 03 34
I-06034 Foligno, Via Piermarini, Tel. 07 42 85 92 80
I-05100 Terni, Via Roma 96, Tel. 07 44 28 65 00
I-06049 Spoleto, Via Pianciani 4 Tel. 07 43 22 04 33

Bergwandern

Umbria Trekking (auch geführte Exkursionen)
Via Monti Martani 2, I-06034 Foligno
Tel. 07 42 34 05 43

Zeit

In Italien gilt die Mitteleuropäische Zeit (MEZ). Für die Sommermonate (ab Ende März bis Ende Oktober) wurde – wie in Deutschland – die Mitteleuropäische Sommerzeit (MESZ = MEZ + 1 Std.) eingeführt.

Zeitungen und Zeitschriften

Italienische Zeitungen

Bedeutende überregionale Zeitungen sind “La Repubblica”, “Corriere della Sera”, “La Stampa” und “Il Secolo XIX”.

Deutsche Publikationen

In den größeren Städten Umbriens sind führende deutsche Zeitungen und Zeitschriften erhältlich.

Zollbestimmungen

EU

Innerhalb der Europäischen Union, zu der u. a. Italien, Deutschland und Österreich gehören, ist der Warenverkehr für private Zwecke weitgehend zollfrei. Zur Abgrenzung zwischen privater und gewerblicher Verwendung gelten folgende Höchstmengen: 800 Zigaretten, 400 Zigarillos, 200 Zigarren, 1 kg Rauchtabak; 10 l Spirituosen, 90 l Wein (davon max. 60 l Schaumwein) und 110 l Bier. Bei Stichprobenkontrollen ist glaubhaft zu machen, daß die Waren tatsächlich nur für den privaten Verbrauch bestimmt sind.
Waffen, Waffenimitationen, Gaspistolen, Fahrten- und größere Mehrzweckmesser sowie Tränengassprays dürfen nicht eingeführt werden. Das Mitführen von Benzin im Reservekanister ist ebenfalls nicht erlaubt.
Werden bei der Einreise nach Italien größere Bargeldbeträge mitgeführt, so empfiehlt es sich, diese zu deklarieren (→ Geld).

Einreise nach Deutschland, Italien und Österreich aus Nicht-EU-Ländern

Für Reisende aus Nicht-EU-Ländern (u. a. Schweizer Staatsbürger) liegen die Freigrenzen für Pesonen über 17 Jahre bei 200 Zigaretten oder 100 Zigarillos oder 50 Zigarren oder 250 g Rauchtabak, ferner bei 2 l Wein und 2 l Schaumwein oder 1 l Spirituosen mit mehr als 22 Vol.-% Alkoholgehalt oder 2 l Spirituosen mit weniger als 22 Vol.-% Alkoholgehalt, 500 g Kaffee oder 200 g Kaffeeauszüge, 100 g Tee oder 40 g Tee-Extrakt, 50 g Parfüm oder 0,25 l Eau de Toilette. Zollfrei sind ferner Geschenkartikel bis zu einem Wert von 350 DM.

Wiedereinreise in die Schweiz

Abgabenfrei sind Reiseproviant sowie (gebrauchtes persönliches) Reisegut. Für Personen ab 17 Jahregelten bei Tabakwaren 200 Zigaretten oder 50 Zigarren oder 250 g Rauchtabak, an alkoholischen Getränken 2 l mit bis zu 15 Vol.-% Alkoholgehalt und 1 l mit mehr als 15 Vol.-% Alkoholgehalt als Höchstmenge. Zollfrei sind Geschenke im Werte bis 100 sfr bzw. 50 sfr für Personen unter 17 Jahre. Nähere Auskünfte erteilt die Eidgenössische Oberzolldirektion, Monbijoustr. 40, CH-3000 Bern, Tel. (031) 3226111.

Register

Verzeichnis der Karten und graphischen Darstellungen

Bildnachweis

APT Perugia/Tirilli: S. 44, 211
Archiv für Kunst und Geschichte: S. 33 (2 x), 149
Baedeker-Archiv: S. 35, 49, 185, 295
Bilderberg: S. 15, 230, 277
Birkeneder: S. 6, 13, 18 (rechts), 42, 61, 82 (links), 87, 94 (2 x), 98, 116 (2 x), 117, 118, 123, 129, 156, 171, 174, 177, 216 (links), 232, 262
Eid: S. 58
Feller: S. 6
Fototeca Ufficio Beni A. A. A. A. S. Regione dell' Umbria/Archivi Alinari: S. 111, 162
Bildagentur Huber: S. 280/281
IFA Bilderteam: S. 8/9
Istituto Geografico de Agostini: S. 29, 47, 68, 80, 102 (rechts), 144, 165, 169, 199, 227
Jung: S. 25, 221, 255
Lungarotti: S. 264
Messina: S. 38, 102 (links), 136, 141, 151, 154, 193, 197, 258
Regione dell' Umbria: S. 206, 251
Bildagentur Schuster: S. 8/9, 54/55, 291
Silomon: S. 82 (rechts), 190
Bildagentur Silvestris: S. 18 (links), 292, 302
Strobel: S. 5 (unten), 6, 71, 85, 131, 180, 208, 216 (rechts), 235, 236, 240, 243
Thomas: S. 1, 3, 5 (oben), 6 (2 x), 19, 22, 23, 27, 40, 48, 53, 62, 107, 109, 158, 179, 194, 203, 246, 266, 268, 271, 273, 314, 316, 327
Wurth: S. 41, 208, 253, 303, 304, 305, 313, 315

Impressum

Ausstattung:
120 Abbildungen
42 Karten und graphische Darstellungen, 1 große Reisekarte

Italienische Basis: "Umbria" aus der Reihe 'Guide de Agostini'
(Istituto Geografico De Agostini, Novara)
Übersetzung ins Deutsche: Dr. Susanne Kolb und Karin Stephan

Text: Andrea Wurth mit Beiträgen von Vera Beck, Katja Conradi, Helmut Linde, Daniele Messina, Holger Zwink

Ergänzungen: Engelina Lindijer, Perugia
Bearbeitung: Baedeker-Redaktion (Andrea Wurth)

Kartographie: Waldemar Aniol, Neusorg; Christoph Gallus, Hohberg; Gert Oberländer, München; Istituto Geografico De Agostini, Novara (große Reisekarte)

Gesamtleitung: Rainer Eisenschmid, Baedeker Ostfildern

2. Auflage 1999/2000

Druck: Mairs Graphische Betriebe GmbH & Co. KG, Ostfildern
Printed in Germany
ISBN 3-89525-124-0

Gedruckt auf 100% chlorfreiem Papier